EMPRESA SEMIESTATAL

Mário Saadi

Prefácio
Rodrigo Pagani de Souza

Apresentação
Mario Engler Pinto Junior

EMPRESA SEMIESTATAL

1ª reimpressão

Belo Horizonte

2019

© 2019 Editora Fórum Ltda.

2019 1ª Reimpressão

É proibida a reprodução total ou parcial desta obra, por qualquer meio eletrônico, inclusive por processos xerográficos, sem autorização expressa do Editor.

Conselho Editorial

Adilson Abreu Dallari	Floriano de Azevedo Marques Neto
Alécia Paolucci Nogueira Bicalho	Gustavo Justino de Oliveira
Alexandre Coutinho Pagliarini	Inês Virgínia Prado Soares
André Ramos Tavares	Jorge Ulisses Jacoby Fernandes
Carlos Ayres Britto	Juarez Freitas
Carlos Mário da Silva Velloso	Luciano Ferraz
Cármen Lúcia Antunes Rocha	Lúcio Delfino
Cesar Augusto Guimarães Pereira	Marcia Carla Pereira Ribeiro
Clovis Beznos	Márcio Cammarosano
Cristiana Fortini	Marcos Ehrhardt Jr.
Dinorá Adelaide Musetti Grotti	Maria Sylvia Zanella Di Pietro
Diogo de Figueiredo Moreira Neto (*in memoriam*)	Ney José de Freitas
Egon Bockmann Moreira	Oswaldo Othon de Pontes Saraiva Filho
Emerson Gabardo	Paulo Modesto
Fabrício Motta	Romeu Felipe Bacellar Filho
Fernando Rossi	Sérgio Guerra
Flávio Henrique Unes Pereira	Walber de Moura Agra

FÓRUM
CONHECIMENTO JURÍDICO

Luís Cláudio Rodrigues Ferreira
Presidente e Editor

Coordenação editorial: Leonardo Eustáquio Siqueira Araújo
Aline Sobreira de Oliveira

Av. Afonso Pena, 2770 – 15º andar – Savassi – CEP 30130-012
Belo Horizonte – Minas Gerais – Tel.: (31) 2121.4900 / 2121.4949
www.editoraforum.com.br – editoraforum@editoraforum.com.br

Técnica. Empenho. Zelo. Esses foram alguns dos cuidados aplicados na edição desta obra. No entanto, podem ocorrer erros de impressão, digitação ou mesmo restar alguma dúvida conceitual. Caso se constate algo assim, solicitamos a gentileza de nos comunicar através do *e-mail* editorial@editoraforum.com.br para que possamos esclarecer, no que couber. A sua contribuição é muito importante para mantermos a excelência editorial. A Editora Fórum agradece a sua contribuição.

Dados Internacionais de Catalogação na Publicação (CIP) de acordo com a AACR2

S111e	Saadi, Mário
	Empresa semiestatal / Mário Saadi. 1. Reimpressão. – Belo Horizonte : Fórum, 2019.
	328p.; 14,5 cm x 21,5 cm
	ISBN: 978-85-450-0607-7
	1. Direito Público. 2. Empresa semiestatal. I. Título.
	CDD: 341
	CDU: 342

Elaborado por Daniela Lopes Duarte – CRB-6/3500

Informação bibliográfica deste livro, conforme a NBR 6023:2002 da Associação Brasileira de Normas Técnicas (ABNT):

SAADI, Mário. *Empresa semiestatal*. 1. reimpr. Belo Horizonte: Fórum, 2019. 328p. ISBN 978-85-450-0607-7.

*À Lamia, minha mãe,
como retribuição. Por tudo.*

*À Leticia, meu genuíno amor.
Mais uma vez. Sempre.*

AGRADECIMENTOS

Esta obra é fruto da tese de doutoramento que defendi na Faculdade de Direito da Universidade de São Paulo no ano de 2018, perante banca composta pelos Professores Rodrigo Pagani de Souza (USP), Sebastião Botto de Barros Tojal (USP), Marcos Augusto Perez (USP), Jacintho Arruda Câmara (PUC-SP), Dinorá Adelaide Musetti Grotti (PUC-SP) e Mario Engler Pinto Jr. (Direito-GV).

Todo o trabalho aqui empregado, contudo, iniciou-se, em boa medida, com meu ingresso no curso de graduação em Direito da Fundação Getulio Vargas. No já longe ano de 2006, fui aluno de um jovem que ali também ingressava. O Professor Rodrigo Pagani viu meus primeiros passos na faculdade e me acompanhou na empreitada acadêmica, como orientador desta tese. Apenas posso agradecer pela confiança depositada e espero ter retribuído, com empenho e dedicação, um pouco de tudo o que me foi passado.

Em 2012, comecei meu curso de mestrado também em São Paulo, agora na Pontifícia Universidade Católica. Ali, meus agradecimentos vão à Professora Dinorá Grotti. Tenho certeza de que, quando ingressei na PUC-SP, a Professora Dinorá não fazia a ideia de quem eu era, de onde eu vinha, o que eu poderia. Indo por aí, o que eu posso dizer é que ela irá sempre comigo.

Na Universidade de São Paulo, agradeço ao Professor Floriano de Azevedo Marques Neto e ao Professor Sebastião Tojal, que, ao lado do Professor Rodrigo Pagani, compuseram a banca de qualificação referente a este trabalho. Agradeço também ao Professor Marcos Perez, que ministrou (ao lado do Professor Rodrigo Pagani) as disciplinas "Controle da Administração Pública" e "Atividade Administrativa de Fomento", e ao Professor Floriano de Azevedo Marques Neto, que coordenou a disciplina "O Contrato Administrativo Brasileiro: Crise e Superação" com o Professor Carlos Ari Sundfeld e com o Professor Marçal Justen Filho. Para mim, aquelas aulas foram sonho realizado. Mais: foram exemplos de discussão jurídica qualificada, conduzida com a mais absoluta competência.

No intermédio entre a conclusão do mestrado e o início do curso de doutorado, principiei nova etapa profissional, nas áreas de Direito da

Infraestrutura e Direito Público Empresarial do escritório Mattos Filho, Veiga Filho, Marrey Jr. e Quiroga Advogados. Agradeço à instituição como um todo nas pessoas do Bruno Werneck, do Fabiano Brito e do Thiago Sombra.

Meu entusiasmo pelo trabalho é impulsionado por outras pessoas com as quais convivo diariamente no Mattos Filho. São elas a Camila Nardin de Castro Neves, o Felipe Miranda Ferrari Picolo, o Higor Borges Lima, o João Henrique D'Ottaviano Sette, a Juliana Deguirmendjian, a Maria Beatriz Picarelli Gonçalves Johonsom di Salvo, a Marília Salim Kotait, o Raul Dias dos Santos Neto e o Samuel Olavo de Castro. Há mais um, que já não está por ali, é verdade, mas que segue conosco: o Mauro Augusto de Souza Mello Neto. Não poderia deixar de mencioná-los. Sem a ajuda diária de cada um de vocês, isso aqui não estaria no papel, definitivamente!

Tampouco o estaria sem o suporte da minha família.

Agradeço ao Pedro Tosi, ao Alexandre Saadi e ao Antuane Saadi Filho, que estiveram ao meu lado ao longo desta jornada e nunca deixaram de me apoiar, sempre que precisei.

Ao Seu Antuá, simplesmente por ser quem é. Dizer que ele é meu avô é pouco. Temos amizade sincera, separada por diferença de 58 anos – mero detalhe. Essa ponte é que nos une.

A vida, muitas vezes, aproxima-nos e nos afasta das pessoas sem qualquer linearidade. Recentemente, ela me reaproximou de meu irmão, Mário Cesar, amigo incondicional.

À Regina Alencar e ao Juraci Alencar, meus sogros, agradeço pelo que fazem constantemente por mim (inclusive me emprestar pedaço de sua mesa de jantar, a qual, ao longo de incontáveis finais de semana, virou balcão de estudos!).

Olhando para o passado, vejo que este trabalho se iniciou não exatamente em 2006, mas muito antes, lá em Pedregulho. Ainda criança, adquiri paixão por estudar que, hoje, vejo em grande medida explicada pelo fato de minha mãe, Lamia, ter sido professora nas escolas que frequentei. Talvez paixão se confundisse um pouco com medo (de broncas que certamente viriam!), mas agradeço à minha mãe por ter despertado em mim o gosto pelos estudos. Desde já não sei bem quando ela tem sofrido comigo, vibrado comigo e – assim espero – se alegrado comigo (muito mais do que eu mesmo sofro, vibro ou alegro-me). Fique tranquila, enfim, mãe!

Sempre ouvi dizer que a elaboração de um trabalho acadêmico é exercício de introspecção e envolve período de solidão. No meu caso, a primeira questão é verdadeira. Mas não a segunda. Sou privilegiado: tenho a Leticia ao meu lado. Devo tudo a ela. Trabalhamos juntos. Ingressamos na pós-graduação juntos. Cursamos disciplinas juntos. Estivemos juntos em cada dia da construção de nossos trabalhos. Estamos juntos na edificação dos mais singelos detalhes de nossas vidas. E estaremos juntos em cada momento delas. Mais uma página está aqui! Um sem-número de outras não cessarão de ser escritas, sempre com o mais genuíno amor!

Do fundo do coração: muito obrigado! A cada um de vocês!

De Dom João I a Getúlio Vargas, numa viagem de seis séculos, uma estrutura político-social resistiu a todas as transformações fundamentais, aos desafios mais profundos, à travessia do oceano largo. O capitalismo politicamente orientado – o capitalismo político, ou o pré-capitalismo –, centro da aventura, da conquista e da colonização moldou a realidade estatal, sobrevivendo e incorporando na sobrevivência o capitalismo moderno, de índole industrial, racional na técnica e fundado na liberdade do indivíduo – liberdade de negociar, de contratar, de gerir propriedade sob a garantia das instituições. A comunidade política conduz, comanda, supervisiona os negócios, como negócios privados seus, na origem, como negócios públicos depois, em linhas que se demarcam gradualmente. O súdito, a sociedade, se compreendem no âmbito de um aparelhamento a explorar, a manipular, a tosquiar nos casos extremos. Dessa realidade se projeta, em florescimento natural, a forma de poder, institucionalizada num tipo de domínio: o patrimonialismo, cuja legitimidade se assenta no tradicionalismo – assim é porque sempre foi.

(Raymundo Faoro, *Os donos do poder*: formação do patronato político brasileiro. 4. ed. São Paulo: Globo, 2008, p. 819)

GLOSSÁRIO

ABGF	Agência Brasileira Gestora de Fundos Garantidores e Garantias S/A, empresa pública vinculada ao Ministério da Fazenda, cuja criação foi autorizada pela Lei nº 12.712, de 30 de agosto de 2012.
ADI	Ação Direta de Inconstitucionalidade.
Anteprojeto de Reforma da Administração	Anteprojeto de lei que teve como objetivo propor nova estrutura orgânica para o funcionamento da Administração Pública Federal, elaborado por comissão de juristas constituída pela Portaria 426, de 6 de dezembro de 2007, do Ministério do Planejamento.
B3	B3 S/A – Brasil, Bolsa, Balcão, empresa decorrente da combinação entre BM&FBOVESPA e CETIP, que tem como atividade a administração de mercados organizados de títulos e valores mobiliários.
CEF	Caixa Econômica Federal, instituição financeira federal cuja criação foi autorizada pelo Decreto-Lei nº 759, de 12 de agosto de 1969.
CEMIG	Companhia Energética de Minas Gerais, constituída em 22 de maio de 1952, como sociedade por ações e de economia mista.
Cf.	Conferir.
CF	Constituição Federal de 1988.
CHESF	Companhia Hidrelétrica do São Francisco, subsidiária da Eletrobras que tem como atividade principal a geração, a transmissão e a comercialização de energia elétrica, cuja criação foi autorizada pelo Decreto-Lei nº 8.031, de 3 de outubro de 1945.
CGPAR	Comissão Interministerial de Governança Corporativa e de Administração de Participações Societárias da União, criada pelo Decreto nº 6.021/2007.
CVM	Comissão de Valores Mobiliários, autarquia em regime especial, vinculada ao Ministério da Fazenda, criada pela Lei nº 6.385/1976.

Decreto nº 1.091	Decreto nº 1.091, de 21 de março de 1994, que dispõe sobre procedimentos a serem observados por empresas controladas direta ou indiretamente pela União.
Decreto nº 6.021	Decreto nº 6.021, de 22 de janeiro de 2007, que cria a CGPAR.
Decreto nº 8.871	Decreto nº 8.871, de 6 de outubro de 2016, que dispõe sobre a estrutura regimental do Ministério de Minas e Energia.
Decreto nº 9.240	Decreto nº 9.240, de 15 de dezembro de 2017, que aprova o Programa de Dispêndios Globais das empresas estatais federais para o exercício de 2018.
Decreto nº 8.945	Decreto nº 8.945, de 27 de dezembro de 2016, que regulamenta, no âmbito da União, a Lei nº 13.303/2016.
Decreto nº 9.035	Decreto nº 9.035, de 20 de abril de 2017, que aprova a estrutura regimental do Ministério do Planejamento.
Decreto nº 9.188	Decreto nº 9.188, de 1º de novembro de 2017, que estabelece regras para a adoção de regime especial de desinvestimento de ativos pelas sociedades de economia mista federais.
Decreto nº 84.128	Decreto nº 84.128, de 29 de outubro de 1979, que dispunha sobre o controle de recursos e dispêndios de empresas estatais.
Decreto nº 86.215	Decreto nº 86.215, de 25 de julho de 1981, que fixava normas para a transferência, transformação e desativação de empresas sob o controle do Governo Federal.
DEST	Antigo Departamento de Coordenação e Governança das Empresas Estatais, cujas atribuições eram trazidas no Decreto nº 8.578/2015.
DL nº 200	Decreto-Lei nº 200, de 25 de fevereiro de 1967, que dispõe sobre a organização da Administração Federal e estabelece diretrizes para a Reforma Administrativa.
Eletrobras	Centrais Elétricas Brasileiras S/A, cuja autorização para criação pela União foi veiculada pela Lei nº 3.890-A/1961.
Infraero	Empresa Brasileira de Infraestrutura Aeroportuária, empresa pública cuja autorização para criação foi veiculada pela Lei nº 5.862/1972.
j.	Julgado em.
Lei da Eletrobras	Lei nº 3.890-A, de 25 de abril de 1961, que autoriza a União a criar a Eletrobras.

Lei das Empresas Estatais	Lei nº 13.303, de 30 de junho de 2016, que dispõe sobre o estatuto jurídico da empresa pública, da sociedade de economia mista e de suas subsidiárias.
Lei das S/A	Lei nº 6.404, de 15 de dezembro de 1976, que dispõe sobre as Sociedades por Ações.
Lei de Inovação	Lei nº 10.937, de 2 de dezembro de 2004, que dispõe sobre incentivos à inovação e à pesquisa científica e tecnológica no ambiente produtivo.
Lei de Licitações	Lei nº 8.666, de 21 de junho de 1993, que regulamenta o art. 37, XXI, da CF, e institui normas para licitações e contratos da Administração Pública.
Lei de PPPs	Lei nº 11.079, de 30 de dezembro de 2004, que institui normas gerais para a licitação e contratação de parcerias público-privadas.
Lei de Processo Administrativo	Lei nº 9.784, de 29 de janeiro de 1999, que regula o processo administrativo no âmbito da Administração Pública Federal.
Lei do Petróleo	Lei nº 9.478, de 6 de agosto de 1997, que dispõe sobre a política energética nacional e as atividades relativas ao monopólio do petróleo.
Lei do PND	Lei nº 9.491, de 9 de setembro de 1997, que altera procedimentos relativos ao Programa Nacional de Desestatização.
Lei nº 6.223	Lei nº 6.223, de 14 de julho de 1975, que dispõe sobre a fiscalização financeira e orçamentária da União pelo Congresso Nacional.
LOA-2017	Lei nº 13.414, de 10 de janeiro de 2017, que estima a receita e fixa a despesa da União para o exercício financeiro de 2017.
LRF	Lei Complementar nº 101, de 4 de maio de 2000, que estabelece normas de finanças públicas voltadas para a responsabilidade na gestão fiscal.
MME	Ministério de Minas e Energia, cujas funções são veiculadas pelo Decreto nº 8.871/2016.
MPDG	Ministério do Planejamento, Desenvolvimento e Gestão, organizado conforme o Decreto nº 9.035/2017.
PDG	Programa de Dispêndios Globais das empresas estatais federais para o exercício de 2018, nos termos do Decreto nº 9.240.

Petrobras	Petróleo Brasileiro S/A, sociedade de economia mista vinculada ao Ministério de Minas e Energia, cuja criação pela União foi autorizada pela Lei nº 9.478/1997.
PPPs	Parcerias público-privadas, contratadas nos termos da Lei nº 11.079/2004.
Regulamento do Novo Mercado da B3	Documento que trata do padrão de governança corporativa altamente diferenciado da B3.
Resolução BACEN 401	Resolução do Banco Central do Brasil, de 22 de dezembro de 1976, que dispunha sobre a alienação de controle de companhias abertas. Revogada pela Resolução BACEN 2.927, de 17 de janeiro 2002.
SABESP	Companhia de Saneamento Básico do Estado de São Paulo, sociedade de economia mista integrante da Administração Pública do Estado de São Paulo, cuja constituição foi autorizada pela Lei Estadual nº 119/1973.
SANEPAR	Companhia de Saneamento do Paraná, sociedade de economia mista integrante da Administração Pública do Estado do Paraná, cuja criação foi autorizada pela Lei Paranaense nº 4.684/1963.
SC Gás	Companhia de Gás de Santa Catarina, distribuidora de gás canalizado no Estado de Santa Catarina, fundada em 1994 como sociedade de economia mista.
SEST	Primeiro, a Secretaria de Controle de Empresas Estatais, criada pelo Decreto nº 84.128, de 29 de outubro de 1979. Posteriormente, a Secretaria de Coordenação e Governança das Empresas Estatais, órgão da estrutura do MPDG, conforme o Decreto nº 9.035/2017.
STF	Supremo Tribunal Federal.
STJ	Superior Tribunal de Justiça.
TJ-PR	Tribunal de Justiça do Estado do Paraná.
TJ-SC	Tribunal de Justiça do Estado de Santa Catarina.
Valec	Valec Engenharia, Construções e Ferrovias S/A, empresa pública federal reestruturada pela Lei nº 11.772, de 17 de setembro de 2008.

SUMÁRIO

PREFÁCIO
Rodrigo Pagani de Souza 21

APRESENTAÇÃO
Mario Engler Pinto Júnior 25

INTRODUÇÃO 27

PARTE I
NOÇÃO E REGIME ESTRUTURAL DA EMPRESA SEMIESTATAL

CAPÍTULO 1
NOÇÃO JURÍDICA DE EMPRESA SEMIESTATAL 49
1.1   Caracterização: a empresa semiestatal 49
1.2   Aspecto correlato: a empresa público-privada 54

CAPÍTULO 2
EMPRESA SEMIESTATAL NO ORDENAMENTO JURÍDICO 63
2.1   Constituição Federal de 1988 66
2.2   Lei das Empresas Estatais e legislação correlata 67
2.2.1 Decreto nº 8.945/2016 e a caracterização de "sociedades privadas" 72
2.2.2 DL nº 200 e a caracterização de empresas públicas e sociedades de economia mista 76
2.2.3 Decreto nº 1.091/1994 e o compartilhamento de controle 78
2.3   Empresas controladas pela Administração Pública na legislação esparsa 81
2.3.1 Decreto nº 84.128/1979 e a criação da SEST 82
2.3.2 Cobrança de IRPJ de sociedades de economia mista e discussão no STF (ROMS 24.249-7/DF) 87
2.3.3 Decreto nº 6.021/2007 e a criação da CGPAR 94
2.4   Conclusão 96

CAPÍTULO 3
CONTROLES ACIONÁRIO E SOCIETÁRIO NA EMPRESA
SEMIESTATAL 99

3.1 Entre formalismo (Lei das Estatais) e materialidade (Lei das S/A) 101
3.1.1 Distinção entre controles acionário e societário e a empresa semiestatal 107
3.1.2 Distinção entre controles e entendimento da CVM sobre a Lei das Empresas Estatais 109
3.2 Administração Pública como compartilhadora de controle societário 113
3.2.1 Discussões sobre acordos de acionistas celebrados pelo Estado 115
3.3 Instrumentalidade do poder de controle e a dialética da empresa semiestatal 124
3.4 Conclusão 144

CAPÍTULO 4
REGIME ESTRUTURAL DA EMPRESA SEMIESTATAL 145

4.1 Critério de enquadramento da maioria do capital votante e segurança jurídica 145
4.2 Orçamento de investimento e solução fática a respeito do tema 150
4.3 Requisitos para participação do Estado e contribuição à acepção de controle 154
4.3.1 Importância dos instrumentos negociais que preveem compartilhamento de controle 163
4.3.2 Obrigações societárias impostas ao Estado na qualidade de sócio integrante de bloco de controle 172
4.4 Fechamento 175

PARTE II
REGIME FUNCIONAL DA PARTICIPAÇÃO ESTATAL NA EMPRESA SEMIESTATAL

CAPÍTULO 5
EMPRESA SEMIESTATAL COMO INSTRUMENTO DE
EXPLORAÇÃO DIRETA DE ATIVIDADE ECONÔMICA 179

5.1 Intervenção direta do Estado na atividade econômica e a ideia de persistência 182

5.1.1	Motivação para realização do investimento minoritário: eficiência	185
5.2	Empresas semiestatais no setor de petróleo e gás	192
5.2.1	Instrumentos de compartilhamento de controle no setor de petróleo e gás	198
5.3	Empresas semiestatais no setor elétrico	200
5.3.1	Instrumentos de compartilhamento de controle no setor elétrico	203
5.4	Conclusão	205

CAPÍTULO 6
PARTICIPAÇÃO NA EMPRESA SEMIESTATAL COMO INSTRUMENTO DE FOMENTO 207

6.1	Atividade administrativa de fomento e sua delimitação	208
6.1.1	Motivação para realização do investimento minoritário: potencialidade	215
6.2	Empresas semiestatais no âmbito dos bancos públicos de fomento	216
6.2.1	Instrumentos de fomento no âmbito dos bancos públicos de fomento	217
6.2.2	Instrumentos societários de controle no âmbito dos bancos públicos de fomento	219
6.3	Possibilidade de constituição de empresas semiestatais no setor de inovação	222
6.3.1	Participação estatal minoritária como instrumento de fomento no setor	222
6.3.2	Possibilidade de adoção de instrumentos societários de compartilhamento de controle no setor	223
6.4	Fechamento	224

PARTE III
CONTROLE SOBRE A EMPRESA SEMIESTATAL

CAPÍTULO 7
CONTROLE SOBRE A FUNÇÃO DA EMPRESA SEMIESTATAL 229

7.1	Controle por Tribunais de Contas	230
7.2	Controle por meio do planejamento na constituição de empresas semiestatais	232

7.2.1	Discussões sobre planejamento de investimentos estatais minoritários	242
7.3	Controle pela possibilidade de execução de atividades exclusivamente pela iniciativa privada	257
7.4	Conclusão	261

CAPÍTULO 8
EM BUSCA DE RESULTADOS DAS EMPRESAS SEMIESTATAIS..... 263

8.1	Discurso de busca de resultados nas empresas estatais	266
8.2	Alcance de resultados na intervenção direta na economia: políticas públicas	271
8.3	Alcance de resultado na atividade administrativa de fomento: ciclo de vida de projetos	286
8.3.1	O intercâmbio das ideias de inserção em políticas públicas e o ciclo de vida de projetos	298
8.4	Fechamento	303

CONCLUSÃO 305

REFERÊNCIAS 313

PREFÁCIO

Mário Márcio Saadi Lima oferece à comunidade acadêmica e a toda a sociedade esta obra resultante de sua tese de doutorado, defendida na Faculdade de Direito da Universidade de São Paulo, na qual obteve unânime aprovação pela banca examinadora por mim presidida, na honrosa qualidade de seu orientador (embora sem direito a voto, regimentalmente), e composta pelos eminentes professores, estes sim votantes, Mário Engler Pinto Júnior (FGV-SP), Dinorá Adelaide Musetti Grotti (PUC-SP), Jacintho Arruda Câmara (PUC-SP), Marcos Augusto Perez (USP) e Sebastião Botto de Barros Tojal (USP).

Em boa hora, a obra é dedicada ao estudo minucioso de fenômeno jurídico relativamente recente, e ainda não suficientemente delimitado e compreendido pelos estudiosos e operadores do Direito – o da emergência das chamadas "empresas semiestatais". O autor se vale desta terminologia, a das "empresas semiestatais", que tive a oportunidade de propor na companhia de Carlos Ari Sundfeld e Henrique Motta Pinto, em ensaio publicado em 2011,[1] o que não passa despercebido, não porque seria a única "correta" – não é –, mas porque sou testemunha da autonomia intelectual com que o autor constrói e sustenta suas ideias, atributo que facilmente lhe permitiria adotar qualquer outra denominação sob justificativa razoável.

A expressão não é jurídica, no sentido de ditada e definida por normas vigentes no País, mas concebida teoricamente para designar – numa primeira aproximação – empresas do setor privado, não estatal, que, embora não integrantes do aparelho administrativo do Estado brasileiro, têm o Estado como sócio minoritário relevante, capaz de influenciar significativamente no exercício de seu controle. Em suma, não são Estado, mas se sujeitam a significativa influência estatal na sua condução (em graus variáveis, conforme o caso). Numa só expressão, são "empresas semiestatais".

Compreendê-las assim é ponto de partida para enxergá-las não como entidades sujeitas aprioristicamente a regramentos que recaem

---

[1] SUNDFELD, Carlos Ari; SOUZA, Rodrigo Pagani de; PINTO, Henrique Motta. Empresas semiestatais. *Revista de Direito Público da Economia – RDPE*, Belo Horizonte, ano 9, n. 36, p. 75-99, out./dez. 2011.

sobre o Estado, mesmo sobre as figuras estatais de direito privado, como as empresas estatais (sociedades de economia mista ou empresas públicas); é, antes, tomá-las como organizações não estatais, sujeitas, em princípio, ao regime jurídico de direito privado, aquele que amolda justamente as organizações e as atividades empresariais não estatais. Porém, assim compreendê-las – como entidades não estatais – é mero ponto de partida, mas não de chegada. Isso porque é preciso também levar a sério a circunstância de que, embora não estatais, têm o Estado como copartícipe de seu controle, o que faz de cada uma delas uma organização cujo controle é objeto de arranjo mais complexo, que transcende o controle exclusivamente ditado pela iniciativa privada não estatal. Essa circunstância as torna entidades aparentemente não equiparáveis em tudo e por tudo às típicas empresas do setor privado. Afinal, o que significará ter "o Leviatã como sócio minoritário", para utilizar aqui a inteligente e provocativa imagem disseminada por economistas atentos ao fenômeno?

A existência desse emergente fenômeno empresarial que, embora não estatal, é conduzido sob significativa influência estatal, precisava ser enfocada, como faz com brilhantismo esta obra de Mário Saadi. E um dos aspectos de grande valor de seu trabalho reside não na escolha da expressão pretensamente mais capaz de sintetizar o fenômeno – vale insistir, não há prescrição aqui, de modo que em teoria outras tantas seriam admissíveis –, mas repousa, antes, na exata compreensão e delimitação do fenômeno a nomear.

Noutras palavras, contribuição importante de Mário Saadi está no esforço singular de delimitação das fronteiras do que sejam tais empresas, apartando-as de outras situações mais comuns em que o Estado é sócio minoritário de empresas não estatais, sem que a sua participação societária ou mesmo no exercício do controle empresarial chegue a transmutá-las em algo mais do que simples organizações empresariais não estatais. É dizer, o trabalho de Mário Saadi empenha-se em lançar luzes sobre a tormentosa, embora capital, questão de distinguir as ditas "semiestatais" das situações em que a participação minoritária do Estado no capital votante de empresas do setor privado simplesmente não tem o condão de lhes modificar de algum modo a natureza e aproximá-las de algo um tanto distinto.

Merece registro o fato de que, mais do que tomar de empréstimo uma expressão, o autor empenha-se em fazer adição e aprofundamento quanto ao correspondente conceito. Este esforço conceitual é digno de nota, pois, evidentemente, tende a contribuir para o avanço das reflexões sobre o tema; permite um diálogo mais profícuo, porque conceitualmente rigoroso, com trabalhos que o antecederam e com outros que certamente virão – por vezes valendo-se da expressão "empresa público-privada", embora, como adverte Saadi, sem que o fenômeno designado sob tal alcunha corresponda àquilo que se está a designar por "semiestatal". Mas a contribuição da obra de Mário Saadi vai além do aspecto conceitual. Visa mesmo, o seu trabalho, a descortinar o que denomina de "regimes jurídicos estrutural e funcional" dessas empresas. Tarefa nada singela, porquanto a própria ideia de que não pertençam ao aparelho administrativo do Estado brasileiro pode ser questionada, como de fato o é por parcela da doutrina – como também nos ensina Saadi. Sendo assim, esta sua sede no âmbito *externo* à estrutura administrativa estatal há de ser demonstrada e comprovada. Nesse passo Saadi sustenta, efetivamente, que, estruturalmente, a semiestatal não é Estado, refletindo em seguida criteriosamente sobre as consequências daí advindas.

Funcionalmente – é dizer, pelo ângulo das funções que desempenham – também existem dúvidas sobre o regime jurídico que lhes deva ser aplicado. Nesse passo, a tese aponta ao menos duas funções a serem investigadas, a de intervenção direta no domínio econômico e a de fomento, distinção por si só já bastante significativa. E, aprofundando, o autor suscita uma série de questões de relevo, para enfrentá-las com afinco.

Outra frente de investigação é o controle sobre as empresas semiestatais. A questão fulcral é saber como o Direito, afinal, enquadra o fenômeno, disciplina-o e pode tangê-lo para os fins determinados pela Constituição da República. Essa é das temáticas que reclamavam maior aprofundamento investigativo, considerando-se, inclusive, julgados do Tribunal de Contas da União que têm lidado com o assunto, apesar da falta de normatização mais geral.

Todas essas frentes exigiram do autor ir além da investigação acerca do Direito Administrativo, conjugando-a com o exame do Direito Comercial, numa conjunção de objetos infelizmente pouco frequente entre os juristas, especializados que somos cada vez mais em nichos do fenômeno jurídico, por razões várias. Este é mais um aspecto de valor da obra produzida, sem falar na relevante experiência advocatícia do autor, que embebe de salutar pragmatismo as suas reflexões.

As contribuições desta obra, como se vê, são múltiplas e fundamentais para todos os que pretendam melhor compreender, à luz do Direito, a emergência dessas entidades empresariais no País, e com isso, quiçá, até mesmo algo do tipo de capitalismo a que servem (ventilou-se, não só no Brasil, denotarem um certo "capitalismo de Estado"). Tenha-se apreço ou não pela ideologia que impulsiona o fenômeno, é papel do Direito compreendê-lo e demarcá-lo sob as balizas constitucionais.

Certo é que nas várias frentes de investigação que abraçou, Mário Saadi o fez com o empenho, a organização, a persistência e a já assinalada autonomia intelectual que lhe são próprios, atingindo resultados louváveis. A mim só couberam a alegria da convivência, o prazer do intercâmbio intelectual genuíno e motivante, e a satisfação da interação com alguém que se dedica aos seus projetos com afinco e profissionalismo. Fui testemunha de que, com a bagagem de seu mestrado na PUC-SP e graduação na FGV-SP, o autor soube aportar seu brilho também ao Largo de São Francisco.

I don't want you to think like me, but with me – disse Charles Russo (*Dayton University*), recentemente, nas Arcadas, em frutífero diálogo com docentes e pós-graduandos sobre metodologia de ensino do Direito. Mário Saadi, com sua dedicação e obra dela resultante, confirma que esta filosofia vale a pena. Suscita as próprias questões, aprofunda-se no que já conhece, questiona, duvida, investiga de novo, reformula. Vai longe, faz o conhecimento jurídico avançar. Os dizeres do experiente colega norte-americano não se prestam a ventilar aqui, por óbvio, qualquer possível discordância que se poderia quiçá ventilar face a eventuais escolhas e ideias do autor da obra prefaciada; simplesmente não é o ponto a assinalar. As bonitas palavras apenas me ajudam a exprimir o orgulho e a gratidão que sinto pela oportunidade de acompanhar Mário Saadi na sua jornada, aprendendo com ele, e testemunhando finalmente o resultado, que, enfim, converte-se em mais um livro de sua autoria. Este será de grande valia a todos nós estudiosos e operadores do Direito e aos que, de alguma maneira, mirem com curiosidade as atuações e intervenções do Estado no campo empresarial.

Largo de São Francisco, 8 de novembro de 2018.

Rodrigo Pagani de Souza
Professor da Faculdade de Direito da Universidade de São Paulo (nos níveis de graduação, mestrado e doutorado) e da Escola de Administração de Empresas de São Paulo da Fundação Getulio Vargas (no mestrado profissional). Possui bacharelado pela Faculdade de Direito da Pontifícia Universidade Católica de São Paulo (obtido em 2002), mestrado e doutorado pela Faculdade de Direito da Universidade de São Paulo (obtidos em 2006 e 2010, respectivamente) e mestrado (LL.M.) pela Yale Law School, nos Estados Unidos (obtido em 2008).

APRESENTAÇÃO

A obra de autoria de Mario Márcio Saadi Lima é fruto de sua tese de doutorado, desenvolvida no âmbito do Departamento de Direito do Estado, da Faculdade de Direito da Universidade de São Paulo. A tese foi defendida com competência perante a banca examinadora, da qual tive a honra de participar a convite do colega e amigo Rodrigo Pagani de Souza, responsável pela orientação docente do autor.

O trabalho acadêmico, agora transformado em livro, aborda tema da mais alta relevância, na área de interseção entre o Direito Público e o Direito Comercial. Trata-se do critério de enquadramento na administração pública e o regime jurídico aplicável às empresas que contam com participação acionária de ente estatal, porém, em posição minoritária no capital votante.

Vale lembrar que a atuação empresarial do Estado pode assumir diferentes contornos, conforme o contexto em que se encontra inserida, a exemplo da prestação descentralizada de serviços públicos, da exploração de monopólios economicamente rentáveis, do suprimento do déficit de iniciativa privada em setores estratégicos, e ainda do fomento a empreendimentos particulares. Para isso, o Estado utiliza preferencialmente a figura da empresa estatal, em que o controle acionário pressupõe a titularidade da maioria absoluta do capital votante.

Mesmo após a onda de privatizações que o país vivenciou nas últimas décadas, a companhia mista continua desempenhando papel importante na economia e no mercado de capitais brasileiros. O empreendimento estatal nesse caso deve ser orientado por objetivos de interesse público, que não se confundem com a simples maximização dos lucros, inspiradora de decisões de investimento e gestão típicas de agentes econômicos privados.

Muito se avançou no sentido de fortalecer a governança corporativa das empresas estatais, por meio do aumento da transparência, cuidado na divulgação de informações, estruturação das áreas de conformidade e integridade, estipulação de requisitos positivos e negativos de elegibilidade de administradores societários e imputação de responsabilidades mais rigorosas ao acionista controlador público. O advento da Lei nº 13.303, de 30 de junho de 2016, procurou equacionar essas questões, com vistas sobretudo a ampliar o nível de proteção da empresa estatal contra o risco de aparelhamento político-partidário e prejuízo patrimonial motivado por práticas de corrupção.

Ocorre que o investimento público não se reduz à assunção de posição controladora no capital de empresas estatais. Ele também pode assumir formas híbridas, que desafiam a capacidade de compreensão dos juristas para definição do tratamento legal aplicável. Uma dessas formas é justamente a chamada empresa semiestatal, que constitui o objeto central da investigação e reflexão de Mario Márcio Saadi Lima. Esse arranjo societário caracteriza-se pelo fato de o Estado não ser titular da maioria absoluta do capital votante, ainda que lhe sejam assegurados poderes especiais de deliberação, por meio do estatuto social ou de acordo de acionistas.

O raciocínio do autor baseia-se na análise aprofundada do direito posto, para concluir que a empresa semiestatal é conceitualmente um ente privado e, portanto, não deve ser tratada para nenhum efeito como parte integrante da administração pública indireta. O entendimento hermenêutico considera como fator determinante a propriedade formal das ações com direito a voto, a despeito do eventual compartilhamento do controle acionário, ou de outro tipo de divisão de autoridade decisória no âmbito da companhia.

Além de estar legalmente fundamentado, esse posicionamento tem o mérito de simplificar a solução sobre o enquadramento jurídico de uma parceria societária que pode assumir múltiplas faces. Nesse caso, fica prestigiado o ideal de segurança jurídica, sem que reste afastada, porém, a possibilidade de desconsideração de formas abusivas que caracterizem desvio de finalidade.

O argumento dogmático e o rigor acadêmico que suportam a tese do autor merecem elogios. De outro lado, as conclusões apresentadas contribuem para o aprimoramento da teoria jurídica voltada à resolução de problemas concretos. A obra merece ser lida e discutida por todos os que militam profissionalmente na área ou se interessam pelo assunto no âmbito da academia.

Mario Engler Pinto Junior
Doutor em Direito Comercial pela Universidade de São Paulo. Professor da FGV Direito SP e Coordenador do Programa de Mestrado Profissional. Leciona nos cursos de graduação e pós-graduação, além de realizar pesquisas sobre arranjos contratuais e societários nos setores público e privado. É membro da Câmara de Arbitragem do Mercado da Bolsa de Valores (B3) e Procurador do Estado de São Paulo (aposentado).

INTRODUÇÃO

Estudo neste trabalho os regimes jurídicos estrutural e funcional das empresas semiestatais. Apesar da relevância das diversas maneiras pelas quais a Administração Pública pode desenvolver parcerias, em geral, com a iniciativa privada, este trabalho possui como objetivo delimitar contornos jurídicos de uma delas: *as que envolvem empresas privadas em que o Estado[1] possui minoria do capital votante, concomitantemente ao exercício de influência significante em seus rumos sociais, por meios negociais, especialmente com celebração de acordos de sócios que sejam aptos a assegurar compartilhamento de controle*. Para os fins do trabalho, denomino-a de "empresa semiestatal".[2] [3]

---

[1] "O Estado é ente formulador de políticas públicas, regulador das atividades econômicas e solucionador de conflitos; interage com a empresa tanto para disciplinar o funcionamento dela quanto para utilizá-la para satisfazer finalidades públicas. Essa identidade de Estado permite depreender estudos sobre a relação Estado-empresa, pois está fundada em um conceito funcional de Estado [...]" (ANGARITA, Antonio; SICA, Ligia Paula P. Pinto; DONAGGIO, Angela. *Estado e empresa*: uma relação imbricada (Coleção Acadêmica Livre. Série pesquisa). São Paulo: Direito GV, 2013, p. 27).

[2] Detalhamento sobre o tema é trazido no item 1.1.

[3] O entendimento pela associação entre capitais públicos e privados como forma de parceria não é exatamente novo. Bilac Pinto, ao tratar do advento da empresa pública, já via nas sociedades de economia mista processo de parceria público-privada: "[a] sociedade comercial, que já havia se revelado um importante instrumento na expansão da economia particular, quer pelas possibilidades de aglutinação de pequenas parcelas de capital, quer pelas novas técnicas de organização e de racionalização do trabalho, que começavam a ser utilizadas, passou, então, a ser adotada pelo Poder Público, mediante vários processos de coparticipação público-privada" (O declínio das sociedades de economia mista e o advento das modernas empresas públicas. *Revista de Direito Administrativo*, Seleção Histórica, Rio de Janeiro: Renovar, 1995, p. 260). Waldemar Ferreira demonstra que a conjugação entre capitais públicos e privados para o desenvolvimento de projetos relevantes foi o modelo utilizado para a constituição da Companhia das Índias Orientais (em 1602) e da Companhia das Índias Ocidentais (em 1621). Desde então, é colocado em prática em distintos países e com variadas finalidades (*A sociedade de economia mista em seu aspecto contemporâneo*. São Paulo: Max Limonad, 1956, p. 21-42).

À luz do ordenamento jurídico e da prática administrativa, os empreendimentos executados por empresas privadas, em que o Estado figura como sócio minoritário (sob a perspectiva da propriedade de cotas ou ações com direito a voto), mas com controle societário compartilhado (ou *partilhado*, na expressão de Arnoldo Wald),[4] ganharam relevância e diversificação.

Verifica-se que o Estado tem realizado investimentos minoritários no capital social de empresas privadas ou mantido participação acionária minoritária em casos de desinvestimentos. Concomitantemente à participação minoritária, adota mecanismos societários que lhe garantem compartilhamento de controle societário com sócio privado nas empresas assim investidas ou participadas, as quais têm ganhado reconhecimento pela legislação e sido estudadas pela doutrina no país, mas que ainda merecem maior atenção.

O trabalho gira em torno da caracterização jurídica desse fenômeno de participação acionária estatal minoritária, porém relevante e qualificada. O enfoque é dado a casos nos quais empresas estatais constituem empresas semiestatais para o cumprimento de objetos previstos em seus atos de constituição.

A primeira motivação para o seu desenvolvimento diz respeito ao enquadramento estrutural das empresas semiestatais. Para tanto, o meu foco de estudo é se *integrariam ou não a Administração Pública indireta*, tais como empresas públicas e sociedades de economia mista, cujas principais características são dadas pela Lei das Empresas Estatais e pelo DL nº 200.

A segunda motivação foi a de verificar se as empresas semiestatais representariam a persistência do Estado como relevante ator, sob a perspectiva jurídica, tendo como enfoque análise sobre a intervenção

---

[4] "É, pois, evidente que não é titular do poder de controle o acionista (ou grupo de acionistas) que dependa do voto de outros sócios para fazer valer a sua vontade nas assembleias-gerais. Neste sentido, é possível afirmar que, no caso do comando compartilhado, que é exercido em conjunto pelos acionistas, nenhum dos sócios detém, individualmente, o controle. Ou seja: no fundo, não existe, em boa técnica, controle compartilhado, pois o controle, a hegemonia no comando da empresa, não é divisível. O que é partilhado é a participação no grupo que comanda a empresa, mas não o controle, que pertence ao conjunto dos seus integrantes e não pode ser exercido por qualquer um deles isoladamente.
Em boa técnica, dever-se-ia falar do comando partilhado na sua composição, em virtude da necessidade de se estabelecer um consenso entre os chamados cocontroladores, mas de controle único, decorrente da manifestação de acordo da vontade dos acionistas que compõem o grupo de controle" (WALD, Arnoldo. O controle partilhado e o Direito Administrativo. In: FRANÇA, Erasmo Valladão Azevedo e Novaes; ADAMEK, Marcelo Vieira von (Coord.). *Temas de direito empresarial e outros estudos em homenagem ao Professor Luiz Gastão de Paes de Barros Leães*. São Paulo: Malheiros, 2014, p. 387).

direta ou indireta no domínio econômico. Noutras palavras: *como essas duas funções são realizadas por intermédio delas e quais as condicionantes jurídicas a serem observadas em cada caso.*

Busquei as ideias gerais sobre regimes estrutural e funcional das empresas semiestatais em entendimentos de Eros Grau sobre empresas estatais e de Norberto Bobbio sobre funções do direito (com foco em sua característica promocional).[5]

Para Eros Grau, haveria distinção entre o regime estrutural e o funcional das empresas estatais. Aquele diria respeito aos seus termos estáticos, isto é, sua forma institucional, enquanto este trataria do desempenho de suas atividades.[6] Haveria debate, por exemplo, quanto à caracterização de certa empresa como sociedade de economia mista ou não. No que diz respeito ao regime funcional interno, tratar-se-ia dos controles a que está sujeita a empresa; no funcional externo, se determinado contrato por ela celebrado seria administrativo ou privado.[7][8]

Quanto ao regime estrutural, meu propósito é o de demonstrar que, à luz do ordenamento jurídico brasileiro, empresas semiestatais não integram organicamente a Administração Pública indireta. O ordenamento adota o *critério formal* (estrutura de capital votante) para a definição do enquadramento de determinada empresa como estatal ou não. O *critério fático, material,* relativamente ao exercício do poder de controle, não faz com que a empresa passe a integrar a Administração Pública indireta. Apesar das críticas que podem ser lançadas sobre esta noção, dois pontos devem ficar claros:

---

[5] *Da estrutura à função*: novos estudos de teoria do direito. Barueri: Manole, 2007, especialmente o cap. 4 ("Em direção a uma teoria funcionalista do direito"), p. 53-79.

[6] *A ordem econômica na Constituição de 1988 (interpretação crítica).* 16. ed. rev. e atual. São Paulo: Malheiros, 2014, p. 117-118.

[7] *Idem ibidem,* p. 117-118. Cf. também, do mesmo autor, Lucratividade e função social nas empresas sob o controle do Estado. *Revista de direito mercantil, industrial, econômico e financeiro,* São Paulo: Revista dos Tribunais, v. 23, n. 55, p. 54, jul./set. 1984.

[8] A questão dos regimes estrutural e funcional das empresas estatais foi abordada pelo STF na ADI nº 1.642-3/MG, Plenário, Rel. Min. Eros Grau, j. 03 abr. 2008. A menção à estrutura e função de sociedades de economia mista também foi realizada por Marcia Carla Pereira Ribeiro, *Sociedade de economia mista e empresa privada:* estrutura e função. Curitiba: Juruá, 2004, bem como de empresas participadas pelo Estado, em geral, por Paulo Otero, *Vinculação e liberdade de conformação jurídica do sector empresarial do Estado.* Coimbra: Coimbra Editora, 1998, p. 227-230. Para noções mais amplas sobre enfoques estrutural e funcional do Direito Administrativo, cf. MARQUES NETO, Floriano de Azevedo. A bipolaridade do Direito Administrativo e sua superação. In: SUNDFELD, Carlos Ari; JURKSAITIS, Guilherme Jardim (Org.). *Contratos públicos e direito administrativo.* São Paulo: Malheiros, 2015, p. 367-382.

(i) a definição a respeito do que seja a empresa estatal (empresas públicas e sociedades de economia mista) é tomada sob a perspectiva política, legislativa. Os textos legais têm optado por elencar como empresas públicas e sociedades de economia mista aquelas em que o Estado é proprietário da maioria das ações com direito a voto. Este é o critério existente em nosso ordenamento para a apartação entre empresas estatais das não estatais (aqui incluídas as empresas semiestatais);

(ii) há razão de ser para isso: o critério formal cumpre a função de permitir a organização clara da Administração Pública (ou, noutras palavras, traz maior segurança jurídica para enquadrar figuras que a compõem). Há dificuldade prática de se definir se determinada empresa é, ou não, controlada por certo sócio. Doutro lado, a definição de empresa estatal presta-se a diversos aspectos da estrutura administrativa, como a obrigação de licitar ou de realizar concurso público. Adotar critério material (*controle societário*) e não formal (*critério acionário*) poderia embaralhar a organização administrativa.

Daí vem que as empresas semiestatais não são caracterizadas como sociedades de economia mista. A noção desta é delineada pela Lei das Estatais (art. 4º): "a entidade dotada de personalidade jurídica de direito privado, com criação autorizada por lei, sob a forma de sociedade anônima, cujas ações com direito a voto pertençam em sua maioria à União, aos Estados, ao Distrito Federal, aos Municípios ou a entidade da administração indireta".

É possível notar que se elegeu a estrutura de capital (a maioria das ações com direito a voto) como o critério para qualificação de determinada entidade como sociedade de economia mista. A posição política (legal) relativa à caracterização das sociedades de economia mista ficou restrita à verificação da estrutura acionária. Caso a Administração Pública seja proprietária de 50% ou mais do capital votante de determinada sociedade,[9] com alguma parcela do restante do capital votante em mãos privadas, ela será caracterizada como sociedade de economia mista. Não se adotou posição legislativa relativa à necessidade de avaliação da forma pela qual as sociedades são efetivamente controladas para que sejam ou não reputadas como tal.

---

[9] Art. 9º do Decreto nº 8.945: "[a] empresa estatal que detiver participação equivalente a cinquenta por cento ou menos do capital votante em qualquer outra empresa, inclusive transnacional ou sediada no exterior, deverá elaborar política de participações societárias que contenha práticas de governança e controle proporcionais à relevância, à materialidade e aos riscos do negócio do qual participe".

Sobre o regime funcional, abordo a constituição de empresas semiestatais para *intervenção no domínio econômico* (execução de atividades econômicas por meio delas, a exemplo dos setores de petróleo e gás e de energia elétrica) e para *fomento de atividades econômicas* (direcionamento de bens e recursos para composição do capital social de empreendimentos econômicos apoiados pela Administração Pública, como admitido na legislação que trata de bancos públicos de investimento e no setor de inovação).[10] [11]

Embora a exploração de atividade econômica e a atividade administrativa de fomento possam ser realizadas por meio da constituição de empresas semiestatais, conforme extraído da legislação aplicável, atualmente faltam critérios normativos para que elas sejam adequadamente exercidas. Coloca-se questão crucial: até que ponto a atuação do Estado nestes campos é juridicamente válida, tendo em vista o tratamento constitucionalmente conferido à livre-iniciativa (art. 170 da CF) e a necessidade de clara justificação para a atuação estatal direta na economia (art. 173 da CF)? Como a criação, a atuação e a desconstituição de empresas semiestatais devem ser planejadas (art. 174 da CF)?

Em relação à intervenção direta no domínio econômico, faltam critérios para se determinar se os motivos veiculados no art. 173 da CF para fundamentar a atuação empresarial do Estado estão adequadamente atendidos para a autorização de criação de empresas estatais e, ato contínuo, de empresas semiestatais. Ademais, mesmo nos casos em que o exercício da atividade pelo Estado não esteja condicionado à observância do art. 173 da CF, é preciso que o seu exercício, pelas empresas semiestatais, atenda a condicionantes dispensadas pela CF a intervenções estatais no domínio econômico.

---

[10] Alexandre Santos de Aragão sistematiza em três blocos as hipóteses de participação estatal minoritária: (i) fomento a setores da atividade econômica; (ii) realização de forma mais eficiente das atividades-fim de sociedades de economia mista; (iii) direcionamento de atividades de empresa privada (eventualmente concessionária de serviços públicos), por meio de eventual titularidade de *golden share* ou da celebração de acordo de acionistas (Empresa pública-privada. In: ARAGÃO, Alexandre Santos de (Coord.). *Empresas públicas e sociedades de economia mista.* Belo Horizonte: Fórum, 2015, p. 27-28).

[11] "O papel do particular como parceiro é presente nas diversas formas de prestação de serviços públicos, e de maneira bastante acentuada quando o Estado-Administração atua no domínio econômico (como as *joint ventures*, os acordos societários com privados acionistas e os contratos de consórcio, por exemplo) e na atividade de fomento (também nas suas distintas manifestações)" (Floriano de Azevedo Marques Neto, "A bipolaridade do Direito Administrativo e sua superação", *op. cit.*, p. 395).

As leis que autorizam a criação de empresas estatais têm se limitado a mencionar, genericamente, o objeto social que poderão desempenhar, sem maiores preocupações com o efetivo preenchimento normativo que garanta a atuação empresarial do Estado em bases constitucionais. Leva-se, no limite, à atuação agigantada do Estado (especialmente por meio de participações acionárias minoritárias), que deveria ser controlada sob a perspectiva da primazia da atuação da iniciativa privada (e atuação empresarial estatal de maneira apenas subsidiária), do planejamento para participação estatal em empresas privadas e da inserção de empresas estatais e semiestatais em políticas públicas bem delimitadas, capazes de lhes dar balizas de atuação e objetivos específicos.

Sobre a atividade administrativa de fomento, não existe base legal a fixar os empreendimentos que deveriam ser fomentados pelo Estado, como decorrência da previsão contida no art. 174 da CF, ou, ao menos, procedimentos claros que deveriam ser adotados para pautar a destinação de recursos para apoiar determinados segmentos de mercado ou empresa.

Inexistem, em geral, parâmetros normativos para se verificar como as políticas de fomento são estruturadas e quais os benefícios que perseguem concretamente. Essa lógica é oposta à que deveria permear esta atividade da Administração Pública: a participação acionária estatal como instrumento de fomento deveria ser feita por prazo ou por escopo, de maneira que o atingimento do objetivo fomentado, ou a constatação da impossibilidade concreta de atingi-lo em bases razoáveis, deveria fazer com que o apoio estatal fosse cessado.

Quanto às delimitações de meu objeto de estudo, apesar da relevância do estudo jurídico de diversos órgãos e entidades que compõem a organização administrativa (ou, melhor, de entidades que poderiam ou não a compor, a depender dos critérios jurídicos adotados), este trabalho está adstrito às referidas empresas semiestatais.

Não se cuida aqui, por exemplo, da participação privada nas empresas estatais, ainda que por meio de constituição de parceria estratégica com a Administração Pública. Essa hipótese, embora possa ser importante para melhoria da gestão de empresas públicas e absorção de tecnologia específica, para a *oxigenação*[12] de sociedades

---

[12] "[...] o recurso à sociedade de economia mista presta-se naturalmente a uma variação das participações financeiras respectivas do Estado e dos acionistas privados, realizando, assim a *oxigenação* do setor público e uma gestão ativa dos recursos públicos" (COLSON, Jean-Philippe. *Droit public économique*. Paris: Librairie Générale de Droit et de Jurisprudence,

de economia mista ou para a busca de objetivos semelhantes, é diferente da que é objeto do presente estudo. O escopo deste trabalho é a análise da participação acionária minoritária do Estado, porém qualificada (integrando bloco de controle por meio de instrumentos societários) no capital votante de empresas privadas, e não o seu inverso (a participação da iniciativa privada em empresas estatais).

O foco também não são as tradicionais empresas públicas ou sociedades de economia mista, entidades administrativas cujos contornos aparecem tratados de maneira mais incisiva na doutrina administrativista. Pretende-se analisar tão somente participações estatais minoritárias, relevantes e qualificadas, que clamam por sistematização jurídica no país. Contudo, é forçoso reconhecer que, de maneira reflexa, o trabalho aborda (o que são) sociedades de economia mista. A depender do entendimento que se tenha sobre o tema, empresas semiestatais, tais como aqui as caracterizei, poderiam ser entendidas como sociedades de economia mista (o que não me parece ser o caso, embora o seja no entendimento de parte da doutrina pátria).

Ainda no que tange às delimitações de meu estudo, embora este trabalho guarde pertinência com o tema da organização administrativa, inserindo-se, portanto, no Direito Administrativo, o seu desenrolar não está afeto apenas a esse ramo do Direito. Discussões sobre o exercício de controle societário compartilhado pelo Estado em determinadas empresas dependem, essencialmente, do socorro ao Direito Societário. Assim, a pesquisa demandaria a análise de um de seus aspectos: a forma de caracterização de compartilhamento de controle por meio de instrumentos negociais no seio da empresa.[13]

1995, p. 249. Tradução extraída de Carlos Ari Sundfeld, "A participação privada nas empresas estatais", em SUNDFELD, Carlos Ari (Coord.). *Direito administrativo econômico*. São Paulo: Malheiros, 2000, p. 276). Neste caso, o investimento de capital do setor privado seria minoritário, sem a perda de propriedade estatal, "mas com simples 'espiração' por meio da abertura minoritária do capital do empreendimento público para participações financeiras privadas" (*Droit public économique*, 3. édition. Paris: Librairie Générale de Droit et de Jurisprudence, 2001, p. 122. Tradução livre. No original: "Prises de participation du secteur privé – minoritaires, quoique dans le capital d'une entreprise publique de premier rang. Dans c ecas, ce qui est déterminant, c'est la nature de l'opération, cari l n'y a pas transfert de propriété de l'entreprise, mais simple 'respiration' par ouverture minoritaire du capital de l'entreprise publique à des participations financières privées [...]"). Cf., ainda, Paulo Otero, *op. cit.*, p. 83-84 e *Privatizações, reprivatizações e transferências de participações sociais no interior do sector público*. Coimbra: Coimbra Editora, 1999, p. 16-20.

[13] Para citar exemplos da necessidade de maior interação entre o Direito Administrativo e o Direito Societário, Paula Forgioni aponta que o compartilhamento do controle entre o setor público e a iniciativa privada é delicado, pois cada parte move-se, usualmente, em virtude de escopos distintos: de um lado, a Administração e a satisfação do interesse público; de outro, o ente privado e o lucro.

Para traduzir discussões a respeito da noção de controle no Direito Administrativo e no Direito Societário, a autora vale-se do exemplo do art. 9º da Lei de PPPs. O dispositivo prevê que, "[a]ntes da celebração do contrato [de PPP], deverá ser constituída sociedade de propósito específico, incumbida de implantar e gerir o objeto da parceria". Em complementação, veda-se "à Administração Pública ser titular da maioria do capital votante" das mencionadas sociedades de propósito específico (art. 9º, §4º).

A vedação, em meu entender, possui como finalidade distanciar as empresas criadas para a execução de objetos outorgados com base na Lei de PPPs das noções adotadas na Lei das Empresas Estatais (ou, mais antigamente, no DL nº 200). Isso porque, fosse o Estado detentor da maioria do capital votante nessas sociedades, o dever de licitar previamente à realização de determinadas contratações, para ficarmos com um exemplo, seria a elas imposto.

Esses pontos são corroborados por Paula Forgioni, para quem "algumas precisões referentes ao direito societário – por vezes ignoradas pelos administrativistas – mostram-se indispensáveis. A fim de determinar os parâmetros da participação da empresa privada (e, consequentemente, os limites da participação do Estado-acionista), a Lei de PPPs valeu-se de critério absolutamente formal, qual seja, a detenção da 'maioria do capital votante'. Não fez a lei referência a critério substancial, que envolveria o poder de controle da SPC, ou seja, a capacidade de determinação dos destinos do empreendimento. Igualmente, o texto normativo não contém vedação quanto à participação do Estado-acionista no 'grupo controlador'" (FORGIONI, Paula. PPPs e participação minoritária do Estado-acionista: o direito societário e sua instrumentalidade para o direito administrativo. *Revista de Direito Público da Economia – RDPE*, Belo Horizonte, ano 4, n. 16, p. 178-179, out./dez. 2006).

Para maiores discussões a respeito do art. 9º da Lei de PPPs, cf. Leticia Oliveira Lins de Alencar e Mauro Bardawil Penteado, "Comentários ao art. 9º da Lei de PPPs", em Augusto Neves Dal Pozzo, Rafael Valim, Bruno Aurélio, André Luiz Freire (Org.). *Parcerias Público-Privadas (teoria geral e aplicação nos setores de infraestrutura)*, Belo Horizonte: Fórum, 2014, p. 209-224; Egon Bockmann Moreira e Bernardo Strobel Guimarães, "Sociedades de Propósito Específico na Lei de PPP (considerações em torno do art. 9º da Lei 11.079/2004)", em Marçal Justen Filho e Rafael Wallbach Schwind (Org.). *Parcerias Público-Privadas (reflexões sobre os 10 anos da Lei 11.079/2004)*. São Paulo: Revista dos Tribunais, 2015, p. 493-528.

Outro exemplo é dado por Fábio Konder Comparato e Calixto Salomão Filho. Mencionam que a sociedade de economia mista pode ser encarada como planejadora e direcionadora de desenvolvimento setorial, ponto que poderia ser abordado em eventual interface entre Direito Administrativo e Direito Societário: "A atuação da empresa estatal deve ser um dos pontos centrais de preocupação tanto do direito societário quando do regulatório. No campo do direito societário, é preciso identificar instrumentos organizativos capazes de dar maior coerência e eficiência à empresa estatal e de economia mista, ao mesmo tempo em que se garante a preservação dos objetivos públicos (art. 238 da Lei das sociedades anônimas).
No campo regulatório, trata-se de observar os efeitos externos da mesma regra de submissão do interesse dos acionistas ao interesse público. E esses efeitos podem ser muito relevantes. A sociedade de economia mista, desde que tenha poder suficiente no mercado, torna-se órgão planejador e direcionador do desenvolvimento setorial. É particularmente importante em mercados desregulamentados em que a empresa estatal ou de economia mista exerce verdadeira função de planejamento e regulação setorial ao mesmo tempo que, sentindo a pressão da concorrência das empresas privadas, tem forte estímulo para a busca da eficiência econômica. É ao estudo dessa nova sociedade de economia mista, síntese do interesse público e privado, planejadora e capitalista e à compreensão e (quando possível) resolução de suas contradições internas, que se devem dedicar os esforços dos estudiosos de direito societário ora em diante. Faz-se premente, portanto, a preocupação e o estudo específico do direito societário das empresas públicas e de economia mista" (COMPARATO, Fábio Konder; SALOMÃO FILHO, Calixto. *O poder de controle na sociedade anônima*. 6. ed. rev. e atual, Rio de Janeiro: Forense, 2014, p. 115).

Contudo, em vista da necessidade de delimitação temática do objeto de estudo, não faço análises teóricas ou práticas sobre acordos de sócios ou outros instrumentos negociais que possam permitir o controle minoritário ou o compartilhamento de controle. Isso se dá essencialmente porque, em termos legais, especialmente, tais acordos podem ser instrumentos de configuração de controle (segundo o art. 118 da Lei das S/A,[14] poderão versar sobre exercício do direito a voto ou do poder de controle),[15] para além da percentagem de detenção de cotas ou ações com direito a voto no capital de alguma sociedade. A possibilidade de tais instrumentos serem meios aptos a garantir o compartilhamento de controle societário é aqui adotada, portanto, como premissa.[16]

Os pontos básicos sobre Direito Societário serão tratados de maneira mais pontual.[17] A confluência entre esse ramo do Direito e o Direito Administrativo se dará em relação à temática dos efeitos jurídicos da existência de compartilhamento de controle societário em empresas nas quais a Administração Pública não detenha a maioria

---

[14] Art. 118 da Lei das S/A: "Os acordos de acionistas, sobre a compra e venda de suas ações, preferência para adquiri-las, exercício do direito a voto, ou do poder de controle deverão ser observados pela companhia quando arquivados na sua sede".

[15] Sobre a possibilidade de criação de bloco de controle por meio de acordos de sócios, Ary Oswaldo Mattos Filho menciona que, "[s]e do acordo resultar a formação de um grupo de controle da companhia, nos termos dos artigos 116 e 116-A, temos que esse grupo de controle passa a ser responsável pelos danos causados à companhia ou aos acionistas minoritários pelas práticos de atos previstos no artigo 117 da Lei das Companhias. Se houver a formação de um grupo votante minoritário, prevê o artigo 115 a responsabilização dos eleitores amarrados pelo acordo caso o voto do grupo minoritário seja dado de forma abusiva 'com o fim de causar danos à companhia ou a outros acionistas', 'ainda que seu voto não haja prevalecido', conforme comanda o parágrafo 3º do mesmo artigo 115" (*Direito dos valores mobiliários*, V. 1, T. 1 (dos valores mobiliários), Rio de Janeiro, FGV, 2015, p. 464-465). Cf. também CARVALHOSA, Modesto. *Comentários à Lei de Sociedades Anônimas*, 2º volume: artigos 75 a 137, 5. ed. São Paulo: Saraiva, 2011, 567-568.

[16] Cf. sobre o tema especialmente BARBI FILHO, Celso. *Acordo de acionistas*. Belo Horizonte: Del Rey, 1993, e CARVALHOSA, Modesto. *Acordo de acionistas*: homenagem a Celso Barbi Filho. São Paulo: Saraiva, 2011. Para discussões a respeito da utilização de acordos de acionistas no mercado acionário brasileiro, cf. Érica Gorga, "*Changing the Paradigm of Stock Ownership: From Concentrated Towards Dispersed Ownership? Evidence from Brazil and Consequences for Emerging Countries*" (April 2008), 3rd Annual Conference on Empirical Legal Studies Papers. Disponível em: <https://ssrn.com/abstract=1121037 or http://dx.doi.org/10.2139/ssrn.1121037>, p. 37-68. A respeito da utilização de acordos de acionistas para garantir o controle de empresas no Brasil, cf. Bernard S. Black, Antonio Gledson de Carvalho e Érica Gorga, "*The Corporate Governance of Privately Controlled Brazilian Firms*" (December 1, 2009), U of Texas Law, Law and Econ Research Paper No. 109; as published in Revista Brasileira de Finanças, Vol. 7, 2009; U of Texas Law, Law and Econ Research Paper No. 109; Cornell Legal Studies Research Paper No. 08-014; ECGI – Finance Working Paper No. 206/2008. Disponível em: <https://ssrn.com/abstract=1003059>, p. 37-39.

[17] Mais especificamente, ao longo do Capítulo 3 e do item 4.3.2.

das ações com direito a voto. Sucintamente: *a existência de controle societário compartilhado sobre essas sociedades terá influência sobre o seu regime estrutural, fazendo com que integrem a Administração Pública indireta, tal como se passa com as empresas públicas e as sociedades de economia mista?*

Justamente pela delimitação que adotei, o trabalho não mergulha no tema das denominadas *golden shares*. Nos termos da Lei do PND, elas são caracterizadas como ações de classe especial que conferem ao seu titular "poderes especiais em determinadas matérias, as quais deverão ser caracterizadas nos seus estatutos sociais" (art. 8º). Na mesma linha, a Lei das S/A prevê que, em empresas "objeto de desestatização poderá ser criada ação preferencial de classe especial, de propriedade exclusiva do ente desestatizante, à qual o estatuto social poderá conferir os poderes que especificar, inclusive o poder de veto às deliberações da assembleia-geral nas matérias que especificar" (art. 17, §7º).

A razão para sua exclusão se dá pelas mesmas razões apontadas sobre os acordos de sócios. Parte-se da premissa de que podem se configurar como instrumentos para o exercício de controle societário (ou para seu compartilhamento), tema já detalhado pela doutrina.[18]

Mas sua exclusão se dá por razão adicional, subjacente à sua inserção na Lei do PND e na Lei das S/A: o fato de *golden shares* estarem, em grande medida, centradas em empresas objeto de desestatização, relativamente às quais o Estado se desfaz de todo o seu capital. A imagem fica mais clara quando se tem em vista os objetivos do PND (art. 1º da Lei do PND), em que há a ideia de retirada do Estado da economia e a transferência de atividades à iniciativa privada. Os principais aspectos incluem: readequar juridicamente a atuação empresarial do Estado (*inciso I*); diminuir o setor público empresarial e respectivos gastos (*inciso II*); garantir investimentos relevantes por meio da iniciativa privada (*inciso III*); incrementar a competição (*inciso IV*); garantir a subsidiariedade da

---

[18] SALOMÃO FILHO, Calixto. *O novo direito societário*. 2. ed. refor. São Paulo: Malheiros, 2002, p. 109-116; SCHWIND, Rafael Wallbach. *Participação estatal em empresas privadas*: as "empresas público-privadas", Tese (Doutorado), Faculdade de Direito da Universidade de São Paulo: São Paulo: 2014, p. 101, p. 300-335; GUEDES, Filipe Machado. *Atuação do Estado na Economia (possibilidades e limites)*. São Paulo: Almedina, 2015, p. 166-167; BENSOUSSAN, Fabio Guimarães. *A participação do Estado na atividade empresarial através das "golden shares"*. Dissertação (Mestrado), Faculdade de Direito Milton Campos, Nova Lima, 2006; FIDALGO, Carolina Barros. *O Estado empresário*: das sociedades estatais às sociedades privadas com participação minoritária do Estado. São Paulo: Almedina, 2017, p. 368-381.

atuação estatal na economia, em linha com o art. 170 da CF (*inciso V*); permitir o fortalecimento do mercado de capitais nacional, por meio da venda de ações detidas pela Administração Pública (*inciso VI*).[19] Portanto, há diretriz de reordenação da posição estratégica do Estado na economia, por meio de sua diminuição.

A constituição de empresas semiestatais localiza-se no outro lado da moeda: o incremento da atuação empresarial do Estado, por meio da realização de investimentos minoritários, ou a sua conservação em casos nos quais se desfaz da maioria do capital votante, mas mantém participação acionária minoritária (e não propriamente se retira do negócio). Embora o presente trabalho guarde pertinência com o tema das *golden shares*, trata-se de pertinência mitigada: pode-se discutir sua utilização como instrumento de controle societário em empresas nas quais o Estado remanesce com *golden share* após processo de desestatização. Mas a coincidência para por aí. A manutenção da *golden share*[20] é sensivelmente distinta da participação acionária, especialmente em função de desembolsos e de riscos empresariais que o Estado assume no bojo das empresas semiestatais.[21]

Para o desenvolvimento do trabalho, dei enfoque ao ordenamento jurídico brasileiro, especialmente em âmbito federal, de forma a delinear as principais características jurídicas de empresas semiestatais. Os

---

[19] YAZBEK, Otavio. Privatizações e relação entre interesses públicos primários e secundários: as alterações na legislação societária brasileira. *Revista de Direito Mercantil, Industrial, Econômico e Financeiro*, São Paulo, v. 120, p. 101, out./dez. 2000.

[20] Para estudo sobre *golden shares* e sua utilização em programas de desestatização, cf. PELA, Juliana Krueger. *As golden shares no Direito Brasileiro*. São Paulo: Quartier Latin, 2012. Cf. também Fábio Konder Comparato e Calixto Salomão Filho, *op. cit.*, p. 66-67 e p. 86-87.

[21] De todo modo, reconheço que a própria desestatização pode ser realizada por meio de aumento de capital e aquisição de ações pela iniciativa privada. É o que prevê a Lei do PND ("[a]s desestatizações serão executadas mediante as seguintes modalidades operacionais: [...] aumento de capital, com renúncia ou cessão, total ou parcial, de direitos de subscrição" – art. 4º, III) e é, exemplificativamente, o atual modelo estudado para eventual privatização da Eletrobras ("[a]tualmente, desconsiderando-se os recursos injetados como adiantamento para futuro aporte de capital, a União controla, direta ou indiretamente, 75,4% da cifra de 1.087.050.297 ações com direito a voto da Eletrobras (ELET3). Para que a União passe a deter menos de 50% do capital votante da empresa, seria necessária uma emissão primária de cerca de 553.036.344 novas ações ordinárias. Considerando o valor por ação de R$ 20,25, registrado no dia 13.11.2017, e que a operação se restringiria apenas a deixar a União com menos de 50% do capital votante, haveria ingresso de R$ 11,2 bilhões na companhia. Parte do valor captado pela empresa com a emissão seria utilizado para pagar à União pelas novas outorgas. Ressalta-se que o tamanho da emissão pode ir além do montante necessário para reduzir a participação da União no capital votante a menos de 50%; depende das necessidades da companhia, definidas por estudos que ainda serão contratados". Disponível em: <http://eletrobras.com/pt/ri/ComunidadoseFatos/Anexo%20ao%20Fato%20Relevante%2029.11.17%20-%20Desestatiza%C3%A7%C3%A3o%20Holding.pdf>. Acesso em: 02 dez. 2017).

exemplos de casos concretos serão trazidos não de maneira sistemática, mas na medida em que possam contribuir para o aprofundamento de aspectos aqui abordados ou mesmo para refutá-los.

A mesma metodologia é utilizada em relação à legislação estadual, distrital e municipal: a catalogação de todos os atos normativos existentes nesses níveis federativos não traria maiores aprofundamentos para além daqueles que decorrem da análise da legislação federal. Esta será suficiente para demonstrar os aspectos aqui abordados e para o esboço de conclusões prospectivas, que escapem à esfera de competências da União. Aspectos de outros ordenamentos jurídicos ou de experiências nacionais em outros níveis da federação serão trazidos de forma pontual.

Quanto ao aspecto teórico, o trabalho sistematiza pontos jurídicos atinentes às empresas semiestatais e à sua acepção, caracterizando-as e identificando-as estrutural e funcionalmente, em vista de sua crescente importância na atuação empresarial estatal.

O assunto também possui relevância prática. O estudo das referidas empresas pode permitir a sua exata compreensão jurídica, isto é, do plexo de direitos, deveres e obrigações que lhes são aplicáveis, assim como a exata compreensão das hipóteses para sua criação e atuação. O grande desafio hoje em relação às pouco estudadas figuras é, em razão inclusive dos elevados recursos públicos nelas aplicados, verificar como são caracterizadas estruturalmente, como estão juridicamente organizadas as funções aqui abordadas e quais as modalidades de controle eventualmente incidentes sobre as suas criação e gestão.[22]

Trazidos os pontos sobre o trabalho, aponto aqui duas manifestações que me fizeram debruçar sobre eles. Uma delas foi a de Floriano de Azevedo Marques Neto, que destaca que empresas estatais têm se transformado em veículos para a realização de parcerias institucionais entre Administração Pública e iniciativa privada, com modelos que escapam à configuração de sociedades de economia mista. Chama a atenção para investimentos estatais minoritários, acompanhados de instrumentos societários celebrados para sua gestão:

> [...] tais companhias têm se transformado em importantes vetores de parceria institucional entre o setor público e o privado. Tais parcerias vão além do mecanismo tradicional das sociedades de capital misto,

---

[22] Alexandre Santos de Aragão, *Empresas estatais (o regime jurídico das empresas públicas e sociedades de economia mista)*, Rio de Janeiro, 2016, p. 44.

nas quais o privado apenas participa como investidor, permanecendo a gestão e a governança quase que exclusivamente com o poder público. Nessa nova empresa pública, entes públicos e privados compartilham não só o investimento, como também a gestão e as decisões estratégicas. Em muitas delas o poder público participa como minoritário de uma sociedade, no âmbito da qual pactua mediante acordo de acionistas (que não deixa de ser uma espécie de contrato, vale dizer) garantias de governança e mecanismos de proteção de seu investimento, o que leva a uma profunda reconfiguração do instituto da empresa estatal, com consequências que não caberia aqui desenvolver.[23]

Um dos principais aspectos dessa forma de associação empresarial do Estado seria a colocação de novo desafio, ainda nos dizeres de Floriano de Azevedo Marques Neto, à "separação entre esfera pública e esfera privada, constituindo-se num importante vetor de convergência e composição de interesses a desafiar o paradigma autoritário e seus pressupostos a desafiar as formas de atuação do poder público".[24]

Outra foi de Carlos Ari Sundfeld, a destacar que o regime jurídico da associação entre Estado e particular na constituição e na manutenção de empresas varia bastante, segundo o grau de participação em seu capital. Dentre três figuras a se considerar (empresas estatais, empresas com capital público minoritário e empresas semiestatais), destaca esta noção, que vem sendo mais bem delineada e testada nos últimos tempos, mas em relação à qual ainda há a necessidade de aprofundamentos:

> [...] nos últimos anos, uma alternativa vem sendo testada no âmbito federal: a de o poder público, por meio de empresa estatal, ingressar como acionista minoritário relevante de empresa do setor privado, participar do seu controle pela via de um acordo de acionistas e, por meio de contratos administrativos, associar-se a essa empresa para empreendimentos importantes. Caixa Econômica Federal e Telebrás já fizeram associações desse tipo. O resultado é uma empresa semiestatal, que celebra, sem licitação, contratos de prestação de serviços ou de fornecimento com a estatal que é sua sócia e, assim, tem garantia de mercado e de receita por prazo longo, em parceria estável. Como o poder público é minoritário, além de a empresa não se sujeitar às regras de gestão pública, o acionista privado fica mais seguro. Ainda é cedo para

---
[23] Idem ibidem, p. 433.
[24] Idem ibidem, loc. cit.

avaliar esse tipo de iniciativa, ainda vista com alguma desconfiança pelos órgãos de controle, por envolverem contratos sem licitação. Mas pode ser um caminho interessante.[25]

Em minha visão, aí estaria a ideia de que determinadas funções seriam desempenhadas por meio delas, ainda que seu desenvolvimento demandasse maturação temporal e aprimoramento jurídico.

Com base nas mencionadas ilustrações, pode-se reputar que o tema ainda merece aprofundamento em pesquisas jurídicas no país. O trabalho preenche parte desta lacuna, a partir do estudo sobre particularidades das empresas semiestatais que ainda não estão suficientemente delineadas.

Em perguntas: quais são os aspectos jurídicos relevantes à caracterização de determinada empresa como semiestatal? Ela integra a Administração Pública indireta? A interpenetração de capitais públicos e privados e o compartilhamento da gestão dificultam a análise do fenômeno?[26] A quais funções se prestam? Como essas funções estão juridicamente organizadas? Há critérios para controlar suas criação e ação? Como poderiam ser juridicamente aprimorados?

Ao longo do desenvolvimento do trabalho, dois pontos importantes, que trazem, a um só tempo, luz e discussão sobre o tema, começaram a ganhar contornos jurídicos: alguma novidade de disciplina jurídica sobre empresas estatais (e, reflexamente, com impactos semelhantes em empresas semiestatais) e grande incremento do controle sobre formas de atuação do Estado em conjunto com a

---

[25] Idem ibidem, p. 56-57.
[26] "[...] domina hoje em geral a opinião segundo a qual os dois tipos de direito não são campos totalmente opostos; um dos factores responsáveis pela diluição das fronteiras tradicionais nesta matéria é o movimento de publicização do Direito Privado; o outro é, a par desta tendência para uma progressiva invasão dos mais variados sectores da vida social pelo Direito Público, o movimento que se verifica exactamente em sentido contrário, sendo especialmente significativo o incomensurável alargamento da Administração Pública sob formas jurídico-privadas.
No entanto, esse movimento de 'privatização' de sectores administrativos não deve ser encarado com exagerado radicalismo, uma vez que, mesmo quando a Administração Pública se serve das formas de organização e actuação jurídico-privadas, ela continua sujeita a vinculações de direito público e, assim, o seu regime jurídico nunca é exactamente idêntico ao dos particulares.
Pode aliás pensar-se que, nos dias de hoje, cada vez mais, tudo se torna 'misto', diluindo-se as fronteiras tradicionais entre o Direito Público e o Direito Privado. Na verdade, pode dizer-se que houve um fenómeno de 'compenetração' destes dois domínios e parece-me inevitável reconhecer que estes movimentos de 'aproximação e interligação dos dois domínios', levam a situações de 'miscelânea' que acabam por dificultar ainda mais a distinção que, de qualquer modo, foi sempre polêmica" (ESTORNINHO, Maria João. A fuga para o direito privado. Coimbra: Almedina, 1999, p. 360-361).

iniciativa privada. O trabalho traz contribuição original pela análise conjugada desses assuntos.

A Lei das Empresas Estatais teve por objetivo estabelecer o estatuto jurídico da empresa pública, da sociedade de economia mista e de suas subsidiárias que exploram atividade econômica de produção ou comercialização de bens ou de prestação de serviços, conforme o art. 173, §1º, da CF. Para os fins do trabalho, é importante a veiculação das noções de empresa pública e de sociedade de economia mista, anteriormente disciplinadas pelo DL nº 200. Em ambos os casos, o aspecto jurídico considerado para sua definição é a *estrutura de capital votante* (arts. 3º e 4º da Lei das Empresas Estatais).

Ainda, são definidos critérios para investimentos estatais em sociedades privadas (art. 2º, VI, do Decreto nº 8.945) e as práticas de fiscalização, governança e controle sobre empresas nas quais o Estado não detenha o controle acionário (cuja maioria do capital votante não pertença direta ou indiretamente à União, a Estado, ao Distrito Federal ou a Município) (art. 1º, §7º, da Lei das Empresas Estatais). Assim, começa-se a desenhar normas sobre a criação e atuação de empresas semiestatais.

Exatamente quanto à criação de empresas semiestatais, há número crescente de escrutínios feitos especialmente pelo TCU relativamente a investimentos estatais minoritários e a parcerias com empresas privadas. Os mais relevantes, em termos quantitativos (pois arrolam diversas empresas fiscalizadas), são o Acórdão 2.532/2015[27] e o dele decorrente, Acórdão 1.607/2016.[28]

O primeiro tratou de solicitação do Congresso Nacional de "cópias de documentos já levantados e respectivos relatórios já produzidos acerca de todas as investigações empreendidas por esta Corte sobre participações societárias de empresas públicas em empresas privadas consumadas sem fiscalização dos órgãos de controle".[29] Nele, são feitas menções aos seguintes processos:[30]

(i) Processo 006.232/2008-8: levantamento de obras do Projeto Gasene – Implantação do Gasoduto Cacimbas-Catu;[31]

---

[27] Processo 023.865/2015-6, Plenário, Rel. Min. Bruno Dantas, j. 14 out. 2015.
[28] Processo 025.655/2015-9, Plenário, Rel. Min. Raimundo Carreiro, j. 22 jun. 2016.
[29] Acórdão TCU 2.532/2015, relatório, fl. 01.
[30] Acórdão TCU 2.532/2015, relatório, fls. 02-04.
[31] Acórdão TCU 60/2015, Plenário, Rel. Min. André de Carvalho, j. 21 jan. 2015; Acórdão TCU 114/2015, Plenário, Rel. Min. André de Carvalho, j. 28 jan. 2015; Acórdão TCU 1.344/2015, Plenário, Rel. Min. André de Carvalho, j. 03 jun. 2015; Acórdão de Relação TCU 1.647/2015,

(ii) Processo 029.884/2012-8: representação sobre aquisição de empresas pela Caixa Participações S/A com base na Lei nº 11.908/2009, mediante dispensa de licitação, para desenvolver solução de tecnologia de informação para otimizar a área de originação e processamento de crédito imobiliário;[32]
(iii) Processo 033.668/2012-4: representação sobre processo de aquisição realizado pela Caixa Participações S/A, segundo autorização dada pela Lei nº 11.908/2009;[33]
(iv) Processo 008.837/2013-9: representação em que se analisa a legalidade da contratação direta de empresa pela CEF, na qual detém participação minoritária e acordo de acionistas celebrado com demais sócios;[34]
(v) Processo 011.461/2014-4: fiscalização sobre a Petronect, sociedade constituída pela e-Petro (subsidiária integral da Petrobras);[35]
(vi) Processo 014.720/2014-0: fiscalização sobre aquisições, alienações, incorporações, fusões, cisões e empreendimentos em conjunto com outras empresas promovidos pelo Grupo Petrobras de janeiro de 2009 a abril de 2014;[36]
(vii) Processo 021.932/2014-0: fiscalização para avaliar instrumentos e mecanismos de planejamento, gestão e controle utilizados por Furnas para garantir o alcance dos objetivos e os resultados com os empreendimentos estruturados sob a forma de sociedades de propósito específico;[37]
(viii) Processo 023.736/2014-3: fiscalização com o objetivo de avaliar a gestão de obras de geração e transmissão da CHESF;[38]
(ix) Processo 001.577/2015-8: representação que tratou da aquisição pela ECT de participação acionária em empresa de transporte aéreo de cargas;[39]
(x) Processo 003.330/2015-0: representação que examina a legalidade do processo de aquisição de empresa que atua no ramo

---

Plenário, Rel. Min. Vital do Rêgo, j. 08 jul. 2015; Acórdão TCU, 2014/2015, Plenário, Rel. Min. André de Carvalho, j. 12 ago. 2015.
[32] Acórdão TCU 121/2013, Plenário, Rel. Min. Valmir Campelo, j. 30 jan. 2013.
[33] Acórdão TCU 894/2015, Plenário, Rel. Min. Bruno Dantas, j. 22 abr. 2015.
[34] Acórdão TCU 3.019/2015, Plenário, Rel. Min. José Múcio Monteiro, j. 25 nov. 2015.
[35] Acórdão TCU 272/2016, Plenário, Rel. Min. Vital do Rêgo, j. 17 fev. 2016.
[36] Acórdão TCU 1.941/2015, Plenário, Rel. Min. Vital do Rêgo, j. 05 ago. 2015.
[37] Acórdão TCU 2.322/2015, Plenário, Rel. Min. Vital do Rêgo, j. 16 set. 2015.
[38] Acórdão TCU 600/2016, Plenário, Rel. Min. Vital do Rêgo, j. 16 mar. 2016.
[39] Acórdão TCU 1.985/2015, Plenário, Rel. Min. Bruno Dantas, j. 12 ago. 2015.

de tecnologia de informação pela Caixa Participações S/A, segundo autorização dada pela Lei nº 11.908/2009;[40]

(xi) Processo 017.053/2015-3: fiscalização nas empresas estatais acionistas da Sociedade de Propósito Específico Norte Energia, no intuito de verificar a regularidade e a efetividade dos controles exercidos sobre os investimentos e contratos por ela firmados.[41]

Duas grandes preocupações com os investimentos estatais minoritários motivaram a fiscalização consolidada no Acórdão TCU 1.607/2016: o risco na aplicação de recursos e a necessidade de transparência, especialmente com a devida motivação para que investimentos estatais sejam realizados e fiscalizados.

Quanto ao risco na aplicação de recursos ou na manutenção de recursos investidos, o relatório traz informações sobre a preocupação de se lançar luzes sobre a materialidade e o risco global de controle de investimentos públicos em empresas cuja participação acionária é inferior a 50%:

> [l]evando em conta a ausência, na lei orçamentária anual, de aprovação legislativa (e controle específico) sobre esses gastos, e considerando que inexiste sistema governamental para dar transparência em tais aplicações, reconhecendo ainda a baixa governança interna da União no controle e aferição de qualidade desses gastos, e, finalmente, as regras legislativas a permitir contratações diretas de subsidiárias e empresas de capital minoritário, intui-se um alto risco de aplicação indevida ou ineficiente de tais numerários.[42]

Quanto à necessidade de transparência e de motivação para que sejam feitos investimentos minoritários, menciona-se que, independentemente do enquadramento legal das empresas cuja participação da União se faz de forma minoritária, seria necessário reconhecer a situação de fragilidade que se tem a respeito da governança destes dispêndios:

> [...] o gigantismo da presença do estado em empresas privadas, constituídas de forma minoritária, quanto a fragilidade dos controles para a identificação da qualidade do dispêndio. A baixa transparência e a

---

[40] Acórdão TCU 1.220/2016, Plenário, Rel. Min. Bruno Dantas, j. 18 maio 2016.
[41] Acórdão TCU 2.839/2016, Plenário, Rel. Min. José Múcio Monteiro, j. 09 nov. 2016; Acórdão de Relação TCU 3.118/2016, Plenário, Rel. Min. José Múcio Monteiro, j. 07 dez. 2016; Acórdão de Relação TCU 112/2017, Plenário, Rel. Min. José Múcio Monteiro, j. 01 fev. 2017.
[42] Acórdão TCU 1.607/2016, relatório, fl. 02.

carência de justificativas para a mera constituição dessas sociedades minoritárias denota fatores de riscos para o interesse republicano na gestão dessas companhias (ou empreendimentos).[43]

Mais recentemente, há o Processo 034.930/2015-9, que deu origem ao Acórdão TCU 800/2017, no qual são examinadas operações de crédito e de aporte de capitais concedidas pelo BNDES e por sua subsidiária BNDESPAR a empresas de grupo atuante no ramo de frigoríficos.[44] Nele, são abordados temas como a necessidade de análise de benefícios econômicos e sociais que se espera da realização de investimentos minoritários[45] (incluindo planejamento e motivação para o desembolso de recursos no âmbito da atividade administrativa de fomento).

Finalmente, há o Processo 021.577/2016-1, que culminou no Acórdão 1.659/2017,[46] que trata de auditoria operacional realizada na Valec, para fiscalizar aspectos relativos à sua participação societária na empresa Transnordestina Logística S/A, em especial os atos de gestão na avaliação de riscos, ponderação de possíveis resultados e a aprovação dos investimentos por meio de aportes de capital na concessionária destinados à construção da Ferrovia Nova Transnordestina (Malha II).

Além desta introdução e de sua conclusão, o trabalho está dividido em oito capítulos, organizados em três partes.

Na *Parte I*, foco-me no que denominei de regime estrutural da empresa semiestatal. Para tanto, delimito juridicamente a empresa semiestatal (*Capítulo 2*), para, ato contínuo, demonstrar que o Direito brasileiro expressamente reconhece a possibilidade de constituição de empresas em que o Estado participa minoritariamente, concomitantemente à celebração de instrumentos de compartilhamento de controle com os demais sócios privados. Ainda, em casos nos quais há menção legal a "empresas controladas" pela Administração Pública, parece-me que o fenômeno jurídico que se quis captar não

---

[43] Acórdão TCU 1.607/2016, relatório, fl. 16.
[44] Processo 034.930/2015-9, Plenário, Rel. Min. Augusto Sherman, j. 26 abr. 2017.
[45] Fls. 21-26 do relatório, fls. 08-08 do voto do Rel. Min. Augusto Sherman, Acórdão TCU 800/2017.
[46] Plenário, Rel. Min. Walton Alencar Rodrigues, j. 02 ago. 2017. Detalhes sobre o portfólio de investimentos acionários do BNDES, especialmente em estratégias de capitalização de empresas brasileiras para atuação em escala internacional, são trazidos por SCHAPIRO, Mario Gomes. Repensando a relação entre Estado, direito e desenvolvimento: os limites do paradigma *Rule of Law* e a relevância das alternativas institucionais. In: DIMOULIS, Dimitri; VIEIRA, Oscar Vilhena (Org.). *Estado de direito e o desafio do desenvolvimento*. São Paulo: Saraiva, 2011, p. 161.

foi o das empresas caracterizadas como semiestatais, mas empresas nas quais, por motivos contingentes ou acidentes, o Estado passou a deter maioria do capital votante (*Capítulo 2*).

Como complementação, pontuo que os acordos de sócios para o compartilhamento de controle societário (ainda que haja discussão sobre sua celebração pelo Estado) não são a via apta para enquadrar empresas na estrutura da Administração Pública indireta. Nosso ordenamento jurídico reconhece a via acionária, e não societária, para a definição das empresas que integram o corpo burocrático estatal (*Capítulo 3*).

Com esses pontos, argumento que, estruturalmente, a empresa semiestatal não é parte da Administração Pública indireta. De toda forma, o compartilhamento de controle estatal fará com que haja a imposição de condicionamentos de sócio controlador ao Estado, ao mesmo passo em que os instrumentos societários mencionados nessa discussão serão essenciais não apenas para a constituição de empresas semiestatais, mas também para a sua eventual desconstituição (*Capítulo 4*). Com isso, avanço na *Parte II*, em que analiso seu regime funcional.

Ainda que não integrem a Administração Pública indireta, podem ser constituídas para atingir determinadas finalidades de Estado, e deverão ser mantidas *se* e *enquanto* puderem fazê-lo. Analiso essas funções sob os vieses da intervenção direta do Estado no domínio econômico, no âmbito do qual empresas estatais poderão participar minoritariamente de empresas privadas como forma de cumprimento de seu objeto social (*Capítulo 5*), e de sua intervenção indireta em tal âmbito – ou, noutros termos, a participação acionária minoritária como instrumento de fomento (*Capítulo 6*). Aqui, o foco são empreendimentos passíveis de serem apoiados pelo Estado.

Finalmente, na *Parte III*, trato do controle sobre a empresa semiestatal não sob a via societária, mas sob a perspectiva de cumprimento de resultados esperados. Abordo a questão finalística do controle, que deve passar pela clara compreensão do regime da empresa e aos fins a que se presta. Eles devem ser adequadamente planejados para que não só a criação da empresa, mas, de forma igualmente importante, sua atuação e desconstituição sejam adequadamente pensadas (*Capítulo 7*).

Isso apenas ocorrerá se houver a definição prévia de objetivos buscados. Haverá tanto maior nível de clareza sobre o que delas se espera quanto melhor for o debate sobre a sua efetiva razão de existir. A discussão será qualificada com a sua inserção em políticas públicas e com a adoção de ciclo de vida de projetos. Tais ideias pautarão a vida e a morte da empresa semiestatal (*Capítulo 8*).

PARTE I

NOÇÃO E REGIME ESTRUTURAL DA EMPRESA SEMIESTATAL

CAPÍTULO 1

NOÇÃO JURÍDICA DE EMPRESA SEMIESTATAL

Neste capítulo, construo a ponte entre a introdução, já apresentada, e o restante do trabalho. Mais especificamente, a minha preocupação aqui é a de delinear o que chamo de *empresa semiestatal*, com a apresentação de suas principais características e a toada que darei ao tema (*item 1.1*). Na sequência, distingo o fenômeno que abordo de outro que tem sido objeto de estudos jurídicos no Brasil: a hodiernamente denominada "empresa público-privada" (*item 1.2*).

1.1 Caracterização: a empresa semiestatal

A doutrina pátria tem descrito o fenômeno que aqui chamo de empresa semiestatal. Para os fins deste trabalho, tomo emprestada a denominação utilizada por Carlos Ari Sundfeld, Rodrigo Pagani de Souza e Henrique Motta Pinto.[47] Os autores identificaram forma de associação empresarial que ocorre, em geral, pela participação estatal minoritária, porém relevante, em empresas cuja maioria do capital votante fica em mãos de particulares. Nelas, o controle societário efetivo seria exercido de forma conjunta, partilhada, mas com predominância da propriedade da maioria do capital societário nas mãos do sócio privado.[48] [49]

---

[47] Empresas semiestatais e sua contratação sem licitação. In: SUNDFELD, Carlos Ari (Org.). *Contratações públicas e seu controle*. São Paulo: Malheiros, 2013, p. 102-129.

[48] *Idem ibidem*, p. 102-103.

[49] Ainda, sobre a participação acionária do Estado em empresas privadas, ficando com parte minoritária do capital, às vezes acompanhada de *golden shares*, cf. Alexandre Santos de Aragão, *op. cit.*, p. 17-18.

Para tais autores, as empresas fruto dessa associação não seriam estatais, pois esta noção estaria vinculada à existência de maioria do Estado no capital votante, nos termos da Lei das Empresas Estatais (e, mais antigamente, do DL nº 200). "Desse modo, elas não fazem parte da Administração Pública indireta. Mas essas empresas são parte muito relevante da estratégia de atuação do Estado na economia. São empresas semiestatais".[50] Embora os autores não façam menção à Lei nº 1.493, de 13 de dezembro de 1951, ela já veiculava a expressão "empresa semiestatal", sem, contudo, precisar sua significação.[51]

Os autores pontuam que a noção jurídica de empresa semiestatal seria assinalada pelos seguintes requisitos:[52]

(i) é empresa não estatal, cujo capital votante pertence em maioria ao setor privado;

(ii) a parcela acionária minoritária pertence a outra empresa, esta, sim, estatal;

---

[50] Carlos Ari Sundfeld, Rodrigo Pagani de Souza, Henrique Motta Pinto, *idem ibidem*, p. 103. A mesma denominação é utilizada em Carlos Ari Sundfeld, "O direito e as parcerias empresariais e contratuais entre Estado e particulares", em *Cadernos FGV Projetos*, v. 23, 2014, p. 54-60.

[51] Art. 1º da Lei nº 1.493/1951: "[a] cooperação financeira proporcionada pela União a instituições públicas, autárquicas, semiestatais ou privadas far-se-á mediante auxílios e subvenções, para o que haverá consignação própria no Orçamento Geral da República". Art. 2º: "[o]s auxílios serão concedidos em virtude de lei, decreto, tratado ou convênio, para atender a ônus ou encargos assumidos pela União para com instituições públicas, autárquicas ou semiestatais". Pontos dela são analisados pelo TCU nos Acórdãos 292/2007 – Plenário (Processo 013.757/2004-1, Rel. Min. Marcos Vinicios Vilaça, j. 07 mar. 2007) e 2.697/2008 – Plenário (Processo 017.828/2005-1, Rel. Min. Valmir Campelo, j. 26 nov. 2008), e pelo STJ no Agravo de Recurso Especial 6.198 – PR (2011/0082646-8, Rel. Min. Benedito Gonçalves, j. 25 maio 2011), sem, contudo, enfrentamento do tema da "empresa semiestatal". A expressão é utilizada pelo TCU nos Acórdãos 1.602/2015 – Plenário (Processo 033.438/2013-7, Rel. Min. Substituto Marcos Bemquerer Costa, j. 01 jul. 2015) e 3.052/2016 – Plenário (Processo 026.363/2015-1, Rel. Min. Ministro Benjamin Zymler, j. 30 nov. 2016), para fazer referência, respectivamente, à Estruturadora Brasileira de Projetos S/A – EBP ("[...] possibilitou-se a constituição de uma relação inusitada e não prevista nas normas jurídicas brasileiras que dispõem sobre as parcerias que podem ser estabelecidas por órgãos e entidades públicos com entes privados. O quadro que se vislumbra atualmente coloca o BNDES, na consecução do convênio, como uma sociedade 'público-privada' (sendo o braço operacional da empresa pública, que extrapola o papel da empresa pública, a AEP/BNDES), e a EBP, formalmente uma pessoa jurídica de direito privado, como uma entidade 'semiestatal'" – relatório, fl. 44) e à *China National Petroleum Corporation* – PetroChina ("[...] em 2012, a PDVSA firmou joint venture com a *PetroChina* (*China National Petroleum Corp.*), maior petrolífera semiestatal da China, para a construção de três refinarias naquele país, cuja capacidade operacional seria superior à capacidade da Rnest. Além disso, chama atenção a maior vantagem dos custos previstos para as refinarias chinesas, em comparação aos custos da Rnest. Os chineses divulgaram um investimento de US$ 8,3 bilhões para produzir 400 kbpd, enquanto a Rnest possuía, à época, previsões de investimentos de US$ 20 bilhões, para processar apenas 230 kbpd" – relatório, fl. 07).

[52] Carlos Ari Sundfeld, Rodrigo Pagani de Souza, Henrique Motta Pinto, *idem ibidem*, p. 107.

(iii) a participação estatal, embora minoritária, mostra-se relevante, de modo a assegurar à acionista minoritária estatal grau de compartilhamento do poder de controle, disciplinado por meio de acordo de acionistas ou instrumentos equivalentes;[53]
(iv) a participação da empresa estatal resulta em compartilhamento de controle, que não será exercido de forma isolada pela empresa privada. Esta circunstância não tem o condão de transformar a empresa investida em empresa estatal, "mas apenas de assegurar influência singular sobre sua gestão, mantendo-a privada (do setor privado), não estatal. Daí não se tratar de empresa estatal, mas de semiestatal".[54] [55]

---

[53] Fábio Konder Comparato e Calixto Salomão Filho destacam a possibilidade de dissociação entre propriedade acionária e poder de comando empresarial (*op. cit.*, p. 43-75). Para Berle Jr. e Means, os controles gerenciais e minoritários seriam factuais, enquanto as outras modalidades decorreriam de dispositivos legais (*The modern Corporation and private property*. New York: The Macmillan Company, 1934, p. 70).

[54] Carlos Ari Sundfeld, Rodrigo Pagani de Souza, Henrique Motta Pinto, idem ibidem, p. 107.

[55] Estudos semelhantes foram feitos por outros autores. Para citar um exemplo, Gilberto Bercovici analisou operação na qual haveria quase equivalência entre a quantidade de participação no capital votante de empresa constituída pelo Estado em conjunto com agente privado, de maneira que este teria 50% mais 10 ações ordinárias a mais que o agente estatal sócio da mesma empresa. Concomitantemente, seria celebrado acordo de acionistas, nos seguintes termos: "[a]pós o fechamento da operação, a composição acionária do Banco X passará a ser a seguinte: 50% do total de ações ordinárias pertencentes ao acionista X e 50% do total de ações ordinárias pertencentes ao Banco do Brasil. O acionista X possuirá 10 ações ordinárias a mais que o Banco do Brasil e não haverá outros acionistas. [...]
Dentre os anexos do contrato de compra e venda há um acordo de acionistas, que vigorará a partir da data do fechamento, com prazo de 10 anos, podendo ser renovado.
Referido acordo regula o relacionamento entre os dois únicos acionistas, estabelecendo, dentre outros pontos, os seguintes:
i) o Conselho de Administração terá seis membros, sendo que três serão eleitos dentre os indicados pelo Banco do Brasil e três, dentre os indicados pelo acionista X. O Presidente do Conselho de Administração será escolhido de modo alternado, começando por um indicado pelo Banco do Brasil, sendo o próximo pelo acionista X e assim, sucessivamente. Contudo o Presidente do Conselho não tem voto de qualidade.
ii) praticamente todas as matérias relevantes dependem, para sua aprovação, de quórum qualificado, tanto na Assembleia Geral (75% do capital votante) quanto no Conselho de Administração (voto de 4 membros). Desse modo, nenhum dos acionistas tem poder para decidir isoladamente sobre as matérias relevantes.
Nesse contexto, o problema ora colocado consiste em saber se a configuração acionária adotada e a celebração do acordo de acionistas, tal como redigido, induziriam a existência de controle por parte do Banco do Brasil, numa acepção capaz de tornar o Banco X integrante da administração pública indireta, o que, por via de consequência, atrairia a incidência das normas do art. 37 da CF, especialmente no que se refere à exigência de concurso público, observância da Lei n. 8.666/93 nas compras e contratações e sujeição à fiscalização dos órgãos de controle da administração pública" ("Natureza jurídica de sociedade anônima privada com participação acionária estatal", em *Direito Econômico aplicado: estudos e pareceres*, São Paulo: Contracorrente, 2016, p. 71-72).
Como resposta, indica que a empresa não deveria se configurar como sociedade de economia mista: "[o] Banco X, após a celebração do acordo de acionistas, não pode ser classificado

A empresa semiestatal, ou "semipública", para utilizar a expressão de Jean-Denis Bredin, "é, portanto, caracterizada pela coparticipação e cogestão pelos capitalistas estatais e privados".[56] A despeito de tomar emprestada a definição cunhada pelos mencionados autores, faço adição e aprofundamento.

Em adição, penso que, para definição exata da empresa semiestatal, faz-se necessária distinção clara entre as noções de *controle acionário* e *controle societário*. Aquele é determinado pelo total de capital votante apto a permitir que determinado sócio possa figurar como controlador da sociedade. O controle acionário pode ser caracterizado como detenção de cotas ou ações com direito a voto representando mais de 50% do total do capital social; o societário, pela existência de instrumentos negociais que, para além do total de cotas ou ações com direito a voto, permitam a determinado sócio dirigir as atividades sociais e orientar o funcionamento de órgãos da empresa.

Nesses termos, o *controle acionário* pode ser entendido como *situação de direito* (verificação da propriedade do número de cotas ou ações com direito a voto), enquanto o controle societário deverá ser enxergado desde *situação de fato* (possibilidade fática de dirigir os rumos da companhia).

Como aprofundamento, o meu propósito não é o que Carlos Ari Sundfeld, Rodrigo Pagani de Souza e Henrique Motta Pinto me pareciam ter, em boa medida, quando caracterizaram a empresa semiestatal: discutir a possibilidade de sua contratação direta pela empresa pública que a controla, nos termos do art. 24, XXIII, da Lei de Licitações.[57] Meu objetivo é mais abrangente: estudar seu regime

---

como sociedade de economia mista. A sociedade de economia mista deve ter sua criação autorizada por lei específica (artigo 37, XIX, da Constituição). O Banco X, após a celebração do acordo de acionistas, será uma sociedade comum, com participação acionária de um ente estatal, a sociedade de economia mista Banco do Brasil" (*idem ibidem*, p. 103). Finalmente, conclui que "[a] situação estabelecida pelo acordo de acionistas prevê o controle conjunto do Banco X, sem preponderância de fato de nenhum dos acionistas. Este controle conjunto pode ser equiparado, em termos de direito societário, ao que o Banco Central do Brasil costuma designar de 'controle compartilhado', pois ambos os sócios possuem praticamente os mesmos direitos, deveres e responsabilidades. A existência do controle conjunto (ou 'controle compartilhado') não torna o Banco X integrante da Administração Pública Indireta. Trata-se [...] apenas de uma sociedade com participação acionária de uma sociedade de economia mista, o que não é suficiente para transformá-la em uma 'sociedade de economia mista de segundo grau' ou algo similar, sem lei específica" (*idem ibidem*, p. 106).

[56] *L'Entreprise semi-publique & publique et le droit privé*, Paris : Librarie Générale de Droit et de Jurisprudence 1957, p. 45 (tradução livre). No original: "L'entreprise semi-publique se caractérise donc par une co-participation et une cogestion de l'Etat et des capitalistes privés".

[57] Art. 24 da Lei de Licitações: "É dispensável a licitação: [...] XXIII – na contratação realizada por empresa pública ou sociedade de economia mista com suas subsidiárias e controladas,

estrutural (se, no atual cenário brasileiro de apontamentos doutrinários, publicação de novos atos normativos e veiculação de decisões sobre o tema, notadamente pelo TCU, a empresa semiestatal deve ser entendida como integrante ou não da Administração Pública indireta), bem como as finalidades a que se prestam e seus contornos de ação (seu regime funcional e a eventual possibilidade de aprimoramento do tema).[58] [59]

---

   para a aquisição ou alienação de bens, prestação ou obtenção de serviços, desde que o preço contratado seja compatível com o praticado no mercado". A Lei das Empresas Estatais possui redação semelhante, mas com alteração importante: não faz menção a "empresa controlada". Prevê ser dispensável a licitação por empresas públicas e sociedades de economia mista "nas contratações entre empresas públicas ou sociedades de economia mista e suas respectivas subsidiárias, para aquisição ou alienação de bens e prestação ou obtenção de serviços, desde que os preços sejam compatíveis com os praticados no mercado e que o objeto do contrato tenha relação com a atividade da contratada prevista em seu estatuto social" (art. 29, XI). Edgar Guimarães e José Anacleto Abduch Santos traçam comentário sobre a aplicação do dispositivo da Lei das Empresas Estatais. Contudo, fazem-no com aspecto que merece reparo: veiculam sua opinião como se o novo dispositivo fizesse menção a "subsidiárias" e a "controladas" de empresas públicas ou sociedades de economia mista, quando a única menção legal foi àquelas (*Lei das Empresas Estatais*: comentários ao regime jurídico licitatório e contratual da Lei nº 13.303/2016. Belo Horizonte: Fórum, 2017, p. 67-68). Sidney Bittencourt também comenta o dispositivo, aduzindo que o "conceito de subsidiária não está previsto na legislação pátria", algo que também merece reparo, pois a Lei das Empresas Estatais e o Decreto nº 8.945 trataram do tema (*A nova lei das estatais*: novo regime de licitações e contratos nas empresas estatais. Leme: JH Mizuno, 2017, p. 96).
   A supressão do termo "controlada" na Lei das Empresas Estatais foi notada por Francisco Zardo, "O regime jurídico das empresas privadas com participação estatal minoritária", *Revista de Direito Público da Economia – RDPE*, Belo Horizonte, ano 15, n. 58, p. 75, abr./jun. Sobre o tema, cf., ainda, Marçal Justen Filho, "A contratação sem licitação nas empresas estatais", Marçal Justen Filho (Org.). *Estatuto jurídico das empresas estatais*: Lei nº 13.303/2016. São Paulo: Revista dos Tribunais, 2016, p. 312-313. Finalmente, o ponto foi abordado no Acórdão TCU 2.645/2017 (Plenário, Processo 008.837/2013-9, Rel. Min. José Múcio Monteiro, j. 29 nov. 2017), que trata de contratações diretas realizadas pela CEF. Nas palavras do Rel. Min. José Múcio Monteiro, "[e]m relação à dispensa de licitação, não há, no novo estatuto, previsão de contratação com dispensa de licitação de empresas controladas, permanecendo apenas as subsidiárias. É o que dispõe o art. 29, XI [da Lei das Empresas Estatais]" (fl. 50).

[58] Floriano de Azevedo Marques Neto e Juliana Bonacorsi de Palma destacam a importância de identificação do regime jurídico da atuação empresarial do Estado, pois "corresponde a um dos pressupostos de análise teórica desses entes, bem como a uma diretriz de baliza da atuação das estatais, a qual tanto conforma sua organização societária quanto delineia o modo de exercício das correspondentes competências. A identificação do regime jurídico não é apenas relevante, portanto, à teoria do direito administrativo, mas especialmente funcional na ação concreta das empresas estatais, de modo que o critério de identificação do regime jurídico aplicável a essas entidades deve guardar correspondência com o atual cenário prático em que se inserem" ("Empresas estatais e parcerias institucionais", *Revista de Direito Administrativo – RDA*, Rio de Janeiro, v. 272, p. 67-68, maio/ago. 2016). Ampliar a discussão em Gilmar Mendes, "Aspectos constitucionais do regime jurídico das empresas estatais", João Otávio de Noronha, Ana Frazão e Daniel Augusto Mesquita (Coord.). *Estatuto Jurídico das Estatais* (análise da Lei nº 13.303/2016). Belo Horizonte: Fórum, 2017, p. 21-42.

[59] Esta ideia está mais próxima da que Carlos Ari Sundfeld lançou, dessa vez em companhia de Egon Bockmann Moreira, em sugestão para o aprimoramento de regras para a contratação

1.2 Aspecto correlato: a empresa público-privada

O fenômeno objeto do presente trabalho é o relativo à associação que ocorre pela participação acionária estatal minoritária, porém relevante.[60] O controle societário é necessariamente compartilhado com o sócio minoritário estatal, mas com maioria do capital acionário com direito a voto detida pelo sócio privado.[61]

Outra forma de associação empresarial foi identificada e tem sido, em minha visão, confundida com o que aqui denominei de empresa semiestatal.[62] Contudo, elas não devem ser embaralhadas, especialmente pela relevância da configuração de poder de controle para discussão sobre o regime estrutural das empresas e para os deveres e obrigações de seus controladores.[63]

---

de empreendimentos de parceria. Foi realizada proposta de medida de fomento por meio de subscrição de participação minoritária, em dinheiro, bens, direitos ou créditos públicos, no capital votante do contratante privado titular do empreendimento. Ela poderia ser acompanhada, "como medida complementar de fomento público durante a fase de implantação e consolidação do empreendimento privado, objetivamente delimitada e não superior a oito anos, [d]o compromisso de aquisição, por entidade estatal contratante, com dispensa de licitação, de bens ou serviços prestados pelo contratante privado", bem como da "celebração de contrato para a prestação ou fornecimento, ao contratante privado, por entidade estatal, de serviços, bens ou outras prestações, dispensada a licitação e os outros procedimentos de disputa previstos em norma específica, e observadas as competências, regras e práticas comerciais específicas da entidade estatal" ("PPP Mais: um caminho para práticas avançadas nas parcerias estatais com a iniciativa privada". *Revista de Direito Público da Economia – RDPE*, Belo Horizonte, ano 74, n. 53, p. 27-28, jan./mar. 2016).

[60] José Vicente Santos de Mendonça caracteriza-o como neointervencionismo estatal (*Direito constitucional econômico (a intervenção do Estado na economia à luz da razão pública e do pragmatismo)*. Belo Horizonte: Fórum, 2014, p. 301-303); "O que pode ser a participação privada na geração de energia elétrica a partir de usinas termonucleares: um exercício experimental de neointervencionismo público", em Marçal Justen Filho e Rafael Wallbach Schwind (Org.). *Parcerias Público-Privadas (reflexões sobre os 10 anos da Lei nº 11.079/2004)*. São Paulo: Revista dos Tribunais, 2015, p. 759-783. Expandir a discussão em Aldo Musacchio e Sérgio G. Lazzarini. *Reinventando o capitalismo de Estado: o Leviatã nos negócios (Brasil e outros países)*. São Paulo: Portfolio-Penguin, 2015, p. 229-251 (cap. 7 – "O Leviatã como acionista minoritário").

[61] Carlos Ari Sundfeld, Rodrigo Pagani de Souza, Henrique Motta Pinto, *op. cit.*, p. 102-103.

[62] Murillo Giordan Santos também já chama atenção para a variação terminológica que tem ocorrido em sede doutrinária para a descrição do fenômeno das participações estatais minoritárias: "[n]a verdade, não existe uma terminologia única para esse fenômeno empresarial devido à inexistência de um regramento legal específico sobre o assunto. Por essa razão, encontra-se uma variedade de expressões doutrinárias para se referir a essa espécie empresarial: *empresas público-privadas, empresas controladas pelo Poder Público* ou simplesmente de *empresas em que o Estado detém participação minoritária no capital social*. Este estudo utilizará o termo semiestatais" ("Controle das empresas semiestatais", *RIL Brasília*, ano 52, n. 208, p. 62, out./dez. 2015).

[63] Vejam-se os seguintes exemplos: "[e]ntendem-se por semiestatais as empresas das quais o Estado detém parcela minoritária do capital votante, ou seja, são empresas controladas pela iniciativa privada em que o Estado participa do capital social. A participação minoritária do

O movimento tem sido caracterizado, majoritariamente, como a possibilidade de constituição de *empresas público-privadas*, assinalando-se a possibilidade de o Estado se associar minoritariamente a investidores privados, para o desenvolvimento do objeto social dessas empresas investidas. Alexandre Santos de Aragão vale-se desta noção para se referir ao "fenômeno administrativo-societário cada vez mais presente na realidade brasileira e comparada, mas ainda pouco estudado pela doutrina, de participação minoritária [do Estado] em sociedades privadas".[64]

Para o autor, essa participação, embora não seja majoritária, é realizada tendo em vista algum interesse público, e pode-se dar tanto por meio de empresas integrantes da Administração Pública indireta como diretamente pelo próprio Estado. As empresas público-privadas, nessa acepção, seriam sociedades comerciais privadas, com participação estatal minoritária, direta ou indireta, com vistas à realização de determinado objetivo público incumbido pelo ordenamento jurídico.[65] [66]

Poder Público não transforma essas empresas em estatais, pois, para tanto, seria necessária a detenção da maioria do seu capital social votante. Portanto, as empresas semiestatais são empresas privadas e não integram a Administração Pública" (Murillo Giordan Santos, *idem ibidem*, p. 61); "[t]ais empresas, caracterizadas pelo controle por empresa estatal, mesmo com participação minoritária, têm sido identificadas pela doutrina administrativista como empresas semiestatais ou empresas público-privadas" (Lucas Sant'Anna e Anna Beatriz Savioli, *Contratação direta entre empresas estatais e suas controladas*. Disponível em: <http://jota.uol.com.br/tcu-contratacao-direta-entre-empresas-estatais-e-suas-controladas>. Acesso em: 02 maio 2016). Para sumário a respeito da questão, cf. Rafael Wallbach Schwind, *O Estado acionista* (empresas estatais e empresas privadas com participação estatal). São Paulo: Almedina, 2017, p. 34-38.

[64] Alexandre Santos de Aragão, "Empresa Público-Privada", *Revista dos Tribunais*, v. 890, p. 4, dez. 2009. Cf., ainda, Alexandre Santos de Aragão, "Empresas público-privadas", Tomo Direito Administrativo e Constitucional, abr. 2017, disponível em: <https://enciclopediajuridica.pucsp.br/verbete/79/edicao-1/empresas-publico-privadas>. Acesso em: 20 nov. 2017.

[65] Alexandre Santos de Aragão, *op. cit.*, p. 5. Conclui o autor: "[...] a empresa público-privada se diferencia das sociedades de economia mista definidas pelo Dec.-lei 200/1967 na medida em que o Estado não possui o seu controle acionário. É, desta forma, sociedade anônima ordinária, sujeita inteiramente ao Direito Privado" (*op. cit.*, p. 6).

[66] O autor aduz que "empresa público-privada" foi o "termo que convencionamos utilizar para denominar o fenômeno administrativo-societário cada vez mais presente na realidade brasileira e comparada, mas ainda pouco estudado pela doutrina, de participação minoritária em sociedades privadas.
Essa participação, ao contrário daquelas furtivas e temporárias (ex., herança jacente, penhora/adjudicação de cotas, etc.), se dá, apesar de não ser majoritária, com vistas à realização de algum interesse público, podendo se dar tanto através de empresas integrantes da Administração indireta e, portanto, controladas pelo Estado, como, o que é menos comum, diretamente pelo próprio Estado.
Empresas público-privadas seriam, assim, as sociedades comerciais privadas com participação estatal, direta ou indireta, minoritária com vistas à realização de determinado objetivo público incumbido pelo ordenamento jurídico ao Estado" (Alexandre Santos de Aragão, *idem ibidem*, p. 19-20).

Marçal Justen Filho refere-se à figura da "sociedade com participação estatal minoritária", caracterizando-a como "pessoa jurídica de direito privado sob controle de particulares, sujeita a regime de direito privado, de cujo capital participa minoritariamente um ente estatal".[67] O autor considera oportuno estudar a hipótese de a Administração Pública ser sócia de empresa privada, mas sem deter o seu controle. A questão seria mais evidente no caso de participação de empresas estatais como sócias minoritárias de empresas privadas, pois, embora não prevista no DL nº 200, foi prevista na CF e passou "a ser utilizada com frequência crescente pelo Estado brasileiro, no desenvolvimento de sua função de fomento".[68]

Para Marçal Justen Filho, esse fato não poderia excluir a possibilidade de o Estado assumir participação no grupo de controle da empresa assim investida, por meio de compartilhamento de controle. Este poderia ocorrer com direitos de veto em deliberações sobre certos temas, indicação de administradores, participação do conselho de administração e submissão de decisões a quórum especial. Contudo, significaria que o Estado controlaria a sociedade em que fosse titular de participação minoritária, de maneira que:

> [a]inda que o sócio estatal seja cotitular do poder de controle, não lhe serão asseguradas faculdades destinadas a orientar a sociedade para o desempenho de função administrativa. Suas faculdades são estrita e unicamente relacionadas com a exploração privada do empreendimento e a garantia de proteção do investimento realizado com recursos públicos.[69][70]

---

[67] *Curso de direito administrativo*, 8. ed. rev. ampl. e atual, Belo Horizonte: Fórum, 2012, p. 275.
[68] Idem ibidem, p. 275.
[69] "As empresas privadas com participação estatal minoritária", *Revista de direito administrativo contemporâneo – REDAC*, ano 1, vol. 2, p. 278, set./out. 2013.
[70] Noutra obra, Marçal Justen Filho menciona a questão da utilização de instrumentos societários pelo Estado em empresa investida. Contudo, não faz a passagem, que adoto aqui, entre a modificação de figuras, nessa hipótese (ou seja, indo de empresas público-privadas para empresas semiestatais): "[u]ma vez adquirida a participação na SPE, caberá ao sócio público exercitar todos os deveres e poderes jurídicos correspondentes. Isso envolverá a integralização do preço de emissão das ações subscritas ou adquiridas, a indicação de membro(s) para participar em órgãos de administração e assim por diante.
Por outro lado, serão assegurados ao sócio estatal diversos mecanismos de garantia para a realização de seus interesses (que são uma manifestação dos interesses coletivos). A relevância da participação do sócio estatal no empreendimento pode exigir, por exemplo, o compartilhamento do poder de controle. Devem ser adotados mecanismos para assegurar ao sócio estatal o poder jurídico de, por exemplo, vetar deliberações relativamente a certos temas, indicar alguns dos administradores, participar do conselho de administração e submeter determinadas decisões a quórum especial.
A formalização de pactos dessa ordem faz-se por via de acordo de acionistas, que acarretam o surgimento de um 'grupo de controle'. Logo, o sócio estatal pode ser reconhecido como

Nas opiniões citadas, dois aspectos que assinalei não foram destacados: (i) o necessário compartilhamento de controle em empresas semiestatais, o que não ocorreria em empresas público-privadas, se caracterizadas com base nos aspectos ali destacados; (ii) a imperatividade de empresas semiestatais serem constituídas pelo Estado para o cumprimento de finalidades públicas assim reconhecidas pelo Direito.

Embora se utilizando da expressão *empresa público-privada*, Fernando Cariola Travassos havia lançado a ideia sobre a constituição de empresas em parceria pelo Estado e pela iniciativa privada, nas quais haveria compartilhamento de controle entre os sócios:

> [...] empresa pública ou de economia mista, na qual o poder público reduz sua participação, abrindo mão de seu controle em favor de outros acionistas, formando-se uma empresa de comando compartilhado. Com a dispersão adequada e monitorada do capital votante, o poder público ainda será um acionista poderoso, com o poder de influir nos objetivos e linhas de ação da empresa. Por outro lado, a empresa estará protegida de interesses político-partidários e de favorecimentos contrários aos seus interesses, devido à ausência do poder absoluto governamental sobre as suas decisões. [...]
>
> Os dispositivos jurídicos para estruturar essa EPP encontram-se na lei das Sociedades Anônimas, bem como no conjunto de regulamentações da Comissão de Valores Mobiliários (CVM). Um estatuto claro e definido quanto aos poderes dos acionistas nesse controle compartilhado será decisivo para a atratividade de novos investidores.[71]

Na proposição lançada pelo autor, parece-me haver a ideia de que a empresa seria privada, embora o seu controle fosse efetivamente compartilhado entre Estado e iniciativa privada. A opinião pode ser contrastada com a de Rafael Wallbach Schwind, que reconhece o fenômeno empresarial de participação estatal no quadro societário de empresas privadas, também o denominando de "empresas público-privadas". Define-as inicialmente como:

---

cotitular do poder de controle sobre a SPE. Mas, como regra, o sócio estatal não será cotitular do poder de controle, o qual caberá ao parceiro privado" ("Contornos da atividade administrativa de fomento no Direito Administrativo brasileiro: novas tendências", em Celso Antônio Bandeira de Mello, Sérgio Ferraz, Silvio Luís Ferreira da Rocha, Amauri Feres Saad (Org.). *Direito administrativo e liberdade* (estudos em homenagem a Lúcia Valle Figueiredo). São Paulo: Malheiros, 2014, p. 562).

[71] *As vantagens de uma empresa público-privada*, Valor Econômico, 21.08.2007, Opinião, p. A10. Disponível em: <http://www2.senado.leg.br/bdsf/bitstream/handle/id/480878/noticia.htm?sequence=1>. Acesso em: 20 nov. 2017.

[...] sociedades comerciais privadas, não integrantes da Administração Pública, em que o Estado, por meio de um ente estatal, participa como sócio e se vale de instrumentos societários destinados a direcionar o comportamento da empresa para a realização de determinados objetivos públicos previstos no ordenamento jurídico, mas sem possuir, de modo permanente, preponderância no exercício do poder de controle.[72]

Nesta passagem, Rafael Wallbach Schwind aproxima a nomenclatura de *empresa público-privada* ao que aqui chamo de *empresas semiestatais*. Isso decorreria do fato de, da leitura já trazida, o Estado-acionista poder comandar os objetivos institucionais da empresa, de figurar como seu controlador. Contudo, o final do trecho citado ("sem possuir, de modo permanente, preponderância no exercício do poder de controle") permite a conclusão de que o objeto de estudo do autor é, de fato, a *participação do Estado em empresas privadas, sem estarem atreladas à ideia de efetivo compartilhamento de controle societário*. Tal noção de empresa público-privada seria diferente, inclusive, da adotada por Fernando Cariola Travassos, pois, nela, o controle societário seria permanentemente compartilhado entre os sócios público e privado.

Para Rafael Wallbach Schwind, o dado essencial para caracterizar o fenômeno de que está tratando "não consist[iria] na quantidade de ações de titularidade do Estado, e sim na circunstância de que o Estado não terá a preponderância, de modo permanente, no controle societário da empresa".[73] A seguinte passagem é elucidativa a respeito de seu pensamento:

[...] adota-se nesta tese o entendimento de que o dado essencial para a caracterização das empresas público-privadas diz respeito não propriamente à posição do sócio estatal como acionista minoritário, e sim ao fato de a preponderância do poder de controle estar nas mãos do sócio privado. O sócio estatal, evidentemente, poderá deter uma participação relevante na empresa, inclusive no que se refere ao poder de controle interno (poderá integrar o bloco de controle). Entretanto, para que se configure uma empresa público-privada, a preponderância do controle deverá estar nas mãos do sócio privado.[74]

---

[72] Rafael Wallbach Schwind, *op. cit.*, p. 101. Cf. também Fernando Borges Mânica e Fernando Menegat, *Teoria jurídica da privatização*: fundamentos, limites e técnicas de interação público-privada no direito brasileiro. Rio de Janeiro: Lumen Juris, 2017, p. 160.

[73] Rafael Wallbach Schwind, *idem ibidem*, p. 102.

[74] *Idem ibidem*, p. 112. Cf. também Francisco Zardo, "O regime jurídico das empresas privadas com participação estatal minoritária", *op. cit.*, p. 62-63.

Em minha visão, há diferenciação entre o objeto mencionado por Rafael Wallbach Schwind (*empresas público-privadas*) e o que trato neste trabalho (*empresas semiestatais*, ou o que Fernando Cariola Travassos denominou de empresa público-privada, mesma terminologia posteriormente utilizada por Rafael Wallbach Schwind), exatamente pela questão do controle societário. Para Rafael Wallbach Schwind, nas empresas público-privadas o exercício do poder de controle estaria, preponderantemente, nas mãos do sócio privado. Para mim, nas empresas semiestatais, o controle societário da sociedade é efetivamente compartilhado com o sócio privado.

Embora as *empresas público-privadas* e as *empresas semiestatais* guardem pertinência entre si, não devem ser confundidas. Sua conexão se dá porque, em ambos os casos, o Estado figura como sócio minoritário de empresas privadas, com suporte às atividades que serão desenvolvidas. Porém, os fenômenos são distintos. Naquele não haveria compartilhamento de controle entre Estado e iniciativa privada; neste sim. E é exatamente quando o Estado passa a figurar como compartilhador do controle da empresa, por meio da adoção de mecanismos societários que lhe permitam exercer influência significante nos rumos da empresa, que a discussão jurídica pode se colocar. As regras aplicáveis poderiam ser eventualmente modificadas, a depender do entendimento que se tenha sobre o tema, sob duas vertentes, ao menos:

(i) a do sócio controlador, que passa a ser o Estado, em concomitância com o controle exercido pelo(s) sócio(s) privado(s). Assim, todas as imposições inerentes ao sócio controlador, previstas na legislação societária, passem a ser aplicáveis;[75]

---

[75] Assim, o controle exercido pelo Estado, embora detendo a minoria do capital votante, parece-me ser a característica relevante para a identificação das empresas semiestatais. Reside aí a nota distintiva para sua diferenciação de outras formas de participação societária estatal (incluindo-se, aí, as puramente minoritárias) e para a imposição de obrigações típicas de sócios controladores, nos termos da legislação societária.
De outro lado, há aqueles que se posicionam pela ausência de controle estatal no âmbito da denominada *empresa público-privada* – mais uma vez, fenômeno distinto do que aquele que aqui tentamos caracterizar. Veja-se, novamente, a posição de Rafael Wallbach Schwind: "[o] termo 'empresa público-privada' destina-se a caracterizar essas situações como verdadeiras parcerias – de natureza societária – entre os setores público e privado. No interior das empresas público-privadas, o Estado atua como genuíno sócio sem preponderância no poder de controle, o que diferencia tais empresas das sociedades de economia mista. Evidentemente, o Estado poderá influir nas decisões estratégicas das empresas público-privadas, mas sem poderes absolutos. Disporá dos poderes que os atos constitutivos da empresa e eventuais outros instrumentos – tais como acordos de acionistas e ações de classe especial (*golden shares*) lhe assegurem na condição de acionista. Mas, enquanto sócio, o Estado se apresenta como qualquer acionista privado" (*idem ibidem*, p. 102-103).

(ii) a da própria empresa, que deixaria de ser empresa privada, meramente participada pelo Estado,[76] para ser por ele, em alguma medida, controlada. Daí decorreriam as discussões jurídicas sobre o regime estrutural da empresa, sobre o seu exato lugar no mundo. Se o controle é efetivamente privado, como o propôs Rafael Wallbach Schwind, não haveria discussões sobre o enquadramento da empresa público-privada como integrante da Administração Pública indireta. Tampouco haveria discussões sobre seu enquadramento como "controlada", o que gera discussões em diversas passagens de interpretação de textos jurídicos (como, apenas para dar um exemplo, o art. 24, XXIII, da Lei de Licitações, já mencionado e enfrentado por Carlos Ari Sundfeld, Rodrigo Pagani de Souza e Henrique Motta Pinto).

O trabalho versa sobre esta concepção de parceria, de participação estatal na economia e em atividades de fomento: as empresas semiestatais. Como aponta Vitor Rhein Schirato:

> Com o passar do tempo e a quebra da verticalidade das relações entre Administração Pública e particulares, as parcerias desenhadas por meio das empresas estatais têm uma considerável mudança de paradigma: deixam de ser alianças de mero capital e passam a ser verdadeira parcerias, com o compartilhamento de riscos, perdas, ganhos e, sobretudo, experiências entre os setores público e privado.[77]

---

[76] O fenômeno de simples participação estatal minoritária tem sido identificado com outras denominações. Uma delas é dada por José Cretella Jr., ao distinguir as sociedades de economia mista majoritárias das minoritárias. Para o autor, a atribuição de *mista*, acrescentado à sociedade, denotaria a natureza da empresa em relação à constituição do capital (que é tanto do Estado como do particular) e, como decorrência direta da participação de natureza econômica, na própria parte administrativa, o que daria origem, de acordo com a quantidade de participação detida pelos sócios, a tipos distintos de sociedades de economia mista: a sociedade de economia mista majoritária e a sociedade de economia mista minoritária (*Empresa pública*. São Paulo: Bushatsky, 1973, p. 141). Para ele, "[n]as sociedades de economia mista minoritárias, o Estado detém no máximo 49% do capital da empresa. Nas sociedades de economia mista majoritárias, a presença do Estado se faz sentir em seus vários aspectos – participação na direção, fiscalização, vigilância ou tutela; nas minoritárias, em que a participação financeira do Estado é secundária e, por assim dizer, complementar ou supletiva à atividade econômica do particular, pouco ou quase nada se nota como relação à presença efetiva, concreta, da atuação estatal, na vida administrativa da empresa. Nas sociedades de economia mista majoritárias, o Estado é detentor da maioria das ações (51% pelo menos)" (*idem ibidem*, p. 141).

[77] *As empresas estatais no direito administrativo econômico atual*. São Paulo: Saraiva, 2016, p. 195. Cf. também Bernardo Strobel Guimarães, "A participação de empresas estatais no capital de empresas controladas pela iniciativa privada: algumas reflexões", em Floriano de Azevedo Marques Neto, Fernando Dias Menezes de Almeida, Irene Nohara e Thiago Marrara (Coord.). *Direito e administração pública*: estudos em homenagem a Maria Sylvia Zanella Di Pietro. São Paulo: Atlas, 2013, p. 377.

No próximo capítulo, para além dos aspectos conceituais delineados, abordo como o tema relativo à empresa semiestatal aparece no ordenamento jurídico brasileiro.

CAPÍTULO 2

EMPRESA SEMIESTATAL NO ORDENAMENTO JURÍDICO

Neste capítulo, abordo textos legais para checar em que medida houve o reconhecimento da constituição de empresas semiestatais e quais têm sido as soluções legais sobre sua estrutura. Mais especificamente, pretendo identificar se, à luz de nosso ordenamento jurídico, devem ou não integrar a Administração Pública indireta, aproximando-se de empresas estatais (*empresas públicas e sociedades de economia mista*).[78]

O tema é especialmente delicado em função da veiculação, em atos normativos e contextos diversos, da expressão "empresa controlada direta ou indiretamente pela Administração Pública" (como é o caso, exemplificativamente, do art. 1º, parágrafo único da Lei de Licitações),[79] sem a especificação da realidade jurídica que se quis captar, de maneira que deve ser buscado o contexto no qual foi empregada para capturar sua significação.[80] Diversas hipóteses podem ser aí colocadas:

---

[78] "Novas espécies de 'empresas' surgiram e surgem de acordo com a própria evolução social. Este fato convida-nos a rever ou atualizar o que se tem habitualmente chamado de Teoria da Empresa. Do mesmo modo, somos solicitados a recompor classificações, por novos referenciais, segundo a dimensão (pequenas e grandes), pelo âmbito de poder (públicas e privadas), pela responsabilidade (limitadas e ilimitadas), pela nacionalidade (nacionais e estrangeiras), pelo objetivo que propõem (comerciais, industriais, agrícolas, de serviços) e assim por diante" (SOUZA, Washington Peluso Albino de; CLARK, Giovani. *Questões polêmicas de direito econômico*. São Paulo: LTr, 2008, p. 20).

[79] Art. 1º parágrafo único, da Lei de Licitações: "[s]ubordinam-se ao regime desta Lei, além dos órgãos da administração direta, os fundos especiais, as autarquias, as fundações públicas, as empresas públicas, as sociedades de economia mista e demais entidades controladas direta ou indiretamente pela União, Estados, Distrito Federal e Municípios".

[80] Eros Roberto Grau, *idem ibidem*, p. 36.

(i) hipótese 1: a noção "empresa controlada pelo Estado" poderia ser considerada como equivalente à própria noção de "empresa estatal", já que, em qualquer caso (empresa pública, sociedade de economia mista e a dita "empresa controlada pelo Estado"), haveria propriedade de maioria do capital votante pelo Estado;[81]

(ii) hipótese 2: a "empresa controlada pelo Estado" poderia ser reputada como aquela em que o Estado não detém a maioria do capital votante, mas na qual possuiria direito de sócios (via instrumentos negociais) que lhe garantiriam controle societário sobre a empresa. Independentemente do volume de capital votante, o controle societário faria com que o regime da empresa assim "controlada pelo Estado" fosse equiparado ao da sociedade de economia mista (ou, melhor, seria efetivamente sociedade de economia mista), e, como tal, deveria ser enquadrada na Administração Pública indireta;

(iii) hipótese 3: a "empresa controlada pelo Estado", nos termos especificados em "ii", não pertenceria à sua estrutura orgânica. O ordenamento jurídico teria adotado como critério para organização estrutural das entidades da Administração Pública indireta a maioria do capital votante, independentemente de o Estado possuir instrumentos societários que garantissem o compartilhamento de controle em conjunto com sócios privados;

(iv) hipótese 4: a "empresa controlada pelo Estado" seria aquela em que ele detém a maioria do capital votante (abrangendo empresas públicas e sociedades de economia mista, e seguindo a linha

---

[81] Esta é a posição de Eros Roberto Grau: "No direito brasileiro encontramos enunciadas algumas conceituações de sociedade de economia mista e ao menos uma de empresa pública. Não obstante, em tais definições não se inclui a generalidade das empresas que temos sob referência na expressão 'empresas sob controle do Estado'. A esta corresponde outra – 'empresas estatais' – dela sinônima.
Ao fazermos uso tanto de uma quanto de outra expressão referimo-nos não apenas àquelas empresas que estão abrangidas pelas conceituações de sociedade de economia mista e pela de empresa pública, mas à totalidade das empresas sujeitas ao controle, direto ou indireto, do setor público – União, Estados e Municípios e suas respectivas entidades da chamada Administração Indireta, na qual, aliás, incluem-se as próprias sociedades de economia mista e empresas públicas. Algumas de tais empresas se amoldam, com exatidão, às definições legais de sociedade de economia mista e de empresa pública. Outras, contudo, não se acomodam em nenhum desses casulos.
'Empresas estatais' ou 'empresas sob controle do Estado', portanto, são expressões que designam noção ampla, que engloba não apenas as 'sociedades de economia mista' e as 'empresas públicas', tal como definidas pelo direito positivo, mas também as demais empresas que, embora sob controle do Estado – e, por isso, estatais – com aquelas não se confundem" (idem ibidem, p. 35-36). Cf., no mesmo sentido, Newton De Lucca, "Aspectos relevantes do regime jurídico das sociedades estatais no Brasil", em Uma vida dedicada ao direito. Homenagem a Carlos Henrique de Carvalho. O editor dos juristas. São Paulo: Revista dos Tribunais, 1995, p. 333.

veiculada, como exemplo, na LRF).[82] Também poderiam ser reputadas como incluídas nesta hipótese "iv" as empresas que, por questões meramente contingentes e acidentais (por exemplo, desapropriação de ações ou execução de garantia constituída sobre esses valores mobiliário), teriam a maioria do seu capital votante detido pelo Estado, ainda que não houvesse lei autorizativa de sua constituição como sociedade de economia mista.[83] Neste caso, a situação poderia ser entendida como transitória, de forma que o Estado deveria ou publicar lei caracterizando-a como sociedade de economia mista, ou transferir o capital acionário para empresa pública ou sociedade de economia mista às quais seja facultado participar do capital de outras empresas, ou dela se desfazer (mediante liquidação ou venda).

Para encontrar respostas para tais hipóteses, analiso disposições constitucionais e infraconstitucionais que permitem a criação de empresas e investimentos empresariais pelo Estado. Parto do prisma constitucional (*item 2.1*) e adentro as disposições da Lei das Empresas Estatais, especialmente para identificar qual é a solução normativa para o enquadramento de empresas no âmbito da Administração Pública (*item 2.2*). O exame é feito em perspectiva, abordando as disposições do Decreto nº 8.945 (*item 2.2.1*) e do DL nº 200 (*item 2.2.2*), com complementação oriunda do Decreto nº 1.091 (item 2.2.3).

Depois, analiso outros atos normativos (*item 2.3*), com foco no Decreto nº 84.128, que deu origem à SEST (*item 2.3.1*) e em discussão havida no STF sobre o tema da "empresa controlada" (*item 2.3.2*).

---

[82] Art. 2º da LRF: "[p]ara os efeitos desta Lei Complementar, entende-se como: [...] II – empresa controlada: sociedade cuja maioria do capital social com direito a voto pertença, direta ou indiretamente, a ente da Federação". Para discussão sobre o dispositivo, cf. Carlos Ari Sundfeld, Rodrigo Pagani de Souza e Vera Monteiro, "Os projetos de infraestrutura com participação minoritária de empresa estatal e o problema da concessão de garantias", *Revista de Direito Público da Economia*, v. 45, p. 33-45, 2014.

[83] Para Newton De Lucca, "[...] poderíamos dizer que sociedade controlada pelo Estado é aquela entidade estatal que, sem ter a qualificação jurídica de empresa pública ou de sociedade de economia mista, tem o seu controle acionário detido, direta ou indiretamente, pelo Poder Público. Trata-se, como facilmente se percebe, de um conceito singelo e residual, sem preocupações de rigor metodológico. Simples porque despido de perquirições adicionais sobre a extensão e o alcance da natureza dessas numerosas empresas. Residual porque pare da exclusão da empresa pública, de um lado, e da sociedade de economia mista, de outro, para situar o universo dentro do qual se contém, e sem maiores preocupações de rigor metodológico porquanto, num terreno já de si minado de dificuldades, houve apenas o objetivo de tentar englobar, com alguma designação, essa parte da realidade empresarial estatal que não pode ser categorizada como empresa pública ou como sociedade de economia mista, mas que apresenta características diversas das empresas privadas em razão da preponderante atuação que, sobre ela, exerce o Estado" (*idem ibidem*, p. 349).

Finalmente, volto à breve discussão sobre ato normativo mais atual, o Decreto nº 6.021 (*item* 2.3.3).

2.1 Constituição Federal de 1988

A Constituição Federal prevê diversas formas de exploração estatal de atividades econômicas em sentido amplo, incluindo a possibilidade de constituição de empresas em conjunto com a iniciativa privada. Nos termos de seu art. 37, XIX, as primordiais seriam as empresas públicas e as sociedades de economia mista.[84]

O art. 37 amplia o rol de menções a entidades que contam com a participação estatal. Há referência à proibição de acumular cargos públicos, que se estende a empregos e funções e abrange "empresas públicas, sociedades de economia mista, suas subsidiárias, e sociedades controladas, direta ou indiretamente, pelo poder público" (*inciso XVII*); a limites ao recebimento de remuneração e subsídio, que se estendem a "empresas públicas e às sociedades de economia mista, e suas subsidiárias, que receberem recursos da União, dos Estados, do Distrito Federal ou dos Municípios para pagamento de despesas de pessoal ou de custeio em geral" (§9º); finalmente, ao fato que dependerá de autorização legislativa, em cada caso, a criação de subsidiárias de empresas públicas e sociedades de economia mista, "assim como a participação de qualquer delas em empresa privada" (*inciso XX*).

Assim, é possível listar as seguintes formas empresarias com participação estatal: empresas públicas; sociedades de economia mista; empresas subsidiárias; empresas controladas, direta ou indiretamente, pela Administração Pública; empresas em que o Estado possua participação.[85]

Maria Sylvia Zanella Di Pietro explica que, especificamente no caso do art. 37, XX, há possibilidade de existência de autorização legislativa para criação de subsidiárias de empresas públicas e de sociedades de economia mista e a participação em empresas privadas.

---

[84] Art. 37, XIX, da CF: "somente por lei específica poderá ser criada autarquia e autorizada a instituição de empresa pública, de sociedade de economia mista e de fundação, cabendo à lei complementar, neste último caso, definir as áreas de sua atuação".

[85] Alexandre Santos de Aragão, *idem ibidem*, p. 24-25.

Essas modalidades se desdobrariam em quatro formas de participação estatal em empresas privadas:[86] (i) subsidiária integral, referida no art. 251 da Lei das S/A;[87] (ii) empresa controlada, que, na visão da autora, seria definida pelo art. 2º, III, da LRF; (iii) participação minoritária simples, em que a Administração Pública não deteria maioria do capital votante, tampouco qualquer tipo de controle sobre a empresa; (iv) participação minoritária especial (ou qualificada, nos termos aqui colocados), hipótese em que a Administração Pública não deteria a maioria do capital votante, mas possuiria poderes especiais em relação à gestão da empresa, que seriam outorgados mediante acordo de sócios ou outros meios societários.

Neste cenário, é preciso verificar como a legislação infraconstitucional tem delimitado cada uma dessas figuras.

2.2 Lei das Empresas Estatais e legislação correlata

A Lei das Empresas Estatais teve por objetivo estabelecer o estatuto jurídico da empresa pública, da sociedade de economia mista e de suas subsidiárias que exploram atividade econômica de produção ou comercialização de bens ou de prestação de serviços, conforme o art. 173, §1º, da CF. Aspectos que nela ganham relevo incluem:[88] (i) normas de licitações e contratos de empresas estatais; (ii) disciplina de ética e governança corporativa; (iii) delimitação estrutural das entidades estatais empresariais.[89] Ela atualizou, em alguma medida,

---

[86] "Participação minoritária da Empresa de Correios e Telégrafos – ECT em empresa privada a ser constituída. Licitação para escolha da empresa, sob pena de afronta aos princípios da isonomia e da livre concorrência. Direito de acesso a informação", em Maria Sylvia Zanella Di Pietro, *Direito administrativo*: pareceres, Forense, 2015, p. 501-502.

[87] Art. 251 da Lei das S/A: "[a] companhia pode ser constituída, mediante escritura pública, tendo como único acionista sociedade brasileira".

[88] Ubirajara Custódio Filho, "Primeiras questões sobre a Lei nº 13.303/2016 – o Estatuto Jurídico das Empresas Estatais", *Revista dos Tribunais*, v. 974, p. 171-198, dez. 2016.

[89] Esses pontos são destacados no relatório do Projeto de Lei (Projeto de Lei do Senado Federal nº 555/2015; Projeto de Lei da Câmara dos Deputados nº 4.918/2016) que deu origem à Lei das Empresas Estatais: "[i]nicialmente é feita a delimitação do âmbito de aplicabilidade das disposições legais trazidas pelo projeto. Nos termos do artigo 1º, as normas previstas no Projeto de Lei serão aplicadas a toda e qualquer empresa pública e sociedade de economia mista, da União, dos Estados, do Distrito Federal e dos Municípios, inclusive as que exploram atividade econômica em sentido estrito, as que prestam serviços públicos e as que exploram atividade econômica sujeita ao regime de monopólio da União. [...]

normas de organização da Administração, especialmente em vista do longo tempo já passado desde a edição do DL nº 200.[90] O art. 28 da lei estabelece a obrigação de licitar para execução de contratos destinados à prestação de serviços, à aquisição e à locação de bens, à alienação de bens e ativos integrantes do respectivo patrimônio ou à execução de obras a serem integradas a esse patrimônio, bem como à implementação de ônus real sobre tais bens. As exceções à obrigatoriedade de licitar são trazidas nos arts. 29 e 30 da Lei das Empresas Estatais, que veiculam normas semelhantes às previstas nos arts. 24 e 25 da Lei de Licitações. Tratam, respectivamente, do rol de hipóteses nas quais a licitação é dispensada e dos casos nos quais é inexigível.

Adicionalmente, estabelece casos de dispensa para a seleção de parceiros privados e para a exploração de oportunidades de negócios, "nos casos em que a escolha do parceiro esteja associada a suas características particulares, vinculada a oportunidades de negócio definidas e específicas, justificada a inviabilidade de procedimento competitivo" (art. 28, §3º, II).[91] Consideram-se oportunidades de negócio

---

Ainda no primeiro título, apresenta normas sobre o regime societário da empresa pública e da sociedade de economia mista, trazendo regras de governança corporativa, mecanismos de controle, estrutura interna, dentre outros instrumentos que buscam assegurar que a estatal atuará em conformidade com o interesse público que fundamentou sua criação. [...] O segundo título está estruturado em três capítulos (licitações, contratos e fiscalização pelo Estado e sociedade) e trata das disposições aplicáveis somente às empresas estatais que atuam no setor produtivo" (Disponível em: <http://legis.senado.leg.br/comissoes/comissao?1&codcol=1929>. Acesso em: 21 nov. 2017, p. 3-6).

[90] Carlos Ari Sundfeld e Guilherme Jardim Jurksaitis chamam a atenção para a importância que o DL nº 200 teve na sistematização de entendimentos sobre a organização administrativa no país e, ao mesmo tempo, para a necessidade de sua readequação: "[u]m arcabouço conceitual consistente quanto à organização administrativa (classes e tipos de entidades, espécies de vínculos entre administração direta e indireta e entre Estado e entidades paraestatais e não estatais) é em primeiro lugar necessário à adequada incidência do regime constitucional de toda a Administração Pública, inclusive a estadual, a distrital e a municipal. O arcabouço conceitual com que trabalhamos foi em boa parte construído pelo Decreto-lei 200/1967. É dele que extraímos as noções de administração direta e indireta (art. 4º, I e II) e das entidades que a compõem: autarquias, fundações, empresas públicas e sociedades de economia mista (art. 5º). E é com esse plano conceitual, concebido há mais de quarenta anos, que estamos trabalhando até hoje.
O problema é que esse plano conceitual acaba sendo um pressuposto de toda a legislação administrativa, que precisa se basear em diferenças estruturais dos órgãos e entidades para fazer diferenciações de regime jurídico (de regime financeiro, de regime contratual etc.). Daí a necessidade de se criar novas fórmulas, consentâneas com a realidade atual, em substituição àquelas previstas no Decreto-lei 200/1967 ("O que melhorar no direito brasileiro quanto à estrutura da Gestão Pública", em Floriano de Azevedo Marques Neto, Fernando Dias Menezes de Almeida, Irene Nohara e Thiago Marrara (Coord.). *op. cit.*, p. 41).

[91] Para discussões sobre a aplicação do dispositivo, cf. Pedro Eduardo Fernandes Brito, *Chamada pública para a formação de parcerias societárias entre os setores público e privado*: superando

"a formação e a extinção de parcerias e outras formas associativas, societárias ou contratuais, a aquisição e a alienação de participação em sociedades e outras formas associativas, societárias ou contratuais [...]" (art. 28, §4º).[92] Os aspectos gerais sobre a disciplina de ética e governança corporativa foram trazidos nos arts. 6º e 9º da Lei das Empresas Estatais. O primeiro menciona que os estatutos de empresas estatais deverão "observar regras de governança corporativa, de transparência e de estruturas, práticas de gestão de riscos e de controle interno, composição da administração e, havendo acionistas, mecanismos para sua proteção". O segundo, regras de estruturas e práticas de gestão de riscos e controle interno, abrangendo ação dos administradores e empregados, por meio da implementação cotidiana de práticas de controle interno; área responsável pela verificação de cumprimento de obrigações e de gestão de riscos; auditoria interna e Comitê de Auditoria Estatutário.[93]

---

incertezas e promovendo a transparência, Dissertação (Mestrado) Escola de Direito de São Paulo: Fundação Getulio Vargas, 2017, p. 26-34; Edgar Guimarães e José Anacleto Abduch Santos, *idem ibidem*, p. 42-43; Joel de Menezes Niebuhr, *Regulamento de Licitações e Contratos das Estatais* (disponível em: <http://www.direitodoestado.com.br/colunistas/joel-de-menezes-niebuhr/regulamento-de-licitacoes-e-contratos-das-estatais>. Acesso em: 28 nov. 2017) e "O regime jurídico das oportunidades de negócios para as estatais", em Arnoldo Wald, Marçal Justen Filho e Cesar Augusto Guimarães Pereira (Org.). *O direito administrativo na atualidade*: estudos em homenagem ao centenário de Hely Lopes Meirelles (1917-2017) (defensor do estado de direito). São Paulo: Malheiros, 2017, p. 575-591.
No Acórdão TCU 2.033/2017 (Plenário, Processo 016.197/2017-8, Rel. Min. Benjamin Zymler, j. 13. set. 2017), foi analisado procedimento de chamamento público realizado pela Telecomunicações Brasileiras S/A – TELEBRAS, com base no art. 28, §3º, da Lei das Empresas Estatais, para comercialização da capacidade satelital em banda Ka do Satélite Geoestacionário de Defesa e Comunicações Estratégicas – SGDC. Ele foi considerado regular, pois, nas palavras do Rel. Min. Benjamin Zymler, "a empresa estatal sempre deverá respeitar os princípios constitucionais e legais que regem a administração pública, tais como, a legalidade, a impessoalidade, a publicidade, a isonomia e o interesse público. Por via de consequência, embora realizando atividade finalística própria de seu objeto social, a Telebrás não detém uma discricionariedade irrestrita para escolher quem quiser, mesmo sendo dispensável a licitação. Ao contrário deve ser realizado um processo competitivo isonômico, impessoal e transparente, com observância dos princípios constitucionais.
Em conformidade com esse entendimento, a Telebrás optou por realizar um chamamento público, precedido por uma audiência pública, com o objetivo de expor à sociedade os mecanismos adotados para selecionar parceiros para atender aos usuários finais dos serviços de telecomunicações. Note-se que essa opção também levou em conta o limitado número de empresas que poderiam participar da disputa pela utilização da capacidade satelital" (fl. 22).

[92] Para comentários sobre o dispositivo, cf. Sidney Bittencourt, *idem ibidem*, p. 66-68.
[93] Fernando Menezes de Almeida, "Combate à corrupção pelo direito brasileiro: perspectiva constitucional e nova tendência trazida pela Lei das Empresas Estatais", em Alexandre J. Carneiro da Cunha Filho, Glaucio Roberto Brittes de Araújo, Roberto Livianu e Ulisses Augusto Pascolati Junior (Coord.). *48 visões sobre a corrupção*. São Paulo: Quartier Latin, 2016, p. 707-718.

Para tanto, disciplinou, dentre outros pontos, a forma de eleição dos membros do conselho de administração[94] e da diretoria de empresas estatais, focando-se em aspectos técnicos[95] e de mérito.[96] Por fim, a lei também estabelece seu campo subjetivo de aplicação: empresas públicas, sociedades de economia mista e subsidiárias, no âmbito da União, dos Estados, do Distrito Federal e dos Municípios, que explorem atividade econômica de produção ou comercialização de bens ou de prestação de serviços. Seus arts. 3º e 4º trazem, respectivamente, a definição de empresa pública e de sociedade de economia mista.[97]

Para além desse campo de aplicação, a ausência de disciplina geral a respeito de empresas nas quais o Estado detém participação minoritária começa a ser suprida pelo art. 1º, §7º, da Lei das Empresas Estatais. Ele trata da participação de empresas públicas, sociedades de economia mista e suas subsidiárias *em sociedades empresariais que não detenham o controle acionário*.[98]

Há apartação entre aquelas (empresas nas quais o Estado detenha a maioria do capital votante) e estas, nas quais a participação acionária é minoritária. Não há qualquer menção à análise de acordos de acionistas ou instrumentos semelhantes para caracterização e apartação entre empresas que integram e que não integram a estrutura estatal. A via eleita foi a da participação acionária (e não a da gestão

---

[94] Sobre o tema, cf. Rafael Arruda Oliveira, *As estatais, os conselhos de administração e os desvarios do controle acionário* (disponível em: <http://www.direitodoestado.com.br/colunistas/Rafael-Arruda-Oliveira/as-estatais-os-conselhos-de-administracao-e-os-desvarios-do-controle-acionario>. Acesso em: 21 nov. 2017).
[95] As vedações à indicação para ocupar cargo no conselho de administração e na diretoria de empresas estatais são trazidas no art. 17, §2º, da Lei das Empresas Estatais.
[96] Para ocupação de cargo de diretoria, deverá haver assunção de compromisso com metas e resultados específicos a serem alcançados, que deverá ser aprovado pelo conselho de administração, que fiscalizará seu cumprimento (art. 23 da Lei das Empresas Estatais).
[97] Para críticas à utilização das expressões "empresa pública" e "sociedade de economia mista", cf. Eros Roberto Grau, *op. cit.*, p. 108.
[98] "Esse §7º se refere a todas as participações minoritárias das empresas estatais, inclusive com acordo de acionistas, ou coligadas ou participações irrisórias" (Gustavo Amorim Antunes, *Estatuto jurídico das empresas estatais: Lei nº 13.303/16 comentada*, Belo Horizonte, Fórum, 2017, p. 126).

societária).⁹⁹ Conforme o relatório do projeto de lei do qual a Lei das Empresas Estatais foi originada,¹⁰⁰ o dispositivo:

> [...] pretende explicitar as atribuições mínimas de fiscalização e controle a serem exercidas em participações em sociedades empresariais nas quais as sociedades de economia mista e empresas públicas não detenham o controle acionário. Nessas hipóteses, as estatais deverão adotar, no dever de fiscalizar, práticas de governança e controles proporcionais à relevância, à materialidade e aos riscos do negócio do qual são partícipes. Esse dispositivo visa, primariamente, disciplinar o novo modo de intervenção econômica do Estado na economia por meio de participações minoritárias. A abrangência da atuação estatal sob esse novo formato levou, inclusive, juristas a cunhar o termo 'Leviatã minoritário', para traduzir a extensão dessa intervenção. É de premente relevância, portanto, definir quais são os deveres e responsabilidades do ente estatal quando sua participação acionária na sociedade é minoritária. A inexistência atual de regras que estabeleçam esses requisitos não apenas gera insegurança jurídica como tolhe a atuação de órgãos de controle e dificulta exigir do ente estatal fiscalização e controles proporcionais à sua participação.¹⁰¹

A Lei das Empresas Estatais não desconsiderou que empresas públicas, sociedades de economia mista e suas subsidiárias celebram acordos de sócios para gestão de empreendimentos nos quais detenham participação minoritária. Ao revés: fê-lo expressamente, por meio de seu art. 1º, §7º, I, ao prever que devem adotar práticas de governança e controle proporcionais à relevância, à materialidade e aos riscos do negócio do qual são partícipes, levando em consideração "documentos e informações estratégicos do negócio e demais relatórios e informações produzidos por força de acordo de acionistas e de Lei considerados

---

[99] Ao analisar o art. 116 da Lei das S/A, Fábio Konder Comparato e Calixto Salomão Filho fazem distinção entre "direitos de sócio" (o que se aproxima do que chamo de *controle societário*) e "acionistas" (próximo do que chamo de *controle acionário*): "[a] lei fala, sabidamente, em 'titular de direitos de sócio' e não apenas em 'acionistas' porque [...] a natureza jurídica de *coisa* dos valores mobiliários enseja a possibilidade de dissociação entre a titularidade, ou pertinência subjetiva das ações, e a titularidade de direitos destacados dela, como o de voto, segundo ocorre no usufruto ou na alienação fiduciária em garantia. Em tais hipóteses, o controlador é quem tem os votos decisivos, não o proprietário das ações" (*idem ibidem*, p. 73).

[100] Projeto de Lei do Senado Federal nº 555/2015 e Projeto de Lei da Câmara dos Deputados nº 4.918/2016.

[101] Disponível em: <http://legis.senado.leg.br/comissoes/comissao?1&codcol=1929>. Acesso em: 21 nov. 2017, p. 3.

essenciais para a defesa de seus interesses na sociedade empresarial investida".[102] Adicionalmente, possibilitou a dissociação entre participação no capital social votante e efetivo exercício do poder de controle em sociedades de economia mista. Previu que a pessoa jurídica (sem menção, exemplificativamente, à pessoa jurídica de direito público interno ou às entidades integrantes da Administração Pública indireta, nos termos do DL nº 200 e da Lei das Empresas Estatais) "que controla a sociedade de economia mista tem os deveres e as responsabilidades do acionista controlador, estabelecidos na Lei nº 6.404, de 15 de dezembro de 1976, e deverá exercer o poder de controle no interesse da companhia, respeitado o interesse público que justificou sua criação" (art. 4º, §1º).

A possibilidade, contudo, não é nova: já decorria da Lei das S/A, ao prever a faculdade de adoção de acordo de acionistas (art. 118) inclusive pelas sociedades de economia mista, que estão sujeitas ao regime da lei (art. 235). Bem por isso, veicula redação praticamente idêntica à agora adotada na Lei das Empresas Estatais, ao prever que a "pessoa jurídica que controla a companhia de economia mista tem os deveres e responsabilidades do acionista controlador (arts. 116 e 117), mas poderá orientar as atividades da companhia de modo a atender ao interesse público que justificou a sua criação" (art. 238).

Assim, caminha-se para o reconhecimento normativo sobre a constituição de empresas semiestatais. A um só tempo, veicula que empresas nas quais o Estado detém participação minoritária no capital votante não são enquadradas na Administração Pública indireta, e que é possível a celebração de acordos de sócios para sua gestão. Esses aspectos são os que considerei para a caracterização de empresas semiestatais e são complementados pelo Decreto nº 8.945.

2.2.1 Decreto nº 8.945/2016 e a caracterização de "sociedades privadas"

No âmbito da União, o Decreto nº 8.945 apresenta noções para caracterização de empresas estatais, em geral, e de empresas

---

[102] "Isso posto, todas as participações minoritárias das empresas estatais, inclusive com acordo de acionistas, ou coligadas ou participações irrisórias, deverão observar apenas o art. 1º, §7º, I, lembrando-se que os mecanismos de controle serão ponderados pela relevância do investimento, notadamente nas participações irrisórias" (Gustavo Amorim Antunes, *idem ibidem*, p. 124).

nas quais a Administração Pública detém participação acionária minoritária, especificamente. No primeiro caso (empresas estatais e suas particularizações), o critério utilizado é o da maioria do capital social com direito a voto; no segundo, a minoria do mencionado capital. Na regulamentação veiculada em âmbito federal, o critério de apartação entre empresas estatais e não estatais (incluídas, aqui, as empresas semiestatais) será a estrutura do capital votante – maioria pertencente ou não à Administração Pública.

No Decreto nº 8.945, empresas estatais são definidas como aquelas em que a União possui, como condição necessária, a maioria do capital votante. A noção é veiculada para caracterização de empresas públicas, sociedades de economia mista e suas subsidiárias. Todas elas possuem como elemento coincidente o fato de a maioria de seu capital votante pertencer direta ou indiretamente à União ou a empresa pública e sociedade de economia mista.[103]

O ato normativo aprofunda o tema, definindo como subsidiária dessa empresa a "empresa estatal cuja maioria das ações com direito a voto pertença direta ou indiretamente a empresa pública ou a sociedade de economia mista" (art. 2º, IV),[104] incluindo "as subsidiárias integrais e as demais sociedades em que a empresa estatal detenha

---

[103] Art. 2º do Decreto nº 8.945: "[p]ara os fins deste Decreto, considera-se: I – empresa estatal – entidade dotada de personalidade jurídica de direito privado, cuja maioria do capital votante pertença direta ou indiretamente à União; II – empresa pública – empresa estatal cuja maioria do capital votante pertença diretamente à União e cujo capital social seja constituído de recursos provenientes exclusivamente do setor público; III – sociedade de economia mista – empresa estatal cuja maioria das ações com direito a voto pertença diretamente à União e cujo capital social admite a participação do setor privado; IV – subsidiária – empresa estatal cuja maioria das ações com direito a voto pertença direta ou indiretamente a empresa pública ou a sociedade de economia mista [...]. Parágrafo único. Incluem-se no inciso IV do *caput* as subsidiárias integrais e as demais sociedades em que a empresa estatal detenha o controle acionário majoritário, inclusive as sociedades de propósito específico". Para noções a respeito de empresas com controle direto e indireto da União, abarcando empresas subsidiárias, cf. Brasil, Ministério do Planejamento, Desenvolvimento e Gestão, Secretaria de Coordenação e Governança das Empresas Estatais, *Boletim das Empresas Estatais Federais*, Brasília, MP v. 1, p. 34, abr. 2017; Brasil, Ministério do Planejamento, Desenvolvimento e Gestão, Secretaria de Coordenação e Governança das Empresas Estatais, *Revista das Estatais*, Brasília, MP, vol. 1, p. 15, jan. 2017.

[104] "Por oportuno, é relevante definir o seguinte conceito: subsidiária é toda e qualquer empresa cuja maioria do capital votante pertença diretamente ou indiretamente a empresa pública ou sociedade de economia mista. Esse é exatamente o conceito trazido pelo Decreto nº 8.945/16. Ou seja, a subsidiária se identifica por um único elemento: 50% +1 do capital votante detido por outra empresa estatal, inclusive por outra subsidiária. Se a subsidiária tiver acionista único, ela será denominada 'subsidiária integral' (100%), nos termos do art. 251 da Lei nº 6.404/76. Se houver acionista minoritário, a subsidiária será 'não integral'" (Gustavo Amorim Antunes, *idem ibidem*, p. 112).

o controle acionário majoritário, inclusive as sociedades de propósito específico" (art. 2º, parágrafo único).

Diversamente, *sociedade privada* indica a entidade cuja maioria do capital votante não pertença direta ou indiretamente à União, a Estado, ao Distrito Federal ou a Município (art. 2º, VI). Este é precisamente o caso da empresa semiestatal: para fins do decreto em pauta, o critério relevante para sua definição será a estrutura de capital votante, e não a existência de instrumentos negociais que permitam o compartilhamento de controle entre os sócios público e privado.[105]

A noção de *subsidiária* contrasta com a definição de *sociedade privada*, prevista no art. 1º, VI, do decreto. Em oposição àquela, esta é "entidade dotada de personalidade jurídica de direito privado, com patrimônio próprio e cuja maioria do capital votante não pertença direta ou indiretamente à União, a Estado, ao Distrito Federal ou a Município". A existência de controle societário sobre tal empresa fará com que seja considerada empresa semiestatal, para os fins que proponho, em relação à qual se aplicam as práticas subjacentes ao art. 1º, §7º, da Lei das Empresas Estatais.

A noção é, finalmente, complementada pelo art. 9º do Decreto nº 8.945, ao instituir requisitos a serem observados para participação acionária equivalente a 50% ou menos do capital votante detida em qualquer outra empresa por empresa estatal. Deverá ser adotada política de participações societárias que contenha práticas de governança e controle proporcionais à relevância, à materialidade e aos riscos do negócio do qual participe. Será aprovada pelo Conselho de Administração ou, se não houver, de sua controladora, e incluirá, dentre outros aspectos, "documentos e informações estratégicos do negócio e demais relatórios e informações produzidos por exigência legal ou em razão de acordo de acionistas que sejam considerados

---

[105] Em documento de esclarecimentos sobre a Lei das Empresas Estatais, a afirmação é corroborada pelo MDPG. A lei qualificaria como sociedade de economia mista aquela em que a maioria do capital votante pertença a ente específico da Administração Pública. Assim, empresa estatal seria "qualquer empresa cuja maioria do capital votante (50% +1 ação) pertença direta ou indiretamente a Ente Público". O mesmo se aplicaria, exemplificativamente, para sociedades de propósito específico nas quais o Estado detém participação acionária. "A SPE será uma empresa estatal se a maioria do capital votante (50% + 1 ação) for detida por uma empresa estatal. Assim, caso a Eletrosul, por exemplo, detenha a maioria do capital votante (50% + 1 ação) de uma SPE X, esta SPE será considerada uma empresa estatal e terá que, obrigatoriamente, seguir a Lei nº 13.303/2016 e o Decreto nº 8.945/2016" (Brasil, Ministério do Planejamento, Desenvolvimento e Gestão, *Perguntas e Respostas*: Lei de Responsabilidade das Estatais, Brasília, MP, 2017, p. 4-5).

essenciais para a defesa de seus interesses na sociedade empresarial investida" (art. 9º, §1º, I).¹⁰⁶

Alguns pontos daí oriundos merecem ser destacados.

Primeiro, o investimento estatal minoritário poderá ser acompanhado da celebração de acordo de sócios, por meio do qual se dará eventual compartilhamento de controle (a depender, obviamente, das matérias nele tratadas). Há reconhecimento da possibilidade de caracterização de empresas semiestatais (ou de *sociedades privadas*, na expressão adotada no Decreto nº 8.945) e de acompanhamento de atividades pelo sócio estatal (o qual, mesmo que minoritário, será considerado, para fins legais, como sócio controlador, porquanto integrante do bloco de controle da sociedade em conjunto com sócio privado).

Segundo, os critérios a serem observados para execução de atividades de empresas privadas não se confundem com o acompanhamento e com os requisitos de transparência impostos ao Estado relativamente a empresas estatais (veiculados no art. 13 do Decreto nº 8.945). Em linha com a Lei das Empresas Estatais, houve o reconhecimento da distinção entre elas, a qual será definida pelo regime estrutural da empresa (se integrante ou não da Administração Pública indireta, com base no critério de maioria do capital votante).

Dessa forma, a leitura conjunta do art. 1º, §7º, da Lei das Estatais, do art. 2º, VI, e do art. 9º, *caput*, do Decreto nº 8.945 permite a conclusão: se o Estado detiver 50% mais uma da parcela do capital votante, a empresa integrará a Administração Pública indireta.¹⁰⁷ Doutro lado,

---

¹⁰⁶ Como exemplo, as mesmas noções foram replicadas no Decreto Estadual do Rio de Janeiro nº 46.188, de 06 de dezembro de 2017, que regulamenta a Lei das Empresas Estatais em seu âmbito. A "empresa estatal" é caracterizada como "entidade dotada de personalidade jurídica de direito privado, cuja maioria do capital votante pertença direta ou indiretamente ao Estado do Rio de Janeiro" (art. 2º, I); a "sociedade de economia mista" como "empresa estatal cuja maioria das ações com direito a voto pertença diretamente ao Estado do Rio de Janeiro e cujo capital social admite a participação do setor privado" (art. 2º, III); finalmente, a "subsidiária" como "empresa estatal cuja maioria das ações com direito a voto pertença direta ou indiretamente à empresa pública ou sociedade de economia mista" (art. 2º, IV). Nos 3 casos, há a nota distintiva da maioria do capital votante. Doutro lado, "sociedade privada" é "entidade dotada de personalidade jurídica de direito privado, com patrimônio próprio e cuja maioria do capital votante não pertença direta ou indiretamente à União, a Estado, ao Distrito Federal ou a Município" (art. 2º, VI). Neste caso, a maioria do capital votante pertence à iniciativa privada. Em todos os termos, não há menção há acordos de sócios para caracterização, ou não, desses tipos empresariais como empresas estatais.

¹⁰⁷ Na mesma linha, Francisco Zardo menciona que, "[...] embora o assunto dependa de maior amadurecimento e de observação da experiência na aplicação da Lei nº 13.303/2016, pode-se afirmar que estará submetida ao regime jurídico das estatais a empresa em que o Estado detenha a maioria das ações com direito a voto, sendo este o critério de distinção proposto.

se detiver até 50% do capital votante, a empresa não a integrará.[108] A empresa semiestatal se localiza neste quadrante, não naquele.

2.2.2 DL nº 200 e a caracterização de empresas públicas e sociedades de economia mista

O DL nº 200 também não possui indicativos de que sociedades de economia mista deveriam ser caracterizadas por meio de acordos de sócios ou outros critérios de gestão da empresa. Há clareza sobre a opção político-legislativa adotada, que diz respeito à maioria do capital votante: a exemplo do que fez com outras entidades da Administração Pública (como as autarquias), apresentou-se como fonte de definição legal da sociedade de economia mista.[109]

Seu objetivo precípuo foi o de organizar a Administração Pública Federal.[110] Em razão disso, deveria haver critério objetivo para o enquadramento de empresas na Administração Pública indireta. Todo o regime veiculado pelo ato normativo, o que eventualmente passaria pela desativação de empresas (art. 178),[111] viria daí, para que

---

Consequentemente, serão caracterizadas como empresas público-privadas (ou semiestatais) aquelas sociedades em que entidades integrantes da Administração Pública 'não detenham o controle acionário' (art. 1º, §7º, da Lei nº 13.303/2016), mas apenas 'participação equivalente a cinquenta por cento ou menos do capital votante' (art. 9º do Decreto nº 8.945/2016" ("O regime jurídico das empresas privadas com participação estatal minoritária", *op. cit.*, p. 69). Em sentido diverso, Rafael Wallbach Schwind entende que "o decreto reflete preocupação com o exercício do controle e não apenas com a titularidade das ações. A solução é adequada, mas sob um certo ângulo é incompleta, já que o voto não é o único instrumento para o exercício do poder de controle" (*idem ibidem*, p. 169).

[108] "Por oportuno, é relevante definir o seguinte conceito: empresa estatal é toda e qualquer empresa cuja maioria do capital votante pertença, direta ou indiretamente, a ente da Federação. Ou seja, a empresa estatal se identifica por um único elemento: 50% +1 do capital votante detido pelo setor público. O conceito aqui apresentado é equivalente ao utilizado no art. 2º, II, da Lei Complementar nº 101/00, salvo pela substituição do termo 'sociedade' para evitar controvérsias sobre empresa pública que não possui esse tipo de nomenclatura. O conceito utilizado pelo Decreto nº 8.945/16 é idêntico, salvo por se restringir aos casos de controle da União, considerando tratar-se de uma norma federal" (Gustavo Amorim Antunes, *idem ibidem*, p. 110).

[109] Pedro Paulo de Almeida Dutra, *Controle de empresas estatais*: uma proposta de mudança. São Paulo: Saraiva, 1991, p. 22.

[110] Para aspectos da estrutura da Administração Pública, com base no art. 37, XIX, da CF e do DL nº 200, cf. Mario Engler Pinto Jr., "Organização do setor público empresarial: articulação entre Estado e companhias controladas", em Danilo Borges dos Santos Gomes de Araujo e Walfrido Jorge Warde Jr. (Org.). *Os grupos de sociedades*: organização e exercício da empresa, São Paulo: Saraiva, 2012, p. 329-333.

[111] Marcos Juruena Villela Souto, O programa brasileiro de privatização de empresas estatais. *Revista de Direito Mercantil, Industrial, Econômico e Financeiro*, São Paulo, v. 80, p. 59, out./dez. 1990.

houvesse vinculação entre entidades da Administração Indireta e os Ministérios em cuja área de competência estivessem enquadradas suas atividades principais (art. 4º, parágrafo único), inclusive para fins de supervisão (art. 19).

Além disso, Vitor Rhein Schirato explica que a publicação do DL nº 200 foi permeada por noção de subsidiariedade da atuação empresarial do Estado, o qual deveria dar primazia à iniciativa privada, pois "era necessário que às empresas estatais fossem acometidas atividades de natureza econômica a serem desempenhadas pelo Estado em casos de relevante interesse público, devendo-se relegar à iniciativa privada todas as atividades que pudessem por ela ser desempenhadas a contento".[112] Nesse contexto, parece-me que o estabelecimento (ou tentativa de desenvolvimento) de uma iniciativa privada no país deveria passar, em termos jurídicos, pela clara apartação entre empresas estatais e empresas privadas, algo que se tentou fazer por meio da edição do DL nº 200. Para que isso acontecesse, deveria ser veiculada, em termos normativos e de forma clara, a noção de empresa pública e de sociedade de economia mista.

Em vista disso, o DL nº 200 preocupou-se em se utilizar de critérios estanques, para a definição de entidades empresariais estatais e para a aplicação a elas de todas as normas previstas no próprio decreto-lei. Com isso, veio a noção jurídica de sociedades de economia mista, ali caracterizadas como empresas nas quais o Estado detivesse a maioria do capital votante. Foi este, portanto, o critério adotado entre nós.

Este entendimento é compartilhado com José Cretella Jr. Para ele, da leitura do DL nº 200 decorre que apenas podem existir sociedades de economia mista majoritárias no Brasil:

> O Decreto-lei nº 900, de 29 de setembro de 1969, alterou, no entanto, a redação do dispositivo citado [art. 5º, III, do DL 200], substituindo a expressão *exercício de atividade de natureza mercantil* por *exploração de atividade econômica*. Depois do Decreto-lei nº 200 e do Decreto-lei nº 900, como se observa, só existem, no Brasil, só podem existir, *sociedades de economia mista majoritárias*, ou seja, aquelas em que o Estado é detentor de mais de 51% das ações.[113]

---

[112] Idem ibidem, p. 40-41.
[113] Idem ibidem, p. 150.

Por essas constatações, para configuração da empresa como estatal e, consequentemente, para definição de seu regime jurídico, deve ser a legislação que rege a matéria. Historicamente, ele foi o veiculado pelo DL nº 200.[114] Veja-se, inclusive, que diversas alterações foram realizadas no mencionado ato normativo ao longo de sua vigência. Nenhuma delas, contudo, modificou em essência a definição de sociedade de economia mista.

Mais recentemente, alterações também poderiam ter sido promovidas, especialmente com a veiculação da Lei das Empresas Estatais. Mas a opção política foi exatamente a mesma: a caracterização de sociedades de economia mista pela via do capital acionário estatal majoritário. Vejamos também como o Decreto nº 1.091 trata do tema.

2.2.3 Decreto nº 1.091/1994 e o compartilhamento de controle

O Decreto nº 1.091/1994 prevê que empresas públicas, sociedades de economia mista e suas subsidiárias, controladas direta ou indiretamente pela União, somente poderão realizar os atos de natureza societária de que tratam mediante decisão de assembleia-geral de acionistas. Ela deverá ser convocada para deliberar sobre (art. 1º): (i) alienação, no todo ou em parte, de ações do capital social ou de empresas controladas; abertura de seu capital; aumento de seu capital social por subscrição de novas ações; renúncia a direitos de subscrição de ações ou debêntures conversíveis em ações de empresas controladas; emissão de debêntures conversíveis em ações ou sua venda, se em tesouraria; emissão de debêntures conversíveis em ações de titularidade da empresa ou de suas empresas controladas; emissão de outros títulos ou valores mobiliários, no país ou no exterior; (ii)

---

[114] "Realmente, bem ou mal formulada, é notório que a noção de sociedade de economia mista se construiu sobre um substrato material que não pode ser desdenhado. Não teria sentido erigir o conceito dela alheando-se do fenômeno que suscitou a própria definição jurídica desta situação. Se o legislador e a doutrina pretenderem focalizar justamente a figura embasada neste suporte material (associação de capitais privados e governamentais), a noção de sociedade de economia mista que o desconsiderar terá se desencontrado do objeto que visa a captar. Por isso se afirmou e se reafirma que a conjunção de recursos públicos e particulares é requisito necessário, conquanto não suficiente para traçar o perfil destas pessoas. Eis por que a simples *gestão mista*, ou participação estatal na pessoa por outros modos, poderá dar azo a um modelo peculiar, entretanto, em nosso entender, não corresponderá à sociedade de economia mista" (Celso Antônio Bandeira de Mello, *Prestação de serviços públicos e Administração Indireta*, São Paulo: Revista dos Tribunais, 1973, p. 98).

realização de cisão, fusão ou incorporação; (iii) permuta de ações ou outros valores mobiliários, de emissão das empresas nele mencionadas. Seu art. 2º é sintomático a respeito da possibilidade de compartilhamento de controle em empresas estatais. Prevê que elas "somente poderão firmar acordos de acionistas ou renunciar a direitos neles previstos, ou, ainda assumir quaisquer compromissos de natureza societária referentes ao disposto no art. 118 da Lei das S/A, mediante prévia anuência do Ministério da Fazenda".[115]

Tendo em vista que as empresas estatais podem celebrar acordos de acionistas, tal como disciplinados no art. 118 da Lei das S/A, poderão compartilhar o controle com os demais sócios que integrem o capital social da empresa. Isso não as descaracterizará como empresas estatais, mas apenas denotará que mais de um sócio exercerá influência significativa na empresa, fazendo com que os condicionamentos de sócio controlador, veiculados pela própria Lei das S/A, também se subsumam a ela. Assim, mesmo quando é analisado o tema do compartilhamento de controle em empresas públicas e sociedades de economia mista, tal como previsto no Decreto nº 1.091, não é exatamente a via societária (exercício de poder de controle), mas a via acionária (maioria do capital votante), delineada no DL nº 200, que as caracteriza como empresas estatais.

Vejamos o seguinte. Sociedade de economia mista, da qual determinado ente da federação possui, digamos, 60% das ações com direito a voto, celebra acordo de acionistas com sócio privado, que deterá os remanescentes 40% de ações com direito a voto. Tendo em vista a configuração do acordo de acionistas, pode-se reputar que, sob a ótica societária, ambos os sócios figurarão como controladores (*i.e.*, constituirão bloco, compartilhando o controle no coração da sociedade de economia mista). *O cenário construído fará com que a empresa deixe*

---

[115] Em estudo sobre sociedades de economia mista no Estado Novo, Erymá Carneiro já destacava a possibilidade de "participação administrativa" em empresas privadas, por meio de instrumentos societários, o que denota embrião sobre a caracterização de controle estatal minoritário: "Ao lado da participação financeira ou patrimonial, a participação administrativa constitui um dos elementos característicos das sociedades de economia mista. Ela se verifica pela interferência do Estado na administração econômica das empresas privadas, quer em virtude da sua participação financeira, como quotista, acionista ou credor, ou mesmo apenas por uma prerrogativa de seus direitos de soberania. [...] A participação administrativa pode objetivar-se pela nomeação de diretores pelo Governo ou então em virtude de ser este o controlador da maioria das ações, pelo que elege a diretoria, como se fora qualquer acionista. Também se verifica essa forma de participação estatal nas empresas privadas de interesse público, pela interferência do Estado nos conselhos fiscais ou apenas nas deliberações das assembleias de acionistas" (*As autarquias e as sociedades de economia mista no Estado Novo*, Rio de Janeiro, Departamento de Imprensa e Propaganda, 1941, p. 178-179).

de ser sociedade de economia mista? Deixará de integrar a estrutura da Administração Pública indireta? Estará isenta do dever de licitar, de realizar concursos públicos? Carlos Ari Sundfeld assim resume a questão:

> [...] é ou não sociedade de economia mista a empresa cujo capital votante majoritário pertence ao Estado, mas possui um 'sócio privado estratégico' a quem, por acordo de acionistas, se atribui direito a alguma participação, junto com o Poder Público controlador, na condução das atividades sociais? O problema está em que o acordo de acionistas cria certas limitações aos poderes do Estado controlador. É possível isso? Será que importa perda do caráter de empresa estatal – portanto, autêntica desestatização? A operação dependeria de autorização legal específica por, em última instância, resultar na perda do poder de controle do Estado?
> A questão tem gerado polêmica. Parece-me, contudo, que a admissão daquilo que se tem chamado como 'sócio estratégico' nada tem de incompatível com o caráter da sociedade de economia mista. Bem ao contrário: a medida é conatural a entidades da espécie, cuja tipologia foi concebida justamente para, na implantação ou gestão de empreendimentos empresariais, tornar viável a associação do Estado com particulares, que se implementa por meio da "sociedade mercantil.[116]

Compartilho do mesmo entendimento. Apenas haveria atenuação do controle estatal, que passaria, agora, sob a perspectiva societária, a ser exercido de maneira conjunta com o seu sócio privado. Mas a empresa continuaria integrando estruturalmente a Administração Pública indireta, tendo em vista que a maioria do capital votante estaria em mãos do sócio público, a deter a prevalência acionária no negócio.[117]

---

[116] "A participação privada nas empresas estatais", *op. cit.*, p. 273. Continua o autor: "[n]ão há impropriedade no reconhecimento, a sócios minoritários de empresas de economia mista, de direitos de que decorram condicionamentos aos poderes do acionista estatal. Ao submeter-se à forma empresarial – e é disso que se trata nas sociedades de economia mista – o Estado conscientemente opta por um modelo de organização em que, à diferença do autárquico, seus poderes de controle, conquanto existentes e necessários, serão condicionados, à vista da necessidade de composição de interesses" (*ibidem idem, loc. cit.*).

[117] De todo modo, existem posicionamentos contrários à ideia. Talvez o principal deles seja pela ilegalidade do acordo de sócios celebrado pelo Estado nesses moldes. Isso porque se pode entender que, no âmbito da sociedade de economia mista, não bastará que o Estado detenha a maioria do capital votante. Ao lado dela, o poder de controle estatal na sociedade de economia mista deve ser exercido de maneira isolada, absoluta, de forma incontrastável. Nesse sentido, cf. Lúcia Valle Figueiredo, "Privatização parcial da CEMIG – Acordo de acionistas – Impossibilidade de o controle societário ser compartilhado entre o Estado de Minas Gerais e o acionista estrangeiro", *Revista de Direito Mercantil*, v. 118, 1999, p. 219-235.

2.3 Empresas controladas pela Administração Pública na legislação esparsa

A variação terminológica existente na legislação (empresas públicas; sociedades de economia mista; subsidiárias; empresas controladas, direta ou indiretamente, pelo Estado – e mesmo a tal "empresa semiestatal", mencionada na Lei nº 1.493/1951) deve ser organizada, de alguma maneira. A inserção ou não na estrutura da Administração Pública não dependerá do nome que lhe foi atribuído pelo legislador, mas do substrato fático captado pelo texto legal.[118]

A ausência de referência nominal (à exceção da Lei nº 1.493/1951) à empresa semiestatal, contudo, parece-me menos grave do que a variante de contextos em que tem sido utilizada a referência a *empresas que sejam controladas pela Administração Pública*. Sem definição clara, não se tem certeza sobre o fenômeno jurídico que o texto legal quis abarcar.

Vejamos exemplo doutrinário sobre o tema, por meio de definições de empresa pública e de sociedade de economia mista apresentadas por Lúcia Valle Figueiredo:

Em sentido diverso, Vitor Rhein Schirato menciona que "[...] não encontramos no Ordenamento Jurídico qualquer mandamento que determine a forma pela qual as empresas estatais realizarão as finalidades para as quais foram criadas. Vale dizer, ao verificar que referidas empresas são instrumentos da ação do Estado e que, portanto, devem estar a todo tempo vinculadas ao alcance de uma finalidade pública que justificou sua constituição, não se chega, automaticamente, ao entendimento de que apenas por meio do controle estatal exclusivo é que serão alcançadas as finalidades que levaram à constituição da empresa estatal em questão.
Muito ao contrário. Se há norma específica nesse sentido é exatamente para conferir ao administrador público mais flexibilidade na realização de seus misteres. A limitação das formas de atuação seria contrária à própria natureza da atividade empresarial, empreendida pelas empresas estatais. Isso significa que, ao permitir que o Estado explore, em casos específicos, a atividade empresarial, confere-se-lhe, via de consequência, uma margem de liberdade de atuação inerente à própria atividade empresarial.
Daí depreendemos com clareza que não é possível, juridicamente, afirmar que é um pressuposto da existência de uma empresa estatal que o Estado seja controlador exclusivo, visto que há casos em que o interesse público a ser realizado por meio da atuação da empresa estatal poderá ser mais bem alcançado por meio do compartilhamento do controle da empresa com parceiro estratégico, que possa suprir a empresa estatal de elementos necessários ao desempenho de suas atividades, como *know-how*, capacidade de captação de recursos, tecnologia etc. Deve existir margem de liberdade para definição da melhor forma de atuação" (*Idem ibidem*, p. 155-156).

[118] ÁVILA, Humberto. *Teoria dos princípios* (da definição à aplicação dos princípios jurídicos). 16. ed., rev. e atual. São Paulo: Malheiros, 2015, p. 50-55.

Empresa pública é uma forma de atuação da União, dos Estados e dos Municípios, em um regime de estreita simbiose entre o público e o privado, quando, a isso, o Estado se encontra expressamente autorizado por lei, forma, esta, personalizada.

Por sua vez, sociedade de economia mista é um cometimento estatal, personalizado, e associado a capitais particulares, para a consecução de fins públicos, revestindo-se da forma de sociedade anônima, mas submissa, também, em certos aspectos, ao regime jurídico administrativo.[119]

As noções trazidas pela autora são demasiadamente amplas, sem apresentação de critérios minimamente estanques por meio dos quais pudessem ser caracterizadas e diferenciadas doutras figuras (tais como as empresas semiestatais). As formas de *empresa pública* e de *sociedade de economia mista* mencionadas trazem confusão nelas mesmas: em ambas haveria participação privada ("estreita simbiose entre o público e o privado", de um lado, e associação "a capitais particulares", doutro), sem maiores distinções. Uma empresa na qual o Estado tivesse mera participação acionária, sem qualquer tipo de compartilhamento de controle, seria enquadrada como *sociedade de economia mista*. Elas não dialogam com as disposições veiculadas pelo DL nº 200 e, mais recentemente, na Lei das Empresas Estatais e no Decreto nº 8.945.

Amplio este argumento por meio da problematização sobre como o tema aparece em atos normativos diversos. Eles demonstram que não houve coordenação e coerência[120] para definição de empresas estatais (incluindo a temática da "empresa controlada"), em geral, e de sociedades de economia mista, em específico.

2.3.1 Decreto nº 84.128/1979 e a criação da SEST

Nos termos do Decreto nº 84.128/1979,[121] eram consideradas como "empresas estatais" empresas públicas, sociedades de economia mista, suas subsidiárias e todas as empresas controladas, direta ou indiretamente, pela União (art. 2º). Porém não havia definição exata sobre o que se quis significar juridicamente com a expressão "empresas controladas".

---

[119] *Empresas públicas e sociedades de economia mista*. São Paulo: Revista dos Tribunais, 1978, p. 38.
[120] Carlos Ari Sundfeld e Guilherme Jardim Jurksaitis, *op. cit.*, p. 40.
[121] Revogado pelo Decreto nº 99.606/1990.

Em contexto de crescente controle sobre e necessidade de melhor gestão de empresas estatais,[122] o grande objetivo do decreto foi o de criar a SEST, inserida como órgão do Sistema de Planejamento Federal na estrutura da Secretaria de Planejamento da Presidência da República (art. 3º), à qual competia, dentre outras atribuições (art. 4º):[123]

(i) coordenar atividades das empresas estatais que envolvessem recursos e dispêndios globais passíveis de ajustamento à programação governamental (art. 4º, I);

(iii) elaborar, com base nas informações fornecidas pelas empresas, propostas de fixação de limites máximos de dispêndios globais (art. 4º, III);

(iv) acompanhar a gestão das empresas estatais, no que tangenciasse eficiência, desempenho, operacionalidade, economia e situação econômico-financeira (art. 4º, IV);

(v) manifestar-se sobre propostas de aumento de capital de empresas estatais, de emissão de debêntures, conversíveis ou não

---

[122] PENTEADO, Mauro Rodrigues. Privatização e parcerias: considerações de ordem constitucional, legal e de política econômica. *Revista de Direito Mercantil, Industrial, Econômico e Financeiro*, São Paulo, v. 119, p. 10, jul./set. 2000.

[123] Ao analisar o controle ministerial exercido e constatando necessidade de seu aprimoramento, Adilson Abreu Dallari ressalta a criação da SEST como forma de orientação geral sobre atuação de empresas estatais: "[...] recentemente, em outubro de 1978, surgiu o Dec. 84.128, criando a famosa Secretaria de Controle das Empresas Estatais, SEST. Naquela ocasião, não sei se o Prof. Geraldo [Ataliba] estava comigo, o Prof. Michel [Temer], nós estávamos exatamente num seminário sobre controle, em Belo Horizonte, quando eu recebi o texto do Decreto nº que tinha sido recém-editado. E, a minha expressão naquele instante foi a seguinte: o Presidente Figueiredo renunciou! Porque, esta Secretaria de Controle das Empresas Estatais reúne tal soma de poderes que quem manda mesmo é quem controla estas empresas estatais. Por quê? Para que serve a administração direta hoje no Brasil? Para administrar funcionário público, mais nada! Todos os grandes investimentos, todas as grandes obras, todos os grandes serviços, tudo aquilo que tem significado, peso, importância, na administração pública, é realizado através da administração direta, especialmente através das empresas. Então, quem controla essas empresas é quem controla a administração. Esta Secretaria de Controle das Empresas Estatais é subordinada ao Secretário de Planejamento da Presidência da República. Este Secretário exerce o chamado controle integrado. Cada ministro exerce o controle setorial, isto é, cada ministro controla as empresas e as entidades do seu Ministério. O Ministro Secretário de Planejamento da Presidência da República controla todas as empresas, todas as empresas existentes na administração federal. É uma soma de poderes incrível, que mereceria até uma meditação muito maior à luz do Estado de Direito. Afinal de contas não se pode esquecer que esta Secretaria de Controle das Empresas Estatais foi criada por um simples decreto. Não tem um suporte, uma base legal. E para que serve esta Secretaria? Diz o art. 4.º: 'Compete à Secretaria de Controle das Empresas Estatais: coordenar, por delegação do Ministro do Planejamento, as atividades das empresas estatais que envolvam recursos e dispêndios globais, passíveis de ajustamento à programação governamental, tendo em vista os objetivos, as políticas e as diretrizes constantes do plano nacional de desenvolvimento'. Enfim, todas as empresas de uma vez, havendo, para isso, uma série enorme de poderes, que, reunidos, enfeixam e esgotam toda a atuação de todas as empresas, resultando um esvaziamento do controle setorial" (*idem ibidem*, p. 7).

em ações, ou de quaisquer outros títulos e valores mobiliários de empresas estatais (art. 4º, XI);

(vi) emitir parecer sobre propostas de criação de empresas estatais, ou de assunção do controle por estas de empresa privada, de liquidação ou incorporação de entidades descentralizadas, de que trata o art. 178 do DL nº 200 (art. 4º, XII).[124] [125] Neste dispositivo do DL nº 200, parece-me que se quis abranger empresas nas quais o Estado detivesse (e detenha), por qualquer motivo, cotas ou ações que representassem a maioria do capital votante. Isso porque ele menciona a "dissolução de empresas", o que, em linhas gerais, deve ser realizada com deliberação, por maioria absoluta, dos sócios (art. 1.033, III, do Código Civil). Caso o Estado não fosse detentor da maioria do capital votante das empresas ali mencionadas, não poderia, isoladamente, promover sua dissolução.

Embora não mencionada expressamente no Decreto nº 84.128, a noção de "empresas controladas"[126] nele veiculada quis abranger

---

[124] Conforme o art. 178 do DL nº 200, "[a]s autarquias, as empresas públicas e as sociedades de economia mista, integrantes da Administração Federal Indireta, bem assim as fundações criadas pela União ou mantidas com recursos federais, sob supervisão ministerial, e as demais sociedades sob o controle direto ou indireto da União, que acusem a ocorrência de prejuízos, estejam inativas, desenvolvam atividades já atendidas satisfatoriamente pela iniciativa privada ou não previstas no objeto social, poderão ser dissolvidas ou incorporadas a outras entidades, a critério e por ato do Poder Executivo, resguardados os direitos assegurados, aos eventuais acionistas minoritários, nas leis e atos constitutivos de cada entidade".

[125] A SEST exercia o controle e fiscalização das atividades específicas dos órgãos do Subsistema de Planejamento Federal, respeitada a supervisão de cada Ministro de Estado sobre as empresas estatais da respectiva área de competência (art. 6º). Os representantes governamentais nas assembleias gerais, nos órgãos de administração e conselhos fiscais, ou assemelhados, de empresas estatais, bem como os servidores destas, sob pena de responsabilização, deveriam fornecer informações e esclarecimentos que lhes fossem solicitados pela SEST (art. 6º, §1º), que poderia contratar empresas de auditores ou consultores para a prestação de serviços destinados a acompanhamento de gestão das empresas estatais, com relação à eficiência, desempenho, operacionalidade e rentabilidade (art. 6º, §2º).

[126] A dificuldade de análise sobre as noções veiculadas no Decreto nº 84.128 é destacada por Pedro Paulo de Almeida Dutra, para quem "[o] direito positivo, a seu turno, contribui de uma certa maneira para a manutenção e mesmo agravamento dessa situação de imprecisão conceitual [sobre o que deva ser considerado como empresa estatal no Brasil], na medida em que alguns textos normativos são editados, inteiramente submetidos a uma finalidade determinada, o que os obriga a abusos conceituais, como fez, por exemplo, o Decreto nº n. 84.128, de 29 de outubro de 1979, que dispôs sobre o controle dos recursos e dispêndios das empresas estatais e criou, para realizar esse controle, a Sest.
Este órgão, cujo objetivo primeiro era o de controlar o maior número possível de instituições e organismos autônomos, ignorou pura e simplesmente as particularidades conceituais de cada uma dessas entidades, englobando-a numa denominação única" (idem ibidem, p. 42-43).
A redação do art. 2º do Decreto nº 84.128 era a seguinte: "[c]onsideram-se empresas estatais, para os fins deste Decreto: I – empresas públicas, sociedades de economia mista, suas subsidiárias e todas as empresas controladas, direta ou indiretamente, pela União; II – autarquias e fundações instituídas ou mantidas pelo Poder Público; III – órgãos autônomos da Admi-

as empresas que, embora pertencessem ao setor privado, passaram a ter a maioria do seu capital votante detido pela Administração Pública sobretudo em função de inadimplemento de débitos que fossem garantidos por meio de suas cotas ou ações. Tal noção de "empresa controlada" estaria próxima da definição adotada pelo Código Civil, no qual é caracterizada como "sociedade de cujo capital outra sociedade possua a maioria dos votos nas deliberações dos quotistas ou da assembleia geral e o poder de eleger a maioria dos administradores" (art. 1.098, I).

Analisando o crescimento da atuação por meio de autarquias, especialmente a partir da década de 1920, e de empresas estatais, com seu auge nos governos militares, Almiro do Couto e Silva menciona o crescimento de empresas controladas pelo Estado como decorrência de inadimplementos no âmbito da atividade de fomento. A partir da criação do BNDES e de outras entidades bancárias oficiais, medidas de fomento e de concessão de crédito teriam crescimento em larga medida, o que teria, como reflexo, inadimplemento contratual privado. "Empresas impossibilitadas de pagarem seus débitos com elas contraídos, passavam, muito frequentemente, a tê-las como sócias e, não poucas vezes, como sócias detentoras do controle acionário".[127] [128]

---

nistração Direta. Parágrafo único. Poderão ser equiparadas às empresas estatais, para efeito do controle governamental de que trata o presente Decreto, as entidades e organizações de direito privado, que recebam contribuições parafiscais ou transferências do Orçamento da União e prestem serviços de interesse público ou social, observado o disposto no artigo 183 do Decreto-lei nº 200, de 25 de fevereiro de 1967, e no Decreto-lei nº 772, de 19 de agosto de 1969". Sobre o tema, cf., ainda, PENTEADO, Mauro Rodrigues. As empresas estatais e os sistemas de supervisão e controle. *Revista de Direito Mercantil, Industrial, Econômico e Financeiro*, São Paulo, v. 45, p. 21-22, jan./mar. 1982.

[127] "Privatização no Brasil e novo exercício de funções públicas por particulares", em *Revista Eletrônica sobre a Reforma do Estado (RERE)*, Salvador, Instituto Brasileiro de Direito Público, n. 16, dez./jan./fev. 2009 (disponível em: <http://www.direitodoestado.com.br/rere.asp>. Acesso em: 13 jun. 2017, p. 8).
Márcia Carla Pereira Ribeiro e Rosângela do Socorro mencionam que "o avanço do Estado pelos domínios da economia operou-se ainda pela absorção, total ou parcial, de empresas privadas em dificuldades financeiras, normalmente através do Banco Nacional de Desenvolvimento Econômico e Social (BNDES) e do BNDESPAR (subsidiária integral do BNDES). Consigne-se que, das 268 (duzentos e sessenta e oito) empresas estatais federais existentes em 1979, 72 (setenta e duas) delas foram incorporadas pelo Estado dessa maneira, sendo que, entre essas, muitas desenvolviam atividades completamente estranhas ao setor público como hotéis, usinas de açúcar, editoras, etc." ("Sociedades Estatais, controle e lucro", *Scientia Iuris (UEL)*, v. 10, 2006, p. 167-168). No mesmo sentido, cf. SZTAJN, Rachel. Notas sobre privatização. *Revista de Direito Mercantil Industrial, Econômico e Financeiro*, São Paulo: v. 117, p. 103, 2000; SCHAPIRO, Mario Gomes. *Novos parâmetros para a intervenção do Estado na economia*. São Paulo: Saraiva, 2010, p. 232-233.

[128] Para Paulo B. Araujo Lima, a intenção da reforma administrativa promovida pelo DL nº 200 não seria a de abranger como sociedade de economia mista aquelas empresas em que a

Esses pontos haviam sido reconhecidos no Decreto nº 83.740, de 18 de julho de 1979,[129] que instituiu o Programa Nacional de Desburocratização, e, posteriormente, no Decreto nº 86.215/1981.[130] Ambos se inseriram no mesmo contexto jurídico que resultou na publicação do Decreto nº 84.128 e de criação da SEST com a atribuição de acompanhar a eficiência de empresas estatais federais.[131]

Conforme o Decreto nº 86.215, seriam enquadráveis para transferência de controle para o setor privado ou, se fosse o caso, para desativação, empresas privadas que, "tendo sido criadas pelo setor privado, passaram ulteriormente para o controle direto ou indireto da União, em decorrência de inadimplência de obrigações, excussão de garantia ou situações jurídicas semelhantes" (art. 3º, I).

Paralelamente à questão do inadimplemento, o Estado poderia adquirir participação no capital social de empresas privadas, ainda que de maneira acidental e transitória, por outros meios. Um deles seria a desapropriação de cotas ou ações. É o que Waldemar Ferreira aborda ao ver que o Estado, para o bem público, poderia se "intromete[r] em sociedade privada comercial, como a sociedade anônima", o que traria necessidade de exame sore a posição que nela toma. Para o autor, se o Estado adquire "ocasionalmente algumas ações e como acionista mais não exercita que os direitos próprios dessa categoria social [e] a sociedade não perde seu caráter de sociedade privada". Essa posição do Estado se justificaria em função da acidentalidade do evento, que seria fortuito e, sobretudo, transitório.[132]

---

maioria das ações fosse detida pelo Estado de maneira contingente: "[...] segundo definiu a Reforma Administrativa, a sociedade anônima será de economia mista se, além da associação de capitais públicos e privados, com o comando da empresa exercido pelo Estado, for criada em lei especial.
Afastando da categoria aquelas associações majoritárias de capitais públicos com particulares meramente eventuais – como nas hipóteses em que o Estado tem o comando provisório decorrente de dações em pagamento, excussões de garantia, ou em que a atribuição de ações com particulares na gerência é apenas uma forma de assegurar a amortização de empréstimos concedidos a longo prazo, fato comum na praxe dos bancos de investimento –, a intenção do legislador teria sido a de excluir do conceito as associações meramente com o fito de fortalecer a empresa nacional, sem retirar do respectivo empresário a decisão que lhe é própria" (*Sociedades de economia mista e lei das S.A*. Rio de Janeiro: IBMEC, 1980, p. 36-37).

[129] Revogado pelo Decreto nº 5.378, de 23 de fevereiro de 2005.
[130] Revogado pelo decreto de 25 de abril de 1991.
[131] A respeito do tema, cf. AMARAL FILHO, Marcos Jordão T. do. *Privatização no Estado contemporâneo*, Tese (Doutorado), Faculdade de Direito da Universidade de São Paulo: São Paulo: 1994, p. 131-135.
[132] *Idem ibidem*, p. 51.

Aprofundo o tema com análise sobre a Lei nº 6.264/1975 e julgado do STF a respeito da questão da desapropriação de ações de empresas privadas.

2.3.2 Cobrança de IRPJ de sociedades de economia mista e discussão no STF (ROMS 24.249-7/DF)

Outro diploma normativo que faz referência a empresas controladas pela Administração Pública é a Lei nº 6.264, de 18 de novembro de 1975, que trata da incidência do imposto de renda das empresas sob controle ou com participação governamental. Em função disso, poderia residir aí, à primeira vista, a noção de empresa semiestatal tal como definida neste trabalho.

Nos termos da Lei nº 6.264/1975, empresas públicas e sociedades de economia mista, bem como suas subsidiárias ou quaisquer outras empresas de cujo capital participe pessoa jurídica de direito público, calcularão o imposto de renda em conformidade suas disposições (art. 1º). Ainda, prevê que tais empresas, que, na data de publicação da lei, encontravam-se em débito com a Fazenda Nacional, poderiam efetuar o recolhimento do tributo devido, dispensados juros moratórios, multas e correção monetária, desde que houvesse requerimento dentro de 180 dias a contar da data de sua vigência, bem como desistissem de processos administrativos e judiciais relativos ao referido débito (art. 6º).

Para fins de aplicação da regra, "consideram-se sociedades de economia mista aquelas sob controle governamental" (art. 6º, §4º, da Lei nº 6.264/1975). E reside justamente aí a dúvida: o que deve ser entendido como "sociedade de economia mista", sujeitas a "controle governamental", nos termos da Lei nº 6.264/1975? Poderiam ser aquelas definidas como tal pelo DL nº 200? Aquelas sob controle societário do Estado, ainda que a maioria de seu capital votante estivesse em mãos de agentes privados? Ou poderia haver alguma outra noção?

Para este caso, especificamente, parece-me que sim: qualquer empresa cuja maioria do capital votante estivesse em mãos do Estado, independentemente da razão (circunstancial ou definitiva) e da existência de lei autorizativa de criação de tais empresas como empresas públicas e sociedades de economia mista (tal como delineadas pelo DL nº 200, à época de publicação da Lei nº 6.264/1975).

O tema foi abordado no Recurso em Mandado de Segurança 24.249-7/DF,[133] no qual o STF realizou análise sobre a noção de

---

[133] 1ª T., Rel. Min. Eros Grau, j. 14 set. 2004.

"sociedade de economia mista" para fins de aplicação do art. 37, XVII, da CF.[134] Chegou à conclusão de que, para fins específicos da aplicação do dispositivo, "são sociedades de economia mista aquelas – anônimas ou não – sob controle da União, dos Estados-membros, do Distrito Federal ou dos Municípios, independentemente da circunstância de terem sido 'criadas por lei'".[135]

No caso, ações do Hospital Cristo Redentor S/A haviam sido desapropriadas em 1975, passando a empresa a compor a estrutura do Ministério da Previdência e Assistência Social. Isso fez com que surgisse discussão sobre o enquadramento do impetrante para fins de acumulação de cargos públicos. Em 1986, além de integrar os quadros da referida empresa, ocupava cargos no INSS e na Prefeitura Municipal de Porto Alegre.[136]

Em janeiro de 1999, o INSS entendeu configurada a acumulação de três cargos privativos de médico, em face da edição do Decreto nº 2.923/1999, que dispunha sobre a reorganização de órgãos e entidades do Poder Executivo Federal,[137] que incluiu, dentre outros, o Hospital Cristo Redentor S/A entre as instituições a ela vinculadas. Por entender que houve violação do art. 37, XVI e XVII, da CF, a autarquia notificou o servidor para que optasse por dois cargos públicos, no prazo de 30 dias, sob pena de, não o fazendo, ser instaurado processo administrativo disciplinar.[138] [139]

O Rel. Min. Eros Grau pautou a discussão, centrada na configuração do Hospital Cristo Redentor S/A como sociedade de economia mista, para os efeitos do disposto no art. 37, XVII, da CF, no qual há

---

[134] Art. 37, XVII, da CF: "a proibição de acumular estende-se a empregos e funções e abrange autarquias, fundações, empresas públicas, sociedades de economia mista, suas subsidiárias, e sociedades controladas, direta ou indiretamente, pelo poder público".
[135] STF, RMS 24.249-7/DF, ementa, fl. 229.
[136] STF, RMS 24.249-7/DF, relatório, fl. 230.
[137] Art. 9º, V, "f", do Decreto nº 2.923/1999.
[138] STF, RMS 24.249-7/DF, relatório, fls. 231-232.
[139] Discussões sobre o regime jurídico de empresa que teve a maioria acionária votante desapropriada pelo Estado também foram realizadas pelo STJ no Agravo Regimental no Agravo de Instrumento 28.663-7/RJ (4ª. T., Rel. Min. Sálvio de Figueiredo, j. 21 set. 1993), em cuja ementa menciona-se que "[a] mera participação estatal em sociedade mercantil, ainda que majoritária, não tem o condão de transmudar-lhe a natureza jurídica. Mesmo em se admitindo que a apropriação circunstancial pelo Estado da maioria do capital social da empresa contratante, como consequência da encampação da sócia que detinha 95% de suas cotas, tivesse imprimido àquela a qualidade de sociedade de economia mista, ainda assim exigível não seria a sujeição a procedimento licitatório, em face da data do ajuste e do que dispunha a legislação estadual vigente à época [...]".

vedação da acumulação remunerada de cargos públicos.[140] Em seu voto, menciona que a União, com base no Decreto nº 75.403/1975,[141] declarou de utilidade pública para fins de desapropriação a totalidade do seu capital social, com assunção do controle acionário do Hospital Cristo Redentor S/A. Posteriormente, com o Decreto nº 75.457/1975,[142] reduziu sua participação para 51%.[143] A partir daí, adentra na discussão se a empresa seria enquadrada como sociedade de economia mista.

Para o Rel. Min. Eros Grau, o elemento primordial de caracterização de sociedades de economia mistas seria sua *criação por lei*. Para ele, não estaria em discussão a criação da sociedade como pessoa jurídica, mas a *criação de modelo jurídico especial*, excepcional em relação ao modelo de sociedade anônima. Assim, no bojo do modelo excepcional de criação da lei, o Estado não atuaria como mero Estado-acionista, em igualdade de condições com os acionistas privados da sociedade, mas como Estado-poder, em posição privilegiada em relação aos acionistas privados. O Estado, nas sociedades de economia mista, estaria em situação assimétrica em relação aos seus acionistas privados. Já "nas sociedades estruturadas segundo o modelo ortodoxo de sociedade anônima, de cujo capital participe, ainda que majoritariamente – e que não serão entendidas como de economia mista – está em situação de simetria em relação aos seus acionistas privados".[144]

---

[140] STF, RMS 24.249-7/DF, fl. 235.

[141] Por meio do Decreto nº 75.403/1975, foi declarada a utilidade pública, para fins de desapropriação, das ações constitutivas do capital das sociedades anônimas Hospital Nossa Senhora da Conceição S/A, Hospital Nossa Senhora da Conceição S/A, Hospital Fêmina S/A e Hospital Cristo Redentor S/A, como as cotas constitutivas do capital da empresa Serviços Aéreos Especializados Médico-Hospitalar Ltda. Nos termos do decreto, ela foi declarada em função de as mencionadas empresas serem "responsáveis em seu conjunto, pelo mais amplo atendimento médico-hospitalar vinculado à Previdência Social, no Estado do Rio Grande do Sul", de maneira que suspensão de suas atividades criaria "situação de fato que [imporia] legítima a pronta intervenção do Poder Público para resguardar o interesse coletivo".

[142] O Decreto nº 75.457/1975 modificou o Decreto nº 75.403/1975. Primeiro, após imissão na posse das empresas, a União Federal teria verificado que a continuidade dos serviços médico-hospitalares poderia ser garantida, com eficácia, mediante simples controle administrativo dos Hospitais Grupo, sem necessidade de desapropriar, também, a Sociedade Serviços Aéreos Especializados Médico-Hospitalar Ltda. Segundo, a União considerou que, "para exercer esse controle administrativo é necessário desapropriar apenas 51% [...] das ações constitutivas do capital social efetivamente integralizado ou realizado, sem necessidade de extinguir as respectivas empresas", de maneira que foi declarada utilidade pública apenas deste percentual, e não da totalidade do capital social das empresas em pauta.

[143] STF, RMS 24.249-7/DF, fl. 235.

[144] STF, RMS 24.249-7/DF, fl. 238. O posicionamento já havia sido adotado pelo Min. Eros Grau em "Lucratividade e função social nas empresas sob o controle do Estado", *op. cit.*, p. 38.

Com base nesse raciocínio, o Rel. Min. Eros Grau conclui que o conceito de sociedade de economia mista[145] que deveria ser utilizado, para os efeitos de aplicação do art. 37, XVII, da CF, deveria ser análogo ao que enuncia o art. 6º, §4º, Lei nº 6.264/1875: "serão, para tais efeitos, sociedades de economia mista aquelas – anônimas ou não – sob controle da União, dos Estados-membros, do Distrito Federal e dos Municípios",[146] independentemente de sua criação ou não por meio de lei.[147]

Em minha visão, a preocupação manifestada no voto do Rel. Min. Eros Grau, no âmbito do RMS 24.249-7/DF, não se deu exatamente com o regime jurídico da sociedade de economia mista, ou, melhor, de empresa na qual a Administração Pública detenha a maioria do capital votante, ainda que o fosse de maneira contingente e transitória (se exatamente integrante ou não da estrutura administrativa). A preocupação restringiu-se à conjunção entre propriedade de maioria do capital social pela Administração Pública e incidência de determinadas regras de controle (como a vedação de acumulação de cargos públicos, para fins do art. 37, XVII, o que poderia ser estendido para outras situações, como impedimentos de senadores e deputados, para fins do art. 54, ambos da CF).[148]

Tanto é assim que a questão foi resolvida de forma prática, tal como reconhecida em votos de outros Ministros do STF.

---

[145] Sobre a plasticidade do conceito de sociedade de economia mista, cf. LEÃES, Luiz Gastão Paes de Barros. O conceito jurídico de sociedade de economia mista. *Revista de Direito Administrativo – RDA*, n. 79, p. 1-22, jan./mar. 1965.

[146] STF, RMS 24.249-7/DF, fl. 244.

[147] Conclui o Rel. Min. Eros Grau que "[o] Hospital Cristo Redentor S/A, sem dúvida alguma – ainda que não o seja para os efeitos do Dec.-lei nº 200/67 – deve ser entendido como sociedade de economia mista para os efeitos do disposto no art. 37, XVII da Constituição do Brasil. Verifica-se, pois, no caso, a acumulação proibida pela Constituição, que se refere inclusive as 'sociedades controladas, direta ou indiretamente, pelo poder público'" (STF, RMS 24.249-7/DF, fl. 245).

[148] "A existência de prévia autorização legislativa para constituição da empresa estatal não é condição essencial da sua inserção no domínio da administração pública. A sociedade controlada direta ou indiretamente por pessoa jurídica de direito público, cuja criação, por qualquer razão, não tenha sido precedida de lei autorizativa, também está subordinada aos ditames constitucionais aplicáveis ao conjunto do setor público: (i) princípios da legalidade, impessoalidade, moralidade, publicidade e eficiência (cf. art. 37, *caput*, Constituição Federal); (ii) submissão ao controle externo do Tribunal de Contas (cf. art. 71, II, Constituição Federal); (iii) exigência de concurso público para admissão de pessoal (cf. art. 37, II) e (iv) contratação mediante processo licitatório (cf. art. 37, XXI)" (PINTO JR., Mario Engler. Sociedade de Economia Mista. In: SICA, Ligia Paula Pires Pinto (Coord.). *Estado, empresa e liberdade* (textos em homenagem ao Professor Antonio Angarita). São Paulo: Quartier Latin, 2016, p. 132-133).

Para o Min. Carlos Ayres Britto, no caso, se a empresa fosse considerada como sociedade de economia mista, não poderia haver acumulação de cargo, o que também ocorreria se a empresa fosse "sociedade controlada pelo poder público, [pois] também não pode acumular. Então, está resolvida a questão".[149] Em debate entre ele e o Min. Marco Aurélio, o tema é ressaltado. O primeiro aponta que "vale acrescentar este outro fundamento, seja qual for a natureza jurídica da entidade, pelo fato do art. 37, inciso XVII, a acumulabilidade não pode prosperar". Para o Min. Marco Aurélio, "o controle aí é acionário. Gerenciar é consequência". E conclui o Min. Carlos Ayres Britto que "o controle aí é acionário. Gerenciar é consequência".[150]

Em arremate, o Min. Sepúlveda Pertence observa que o art. 37, XVII, da CF incluiria, "em uma cláusula de exaustão, as sociedades controladas, direta ou indiretamente, pelo Poder Público – basta inequivocamente para compreender o hospital referido no âmbito da proibição de acumulação, ainda quando não se pudesse considerá-lo uma sociedade de economia mista *stricto sensu*".[151]

Nesse sentido, seriam "empresas controladas" aquelas em que a maioria do capital votante tivesse passado para mãos estatais por razões acidentais, transitórias. Não integrariam, a princípio, a estrutura organizacional da Administração Pública indireta, embora condicionantes aplicáveis a empresas estatais devam a elas ser estendidos.[152] Elas apenas a integrariam caso sua situação jurídica fosse regularizada (com a edição de lei a caracterizando como sociedade de economia mista ou mesmo com a transferência de suas ações para empresa pública ou sociedade de economia mista às quais seria facultado deter participação em outras empresas). Do contrário a empresa deveria ser alienada ou liquidada.[153]

---

[149] STF, RMS 24.249-7/DF, fls. 252-253.
[150] STF, RMS 24.249-7/DF, fl. 257.
[151] STF, RMS 24.249-7/DF, fl. 258.
[152] Nessa linha, cf. Edmir Netto de Araujo, para quem regime jurídico das "empresas sob controle acionário do Estado" "é privado, mas pode sofrer derrogações decorrentes da Constituição Federal e de leis especiais [...]" (*Administração indireta brasileira*. Rio de Janeiro: Forense Universitária, 1997, p. 125). Em sentido diverso, cf. Mauro Rodrigues Penteado, As sociedades de economia mista e as empresas estatais perante a Constituição de 1988. *Revista de Direito Mercantil, Industrial, Econômico e Financeiro*, São Paulo, v. 73, p. 10, jan./mar. 1989; PEREIRA, Tadeu Rabelo. *Regime(s) jurídico(s) das empresas estatais que exploram atividade econômica*, Dissertação (Mestrado), Faculdade de Direito da Universidade de São Paulo: São Paulo: 2000, p. 67-69.
[153] Mesmo entendimento foi adotado pelo STF no Recurso Extraordinário 91.035/RJ (1ª T., Rel. Min. Soares Muñoz, j. 26. jun. 1979), assim ementado: "[s]ociedade de economia mista. Com ela não se confunde a sociedade sob o controle acionário do Poder Público. É a situação

Este racional foi delineado na Lei das S/A, a qual prevê que a "constituição de companhia de economia mista depende de prévia autorização legislativa" (art. 236). A cabeça do dispositivo é complementada pelo parágrafo único, a prever que "[s]empre que pessoa jurídica de direito público adquirir, por desapropriação, o controle de companhia em funcionamento", acionistas poderão pedir, após a aquisição do controle, reembolso das suas ações, salvo se a empresa já estivesse sob o controle, direto ou indireto, de outra pessoa jurídica de direito público.

Daí decorrem duas situações: possibilidade de acionistas se retirarem de empresa cuja maioria do capital votante seja desapropriada pelo Estado (reconhecendo que o controle acionário estatal fará com que condicionantes sejam impostos ao seu funcionamento); necessidade de lei autorizativa para que a empresa se constitua como sociedade de economia mista. Inexistindo lei no momento da desapropriação, ou o defeito é eliminado,[154] ou o Estado deverá, ato contínuo, também se retirar do capital social (com liquidação e extinção da empresa ou com alienação de capital votante).

Também se pretendia tratar do tema no Anteprojeto de Reforma da Administração.[155] Nele, admitia-se que empresas constituídas pelo

---

especial que o Estado se assegura, através da lei criadora da pessoa jurídica, que a caracteriza como sociedade de economia mista". A *ratio decidendi*, encaminhada pelo Rel. Min. Soares Muñoz, foi a de que não seria "possível, pois, confundir sociedade de economia mista com sociedade sob o controle acionário do Poder Público; é a situação especial que o Estado se assegura, através da lei criadora, que caracteriza o ente assim instituído como sociedade de economia mista, *ex vi*, do art. 5º, III, do Decreto-Lei nº 200, norma cuja vigência foi negada pelo Acórdão recorrido. O voto foi amparado sobretudo no entendimento de Waldemar Ferreira: [n]ão se podem qualificar como de economia mista as sociedades privadas como tais organizadas pelo simples efeito da intromissão nelas, transitória ou permanentemente, de pessoas jurídicas de direito público interno. Pouco importa que estas, pela aquisição da maioria das ações consigam dominá-las; elegendo os seus órgãos administrativos, deliberantes e fiscalizadores, subordinados de um lado aos estatutos sociais e, de outro, aos dispositivos da lei regente da sociedade anônima, principalmente, quando o objetivo da sociedade seja o exercício da atividade mercantil ou industrial" (*Tratado de Direito Comercial*, (Estatuto da Sociedade por Ações), v. 5, São Paulo: Saraiva, 1961, p. 335). Cf. também Alexandre Santos de Aragão, *idem ibidem*, p. 154-157.

[154] JUSTEN FILHO, Marçal. A Lei 13.303/2016, a criação das empresas estatais e a participação minoritária em empresas privadas, em JUSTEN FILHO, Marçal (Org.). *op. cit.*, p. 49. Cf. também CAMARGO, Sérgio Alexandre. Tipos de estatais, em SOUTO, Marcos Juruena Villela (Coord.). *Direito administrativo empresarial*. Rio de Janeiro: Lumen Juris, 2006, p. 59-61.

[155] Detalhes e discussões sobre o documento são trazidos por MODESTO, Paulo. Anteprojeto de Nova Lei de Organização Administrativa: síntese e contexto. *Revista Eletrônica de Direito do Estado – REDE*, Salvador, Instituto Brasileiro de Direito Público, n. 27, jul./ago./set. 2011, disponível em: <http://www.direitodoestado.com/revista/REDE-27-SETEMBRO-2011-PAULO-MODESTO.pdf> e acesso em: 27 out. 2017, e a Apresentação do anteprojeto da nova lei orgânica para a administração federal (disponível em: <http://www.planejamento.gov.

setor privado poderiam ter seu controle assumido pelo Estado, o que geraria a necessidade de sua adaptação ao regime das empresas estatais. Isso ocorreria especialmente nos casos em que o controle fosse assumido mediante: (i) "doação, dação em pagamento, herança ou legado ou em decorrência de crédito público, hipótese em que esse ativo deve destinar-se à alienação pelo Estado, mas não pode ficar livre do regime constitucional das entidades estatais caso a alienação não ocorra em prazo razoável"; (ii) "aquisição de ações ou quotas. Com essas normas, evita-se que detenha o controle de empresa que fique indefinidamente fora do regime jurídico das entidades da administração indireta, com grave risco à moralidade administrativa".[156]

Embora o Anteprojeto de Reforma da Administração Púbica não tenha sido convertido em lei, a mesma ideia é veiculada, como exemplo, nos Estatutos Sociais do Banco do Brasil e do Banco do Nordeste. O desenvolvimento de suas atividades (como instituições financeiras) poderá ser atrelado tanto à constituição de garantias em seu favor (o que pode ser realizado por meio de parcela representativa do capital social das empresas que financiam) quanto à aquisição direta (aporte) ou indireta (excussão de garantias ou outras formas de recuperação de crédito) de capital social em empresas privadas.[157] A depender das características do negócio, a parcela adquirida levará à assunção de maioria do capital social, o que ensejará, ato contínuo, a regularização desta situação jurídica.

O estatuto social de ambos possui preocupação com a pulverização de riscos e com a austeridade dos financiamentos e investimentos. Proíbe a participação no capital de outras sociedades, salvo em percentuais iguais ou inferiores a 15% do patrimônio líquido do próprio

---

br/assuntos/gestao-publica/noticias/apresentacao-do-anteprojeto-da-nova-lei-organica>. Acesso em: 27 out. 2017).

[156] Disponível em: <http://www.direitodoestado.com.br/leiorganica/anteprojeto.pdf>. Acesso em: 27 out. 2017, p. 8-9. A redação sugestiva adotada no Anteprojeto de Reforma da Administração sobre o tema foi a seguinte: "Art. 15, §2º. A empresa cujo controle seja assumido por entidade ou entidades estatais mediante doação, dação em pagamento, herança ou legado ou em decorrência de crédito público constituirá ativo a ser alienado, salvo expressa disposição legislativa, ficando submetida ao regime das empresas estatais ao fim do exercício subsequente ao da assunção do controle. [...] Art. 18, §3º. As empresas cujo controle seja assumido mediante aquisição de ações ou cotas devem adaptar-se gradualmente ao regime das empresas estatais até o final do exercício subsequente ao da aquisição" (*idem*, p. 24).

[157] "Em tais casos, a eventual influência do estado nos negócios da sociedade será determinada pelo seu poder de voto nas assembleias gerais" (Direito Administrativo e Direito Privado nas empresas estatais. *Revista de Direito Administrativo – RDA*, Rio de Janeiro, n. 151, p. 26, jan./mar. 1983).

banco, para tanto considerada a soma dos investimentos da espécie, e em percentuais inferiores a, respectivamente, 20% e 10% do capital votante da sociedade participada (art. 4º, IV, "a" e "b", quanto ao Banco do Brasil; art. 5º, IV, "a" e "b", quanto ao Banco do Nordeste).

Atrelada à proibição está a questão da transitoriedade de participação acionária em "empresa controlada". As limitações não alcançam as participações societárias em sociedades que decorram de dispositivo legal ou de operações de renegociação ou recuperação de créditos, tais como dação em pagamento, arrematação ou adjudicação judicial e conversão de debêntures em ações (art. 4º, §1º, VII, do Estatuto Social do Banco do Brasil; art. 5º, §1º, VI, do Estatuto Social do Banco do Nordeste). Para que sejam regularizadas, as participações decorrentes de operações de renegociação ou recuperação de créditos devem ser alienadas no prazo fixado pelo Conselho de Administração (art. 4º, §3º, do Estatuto Social do Banco do Brasil; art. 5º, §3º, do Estatuto Social do Banco do Nordeste).

Não se quis captar, nessa ótica, "empresa controlada" por meio de instrumentos societários, tais como os que aqui defini para caracterização de empresas semiestatais. Ao mesmo tempo, o fato não exclui a possibilidade de que o Estado celebre acordo de acionistas em empresas nas quais detém participação acionária. São dois fenômenos distintos: o relativo à empresa "controlada" em função de assunção de maioria de capital votante, por razões acidentais, por assim dizer; o relativo à empresa "controlada" como decorrência da celebração de acordos de sócios, mas na qual o investimento estatal seja minoritário. Ambas são "empresas controladas", mas por razões distintas entre si.

Aliás, a celebração de acordo de sócios pelo Estado é admitida pela legislação vigente, ao mesmo passo em que não parece ter sido esta a via eleita para a caracterização de sociedades de economia mista. Vejamos como o Decreto nº 6.021 tratou da questão.

2.3.3 Decreto nº 6.021/2007 e a criação da CGPAR

O Decreto nº 6.021/2007 criou a CGPAR[158] com a finalidade de tratar de matérias relacionadas à governança corporativa de empresas

---
[158] A CGPAR é composta pelos Ministros de Estado do Planejamento, Orçamento e Gestão, que a preside, da Fazenda e da Casa Civil da Presidência da República (art. 2º do Decreto nº 6.021). Poderão ser convidados a participar de suas reuniões, sem direito a voto, Ministros de Estado responsáveis pela supervisão de empresas estatais com interesse nos assuntos objeto de deliberação, bem como dirigentes e conselheiros de administração e fiscal das empresas estatais federais e representantes de outros órgãos ou entidades da Administração Pública Federal, responsáveis por matérias a serem apreciadas (art. 2º, §1º, do Decreto nº 6.021).

estatais federais e com administração de participações societárias da União (art. 1º). Em seus termos, são consideradas empresas estatais federais "empresas públicas, sociedades de economia mista, suas subsidiárias e controladas e demais sociedades em que a União, direta ou indiretamente, detenha a maioria do capital social com direito a voto" (art. 1º, parágrafo único, I).

Dentre outras atribuições, à CGPAR compete aprovar diretrizes e estratégias relacionadas à participação acionária da União nas empresas estatais federais, com vistas à defesa dos interesses da União, como acionista, promoção da eficiência na gestão, inclusive quanto à adoção das melhores práticas de governança corporativa e aquisição e venda de participações detidas pela União, inclusive o exercício de direitos de subscrição (art. 3º, I).[159]

Isso não exclui a possibilidade de a União deter participação minoritária no capital votante de empresas das quais participa como minoritária. Compete à CGPAR estabelecer diretrizes para atuação[160] e padrão de conduta ética[161] dos representantes da União nos Conselhos de Administração e Fiscal não só em empresas estatais federais, mas também em "sociedades em que a União participa como minoritária" (art. 3º, IV e V).

Embora o Decreto nº 6.021 tenha incluído em seu rol de definições de empresas estatais tanto "empresas controladas" quanto "sociedades em que a União, direta ou indiretamente, detenha maioria do capital com direito a voto", parece-me que ambas captam, em boa medida, o mesmo fenômeno: empresas em que há maioria do capital votante, seja detido por empresas públicas, sociedades de economia mista e suas subsidiárias ("empresas controladas"), seja outras participações majoritárias da União.

---

[159] A Resolução CGPAR 8, de 10 de maio de 2016, estabelece o regimento interno da comissão, e, em boa medida, apenas replica os pontos contidos no Decreto nº 6.021.

[160] Art. 1º da Resolução CGPAR 15, de 10 de maio de 2016: "[s]em prejuízo de requisitos adicionais previstos em lei, estatuto ou norma de órgão regulador, os membros dos órgãos estatutários indicados pela União em empresas estatais federais e em sociedades que a União participa como minoritária deverão acumular os seguintes requisitos: I – graduação em curso superior; e II – experiência mínima de três anos, em pelo menos uma das seguintes funções: a) cargo gerencial no setor privado; b) cargo em comissão ou função de confiança no setor público; ou c) cargo estatutário em empresa".

[161] Art. 2º, parágrafo único, da Resolução CGPAR 10, de 10 de maio de 2016: "[s]em prejuízo do disposto no caput, as empresas estatais federais deverão possuir Código de Conduta próprio aplicável a todos os seus membros estatutários, a todos os seus representantes em órgãos estatutários de empresas de que participe, e a todos os empregados/colaboradores, a ser aprovado pelo Conselho de Administração, em até 180 dias a contar da publicação desta Resolução".

A definição de "empresa controlada" aí adotada não abrange empresas em que haja participação estatal minoritária no capital votante, acompanhada da celebração de instrumentos de compartilhamento de controle societário. Esta noção está mais relacionada às empresas em que, nos termos do próprio Decreto nº 6.021, a União participa como sócia minoritária, que não integrarão a estrutura da Administração Pública Federal.

2.4 Conclusão

O ordenamento jurídico brasileiro admite diversas formas de atuação empresarial do Estado. Elas vão desde os casos nos quais este detém a integralidade do capital votante de determinadas empresas (empresas públicas) até os casos nos quais o investimento é minoritário. A multiplicidade de formas jurídicas faz com que haja discussões sobre elas.

No tocante às empresas semiestatais, a Lei das Empresas Estatais e o Decreto nº 8.945 delinearam que não integram a Administração Pública indireta. A mesma conclusão já decorria, em verdade, da leitura do DL nº 200: ele não se socorria de aspectos referentes ao controle societário, mas, sim, à via acionária, para apartar empresas que integravam ou não o corpo da Administração Pública. Seu propósito era claro: organizá-la. Para tanto, aspecto igualmente claro de definição de empresas integrantes da Administração Pública foi adotado: maioria do capital votante.

De todo modo, discussões persistiram sobre o tema, especialmente decorrentes do fato de que outros atos normativos fizeram alusão a "empresas controladas pelo Estado" para abarcar empresas que se submeteriam às suas disposições. Este foi o caso do Decreto nº 84.128 e da Lei nº 6.264. Houve, assim, incremento da discussão: qual o fenômeno jurídico que quiseram abarcar? Empresas tal como as que aqui caracterizei como empresas semiestatais? Parece-me que não: a noção de "empresa controlada", para suas finalidades, não dizia respeito a empresas "controladas societariamente pelo Estado", mas a empresas que, por razões diversas, tiveram seu controle acionário por ele assumido e que, como consequência, deveriam ter sua situação jurídica regularizada (por meio de seu efetivo enquadramento como empresa estatal ou pela alienação da participação acionária pelo Estado).

Tal como o Decreto nº 6.021, o ordenamento jurídico reconhece a possibilidade de celebração de acordos de sócios pelo Estado, de forma a compartilhar o controle de empresas nas quais tenha realizado investimentos minoritários. Isso não fará, contudo, que a empresa assim investida integre estruturalmente a Administração Pública indireta (tais como sociedades de economia mista). Apenas o fará com quem os deveres e obrigações impostos ao controlador sejam impostos ao Estado, na condição de sócio qualificado (compartilhador de controle). Esses aspectos são aprofundados no capítulo seguinte.

CAPÍTULO 3

CONTROLES ACIONÁRIO E SOCIETÁRIO NA EMPRESA SEMIESTATAL

A caracterização da empresa semiestatal se dá, concomitantemente, pela *estrutura societária minoritária*, em que o Estado detém a minoria das cotas ou ações com direito a voto que compõe seu capital social, e pela *forma gerencial*, com instrumentos negociais que assegurarão ao Estado o poder de, efetivamente, participar da direção e da orientação do funcionamento dos órgãos da companhia, em compartilhamento de controle com sócio ou conjunto de sócios privados.

O Estado figurará como sócio minoritário, mas não um qualquer: contribuirá com capital (votante minoritário) para desenvolvimento do objeto social da empresa assim investida e exercerá comando societário qualificado,[162] pelo fato de figurar como compartilhador de controle. Assim, colaborará de maneira relevante[163] (ou, em outras palavras, *em montante considerável, com manutenção de capital investido e assumindo riscos da atividade empresarial*)[164] para o capital de empresas privadas,

---

[162] PINTO JR., Mario Engler. *Empresa estatal* (função econômica e dilemas societários). São Paulo: Atlas, 2010, p. 178.

[163] Nos termos da Resolução CVM 358, de 3 de janeiro de 2002, que trata da divulgação e do uso de informações sobre ato ou fato relevante relativo às companhias abertas, é considerado como relevante, para fins de divulgação de informações, "o negócio ou o conjunto de negócios por meio do qual a participação direta ou indireta [...] ultrapassa, para cima ou para baixo, os patamares de 5% (cinco por cento), 10% (dez por cento), 15% (quinze por cento), e assim sucessivamente, de espécie ou classe de ações representativas do capital social de companhia aberta" (art. 12, §1º).

[164] Bernardo Strobel Guimarães menciona que "[...] estão em voga as soluções que visam a compartilhar entre a Administração Pública e particulares a exploração de certos empreendimentos, diluindo entre Estado e sociedade os riscos e benefícios associados aos projetos. Nessa linha, avultam as técnicas que implicam certo grau de compartilhamento de responsabilidade entre Estado e iniciativa privada na efetivação concreta de certos bens

concomitantemente à celebração de acordos negociais, integrando seu bloco de controle.

Para a caracterização da empresa semiestatal, não basta, portanto, focar-se no aspecto formal (o número de cotas ou ações com direito a voto detido pela Administração Pública). Também será necessária a verificação de elemento fático, material: a configuração de poder de controle sobre a empresa privada, sob a perspectiva da legislação societária. Este é o tema esmiuçado no presente capítulo.

Para tanto, analiso a Lei das Empresas Estatais e o DL nº 200 em perspectiva, cotejados com a Lei das S/A, o que me auxilia na conclusão sobre as noções de controle para caracterização de sociedades de economia mista, de um lado, e de empresas semiestatais, doutro.[165]

A Lei das Empresas Estatais e o DL nº 200 veicularam *critério formal* (*i.e.*, propriedade de ações com direito a voto) para apartação entre as empresas que integram e que não integram a Administração Pública indireta. Portanto, o meu argumento é o de que é irrelevante (ou mesmo infrutífero) tentar extrair qualquer noção de poder de controle deste ato normativo, que apenas se limitou a delinear os aspectos relativos à estrutura organizacional da Administração Pública.

A noção de poder de controle deverá ser estudada sob a perspectiva da legislação societária. O critério material para a distinção de empresas semiestatais é extraído de noções inseridas no Direito Societário, especialmente na Lei das S/A. Nesse contexto, dedico-me à análise conjugada dos temas, ressaltando a sua relevância para a caracterização das empresas semiestatais (*item 3.1*).

A partir daí, imerjo no tema da configuração do compartilhamento do controle societário para caracterização das empresas

---

coletivos. [...] Hoje o particular é não apenas alguém que apenas aporta capital no negócio como mero rentista (como ocorre, por exemplo, nas estatais em que a parcela acionária sujeita à aquisição privada está absolutamente dispersa, dificultando o exercício de qualquer influência decisiva)" (*op. cit.*, p. 382). Dalmo de Abreu Dallari chama atenção para intenso esforço competitivo que seria feito por grandes Estados, que acarretaria novo processo intervencionista, incluindo o apoio a grupos econômicos e financeiros privados para, por exemplo, abertura de mercados para exportação (*Elementos de teoria geral do Estado*. 32. ed. São Paulo: Saraiva, 2013, p. 276).

[165] "Entre essas novas manifestações do direito administrativo estão as chamadas 'parcerias', termo que reúne figuras criadas no âmbito das relações empresariais, sob a égide do direito civil e comercial, e ingressam no universo das relações administrativas, tais como a terceirização, a franquia etc. Na verdade, há um movimento pendular que a Administração faz entre formas peculiares de direito público e os institutos criados pelo direito privado. De tempos em tempos, o direito administrativo vai novamente beber nas fontes do direito privado, onde renova seu contato com as formas e procedimentos forjados pela realidade cotidiana das relações privadas" (BUCCI, Maria Paula Dallari. *Direito administrativo e políticas públicas*. São Paulo: Saraiva, 2006, p. 27).

semiestatais. O meu enfoque é a celebração de instrumentos negociais (com particular atenção para os acordos de acionistas, nos termos do art. 118 da Lei das S/A) que podem ser (e vêm sendo) adotados pelo Estado para dirigir atividades sociais e orientar o funcionamento de órgãos de empresas privadas (*item 3.2*).

Inobstante esses instrumentos possam ser utilizados para que o Estado exerça compartilhamento de controle societário sobre a empresa semiestatal, não são aptos a, à luz do ordenamento jurídico, fazer com que ela passe a ser integrante da Administração Pública indireta. O critério adotado pela legislação para caracterização de determinada empresa como estatal ou não estatal é a titularidade de cotas ou ações com direito a voto, e não qualquer outro (*item 3.3*).

3.1 Entre formalismo (Lei das Estatais) e materialidade (Lei das S/A)

A Lei das Empresas Estatais e o DL nº 200 não tiveram por preocupação disciplinar aspectos de ingerência societária sobre empresas públicas e sociedades de economia mista para caracterizá-las como tais (ou, noutros termos, para distingui-las de empresas privadas). Limitaram-se a disciplinar a estrutura organizacional do Estado, com a especificação das entidades que compõem a Administração direta e a indireta e aspectos relativos ao exercício de suas atribuições. O seu escopo foi o de, sob a perspectiva *formal*, delimitar as entidades que as integram, de maneira que tentar extrair deles qualquer noção relativa a controle (societário) de empresas estatais será infrutífero.

As empresas semiestatais são entidades alheias ao corpo da Administração Pública indireta. Não é o fato de o Estado figurar como sócio compartilhador de controlador que as equiparará ou as diferenciará de sociedades de economia mista. À luz do ordenamento jurídico pátrio em vigor, a nota distintiva será a estrutura de capital votante (propriedade da maioria das ações com direito a voto à Administração Pública, no caso das sociedades de economia mista; propriedade da minoria das ações com direito a voto, porém acompanhada de instrumentos gerenciais que assegurem ao Estado o controle ou o compartilhamento do controle social, no caso das empresas semiestatais).

A noção de poder de controle, portanto, deve ser buscada na legislação societária. No Direito brasileiro, é a Lei das S/A que lhe dá feições, nos seguintes termos (art. 116):

entende-se por acionista controlador a pessoa, natural ou jurídica, ou o grupo de pessoas vinculadas por acordo de voto, ou sob controle comum, que: (a) é titular de direitos de sócio que lhe assegurem, de modo permanente, a maioria dos votos nas deliberações da assembleia-geral e o poder de eleger a maioria dos administradores da companhia; (b) usa efetivamente seu poder para dirigir as atividades sociais e orientar o funcionamento dos órgãos da companhia.

A Lei das S/A, a Lei das Empresas Estatais e o DL nº 200, assim, cumprem funções distintas no ordenamento jurídico pátrio, especialmente no que diz respeito à configuração (acionária) e ao controle (societário) de empresas estatais. Enquanto o tratamento dispensado pela Lei das S/A à figura do sócio controlador se centra na delimitação de sua responsabilidade perante a sociedade e os demais sócios, o DL nº 200 e a Lei das Estatais versam acerca da estrutura organizacional da Administração Pública.[166]

Não há relação de excludência na sua aplicação, mas de complementariedade. Ela pode ser realizada concomitantemente na mesma empresa, sem que a configuração do poder de controle para fins do art. 116 da Lei das S/A faça com que a empresa passe a integrar a Administração Pública indireta.[167] Ele possui caráter material: determinar quem exerce faticamente o poder de controle societário sobre determinada empresa, para que os deveres e obrigações de sócio controlador sejam a ele impostos. Ainda, a noção pode ser utilizada para verificação dos casos em que, como decorrência da alienação do poder de controle, interesses de sócios minoritários serão afetados.

---

[166] O mesmo vale para outras normas de nosso ordenamento jurídico que veiculam noções distintas sobre controle, com vistas ao cumprimento de finalidades específicas, diferentes daquela buscada pela Lei das Estatais (definir a estrutura organizacional da Administração Pública). A título de exemplo, o Decreto nº 3.735, de 24 de janeiro de 2001, o qual define empresas estatais como "empresas estatais federais as empresas públicas, sociedades de economia mista, suas subsidiárias e controladas e demais empresas em que a União, direta ou indiretamente, detenha a maioria do capital social com direito a voto" (art. 1º, §1º) para fins de submissão de pleitos à aprovação do Ministro de Estado do Planejamento em relação às seguintes matérias: quantitativo de pessoal próprio; programas de desligamento de empregados; revisão de planos de cargos e salários, inclusive alteração de valores pagos a título de remuneração de cargos comissionados ou de livre provimento; renovação de acordo ou convenção coletiva de trabalho; participação de empregados nos lucros ou resultados; e contrato de gestão, a que se refere à Lei Complementar nº 101, de 4 de maio de 2000.

[167] Destaco que este entendimento é pertinente para a compreensão da dinâmica de funcionamento das empresas semiestatais, mas, também, das próprias sociedades de economia mista. Isso se deve ao fato de que, a despeito de, nestas sociedades, o Estado deter a maioria do capital votante, é plenamente possível que o seu controle societário seja compartilhado com sócios privados.

As disposições da Lei das Empresas Estatais e do DL nº 200 sobre a Administração Pública indireta cumprem outra função: a organizacional, para delimitação das empresas que compõem o corpo estatal. O Estado poderá figurar como sócio minoritário e compartilhador de controle de certa empresa, sem que, com isso, ela passe a integrar a Administração Pública indireta. O critério não é o da *materialidade*, mas o da *formalidade*: participação majoritária ou não no capital votante da empresa. Formalidade traz segurança jurídica e simplicidade para a caracterização da figura, neste contexto.

Isso é importante porque, mesmo no âmbito da Lei das S/A, podem ser encontradas nuances relativas ao controle de sociedades, com dispositivos que tratam do tema cumprindo distintas funções. Faço referência, aqui, aos seus arts. 116 e 254-A, §1º.[168] Enquanto aquele caracteriza o controle como situação de fato (*uso efetivo de poder para determinadas finalidades*), este o trata como situação jurídica (*alienação de valores mobiliários sob determinadas condições*). No primeiro caso, quem exerce o *poder de comando* da companhia será o seu controlador; no segundo, aquele que é proprietário de valores mobiliários com características especificadas na lei será caracterizado como alienante de poder de controle. Tratando dos dispositivos mencionados, a CVM já se posicionou da seguinte forma:

> Analisando ambas as situações, reconheço que esses dispositivos tratam de situações diferenciadas. O art. 116, juntamente com o art. 117, tem por objetivo definir os requisitos para que um acionista seja considerado como acionista controlador e as responsabilidades que um tal acionista assume, caso aja como tal. Por isso, como em tantas outras hipóteses de responsabilidade subjetiva previstas no nosso ordenamento jurídico, juntou-se o poder (titularidade de direitos de voto, prevista na alínea 'a') e o agir (alínea 'b'), para que se possa imputar responsabilidade a alguém. Já o art. 254-A tem finalidade muito diferente. Ele pretende conferir a possibilidade de uma 'compensação' à quebra da estabilidade do quadro acionário, permitindo que os acionistas minoritários alienem suas ações por um preço determinado em lei (que pode ser aumentado pelo estatuto social), quando essa estabilidade for perturbada. O critério

---

[168] Art. 254-A, §1º, da Lei das S/A: "[e]ntende-se como alienação de controle a transferência, de forma direta ou indireta, de ações integrantes do bloco de controle, de ações vinculadas a acordos de acionistas e de valores mobiliários conversíveis em ações com direito a voto, cessão de direitos de subscrição de ações e de outros títulos ou direitos relativos a valores mobiliários conversíveis em ações que venham a resultar na alienação de controle acionário da sociedade".

eleito pela lei para definir o fim dessa estabilidade do quadro acionário é a 'alienação direta ou indireta, do controle de companhia aberta'. Dada a diferença de função dos dispositivos, creio que a omissão no art. 254-A não pode ser simplesmente tratada como um lapso a ser preenchido por analogia ou mediante integração. Ao contrário, ela deve ser explorada, para ver se conseguimos uma interpretação útil do art. 254-A, respeitando a omissão encontrada.

Essa conclusão é reforçada em razão de o §1º do art. 254-A procurou definir o que se entende por 'alienação de controle' para aplicação do disposto no *caput*. Nessa definição, não se utilizou de qualquer expressão que indique que, para fins do art. 254-A, o controle está relacionado com o seu exercício. O §1º apenas vinculou a alienação de controle à transferência de valores mobiliários, indicando que está preocupado apenas com o requisito do art. 116, 'a'. Digo isso, pois esse parágrafo estabelece que a alienação de controle é, nos termos do §1º, a 'de ações integrantes do bloco de controle, de ações vinculadas a acordos de acionistas e de valores mobiliários conversíveis em ações com direito a voto, cessão de direitos de subscrição de ações e de outros títulos ou diretos relativos a valores mobiliários conversíveis em ações'. Não há, portanto, referência à necessidade do exercício efetivo do poder, exigindo, tão somente, a propriedade dos valores mobiliários que permitam esse exercício.[169]

No caso, a CVM abordou a obrigatoriedade de realização de oferta pública de ações em hipótese na qual o alienante de valores mobiliários, não obstante detentor de direito de sócio que lhe permitisse controlar a companhia, não o exercia faticamente. A comissão enfrentou a seguinte questão: *é necessário exigir o preenchimento do requisito previsto no art. 116, "b", da Lei das S/A (exercício do poder), para que se exija a realização de oferta pública?* A conclusão no caso foi a de que não.[170] [171]

---

[169] CVM, Processo RJ 2005/4069, Rel. Dir. Pedro Oliva Marcilio de Sousa, j., 11 abr. 2006, voto do relator, fl. 4. Ainda, para discussões sobre a inclusão do art. 254-A na Lei das S/A, cf. PENNA, Paulo Eduardo. *Alienação de Controle de Companhia Aberta*. São Paulo: Quartier Latin, 2012, p. 62-70.

[170] "O que é importante, para fins do art. 254-A é que os valores mobiliários transferidos façam com que o alienante passe a ter menos do que 50% das ações com direito a voto e o adquirente, no mínimo 50% mais uma ação com direito a voto (no caso de valores mobiliários conversíveis ou que permitam a subscrição ou o exercício de direito de preferência, após o exercício dessa conversão ou da subscrição), mesmo que existam contratos que mantenham direitos políticos nas mãos do alienante (ou de terceiros) que permitam o exercício de fato do poder de controle (situação inversa – transferência de direitos políticos e econômicos para terceiros sem transferência de valores mobiliários – pode dar causa a oferta pública, em virtude da previsão de alienação direta ou indireta).

Boa parte da objetividade do critério proposto nos parágrafos acima se perde em razão da utilização da expressão 'alienação direta e indireta', no *caput* e no §1º do art. 254-A. Isso porque o significado tradicional dessa expressão – dá-se alienação de controle mesmo que

Comentando o tema, Eduardo Secchi Munhoz ressalta a distinção entre as funções cumpridas pelos arts. 116 e 254-A na Lei das S/A relativamente ao (poder de) controle. Enquanto o primeiro dispositivo tem como objeto situação fática, para fazer incidir deveres e responsabilidades sobre o sócio controlador, o segundo trata de situação jurídica que, se caracterizada, fará com que haja tratamento igualitário aos sócios minoritários da empresa em caso de alienação de controle:

[...] é preciso separar as duas situações claramente distintas na Lei das S.A. Primeiro, a definição de controle como poder, ou seja, situação de fato, pelo art. 116 e 243, §2º, da Lei das S.A. Segundo, a definição de bloco de ações de controle, passível de ser objeto do negócio de alienação previsto no art. 254-A.

---

se interponha uma sociedade holding para a realização da alienação de ações da companhia aberta – que vinha sendo aplicado pela CVM ainda quando o antigo art. 254, que não falava em alienação indireta, e amplamente aceito pela doutrina, não é o único sentido da expressão. Há um outro significado cuja aplicação só pode ser analisada a partir dos fatos do caso concreto.

Esse significado inclui, dentre as operações que dão causa à oferta pública, não só a alienação de ações agrupadas em sociedade *holding*, mas, também, a inclusão de acertos contratuais que impliquem a transferência dos direitos políticos e econômicos do valor mobiliário, sem a transferência da ação [...]. Com isso, para a aplicação do art. 254-A, se em uma operação não se verificar a transferência de valores mobiliários que implique alienação de controle, deve-se analisar se essa alienação ocorrer de forma indireta (*i.e.*, mediante acordos que resultem na transferência de poder político e econômico desses valores mobiliários)" (CVM, Processo RJ 2005/4069, Rel. Dir. Pedro Oliva Marcilio de Sousa, j. 11.04.2006, voto do relator, fl. 4).

[171] No mesmo sentido, cf. CVM, Processo RJ 2006/6209, Rel. Dir. Wladimir Castelo Branco Castro, j. 25.09.2006; CVM, Processo RJ 2007/7230, Rel. Dir. Eli Loria, j. 11.07.2007; CVM, Processo RJ 2008/4156, Rel. Dir. Sergio Weguelin, j. 17.06.2008. No voto do Dir. Marcos Barboso Pinto, afirmou-se que o colegiado da CVM "já deixou claro que o art. 116 da Lei nº 6.404/76 não é um bom parâmetro para determinar se uma operação deve dar ensejo a uma oferta pública, por duas razões. Primeiro, porque o art. 116 define o que é o 'acionista controlador' e não o que é 'controle'. Segundo, porque o art. 116 visa a identificar o acionista controlador para uma finalidade diversa, qual seja, responsabilizá-lo por abuso de poder" (fl. 1); CVM, Processo RJ 2009/1956, Rel. Dir. Eliseu Martins, j. 15.07.2009. No voto do Dir. Otavio Yasbek, afirmou-se que, "ao definir acionista controlador, o art. 116 da Lei das S.A. criou, fundamentalmente, um centro de imputação de direitos e deveres, permitindo a responsabilização daquele que abusa de sua posição dominante. Para fazê-lo com maior eficiência [...] a lei adotou uma definição suficientemente ampla de acionista controlador, a fim de abranger não apenas os controles totalitário e majoritário, mas também o controle minoritário.

Já quando se está tratando do regime da alienação do poder de controle, no art. 254-A da mesma Lei, está regulando um outro tipo de realidade, com outras finalidades. Assim, o que se procurou, aqui, foi proteger o acionariado disperso a partir da criação de um instrumento próprio, que outorga, a este, a possibilidade de retirada em caso de mudança nas condições sob as quais ingressou no quadro social (e que poderiam ficar prejudicadas em caso de alienação de controle)" (fl. 1).

São conceitos diferentes, que exercem funções distintas. O poder de controle é um *fato jurídico*, ou um *poder*, ao qual a lei atribui determinados efeitos (regime especial de deveres e responsabilidades), com a finalidade de tutelar o interesse da companhia, dos demais acionistas e *stakeholders*. O bloco de ações de controle é *objeto de direito* e está previsto no art. 254-A para determinar a obrigatoriedade da oferta pública de aquisição que visa a assegurar tratamento igualitário aos não controladores, nas operações de aquisição de controle acionário.

Pode-se admitir a existência de dúvida quanto à interpretação do art. 254-A em termos de determinar, ou não, a incidência da oferta obrigatória nele prevista no caso da alienação de ações integrantes de bloco de controle minoritário. Nada justifica, porém, que se confundam conceitos tão bem estabelecidos na lei, e que exercem função central no sistema societário brasileiro.[172]

Em boa medida, o mesmo se passa com a configuração das sociedades de economia mista e, reflexamente, com as empresas semiestatais. Para a definição daquelas, o critério será de direito (*quem é o detentor da maioria do capital votante? É ele o Estado? Se sim, estaremos diante de sociedade de economia mista*); para definição destas, será jurídico (*o Estado detém a minoria do capital votante?*) e fático (*o Estado compartilha o comando da empresa?*). Caso a resposta às duas últimas indagações seja positiva, estaremos diante de empresa semiestatal.

---

[172] MUNHOZ, Eduardo Secchi. *Aquisição de controle na sociedade anônima*. São Paulo: Saraiva, 2013, p. 302. Continua o autor: "[...] é perfeitamente admissível que a mesma lei, para a disciplina das operações de aquisição de controle acionário, defina como *bloco de controle* apenas uma participação *majoritária* no capital votante; e que, por outro lado, para a atribuição do regime especial de deveres e responsabilidades, reconheça a possibilidade de o poder de comandar a atividade empresarial (*poder de fato*) estruturar-se e ser exercido a partir de uma *participação minoritária* no capital votante (nesse sentido, pode falar-se em bloco minoritário de controle, ou seja, aquele detido pelo acionista que exerce o poder, *de fato*, de controle). Os conceitos e os objetivos da política normativa em relação a uma situação e a outra, ainda que relacionados, são completamente autônomos e distintos. Por isso, é possível, e não contraditório, interpretar que o bloco de ações de controle, objeto do art. 254-A da Lei das S.A., deve necessariamente corresponder a uma participação majoritária no capital votante e, simultaneamente, que o *poder de controle*, referido pelos arts. 116 e 243, §2º, da Lei das S.A., pode ser exercido por meio da titularidade de uma participação minoritária no capital" (*idem ibidem*, p. 308). Para outras discussões acerca das aquisições derivadas do poder de controle e a problemática relativamente à aplicação do art. 254-A da Lei das S/A, cf. OIOLI, Erik Frederico. *Regime jurídico do capital disperso na lei das S.A.* São Paulo: Almedina, 2014, p. 305-313.

3.1.1 Distinção entre controles acionário e societário e a empresa semiestatal

Para que o ponto fique mais claro, há a necessidade de se distinguir as noções de *controle acionário* e de *controle societário*, especialmente para a caracterização do regime estrutural da empresa semiestatal. O primeiro diz respeito ao número de cotas ou ações com direito a voto detido no capital social de determinada empresa. O segundo, sob a perspectiva do poder de efetivamente dirigir as atividades sociais e orientar o funcionamento da empresa, não mais levando-se em conta o número de cotas ou ações com direito a voto, mas os instrumentos gerenciais de controle da empresa.[173]

O art. 116 da Lei das S/A consagra a noção de controle material: em seu âmbito, o controle pode se configurar sem que haja controle majoritário ou formal (*i.e.*, propriedade da maioria das ações ou cotas com direito a voto). Essa distinção tornou-se especialmente relevante com a edição da Lei das Empresas Estatais e do Decreto nº 8.945, atos normativos que elegeram o controle acionário como o critério para a inserção de empresas estruturalmente no âmbito da Administração Pública indireta. Evidenciam essa questão o art. 1º, §7º, da Lei das Empresas Estatais e o art. 2º do Decreto nº 8.945.

O dispositivo da lei tem como objetivo estabelecer os deveres de adoção de práticas de governança corporativa e de controle sobre a execução das atividades de "em sociedade empresarial em que a empresa pública, a sociedade de economia mista e suas subsidiárias não detenham o controle acionário". Ele promove apartação entre empresas nas quais o Estado não detém controle acionário (que ficarão sujeitas aos deveres arrolados especificamente no dispositivo, os quais

---

[173] Carlos Ari Sundfeld também parece reconhecer a distinção entre *controle acionário* e *controle societário* nas sociedades de economia mista. Aquele seria o determinante para caracterizar o seu regime estrutural, como proponho neste trabalho, enquanto este funcionaria como expediente natural na gestão da empresa. Para o autor, "[e]mbora seja verdade que a detença do poder de controle societário é instrumento que viabiliza a *influência* do Estado na vida da empresa, conduzindo-a a cumprir sua vocação de ente estatal, o certo é que as eventuais flutuações na intensidade dessa *influência* (decorrente da titularidade acionária, que pode variar no tempo, para mais ou para menos) não provocam uma variação equivalente no *poder de tutela* do Estado sobre o ente, o qual continua essencialmente o mesmo, ainda que diminuam seus poderes enquanto acionista controlador.
Em outros termos: o *controle societário* do Estado sobre sua empresa pode ser mais ou menos concentrado, dependendo do arranjo engendrado na organização da sociedade de economia mista, mas nem por isso a *tutela* constitucional será menor naquelas empresas em que a influência estatal concorrer com um importante 'poder minoritário'" ("A participação privada nas empresas estatais", *op. cit.*, p. 274-275).

poderão, inclusive, ser mais bem exercitados por meio de mecanismos de controle societário), que não integrarão a Administração Pública indireta, e aquelas em que haja controle acionário (que se inserem estruturalmente no corpo estatal).

O ponto é complementado pelas disposições do decreto. Quatro noções são importantes para a verificação do que deve ser considerado para o enquadramento de empresas para fins de aplicação da lei e do decreto:

(i) empresa estatal: entidade dotada de personalidade jurídica de direito privado, *cuja maioria do capital votante* pertença direta ou indiretamente à União (art. 2º, I);

(ii) sociedade de economia mista: empresa estatal *cuja maioria das ações com direito a voto* pertença diretamente à União e cujo capital social admite a participação do setor privado (art. 2º, III);

(iii) subsidiária: empresa estatal *cuja maioria das ações com direito a voto* pertença direta ou indiretamente a empresa pública ou a sociedade de economia mista (art. 2º, IV);

(iv) sociedade privada: entidade dotada de personalidade jurídica de direito privado, com patrimônio próprio e *cuja maioria do capital votante não pertença* direta ou indiretamente à União, a Estado, ao Distrito Federal ou a Município (art. 2º, VI).

As definições arroladas possuem o mesmo critério para caracterização do que deva ser considerado, ou não, como empresa estruturalmente inserida no corpo estatal: a quantidade de capital social votante. Havendo a propriedade de 50% ou mais de cotas ou ações com direito a voto por ente da Administração Pública, a empresa será considerada como estatal. Doutro lado, caso a iniciativa privada seja a detentora de mais de 50% do capital social votante, a empresa não integrará a Administração Pública (ou, conforme anunciado no Decreto nº 8.945, será "sociedade privada").

Dessa forma, a legislação recentemente veiculada no país adotou o entendimento aqui ressaltado: *o de que as empresas semiestatais, nas quais a Administração Pública é sócia minoritária, embora sempre relevante e qualificada, não integram o corpo do Estado.*[174] Este entendimento já foi objeto de escrutínio pela CVM, conforme se vê a seguir.

---

[174] Sobre o tema do regime jurídico das empresas estatais brasileiras, cf. MUKAI, Toshio. *O direito administrativo nas empresas do Estado*, Tese (Doutorado) – Faculdade de Direito, Universidade de São Paulo: São Paulo: p. 244-268; Carolina Barros Fidalgo, *idem ibidem*, p. 234-323; Márcio Iorio Aranha, "O objeto do estatuto jurídico das estatais e os regimes jurídicos da empresa pública e da sociedade de economia mista", em João Otávio de Noronha, Ana Frazão e Daniel Augusto Mesquita (Coord.). *op. cit.*, p. 43-66.

3.1.2 Distinção entre controles e entendimento da CVM sobre a Lei das Empresas Estatais

Tais conclusões a respeito da aplicação da Lei das Empresas Estatais foram adotadas pela CVM no Processo 19957.008923/2016-12. Ele tratou de pedido de interrupção do prazo de convocação de assembleia geral extraordinária da Light S/A em função de discussão sobre indicação de conselheiro da empresa, por suposta violação à Lei das Empresas Estatais. A CVM foi chamada a atuar no caso em vista de sua competência para fiscalizar a observância da Lei das S/A, que prevê serem "inelegíveis para os cargos de administração da companhia as pessoas impedidas por lei especial" (art. 147, §1º). Foi trazida para escopo de atuação da autarquia a eleição de potenciais administradores que não preenchessem os requisitos previstos no art. 17 da Lei das Empresas Estatais.

A discussão é detalhada no Relatório 135/2016-CVM/SEP/GEA-3, elaborado pela área técnica da CVM:[175] questionamento sobre impedimento de determinada pessoa assumir cargo de conselheiro de administração na Light S/A pela sua participação em comitê de campanha presidencial em 2014, nos termos do art. 17, II, §2º, da Lei das Empresas Estatais.[176]

O relatório traz análise acionária e societária da Light S/A, concluindo pela participação da CEMIG em seu bloco de controle. As informações dão conta de que a Light S/A seria controlada por grupo de signatários de acordo de acionistas, incluindo a CEMIG, com 26,06% do capital social, a Rio Minas Energia Participações S/A e a Luce Empreendimentos e Participações S/A, com 13,03% cada, totalizando, portanto, 52,1% das ações ordinárias emitidas pela Companhia. A CEMIG também possuiria 50% do capital social das duas empresas, cujos demais acionistas seriam o BB, o Banco Votorantim S/A e o Banco Santander S/A.[177] Pelas disposições do acordo de acionistas da Light S/A e de sua distribuição de capital, a área técnica da CVM concluiu que a CEMIG seria integrante de seu bloco de controle. Apesar de sua significativa participação acionária, não a controlaria sozinha.[178]

---

[175] Divulgado em 13 dez. 2016. Disponível em: <http://www.cvm.gov.br/export/sites/cvm/decisoes/anexos/2016/20161213/0476.pdf>. Acesso em: 16 jun. 2017.
[176] Processo CVM 19957.008923/2016-12, Relatório 135/2016-CVM/SEP/GEA-3, fl. 01.
[177] Processo CVM 19957.008923/2016-12, Relatório 135/2016-CVM/SEP/GEA-3, fl. 02.
[178] Processo CVM 19957.008923/2016-12, Relatório 135/2016-CVM/SEP/GEA-3, fl. 02.

De toda forma, em função da previsão contida no art. 1º, §6º, da Lei das Empresas Estatais,[179] a área técnica da CVM concluiu pela submissão da Light S/A aos seus termos, "porque duas sociedades de economia mista [CEMIG e BB] fazem parte do grupo controlador da Companhia e, portanto, podem ser ditas controladoras" e "porque CEMIG e BB, conjuntamente, possuem posição predominante dentro do grupo controlador, podendo-se considerar, com ainda mais tranquilidade, que sociedades de economia mista controlam a Companhia".[180]

O tema foi aprofundado e revertido nos votos dos diretores da CVM, que se debruçaram sobre a aplicação da integralidade da Lei das Empresas Estatais a sociedades como as anteriormente configuradas, ou se, em outros termos, seriam enquadráveis em seu art. 1º, §7º. Houve debate sobre equiparação de empresas semiestatais a sociedades de economia mista, de maneira que, caso a resposta fosse positiva, estariam sujeitas a todas as disposições do diploma normativo.

O primeiro voto foi exarado pelo Diretor Gustavo Borba, na data de 23 de dezembro de 2016, no qual três pontos foram levantados: (i) compartilhamento de controle da Light S/A pela CEMIG; (ii) incidência da Lei das Empresas Estatais, em função de eventual compartilhamento de controle por empresa estatal; (iii) organização estrutural da Administração Pública para fins de aplicação da lei.

O Diretor Gustavo Borba inaugurou a discussão com a consideração da relevância da CEMIG e de sua caracterização como compartilhadora de controle societário. Para ele, ela não seria mera acionista minoritária, pois participaria significativamente do capital social e da gestão da Light S/A. Não haveria dúvida, para ele, de que a CEMIG comporia o bloco de controle e, assim, estaria "submetida aos deveres do controlador (art. 116 da Lei nº 6.404/76), na medida do poder efetivamente detido no acordo de acionistas".[181]

A partir daí, coloca questão a respeito do âmbito de aplicação da Lei das Empresas Estatais "para sociedades que possuem investimento

---

[179] Lei das Empresas Estatais, art. 1º, §6º: "Submete-se ao regime previsto nesta Lei a sociedade, inclusive a de propósito específico, que seja controlada por empresa pública ou sociedade de economia mista abrangidas no caput". "Para os fins deste §6º, o termo 'sociedade controlada deve necessariamente ser entendido como sinônimo de subsidiária (participação majoritária) [...]'" (Gustavo Amorim Antunes, *idem ibidem*, p. 121).
[180] Processo CVM 19957.008923/2016-12, Relatório 135/2016-CVM/SEP/GEA-3, fl. 02-03.
[181] Processo CVM 19957.008923/2016-12, voto do Diretor Gustavo Borba, fl. 01.

estatal em percentual que não configure controle majoritário".¹⁸² Sua conclusão foi a de que *não*, sob argumento de que haveria necessidade de atenção à estrutura organizacional da Administração Pública para fins de aplicação de determinadas leis. Mais especificamente, defendeu que o critério do controle societário por sociedade de economia mista (compartilhamento de controle pela CEMIG, no caso concreto) seria insuficiente para fazer com que a Light também fosse considerada como empresa estatal:

> [...] não se deve, em virtude de maiorias ocasionais, submeter a sociedade em que estatais possuem investimento ao pesado regime da Lei 13.303/16, sob pena de comprometer a eficiência e a própria gestão escorreita da sociedade investida, que, por ventura, de um ano para outro, por uma eventualidade, teria que se adaptar ao referido regime das estatais, com grandes custos e contratempos, para depois, no ano seguinte, por exemplo, poder eventualmente voltar para o regime totalmente privado.¹⁸³

A situação ganharia complexidade em casos nos quais houvesse controle compartilhado, de forma regrada e estável (mediante acordo de sócios), entre o acionista estatal e os acionistas privados, pois a conclusão sobre incidência da Lei das Empresas Estatais dependeria de análises fáticas.

O Diretor Gustavo Borba entendeu que se deveria ser aplicada "interpretação restritiva à lei, uma vez que o controle efetivamente compartilhado do qual participa, como um de seus membros, uma empresa estatal, sem posição de prevalência sobre os demais acordantes privados, não deve agregar à investida o dever de se submeter a todo o regime previsto na Lei n° 13.303/16".¹⁸⁴ Concluiu pela aplicação à Light S/A não da integralidade da Lei das Empresas Estatais, mas especificamente de seu art. 1°, §7°, pois "a sociedade de economia mista, mesmo sem deter o controle na investida, deve 'adotar, no

---

[182] Processo CVM 19957.008923/2016-12, voto do Diretor Gustavo Borba, fl. 02.
[183] Processo CVM 19957.008923/2016-12, voto do Diretor Gustavo Borba, fl. 03.
[184] Processo CVM 19957.008923/2016-12, voto do Diretor Gustavo Borba, fls. 03-04. "[...] embora a lei seja muito recente e sua interpretação ainda demande maior maturação, entendo que a sociedade investida deve ser submetida, a princípio, às normas gerais aplicáveis às sociedades privadas, só devendo ser excepcionada essa regra geral quando uma empresa estatal efetivamente controlar de forma preponderante e estável a sociedade investida, a qual, nessa circunstância, assimilaria a natureza da controladora pública e passaria a ser considerada uma subsidiária/controlada para fins de aplicação do Estatuto das Estatais" (fl. 04).

dever de fiscalizar, práticas de governança e controle'".[185] Assim, argumentou-se que não caberia a aplicação da integralidade da Lei das Empresas Estatais, mas deste preceito especificamente.

Na mesma linha foi o voto do Diretor Henrique Balduino Machado Moreira, datado de 27 de dezembro de 2016: a Lei das Empresas Estatais seria inaplicável a empresa na qual o Estado possuísse menos de 50% das ações com direito a voto. Para ele, o art. 1º, §§6º e 7º da lei, seria expresso ao definir o critério acionário para definição de empresas estatais:

> [...] ao tempo em que o §6º inclui as empresas controladas totalmente no âmbito de submissão à Lei das Estatais, o §7º exclui aquelas em que não há controle acionário, determinando que sejam adotadas, no dever de fiscalizar, práticas de governança e controle proporcionais à relevância, à materialidade e aos riscos do negócio do qual são partícipes. Portanto, para os fins a que se destina a Lei das Estatais, considera-se controlada aquela em que a empresa pública, a sociedade de economia mista e suas subsidiárias não detêm a maioria das ações com direito a voto.[186]

Conclui que a Light S/A deveria ser enquadrada como empresa controlada pela CEMIG para os fins de aplicação da Lei das S/A, nos termos de seu art. 116, mas não para os da Lei das Empresas Estatais, "pois a Cemig não possui direta ou indiretamente a maioria do capital votante. A Light, portanto, não está submetida à Lei nº 13.303, de 2016".[187]

O mesmo entendimento foi adotado pelo Diretor Pablo Renteria, em voto de 27 de dezembro de 2016. Para ele, a Lei das Empresas Estatais se aplicaria apenas nos casos em que houvesse controle estatal majoritário sobre determinada empresa:

> [...] a aplicação das disposições da Lei nº 13.303, de 2016, a sociedades controladas em conjunto por sócios públicos e privados se mostra equivocada, vez que teria por efeito submeter empreendedores privados a regramento jurídico eminentemente público, em clara extrapolação do fundamento constitucional da Lei. Tal interpretação, ademais, conduziria a resultado curioso, já que a administração pública brasileira passaria a

---

[185] Processo CVM 19957.008923/2016-12, voto do Diretor Gustavo Borba, fls. 04-05.
[186] Processo CVM 19957.008923/2016-12, voto do Diretor Henrique Balduino Machado Moreira, fls. 09-10.
[187] Processo CVM 19957.008923/2016-12, voto do Diretor Henrique Balduino Machado Moreira, fl. 11.

contar com empresas controladas, ainda que parcialmente, por agentes econômicos privados. Desta feita, as disposições da Lei nº 13.303, de 2016, aplicam-se às sociedades compreendidas no art. 1º, devendo-se entender por subsidiária a sociedade submetida, direta ou indiretamente, ao controle pleno do respectivo ente integrante da organização político-administrativa do Brasil. [...].[188]

Esta conclusão estaria conforme orientação prevalente noutras matérias sobre as empresas estatais. Menciona, como exemplo, o art. 165, §5º, da CF, no qual há especificação de que a lei orçamentária anual, de iniciativa do Poder Executivo, compreende "o orçamento de investimento das empresas em que a União, direta ou indiretamente, detenha a maioria do capital social com direito a voto".[189]

3.2 Administração Pública como compartilhadora de controle societário

O fato de a noção de poder de controle ser disciplinada pela legislação societária não quer dizer que a caracterização de sociedades de economia mista seja dada a partir daí, com a tentativa de enquadramento do Estado-acionista como controlador, nos termos veiculados pelo art. 116 da Lei das S/A, para que a empresa seja considerada como tal. A noção de sociedade de economia mista está recentemente estampada na Lei das Empresas Estatais, reproduzindo, em boa medida, a redação do DL nº 200, sob os critérios formais neles previstos.

Em minha visão, a Lei das S/A remeteu a sujeição das sociedades de economia mista para as disposições especiais da lei federal, para além de suas próprias disposições (art. 235).[190] "A Lei das S.A. [...] não define sociedade de economia mista",[191] de forma que a definição sobre o tema será extraída do local no qual inserida no ordenamento jurídico atualmente: na Lei das Empresas Estatais.

As questões a respeito do controle de sociedades de economia mista é que poderão ser buscadas na Lei das S/A. Se o Estado será o

---

[188] Processo CVM 19957.008923/2016-12, voto do Diretor Pablo Renteria, fl. 03.
[189] Processo CVM 19957.008923/2016-12, voto do Diretor Pablo Renteria, fl. 03.
[190] Art. 235 da Lei das S/A: "[a]s sociedades anônimas de economia mista estão sujeitas a esta Lei, sem prejuízo das disposições especiais de lei federal".
[191] Edmir Netto de Araujo, *idem ibidem*, p. 71.

controlador natural, por assim dizer, das sociedades de economia mista (já que será proprietário da maioria das ações com direito a voto), poderá não ser o único. Tal como ocorre nas empresas semiestatais, também nas sociedades de economia mista o controle poderá ser compartilhado com os sócios privados por meio da celebração de instrumentos negociais, tais como os acordos de acionistas.[192] Formarão bloco de controle, portanto.

A leitura, se não é a mais tradicional a respeito das sociedades de economia mista, parece-me decorrer tanto da Lei das S/A quanto da legislação infralegal que disciplina a matéria.

O art. 238 da Lei das S/A prescreve que a "pessoa jurídica que controla a companhia de economia mista tem os deveres e responsabilidades do acionista controlador (arts. 116 e 117), mas poderá orientar as atividades da companhia de modo a atender ao interesse público que justificou a sua criação".[193] Houve, aí, menção genérica à "pessoa jurídica" que controla a sociedade de economia mista, e não à "pessoa jurídica estatal" ou a qualquer outra denominação que pudesse delimitar leitura restritiva ao exercício do controle de fato pelo Estado, independentemente da verificação dos instrumentos societários que tenham sido celebrados pelos sócios.[194]

Ressalto que o controle das sociedades de economia mista deverá ser buscado, tal como ocorre com qualquer outra sociedade, em aspectos internos à sua atuação, à maneira pela qual os direitos de sócios estão disciplinados e à forma pela qual são exercidos, efetivamente.

---

[192] Detalhamento sobre o crescimento do controle compartilhado no Brasil desde a publicação da Lei das S/A, especialmente no âmbito de investimentos realizados por empresas estatais em empresas privadas, é dado por Sarah Marinho, *Como são os laços do capitalismo brasileiro? (ferramentas jurídicas e os objetivos dos investimentos por participação da BNDESPAR)*, Dissertação (Mestrado), Escola de Direito de São Paulo: Fundação Getulio Vargas, São Paulo: 2015, p. 50-56.

[193] Para discussões sobre a veiculação do "interesse público" que justifica a criação de sociedade de economia mista, para fins do art. 238 da Lei das S/A, cf. Ary Oswaldo Mattos Filho, *idem ibidem*, p. 441-444.

[194] Carlos Ari Sundfeld parece dividir a mesma opinião, ao reconhecer a possibilidade de compartilhamento de controle de sociedades de economia mista, de maneira que a identificação do sócio controlador (ou do bloco de controle) se dará a partir daí (ou, noutros termos, não estará inerentemente sob o manto do sócio estatal): "[o] que nos interessa reter de todo esse apanhado é a caracterização, ainda hoje vigente no Decreto-lei 200, de 1967, da 'sociedade mista' como entidade de conjugação de capital misto público-privado, não havendo, na moldura legal, qualquer condicionamento maior quanto ao controle (é dizer, nenhuma exigência de que este pertença ao Estado exclusivamente, ou de que não tenha limitações etc.). Ressalto que a Lei das S/A, no capítulo que dedicou às sociedades mistas, fez alguma referência ao tema do controle [...]. Também aqui não há imposição de que o controle seja exercido pelo Estado com exclusividade ou de modo ilimitado" (Carlos Ari Sundfeld, "A participação privada nas empresas estatais", *op. cit.*, p. 268).

Apenas assim poderá se constatar quem são os seus controladores (determinado ente da Administração Pública, isoladamente, ou se haverá o compartilhamento de controle com os demais sócios, sejam eles públicos ou privados).[195]

Conforme a Lei das S/A, "[o]s acordos de acionistas, sobre a compra e venda de suas ações, preferência para adquiri-las, exercício do direito a voto, ou do poder de controle deverão ser observados pela companhia quando arquivados na sua sede" (art. 118). Estes instrumentos poderão consentir ao Estado que exerça influência significante em empresa investida, mas também poderão ser celebrados no âmbito de sociedades de economia mista, com os demais seus sócios (também estatais ou privados). Discussões já foram realizadas concretamente a respeito do tema.

3.2.1 Discussões sobre acordos de acionistas celebrados pelo Estado

Há ao menos duas discussões que ganharam notoriedade sobre a possibilidade de celebração de acordos de acionistas para compartilhamento de controle de sociedades de economia mista: as relativas à SANEPAR e à SC Gás.

Quanto à primeira, foi feita em caso sobre venda de seu capital social. Por meio da Lei Paranaense nº 11.963, de 19 de dezembro de 1997, o Poder Executivo Estadual ficou autorizado a vender, dar em caução e oferecer como garantia de operações de crédito, financiamentos e operações de qualquer natureza, as ações que detinha na companhia,

---

[195] Há quem defenda a impossibilidade de execução de acordos de acionistas por sociedades de economia mista. Lúcia Valle Figueiredo, por exemplo, entende não ser possível sua celebração sem previsão legal ou caso tenha como objeto disciplinar matérias que façam com que haja o compartilhamento de controle entre o sócio estatal (majoritário) e sócios privados (minoritários). Analisando especificamente o caso da CEMIG, sobre o qual me debruçarei, a autora entende "[...] o Estado de Minas Gerais, representado pelo Chefe do Executivo Estadual, deve ser o acionista controlador de direito e de fato, porque não tem disponibilidade para transacionar. O negócio jurídico, que é o 'Acordo de Acionistas' presume vontade livre para pactuar, para provocar determinado efeito jurídico. [...] Na verdade o 'Acordo de Acionistas' visa a controle societário compartilhado, que é obtido por via transversa, já que a lei não autorizou, como aliás, parece-nos, não poderia ter autorizada" ("Privatização parcial da CEMIG. Acordo de Acionistas. Impossibilidade de o controle societário ser compartilhado entre o Estado de Minas Gerais e o acionista estrangeiro minoritário", op. cit., p. 230). Em sentido diverso, cf. Bruno Leal Rodrigues, "Formas de associação de empresas estatais – acordo de acionista, formação de consórcios e participação em outras empresas", em Marcos Juruena Villela Souto (Coord.). op. cit., p. 120-124.

mas mantendo no mínimo 60% das ações ordinárias (art. 1º, I).[196] Em virtude da autorização legislativa, foi publicado o Edital de Leilão Público 444/1998, para realização da venda das ações da SANEPAR, no qual foi prevista a celebração de Acordo de Acionistas (item 1.2),[197] bem como apresentadas as suas características básicas (item 7).[198] Posteriormente à assinatura do acordo de acionistas, foi publicado o Decreto Paranaense nº 452/2003, por meio do qual o Governador do Estado declarava a "ineficácia da indevida apropriação do controle de gestão da companhia de saneamento do Paraná – SANEPAR por um grupo privado".[199]

---

[196] A previsão da Lei Paranaense nº 11.963/1997 sobre a alienação de ações da SANEPAR estava em linha com a Lei Paranaense nº 4.684/1963, que autorizou a criação da empresa: já possibilitava a venda de ações de propriedade do Estado do Paraná que excedessem 51% do capital (art. 4º). Os recursos obtidos com a alienação deveriam ser aplicados em atividades que beneficiassem a população estadual e a prestação adequada de serviços pela SANEPAR (art. 2º da Lei Paranaense nº 11.963/1997).

[197] Item 1.2 do Edital 444/1998. "O adquirente, pela aceitação da oferta, celebrará com o Estado do Paraná, acionista controlador da Emissora, Acordo de Acionistas regulando princípios gerais de negócios da Emissora, permanecendo o Estado do Paraná detentor de ações representativas de 60% (sessenta por cento) das ações ordinárias de emissão da Companhia de Saneamento do Paraná – SANEPAR".

[198] Item 7 do Edital 444/1998. "Características Básicas do Acordo de Acionistas a ser Assinado entre o Estado do Paraná e o Adquirente das Ações.
A Emissora será administrada por um Conselho de Administração e por uma Diretoria Executiva, que funcionarão em conformidade com seu Estatuto Social.
O Conselho de Administração será composto de 9 (nove) membros titulares e igual número de suplentes. Na sua composição tanto o Estado do Paraná como o interessado vencedor terão efetiva participação, cabendo ao primeiro indicar 5 (cinco) membros titulares e os respectivos suplentes, cabendo ao adquirente indicar 3 (três) membros e seus suplentes e, por fim, cabendo aos empregados da Emissora a indicação do membro restante e do respectivo suplente.
A Diretoria Executiva da Emissora será composta por 7 (sete) Diretores designados Diretor-Presidente, Diretor de Novos Negócios, Diretor de Relações com o Mercado, Diretor Administrativo, Diretor Superintendente, Diretor de Operações e Diretor Financeiro, cabendo ao Estado do Paraná indicar os 4 (quatro) primeiros e ao interessado vencedor os 3 (três) restantes. [...]
Deverá ser iniciado processo de abertura de capital da Emissora no prazo de 6 (seis) meses contado da data de celebração do acordo de acionistas.
O acordo de acionistas vigorará por 15 (quinze) anos".

[199] Dentre as razões apontadas no Decreto Paranaense nº 452/2003 para declarar a ineficácia do acordo de acionistas, estariam:
"5) [...] tal ato seria padecente de vícios de competência, motivo e finalidade, na medida em que, pelos seus termos, o Estado do Paraná abdicou das prerrogativas inerentes à sua condição de pessoa administrativa, e na prática tornou nenhum o poder-dever de controle decorrente de sua participação majoritária no capital social da companhia mista;
6) que o acordo de acionistas impôs ao Estado do Paraná a obrigação de votar em bloco com os interesses do grupo minoritário privado, em qualquer alteração estatutária relativa ao objeto social, emissão de novas ações, competência, composição e funcionamento dos órgãos sociais (Assembleia Geral, Conselho de Administração e Diretoria Executiva) e apuração dos resultados da Companhia (incluindo a formação de reservas, fixação e distribuição de

A discussão sobre a legalidade do acordo de acionistas e a possibilidade de declaração de sua ineficácia por meio do decreto foi judicializada e apreciada pelo TJ-PR na Apelação Cível 484291-9.[200] [201] No caso, o Estado do Paraná ajuizou ação de anulação de ato jurídico em face do sócio privado, alegando que o acordo de acionistas, nos termos celebrados: (i) teria afetado o seu controle efetivo sobre a SANEPAR, violando o interesse público; (ii) anularia a maioria que o Estado teria, pelos estatutos sociais, para compor conselho de administração e diretoria executiva; (iii) transformaria a empresa, sem autorização legislativa, de sociedade anônima de economia mista em sociedade anônima comum.[202]

Contudo, a Corte Paranaense reconheceu a validade de acordo de acionistas executado com sócio privado,[203] por três fatores:

---

dividendos e juros sobre o capital próprio); emissão de debêntures; fusão, cisão, dissolução ou liquidação da Companhia; distribuição de dividendos em percentual diverso do obrigatório; e remuneração dos membros do Conselho de Administração e da Diretoria Executiva; 7) que embora a lei e a posição de acionista majoritário assegurem ao Estado do Paraná o controle da gestão da SANEPAR, dito acordo de acionistas inverte as prerrogativas decorrentes da maioria que o Estado detém no Capital Social, no Conselho de Administração e na Diretoria, fazendo com que o Estado do Paraná dependa da anuência do grupo privado para: a) deliberar previamente à sua celebração sobre os contratos entre a Companhia e qualquer de seus acionistas ou empresas controladoras; b) alienação ou constituição de ônus reais; c) empréstimos e financiamentos; d) manifestar-se sobre relatório de administração e contas da Diretoria; e) escolha e destituição dos auditores independentes; f) destinação dos lucros; g) aprovação do plano de cargos e salários; h) voto em coligadas; i) distribuição de dividendos; j) pagamento de juros sobre capital próprio; k) reconhecer a dispensa ou inexigibilidade de licitação; l) aprovar tarifas; m) elaborar o Plano de Negócios e Orçamento Anual, que são os principais elementos de gestão da SANEPAR;
8) que ao atrelar o exercício do direito de voto do acionista Estado do Paraná aos interesses do grupo minoritário privado, o acordo de acionistas afronta ao princípio da indisponibilidade do interesse público, que na exata observação de Celso Antônio Bandeira de Mello, 'significa que sendo interesses qualificados como próprios da coletividade, não se encontram à livre disposição de quem quer que seja, por inapropriáveis'. Ou ainda, que 'as pessoas administrativas não têm, portanto, disponibilidade sobre os interesses públicos confiados à sua guarda e realização'".

[200] TJ-PR, Apelação Cível 484291-9, 5ª Câmara Cível, Rel. Des. Luiz Mateus de Lima, Rev. Des. José Marcos de Moura, j. 20 jan. 2009.

[201] Para outros comentários sobre o caso, cf. Mario Engler Pinto Junior, *idem ibidem*, p. 346-347; Filipe Machado Guedes, *idem ibidem*, p. 229.

[202] Fls. 4-5 da Apelação Cível 484291-9.

[203] "Não há falar em nulidade do Acordo de Acionistas que foi firmado atendendo às regras do Edital que o disciplinou e da legislação que autorizava a alienação das ações ordinárias da SANEPAR, sob pena de violação ao Princípio da Vinculação ao Instrumento Convocatório e da Boa-Fé que regem os negócios jurídicos. O Acordo de Acionista não implicou na perda do controle acionário do Estado do Paraná, haja vista que este continua detendo a maioria dos votos nas deliberações assembleares, bem como cabe ao ente estatal indicar e eleger a maior parte dos membros do Conselho de Administração e da Diretoria da SANEPAR" (ementa, fls. 3-4 da Apelação Cível 484291-9).

(i) o Estado do Paraná havia elaborado o acordo de acionistas, que foi parte integrante do Edital 444/1998, destinado à venda de ações ordinárias da SANEPAR. Sua observância seria obrigatória, como condição decorrente do certame e em respeito à boa-fé no relacionamento entre as partes;[204]

(ii) o acordo havia disciplinado matérias estabelecidas no art. 118 da Lei das S/A. Dessa forma, apenas abordou os temas tipicamente previstos na lei (voto em bloco, deliberações referentes a emissões de ações e debêntures, distribuição de dividendos, reorganização societária da companhia, remuneração de diretores e conselheiros);[205]

(iii) o Estado do Paraná manteve a maioria do capital social votante da SANEPAR, não desfigurando, assim, sua característica de sociedade de economia mista.[206]

Nesses termos, não se pode falar que tenha havido a transferência de controle do Estado do Paraná para seu sócio privado, tampouco que a SANEPAR tenha deixado de integrar a Administração Pública Estadual Indireta. Passou a haver compartilhamento de controle entre os sócios da empresa, na qual a maioria do capital votante continuou pertencente ao Estado do Paraná.[207]

No interregno entre a publicação do Decreto Paranaense nº 452/2003 e o julgamento da Apelação Cível 484291-9, as discussões sobre a questão chegaram ao STJ. No AgRg na Medida Cautelar 8.527,[208] decidiu-se pela manutenção do acordo de acionistas, pois sua extinção pelo decreto teria desatendido aos seguintes aspectos:[209] (i) ausência de prévio inquérito administrativo; (ii) desrespeito à boa-fé da requerente que atendeu ao edital; (iii) o edital previa de forma

---

[204] Apelação Cível 484291-9, fls. 26-28.
[205] Apelação Cível 484291-9, fls. 31-32.
[206] Apelação Cível 484291-9, fl. 32.
[207] Para colocar fim à controvérsia instaurada, a SANEPAR e seu sócio privado celebraram, em 28 de agosto de 2013, novo acordo de acionistas. Segundo informações constantes em fato relevante divulgado pela empresa, o "Novo Acordo põe fim às ações judiciais existentes [...], iniciadas em 2004 que geravam incertezas no Mercado, impedindo que a Companhia desempenhasse todo o seu potencial em favor da população atendida pelos seus serviços de distribuição de água e tratamento de esgoto. [...] Pelo Novo Acordo, o Estado do Paraná assegura o controle integral da Companhia, retirando direitos de veto anteriormente concedidos [...], ao mesmo tempo que assegura à referida acionista determinados direitos de proteção patrimonial e preservação de governança corporativa" (disponível em: <http://site.sanepar.com.br/sites/site.sanepar.com.br/files/investidoresarquivos/fato-relevante-celebracao-de-acordo-de-acionistasfato-relevante-celebracao-de-acordo-de-acionistas_2013-08-27.pdf>. Acesso em: 03 fev. 2017).
[208] STJ, AgRg na Medida Cautelar 8.527 – PR, 2ª T., Rel. Min. Eliana Calmon, j. 17 ago. 2004.
[209] AgRg na Medida Cautelar 8.527, fls. 6-7.

expressa a forma como seria realizado o acordo de acionistas, estando o contrato vinculado à realização dessa avença, de forma inarredável; (iv) o acordo de acionistas havia sido examinado pelo Tribunal de Contas Estadual, que teria chancelado a sua legalidade.

No RMS 18.769 – PR,[210] o STJ manteve a decisão pelo reconhecimento da nulidade do decreto, sob o argumento de que o Estado do Paraná não havia observado o devido processo legal para anular o acordo de acionistas, tampouco haveria nele qualquer defeito de competência ou de substância.[211]

O caso está em linha com o entendimento que lancei a respeito de as empresas semiestatais não integrarem a Administração Pública indireta. Do mesmo modo que a celebração de acordo de sócio não levou a SANEPAR a deixar de integrar a Administração Pública indireta paranaense, as empresas semiestatais não passam a integrar a Administração Pública indireta pela existência de instrumento negocial que garanta o compartilhamento de controle entre os sócios em empresa na qual o Estado detenha a minoria do capital votante.

Os seus aspectos indicam que a noção de sociedade de economia mista está atrelada ao critério formal veiculado na Lei das Empresas Estatais e no DL nº 200, enquanto as questões relativas ao exercício do poder de controle estarão disciplinas na legislação societária.

Porém, há entendimentos dissonantes, como o lançado a respeito da legalidade de acordo de acionistas celebrado por sociedade de economia mista do Estado de Santa Catarina – a SC Gás, empresa que, nos termos da Lei Estadual de Santa Catarina nº 8.999, de 19 de fevereiro de 1993, tem por objeto a execução dos serviços públicos locais de gás canalizado, com exclusividade de distribuição (art. 2º).[212]

No Procedimento Ordinário 0011447-19.2013.8.24.0023,[213] o Estado de Santa Catarina e a Centrais Elétricas de Santa Catarina – CELESC propuseram ação condenatória de obrigação de fazer e de ressarcimento, com pedido de antecipação de tutela, contra a SC Gás e seus demais acionistas. Argumentaram que alterações estatutárias e a celebração de acordo de acionistas[214] "haviam retirado do Estado

---

[210] STJ, RMS 18.769 – PR, 2ª.T., Rel. Min. Eliana Calmon, j. 02 dez. 2004.
[211] RMS 18.769 – PR, fl. 10.
[212] Para fins de cumprimento de seu objeto social, a SC Gás pode, dentre outras atividades, participar no capital de empresas privadas (art. 3º da Lei Estadual de Santa Catarina nº 8.999).
[213] Comarca da Capital do Estado de Santa Catarina, 1ª Vara da Fazenda Pública, j. 22 mar. 2013.
[214] Procedimento Ordinário 0011447-19.2013.8.24.0023, fl. 01 da decisão liminar.

de Santa Catarina o controle societário da SC Gás".²¹⁵ Embora o Estado de Santa Catarina se mantivesse como acionista majoritário, não exerceria efetivamente poder de comando, pois o compartilharia com acionistas privados, o que seria contrário à caracterização deste tipo de entidade e às disposições da Lei das S/A sobre o tema.²¹⁶

Posteriormente, teria sido celebrado acordo de acionistas com o propósito de "afastar qualquer poder de comando pertencente ao Estado de Santa Catarina",²¹⁷ de maneira que a Administração Pública Estadual teria sido afastada do controle da SC Gás, "ante a inclusão de inúmeras cláusulas que exigiam quórum unânime e maioria qualificada, além de imputar para os sócios privados os cargos de Diretor Técnico-Comercial e Diretor de Administração e Finanças [...]".²¹⁸

Os argumentos foram deferidos em sede liminar, que considerou que, em sociedades de economia mista, o poder de controle do Estado seria incontrastável (não podendo compartilhá-lo com sócios privados), o que seria decorrência de seu regime jurídico e da necessidade de o Estado deter a maioria de seu capital com direito a voto.

Quanto ao primeiro ponto, afirmou-se ser inconteste que acordo de acionistas que dispusesse sobre o exercício do direito de voto nessas sociedades contrariaria sua natureza, pois o controle societário "não decorre[ria] necessariamente da posição dominante no capital

---

[215] Procedimento Ordinário 0011447-19.2013.8.24.0023, fl. 02 da decisão liminar.
[216] Pelas disposições contidas no estatuto social, seria necessário: (i) voto afirmativo de acionistas que representassem 2/3 do capital social com direito a voto para: (i.1) eleger ou destituir membros do Conselho de Administração e do Conselho Fiscal da Companhia; (i.2) tomar, anualmente, as contas dos administradores e deliberar sobre demonstrações financeiras; (i.3) suspender o exercício dos direitos do acionista que deixasse de cumprir obrigação imposta pela lei ou pelo presente estatuto; (i.4) eleger presidente e vice-presidente do Conselho de Administração; (i.5) decidir sobre aquisições, vendas, licenciamentos ou desistência de direitos sobre patentes, marcas registradas e conhecimentos técnicos; (i.6) fixar remuneração dos administradores da Companhia, bem como de membros do Conselho Fiscal; (ii) voto afirmativo de acionistas que representassem, no mínimo, 4/5 do capital social com direito a voto para: (ii.1) deliberar sobre transformação, fusão, incorporação, paralização temporária e cisão da Companhia, sua dissolução e liquidação, eleger e destituir liquidantes e julgar-lhes as contas, observadas as disposições em direito pertinentes; (ii.2) autorizar emissão de debêntures, não conversíveis em ações; (ii.3) deliberar sobre destinação dos lucros; (ii.4) autorizar criação e resgate de bônus de subscrição ou obrigações assemelhadas; (iii) voto afirmativo da totalidade dos acionistas para deliberar sobre avaliação de bens com que cada acionista concorresse para formação do capital; (iv) voto afirmativo de acionistas que representassem a totalidade do capital social com direito a voto para: (iv.1) reformar o estatuto social; (iv.2) estabelecer novas espécies e classes de ações (Fls. 09-11 da decisão liminar no Procedimento Ordinário 0011447-19.2013.8.24.0023).
[217] Procedimento Ordinário 0011447-19.2013.8.24.0023, fl. 06 da decisão liminar.
[218] Procedimento Ordinário 0011447-19.2013.8.24.0023, fl. 06 da decisão liminar.

votante de uma sociedade e, por outro lado, esta posição dominante não leva[ria, necessariamente, à titularidade do controle societário".[219] Relativamente ao segundo, a consideração foi a de que seria por meio da participação majoritária no capital votante "que o Estado instrumentaliza[ria] sua supremacia na gestão da empresa, gestão empreendida não por razões empresariais, mas para dar atendimento aos interesses coerentes com as causas que justificaram a sua criação e organização".[220] Porém, não bastaria a ele deter a maioria do capital votante quando ela não fosse capaz de direcionar os rumos da empresa. Neste caso, "haveria um controle formal sem um controle material, caráter que se mostra inadmissível em se tratando de sociedade de economia mista".[221]

No Agravo de Instrumento 2013.023449-8,[222] o TJ-SC reformou a decisão agravada e indeferiu o pedido de antecipação dos efeitos da tutela. A sua razão de decidir esteve centrada no fato de o Estado de Santa Catarina ter participado de todos os atos societários atacados na decisão de primeira instância. Para a Corte Catarinense, embora houvesse indicativos de que a Administração Pública tivesse sido afastada do poder de controle isolado da companhia, as alterações haviam sido promovidas "nos termos legais, uma vez que as providências adotadas estavam de acordo com o Estatuto Social da SCGÁS e a Lei das Sociedades por Ações".[223] Ainda, o acordo de acionistas havia sido celebrado na presença de representante do

---

[219] Procedimento Ordinário 0011447-19.2013.8.24.0023, fl. 19 da decisão liminar.
[220] Procedimento Ordinário 0011447-19.2013.8.24.0023, fl. 20 da decisão liminar. A exigência de propriedade de "51% do capital votante nela se dá a fim de que ele efetivamente detenha a direção da companhia, ante a sua incumbência de dever-poder de assegurar que a administração e operações se desenvolvam de acordo com a causa final da outorga da autorização legal para a sua criação e organização" (*idem ibidem, loc. cit.*).
[221] "Tanto é assim, que a Lei nº 6.404/76, em seu artigo 116, define acionista controlador a pessoa, natural ou jurídica, ou grupo de pessoas vinculadas por acordo de voto, ou sob controle comum, que: a) é titular de direitos de sócio que lhe assegurem, de modo permanente, a maioria dos votos nas deliberações da assembleia-geral e o poder de eleger a maioria dos administradores da companhia; e, b) usa efetivamente seu poder para dirigir as atividades sociais e orientar o funcionamento dos órgãos da companhia. [...]
Logo, concatenando o quórum qualificado estipulado no estatuto social com o critério material anotado pela lei das sociedades anônimas, é fácil perceber o esvaziamento do poder gerencial do Estado de Santa Catarina sobre a empresa SC Gás. Evidenciando não só fulgente afronta à lei 6404/76, como também, e principalmente, vergasta preterição do interesse público com o qual o controlador está comprometido, ante a natureza estatal da empresa" (Procedimento Ordinário 0011447-19.2013.8.24.0023, fl. 11-12 da decisão liminar).
[222] Agravo de Instrumento 2013.023449-8/TJ-SC, 3ª Câmara de Direito Público, Rel. Des. Luiz Cézar Medeiros, j. 27 ago. 2013.
[223] Agravo de Instrumento 2013.023449-8/TJ-SC, fls. 09-10.

Estado, o que demonstraria ciência e concordância do ente público sobre a matéria.[224]

Finalmente, na sentença, foi mantido o entendimento pela ilegalidade das alterações estatutárias e da celebração do acordo de acionistas. Na visão do juízo, o compartilhamento de controle com sócios privados desnaturaria a natureza da sociedade de economia mista, devendo ser repelido.[225] Sociedades de economia mista não seriam empresas em que o Estado participaria acionariamente. Seriam empresas em que participaria como sócio majoritário, o que "lhe garantirá sempre o controle do objeto social".[226] No caso concreto, com as disposições estatutárias adotadas, os poderes de sócio controlador do Estado ficaram limitados,[227] o que converteria sociedade de economia mista em empresa de participação estatal, outorgando-se "à gestão predominantemente privada a delegação de um serviço público, à revelia de licitação".[228]

Os casos arrolados evidenciam que há debates sobre a possibilidade de celebração de acordos de sócios para compartilhamento de controle em sociedades de economia mista. Eles também se refletem para investimentos minoritários, com a problematização sobre a integração ou não das empresas semiestatais na Administração Pública indireta.

Independentemente de qual seja a resposta, as discussões poderão ser tanto mais incisivas quanto maior for o número de sociedades de economia mista e maiores sejam os investimentos estatais qualificados realizados pelo Estado. Seja como for, e apesar das contendas, o Estado continua a celebrar acordos de acionistas, em sociedades de economia mista e em empresas nas quais detém participação minoritária.

Como corolário, veja-se a recente Lei nº 16.525, de 15 de setembro de 2017, veiculada no Estado de São Paulo para reorganização societária da SABESP. Por meio dela, o Poder Executivo Estadual ficou autorizado a constituir sociedade por ações com o propósito de

---

[224] Agravo de Instrumento 2013.023449-8/TJ-SC, fls. 09-10.
[225] Comarca da Capital do Estado de Santa Catarina, 1ª Vara da Fazenda Pública, Procedimento Ordinário 0011447-19.2013.8.24.0023, j. 14 dez. 2015.
[226] Procedimento Ordinário 0011447-19.2013.8.24.0023, fl. 13 da sentença.
[227] Procedimento Ordinário 0011447-19.2013.8.24.0023, fls. 23 da sentença. O Estado teria 2/3 dos votos no conselho de administração, 1/3 dos votos na diretoria Executiva e 51% dos votos na assembleia geral, na qual precisaria de, no mínimo, 2/3 dos votos para todas as matérias.
[228] Procedimento Ordinário 0011447-19.2013.8.24.0023, fl. 24 da sentença.

reunir ativos de saneamento básico e outros cuja exploração guarde relação com seu objeto precípuo (art. 1º).

A empresa, denominada pela lei como "sociedade controladora", terá por escopo, dentre outras atividades (art. 2º): (i) exercer o controle acionário da SABESP, na forma do art. 116 da Lei das S/A; (ii) auxiliar o Estado de São Paulo e outros entes da federação na implementação de políticas públicas no setor de saneamento básico; (iii) explorar outras oportunidades de negócios dentro ou fora do Estado de São Paulo, correlacionadas com o setor de saneamento básico; (iv) utilizar arranjos contratuais e societários para consecução do seu objeto social, incluindo criação de subsidiárias integrais, formação de consórcios e participação no capital de outras empresas públicas ou privadas, desde que aprovadas pelo conselho de administração.

O Governo do Estado de São Paulo manterá a titularidade da maioria das ações ordinárias do capital da sociedade controladora, continuando a exercer indiretamente o controle acionário da SABESP. Também fica autorizada a participação de outros acionistas em posição minoritária, inclusive empresas privadas e empresas estatais de qualquer esfera de governo (art. 2º, §2º).

E exatamente aí se coloca a discussão sobre a celebração de acordos de acionistas. Isso porque há previsão legal de que "a participação de acionistas privados poderá envolver a atribuição de direitos especiais de natureza econômica ou deliberativa, por meio de disposições estatutárias ou celebração de acordo de acionistas no âmbito da Sociedade Controladora ou da SABESP" (art. 2º, §4º). A condição imposta é a de que "não restrinjam a capacidade do acionista controlador de orientar a companhia para consecução do interesse público que justificou a sua criação".[229]

---

[229] "O ordenamento jurídico brasileiro admite o exercício do controle compartilhado, em que algumas decisões societárias relevantes são tomadas obrigatoriamente com o concurso da vontade dos acionistas privados, desde que isso não cerceie a aptidão de a companhia de economia mista cumprir seu mandato estatal" (Mario Engler Pinto Jr., "Sociedade de Economia Mista", op. cit., p. 132). Na mesma linha, Alexandre Santos de Aragão, idem ibidem, p. 456-457. Diversamente, pela impossibilidade de compartilhamento de controle pelo Estado, Fabio Konder Comparato aponta que: "[q]uando a lei dispõe que 'a pessoa jurídica que controla a companhia de economia mista tem os deveres e responsabilidades do acionista controlador (arts. 116 e 117), mas poderá orientar as atividades da companhia de modo a atender ao interesse público que justificou a sua criação', ela está, indubitavelmente, determinando que esse controle estatal é exclusivo, vale dizer, que o Estado não compartilha e nem pode compartilhar com ninguém o controle societário. E a razão é óbvia: a autorização legal para que o acionista controlador oriente as atividades da companhia de modo a atender ao interesse público que justificou a sua criação representa um privilégio público que é, ao mesmo tempo, um dever público" (Sociedade de Economia Mista transformada em Sociedade

Na mesma linha, em âmbito federal, o Decreto nº 9.188/2017 prevê que alienações por sociedades de economia mista com base em seus termos "serão realizadas por meio de procedimento competitivo para obtenção do melhor retorno econômico para a sociedade de economia mista" (art. 5º), mas com respeito aos "direitos dos acionistas e as obrigações decorrentes de acordos previamente estabelecidos relativos à participação societária ou ao ativo" (art. 5º, §1º). Aceita-se, inclusive, que o procedimento competitivo de alienação não se aplicará em "hipóteses de inviabilidade de competição, inclusive aquelas decorrentes de direitos previstos em acordos de acionistas" (art. 6º, III).

O aumento da importância do tema (em volume de discussão ou em volume de participações estatais acionárias cumuladas com o compartilhamento de controle societário) traz a reboque outra questão: a necessidade de o Estado se reconhecer como dessas empresas, trazendo consigo as imposições legais inerentes à figura.

3.3 Instrumentalidade do poder de controle e a dialética da empresa semiestatal

O reconhecimento do Estado como compartilhador do poder de controle de empresas das quais participe (sejam elas empresas estatais ou empresas do setor privado) é crucial para que obrigações de sócio controlador sejam a ele impostas, notadamente sob a perspectiva da execução adequada do objeto social da empresa.

Apesar da relevância da caracterização do poder de controle para o estabelecimento do regime de deveres e responsabilidades do sócio controlador, nos termos da legislação societária, ela não faz com que a empresa aqui assinalada como semiestatal passe a integrar o corpo burocrático da Administração Pública. O critério adotado pelo ordenamento jurídico para a caracterização de empresas estatais é a quantidade de cotas ou ações com direito a voto detida pelo Estado.

Porém, há posições dissonantes a respeito do tema. Hely Lopes Meirelles reconhece o fenômeno do controle estatal minoritário, argumentando que empresas assim controladas integrarão a Administração Pública indireta. Em sua visão, a noção de sociedade de economia mista estaria atrelada não apenas à participação acionária estatal, mas também à participação ativa do Estado na vida societária,

---

Anônima Ordinária. Inconstitucionalidade. *Revista Trimestral de Direito Público – RTDP*, São Paulo, v. 25, p. 63, 1999).

o poder de atuar nos negócios sociais independentemente de ser sócio majoritário ou minoritário:

> [a] expressão 'economia mista' tem sido entendida, restritamente, no sentido de conjugação de capitais públicos e privados, para a consecução de fins de interesse coletivo, mas não nos afigura possível a constituição desse tipo de sociedade, com participação estatal e particular de outra natureza que não a financeira. O essencial parece-nos ser a associação dos elementos do Estado com os indivíduos, elementos estes que se podem traduzir tanto em participação pecuniária, como técnica, administrativa, científica ou cultural.
> Sociedade de economia mista será toda aquela que contar com a participação ativa do Estado e do particular, no seu capital ou na sua direção, vale dizer na sua economia interna, na mais ampla acepção do vocábulo. Nem sempre é o capital o elemento propulsor das atividades societárias. O fomento estatal, através de incentivos oficiais ou ajuda técnica poderá ser tão eficiente e decisivo para o sucesso de determinadas empresas, como a ajuda financeira na constituição de seu capital.
> Não se infira, porém, que toda participação estatal converte o empreendimento particular em sociedade de economia mista. Absolutamente, não. Pode o Estado subscrever parte do capital de uma empresa, sem lhe atribuir o caráter paraestatal.
> O que define a sociedade de economia mista é a *participação ativa* do Poder Público na vida e realizações da empresa. Não importa seja o Estado sócio majoritário ou minoritário; o que importa é que se lhe reserve, por lei ou por convecção, o *poder de atuar* nos negócios sociais. [...] ao obrigar que o capital público votante seja *majoritário*, quando é admissível que o seja minoritário, desde que o Governo conduza, por outros meios, a atuação estatutária da sociedade.[230]

Não é outro o posicionamento de Vitor Rhein Schirato, a assinalar que:

> [s]empre que existir controle acionário detido pelo Estado, haverá um regime mais aproximado ao das empresas estatais, e não das empresas privadas. A razão para tanto parece-nos muito simples: não é possível ler a Constituição Federal a partir do Decreto-lei n. 200/67. É dizer, a noção de sociedade de economia mista para os fins do art. 37 da Constituição Federal não é aquela constante do art. 5º do Decreto-lei n. 200/67, mas,

---

[230] *Direito administrativo brasileiro.* 14. ed. atual. pela Constituição Federal de 1988. São Paulo: Revista dos Tribunais, 1989, p. 324-326.

sim, aquela resultante da Lei n. 6.404/76, específica sobre o tema das sociedades anônimas.

Por conta disso, havendo uma sociedade direta ou indiretamente controlada pelo Estado, haverá o regime jurídico típico das empresas estatais, como as obrigações que lhe são inerentes. Assim, se o Estado detiver o poder de determinar as decisões da assembleia geral de acionistas e de eleger a maior parte dos membros da administração de uma empresa, haverá um regime jurídico com alguma influência do Direito público, eis que se estará diante de uma sociedade de economia mista.[231]

A problematização da caracterização de sociedades de economia mista pela perspectiva do controle decorrente da celebração de acordo de sócios também foi realizada por Ary Oswaldo Mattos Filho, para quem:

> [...] se a atuação estatal se der com o controle numérico do Estado, mas de forma que, através de acordo de acionistas, ele abra mão da sua capacidade de dirigir a companhia, via quóruns qualificados, teremos que admitir que não mais estaremos diante de uma sociedade de economia mista, mas de um investimento estatal em empresa privada. O mesmo raciocínio se aplica à hipótese em que uma companhia, cuja participação estatal seja minoritária, tenha sua gestão dependente da aprovação do minoritário estatal (poder este exercido pelo veto); neste caso, isso fará com que o poder de direcionar a empresa passe para a mão do Estado, acarretando todos os controles e constrangimentos inerentes a esse tipo de sociedade. Desta feita, se uma companhia estatal subscrever minoritariamente ações em uma companhia privada, mas, ao mesmo

---

[231] *Idem ibidem*, p. 199-200. Para o autor, "[d]e acordo com o Decreto-lei n. 200/67, o controle societário a ser exercido pelo Estado deve ser oriundo da detenção, pelo Estado, da maioria das ações com direito a voto. Trata-se do controle pela via patrimonial.
Ocorre, contudo, que, nos termos do art. 116 da Lei nº 6.404, de 15 de dezembro de 1976, que regula as sociedades por ações, o controle societário advém da propriedade da maioria das ações com direito a voto, da existência de uma ação com poderes especiais com voto que assegurem o controle da sociedade, bem como de acordo com voto que assegure a um grupo de pessoas o poder de controlar uma sociedade anônima. [...] Assim, o controle societário do Estado sobre as sociedades de economia mista deve ser considerado não apenas decorrente da propriedade da maioria das ações com direito a voto, mas também de qualquer outro mecanismo legal que assegure ao Estado a existência de um *poder de controle*" (*idem ibidem*, p. 50-51). Cf., ainda, SCHIRATO, Vitor Rhein. Novas anotações sobre as Empresas Estatais. *Revista de Direito Administrativo – RDA*, v. 239, p. 211, 2005.
Concordo com Vitor Rhein Schirato quanto ao fato de a Lei das S/A estabelecer requisitos para a caracterização do controle em sociedades de economia mista (ou em empresas privadas com sua participação). Contudo, o critério para definição do regime jurídico da empresa será outro: a via acionária (e não exatamente a societária). Ele já era reconhecido no âmbito do DL nº 200 e o foi reprisado com a publicação da Lei das Empresas Estatais.

tempo, firmar um acordo de acionistas que lhe dê poderes de veto, cabe questionar se estaremos diante da ocorrência de uma *frau legis*.[232] [233]

Sugestão análoga havia sido feita no Anteprojeto de Reforma da Administração. Nele, empresa estatal seria caracterizada como "pessoa jurídica de direito privado, de fins econômicos, controlada direta ou indiretamente por entidade ou entidades estatais". Em complementação, "controlada por entidade estatal" seria empresa "em que esta é titular de direitos que lhe asseguram, de modo permanente, preponderância nas deliberações ou o poder de eleger a maioria dos administradores". Daí também seria derivada a noção de sociedade de economia mista, "empresa estatal de cujo capital participam pessoas físicas ou entidades não estatais":[234]

> Não se repete a norma do artigo 5º, III, do Decreto-lei 200/67, na parte em que exigia que as ações com direito a voto pertencessem, em sua maioria, à União ou a entidade da administração indireta, tendo em vista o entendimento, aceito desde longa data, de que é possível existirem sociedades de economia mista ditas minoritárias, em que o controle estatal é assegurado estatutariamente, independentemente da maioria das ações ser de titularidade de particulares.[235]

---

[232] *Idem ibidem*, p. 518.
[233] No mesmo sentido, Paulo B. Araujo Lima, *idem ibidem*, p. 43-44; Filipe Machado Guedes, *idem ibidem*, p. 220-221; Rafael Wallbach Schwind, "A participação de empresas estatais no capital de empresas privadas que não integram a Administração Pública", em Marçal Justen Filho (Org.). *op. cit.*, p. 80-82; Alexandre Wagner Nester, "O exercício do poder de controle nas empresas estatais", em Marçal Justen Filho (Org.). *op. cit.*, p. 124-126; Edgar Guimarães e José Anacleto Abduch Santos, *idem ibidem*, p. 25; Bruno Aurélio, "Definições e parâmetros para a constituição das subsidiárias de sociedades de economia mista (Ação Direta de Inconstitucionalidade nº 1.649-1/DF)" em PEREIRA, Flávio Henrique Unes; CAMMAROSANO, Márcio; SILVEIRA, Marilda de Paula; ZOCKUN, Maurício (Coord.). *O Direito Administrativo na jurisprudência do STF e do STJ*: homenagem ao Professor Celso Antônio Bandeira de Mello. Belo Horizonte: Fórum, 2014, p. 89; Carolina Barros Fidalgo, *idem ibidem*, p. 186-198; Fernando S. Marcato e Mariana Saragoça, "Parcerias estratégicas entre empresas públicas e privadas no setor de infraestrutura", em Fernando S. Marcato e Mario Engler Pinto Jr., *Direito da infraestrutura*, v. 1, São Paulo: Saraiva, 2017, p. 162-175.
[234] Disponível em: <http://www.direitodoestado.com.br/leiorganica/anteprojeto.pdf>. Acesso em: 27 out. 2017, p. 24.
[235] Disponível em: <http://www.direitodoestado.com.br/leiorganica/anteprojeto.pdf>. Acesso em: 27 out. 2017, p. 9. "[...] há, no Anteprojeto [de Reforma da Administração Pública], diferença importante em relação ao regime do Decreto-Lei nº 200/67. É que, a vingar a proposta legislativa, não será mais necessário, na sociedade de economia mista, que as ações com direito a voto pertençam, em sua maioria, à entidade estatal. Também aqui o Anteprojeto vai ao encontro da realidade, na medida em que já se reconhece, há bom tempo, a existência das chamadas 'sociedades de economia mista minoritárias', nas quais o controle estatal é assegurado estatutariamente, e não pela propriedade da maioria das ações com direito a voto" (José Vicente Santos de Mendonça, *idem ibidem*, p. 195). Na mesma linha, cf. Floriano

Sob a legislação que caracteriza empresas públicas e sociedades de economia mista em nosso ordenamento jurídico, os argumentos citados não prosperam, em minha visão.[236] A seguir, enumero os porquês de meu pensamento.

(i) A Lei das Empresas Estatais, publicada posteriormente à Lei das S/A e destinada a regulamentar especificamente o art. 173, §1º, da CF, não adotou o critério do controle societário para definir as empresas que integram organicamente a Administração Pública. O critério é o do controle acionário (maioria ou não do capital votante detido pelo Estado), que será utilizado para delimitação do regime estrutural da empresa.[237] A regulamentação veiculada pela Lei das Empresas Estatais anda em linha com o critério utilizado constitucionalmente para definição do orçamento de investimento da União, a abranger

---

de Azevedo Marques Neto e Juliana Bonacorsi de Palma, "Empresas estatais e parcerias institucionais", op. cit., p. 64.
Para explicações gerais sobre o tema, cf. Carlos Ari Sundfeld, "Uma lei de normas gerais para a organização administrativa brasileira: o regime jurídico comum das entidades estatais de direito privado e as empresas estatais", em Paulo Modesto (Coord.). Nova organização administrativa brasileira. 2. ed. rev. e ampl. Belo Horizonte: Fórum, 2010.

[236] Também merece nota o posicionamento de Arno Schilling, para quem na sociedade de economia mista o Estado é que colaboraria com particulares, "quer do ponto de vista da formação do capital social como do da administração da pessoa jurídica". Para o autor, a verdadeira sociedade de economia mista seria aquela na qual o Estado detém participação minoritária (e não majoritária, como veiculado na Lei das Empresas Estatais e no DL 200: "[t]omando-se em conta as vantagens, cuja consecução é visada pela instituição da sociedade de economia mista e acima apontadas, é lícito assentar que autêntica sociedade de economia mista só é aquela em que o poder público tem participação minoritária assim no capital como na administração da pessoa jurídica. [...]
Donde se conclui que no debate sobre a conveniência, ou não, da instituição do sistema misto não se deve focalizar senão o tipo autêntico, que é aquele em que o poder público é minoritário tanto na composição do capital social como na direção da empresa.
Põem-se fora de apreciação as sociedades de economia mista em que o Estado tem participação majoritária no capital e na administração, porque nessa modalidade se desvirtuam os caracteres do sistema misto e se reproduzem os inconvenientes que mediante a sociedade de economia mista se pretende sanar; a prestação direta pelo poder público representa, neste caso, melhor solução" (Sociedades de Economia Mista. Revista de Direito Administrativo, v. 50, p. 36-37, 1957).

[237] Para Gustavo Amorim Antunes, interpretação de que empresas estatais poderiam ser caracterizadas por meio da existência de instrumentos de compartilhamento de controle societário "não merece prosperar, pois o art. 173 da Constituição determina expressamente que o estatuto jurídico das empresas estatais inclui apenas as empresas estatais, o que impediria a lei de ampliar a incidência e alcançar empresa não estatal. Nem se alegue que a Lei nº 13.303/16 estaria considerando a participação minoritária com acordo de acionista como sendo uma empresa estatal, pois isso traria o absurdo de exigir inclusive concurso público para admissão dos parceiros privados como empregados da empresa participada. Além disso, o §7º [...] do mesmo art. 1º, da Lei nº 13.303/16, e o art. 2º do Decreto nº 8.945/16 esclarecem que o conceito de controle em debate se vincula apenas ao controle acionário (maioria do capital votante)" (idem ibidem, p. 123).

aquelas que, direta ou indiretamente, detenha a maioria do capital social com direito a voto (art. 165, §5º, II).[238]

(ii) Ainda que pudesse existir eventual discussão sobre a possibilidade de a Lei das S/A ter derrogado o DL nº 200 no que diz respeito à definição de sociedade de economia mista (o que, apenas tomando por hipótese, não me parece ser o caso, já que este é mais específico do que aquela na matéria de organização administrativa),[239] ela foi superada pela publicação da Lei das Empresas Estatais. Ela utilizou (tal como o DL nº 200 já o fazia) critério formal para o enquadramento de empresas públicas e sociedades de economia mista: a maioria do capital votante.[240]

(iii) Mesmo antes da publicação da Lei das Empresas Estatais, a Lei das S/A não havia veiculado noção de sociedade de economia mista. Apenas apontou algumas de suas características[241] (necessidade de criação por lei; possibilidade de explorar empreendimentos ou exercer atividades previstas na lei que autoriza sua constituição; obrigatoriedade de ter Conselho de Administração etc.). A noção era dada pelo DL nº 200 e, agora, pela própria Lei das Empresas Estatais. Desse modo, nunca houve incompatibilidade entre a Lei das S/A, de um lado, e o DL nº 200 e a atual Lei das Empresas Estatais,

---

[238] Art. 165, §5º, da CF: "[a] lei orçamentária anual compreenderá: [...] II – o orçamento de investimento das empresas em que a União, direta ou indiretamente, detenha a maioria do capital social com direito a voto".

[239] Walter Douglas Stuber conjuga o DL nº 200 e os arts. 235 a 242 da Lei das S/A para caracterizar as sociedades de economia mista, incluindo dentre os aspectos de sua fisionomia "participação majoritária do poder público" (Natureza jurídica da subsidiária de sociedade de economia mista. *Revista de Direito Administrativo – RDA*, Rio de Janeiro, n. 150, p. 24, out./dez. 1982).

[240] A respeito da possibilidade de adoção de regulamentação peculiar, distinta das previsões da Lei das S/A para as empresas estatais, Paulo B. Araujo Lima menciona que "o legislador não pretendeu, com esse Capítulo próprio, lançar um código rígido de regência dessas sociedades que esgotasse a capacidade de reformulações nos direitos e obrigações societárias entre o Poder Público e particulares. Dependendo de sua importância e de suas peculiaridades, a lei federal poderá atribuir à determinada sociedade regras especialíssimas que refujam à Lei geral e ao Capítulo, e que regeriam em particular esta sociedade. É o que decorre da simples leitura do artigo 235, pois ali se diz submissão a essa Lei, mas sem prejuízo de disposições ou regras especiais. Manteve-se, pois, intocável, a maleabilidade criativa do Estado em se reorganizar para assumir tarefas antes fora de suas cogitações.
Que regras ou leis especiais são estas? As anteriores ou posteriores à Lei nº 6.404? A nosso ver, tanto umas como outras, não só por uma questão de lógica, pois nenhuma razão existe para que se admitam formulações especiais para as sociedades novas e para que as vedem para as antigas, como também por obediência à regra elementar de interpretação das leis no tempo: a Lei geral nova não revoga a lei especial a não ser que assim o diga expressamente" (*idem ibidem*, p. 39-41).

[241] Newton De Lucca, "Aspectos relevantes do regime jurídico das sociedades estatais no Brasil", *op. cit.*, p. 344.

doutro, haja vista que as matérias disciplinadas por cada qual não se confundem: ao contrário, complementam-se.

O posicionamento que adoto é comum ao defendido por Alexandre Santos de Aragão, para quem deve ser utilizado o critério formal (participação no capital votante) para caracterizar as sociedades de economia mista, com sua noção veiculada pela literalidade do DL nº 200:

> De nossa parte, apesar de todos os méritos que o critério material e empírico de controle possui por espelhar melhor a realidade, entendemos que, na diferenciação de sociedade de economia mista e sociedade com participação minoritária estatal, deve, na ausência de um novo diploma legislativo específico para a Administração Pública dispondo diferentemente com critérios mais objetivos, ser utilizado o critério objetivamente auferível do art. 5º, III, do Decreto-Lei nº 200/67. Ainda que [...] a Lei das S.A. possua um capítulo específico para as sociedades de economia mista, a remissão que faz ao conceito de controle é aos seus dispositivos gerais, não possuindo dispositivo específico sobre o controle de sociedades de economia mista distinto do estabelecido pelo Decreto-Lei nº 200/67. Possui dispositivos específicos sobre outros assuntos dessas estatais, como a sua destinação a objetivos públicos não estritamente lucrativos (art. 238 da Lei das S.A.), mas não sobre o controle que o Estado deve ter sobre uma sociedade para que ela passe a ser considerada uma sociedade de economia mista.[242]

A posição de André Luiz Freire é a mesma, nos seguintes termos:

> Se o ente da Administração Pública for controlador por força de acordo de acionistas, não tendo a maioria das ações com direito a voto, não estará em pauta uma sociedade de economia mista, mas, sim, uma sociedade privada da qual o Poder Público possui participação acionária. Para configuração de uma sociedade de economia mista, o art. 5º, III, do Decreto-lei 200/1967 é objetivo: a maioria das ações com direito a voto deverá ser de titularidade do Poder Público.[243]

---

[242] Alexandre Santos de Aragão, *idem ibidem*, p. 151. Em sentido semelhante, cf. Sérgio de Andréa Ferreira, *Empresas estatais, paraestatais e particulares com participação pública*, p. 8 (disponível em: <http://www.gespublica.gov.br/sites/default/files/documentos/empresas_publicas_-_sergio_andrea_-_reformatado.pdf>. Acesso em: 23 nov. 2017) e *Lições de direito administrativo*. Rio de Janeiro: Ed. Rio, 1972, p. 54-56; Beatriz Calero Garriga Pires, *As empresas estatais e o controle societário do Estado* (disponível em: <http://www.editorajc.com.br/2012/09/as-empresas-estatais-e-o-controle-societario-do-estado/>. Acesso em: 23 nov. 2017).

[243] *O regime de direito público na prestação de serviços públicos por pessoas privadas*. São Paulo: Malheiros, 2014, p. 308.

Análise semelhante foi realizada pelo STF na ADI 234-1/600/RJ,[244] que abordou discussão sobre a constitucionalidade de dispositivos então inseridos na Constituição do Estado do Rio de Janeiro que limitavam a alienação de controle de sociedades de economia mista.[245] Nela, o Plenário da Corte entendeu que sociedades de economia mista são caracterizadas como empresas nas quais o Estado detenha a maioria do capital do direito a voto. Conforme a ementa do julgado:

> [m]esmo com autorização legislativa, as ações com direito a voto das sociedades aludidas só poderão ser alienadas, sem prejuízo de manter o Estado o controle acionário de 51% (cinquenta e um por cento), competindo, em qualquer hipótese, privativamente, à Assembleia Legislativa, sem participação, portanto, do Governador, autorizar a criação, fusão ou extinção de empresas públicas ou de economia mista bem como o controle acionário de empresas particulares pelo Estado. O art. 69, 'caput', da Constituição fluminense, ao exigir autorização legislativa para a alienação de ações das sociedades de economia mista, é constitucional, desde que se lhe confira interpretação conforme a qual não poderão ser alienadas, sem autorização legislativa, as ações de sociedades de economia mista que importem, para o Estado, a perda do controle do poder acionário. Isso significa que a autorização, por via de lei, há de ocorrer quando a alienação das ações implique transferência pelo Estado de direitos que lhe assegurem preponderância nas deliberações sociais. A referida alienação de ações deve ser, no caso, compreendida na perspectiva do controle acionário da sociedade de economia mista, pois é tal posição que garante à pessoa administrativa a preponderância nas deliberações sociais e marca a natureza da entidade.[246]

O entendimento do STF foi conduzido pelo Rel. Min. Néri da Silveira. Para ele, eventual restrição de alienação de ações de sociedade de economia mista deveria "ser compreendida na perspectiva do respectivo controle acionário, pois é tal posição o que confere à pessoa administrativa a preponderância nas deliberações sociais e

---

[244] Pleno, Rel. Min. Néri da Silveira, j. 22 jun. 1995.
[245] Os dispositivos impugnados da Constituição do Estado do Rio de Janeiro possuíam o seguinte teor: "[a]rt. 69. As ações de sociedade de economia mista pertencentes ao Estado não poderão ser alienadas a qualquer título, sem autorização legislativa. Parágrafo único. Sem prejuízo do disposto neste artigo, as ações com direito a voto das sociedades de economia mista só poderão ser alienadas, desde que mantido o controle acionário representado por 51% das ações". "Art. 99. Compete privativamente à Assembleia Legislativa: [...] XXXIII. autorizar a criação, fusão ou extinção de empresas públicas ou de economia mista bem como o controle acionário de empresas particulares pelo Estado".
[246] STF, ADI 234-1/600/RJ, ementa, fl. 23.

marca a natureza da entidade".[247] A essencialidade do ponto estaria vinculada a (perda de) controle acionário da entidade e "assim, da preponderância nas deliberações sociais, pois, daí, decorreria a descaracterização da entidade de economia mista".[248] Ele foi corroborado pelo Min. Sepúlveda Pertence, para quem "[...] a ideia de sociedade de economia mista traz consigo mesma, na própria Constituição, a exigência de controle estatal permanente, de controle estatal pelo domínio da maioria do capital votante".[249]

Na mesma linha, o TCU já veiculou entendimento de que o critério de controle majoritário das cotas ou ações com direito a voto deveria ser utilizado para caracterização de sociedades de economia mista, pois garantia maior facilidade na identificação dessas figuras. Ele foi manifestado no Acórdão 1.985/2015,[250] no qual se discutiu a possibilidade de a ECT contratar diretamente empresa privada na qual detinha participação minoritária concomitantemente à existência de instrumentos negociais que poderiam garantir-lhe controle societário.

Embora tratando especificamente de caso sobre contratação da empresa por meio de dispensa de licitação, com base na Lei de Licitações,[251] foi adotado o posicionamento de que o critério da propriedade da maioria do capital votante deve ser adotado para definição de sociedade de economia mista. Nas palavras do Rel. Min. Bruno Dantas:

> [s]omente o controle majoritário concede ao Estado autonomia absoluta de direção e comando sobre a sociedade e permite caracterizar uma sociedade como controlada para fins de licitação e contratação, já que

---

[247] *Idem ibidem*, voto do Rel. Min. Néri da Silveira, fl. 35.
[248] *Idem ibidem*, voto do Rel. Min. Néri da Silveira, fl. 37.
[249] STF, ADI 234-1/600/RJ, voto do Rel. Min. Sepúlveda Pertence, fl. 56.
[250] Processo 001.577/2015-8, Plenário, Rel. Min. Bruno Dantas, j. 12 ago. 2015.
[251] "Não tenho dúvidas que a vontade legislativa para os fins de direito público regulados pela Lei 8.666/1993 foi dispensar o procedimento licitatório somente entre entes da Administração nos quais o Estado detém a titularidade da maioria do capital votante, a fim de dar atendimento aos interesses públicos, transcendentes aos meramente privados. Não foi dispensada a licitação nas contratações entre as entidades estatais e as empresas nas quais detenham qualquer participação acionária, pois, ainda que a participação societária seja significativa e o controle compartilhado, a influência estatal é, de todo modo, minoritária e não representa uma finalidade pública fundada em imperativos de segurança nacional ou relevante interesse coletivo, como reza o art. 173 da CF/1988" (Acórdão TCU 1.985/2015, fl. 31).

a participação minoritária e o controle compartilhado não conferem segurança jurídica quanto à caracterização do controle estatal.²⁵² ²⁵³

Assim, "a participação de empresa estatal no bloco de controle de empresa privada da qual é acionista minoritária, mediante celebração de acordo com o acionista majoritário, conferindo à estatal parcela de controle compartilhado, não a torna controladora da empresa participada".²⁵⁴

Ao lado do argumento de que o exercício do controle societário da empresa pelo Estado faria com que o seu regime estrutural passasse a ser assemelhado ao das empresas estatais, outro argumento tem sido lançado: o de que, nas denominadas "empresas público-privadas", o Estado não seria titular de poder de controle absoluto.

Como o dito "poder absoluto" estaria em mãos privadas, o regime jurídico da empresa seria igualmente privado. Nesse sentido, de maneira exemplificativa, Rafael Wallbach Schwind entende que a principal característica da empresa que denomina como "público-privada" é o fato de o Estado não ter preponderância, de modo permanente, do controle societário da empresa:

> Por não ter a preponderância do controle interno das sociedades aqui denominadas de empresas público-privadas, normalmente o ente estatal será um sócio minoritário. Entretanto, o dado essencial para a caracterização dessas empresas não consiste na quantidade de ações de titularidade do Estado, e sim na circunstância de que o Estado não terá a preponderância, de modo permanente, no controle societário da

---

²⁵² Acórdão TCU 1.985/2015, fl. 31.
²⁵³ Cf., na mesma linha, o Acórdão TCU 442/2017 (Plenário, Processo 013.056/2016-6, Rel. Min. José Múcio Monteiro, j. 15 mar. 2017), que tratou de ações no âmbito do programa de desinvestimentos da Petrobras. Em análise sobre eventual necessidade de autorização legislativa para a realização de desinvestimentos pela Petrobras, a SeinfraPetróleo do TCU mencionou que a exploração da atividade econômica pelo Estado, na condição de empresário, é exercida por meio de empresa pública, sociedade de economia mista e de suas subsidiárias (conforme o art. 173 da CF c/c art. 2º da Lei das Empresas Estatais). Seriam aí enquadráveis empresas nas quais o Estado detenha, direta ou indiretamente, a maioria do capital votante: "Tanto o Decreto-Lei 200/1967 (art. 5º) quanto a Lei 13.303/2016 (art. 4º) definem 'sociedade de economia mista' como a entidade dotada de personalidade jurídica de direito privado, com criação autorizada por lei, sob a forma de sociedade anônima, cujas ações com direito a voto pertençam em sua maioria ao Estado, direta ou indiretamente. Assim, os três elementos caracterizadores de uma sociedade de economia mista são: (a) adoção de personalidade jurídica de direito privado, sob a forma de sociedade anônima; (b) constituição autorizada por lei específica; e (c) titularidade da maioria do capital votante por parte do Estado" (fl. 04).
²⁵⁴ Acórdão TCU 2.472/2017 (Plenário, Processo 001.577/2015-8, Rel. Min. Aroldo Cedraz, j. 08 nov. 2017), fl. 10.

empresa. Em tese, é possível cogitar da constituição de uma empresa público-privada na qual o Estado detenha a maior parte do capital, mas não tenha preponderância no seu controle.[255]

Em minha visão, este posicionamento reflete predileção[256] pela adoção de definição de sociedade de economia mista como aquela em que o Estado possui controle societário, e não apenas acionário. Fala-se em "controle não absoluto", portanto, com o intuito de se evitar a discussão sobre o regime estrutural da empresa controlada nestes moldes. Contudo ele não está em conformidade com a solução normativa dada pela Lei das Empresas Estatais e, posteriormente, pelo Decreto nº 8.945. Neste, são sintomáticas as definições dadas às subsidiárias e às sociedades privadas (art. 2º, IV e VI, respectivamente), nas quais se trabalha com a noção de maioria das ações com direito a voto para sua identificação. Ainda, não menciona como poderia ocorrer "controle não absoluto", na lógica societária.

Há definição legal e infralegal sobre o que deve ser entendido como sociedade de economia mista. Ainda que passível de crítica, o critério é o veiculado na Lei das Empresas Estatais e no decreto que a regulamenta, que reprisam, em boa medida, a opção político-legislativa realizada quando da publicação do DL nº 200. Arremata-se, assim, nas palavras de Sebastião Botto de Barros Tojal, que "o conceito jurídico, seja de sociedade de economia mista, seja da empresa pública, repousa,

---

[255] Idem ibidem, p. 102. Continua o autor: "[a]s sociedades de economia mista permitem a reunião de capitais públicos e privados, com a preponderância do controle societário pelo Estado, mas os interesses dos sócios privados devem ser levados em consideração na gestão da companhia. Em ambos os casos, as empresas integrarão a Administração Pública indireta, o que provoca a incidência de uma série de condicionamentos de direito público, ainda que adaptados ao formato empresarial. Já as empresas público-privadas permitem a reunião de capitais públicos e privados, mas com a preponderância do controle societário pelo sócio privado, e não pelo sócio estatal. A empresa, por não integrar a estrutura estatal, não precisa observar uma série de condicionamentos, tais como a realização de licitações e de concursos públicos. Tampouco se submetem ao Tribunal de Contas, ao contrário do que ocorre com as empresas estatais" (idem ibidem, p. 140).

[256] Filipe Machado Guedes também aponta que "[...] o dado essencial para a classificação de uma sociedade como empresa estatal não é a titularidade da maioria do seu capital votante, mas sim o fato de a efetiva direção da atividade social estar nas mãos da Administração Pública. Por sua vez, as empresas público-privadas caracterizam-se pela preponderância de sócios privados no controle da companhia, isto é, o Estado pode deter uma participação relevante na empresa, chegando até mesmo a integrar seu bloco de controle, mas a preponderância no exercício do controle interno deve permanecer com a iniciativa privada" (idem ibidem, p. 221). Cf. também Rafael Wallbach Schwind, "A participação de empresas estatais no capital de empresas privadas", em Marçal Justen Filho (Org.). op. cit., p. 79; Alexandre Wagner Nester, "O exercício do poder de controle nas empresas estatais", em Marçal Justen Filho (Org.). op. cit., p. 126.

e só poderia ser dessa forma, na circunstância de se realizar por obra de um mandamento legal [...]".[257]

Desse modo, entendendo que: (i) a noção de sociedade de economia mista pode ser cambiante, conforme a interpretação que se faça dela; (ii) em função da possibilidade de variação, o reconhecimento de que o direito poderá veicular, para seus próprios fins, o que deve ser entendido como sociedade de economia mista. Foi exatamente o que fez o legislador na Lei das Empresas Estatais, no Decreto nº 8.945 e no DL nº 200: veiculou noção específica de sociedade de economia mista, definindo-a, sob a perspectiva estrutural, como aquela em que o Estado detém a maioria do capital social com direito a voto.

Este critério tem utilidade específica: trazer certeza jurídica[258] a respeito do tema. A definição permite saber exatamente se, do ponto de vista estrutural, determinada empresa é sociedade de economia mista ou não (ou seja, se sobre ela incidirá, por exemplo, o dever de licitar). Haverá certeza na materialização e na manutenção de sua situação[259] como sociedade de economia mista.

O mesmo raciocínio pela necessidade de segurança jurídica foi realizado por Rodrigo Bracet Miragaya para afirmar que apenas empresas em que a maioria do capital votante (controle acionário, e não societário) esteja em mãos estatais serão consideradas como sociedade de economia mista:

> [...] apesar da técnica do controle societário parecer razoável, na prática poderá ser difícil determinar quem tem preponderância nas deliberações societárias. A margem de insegurança será, portanto, maior do que se utilizarmos o critério do controle acionário ou capital social, mais objetivo. Ademais, este último é o critério legal para os fins de delimitar a extensão da Administração Indireta, pois é utilizado pelo Decreto-lei nº 200/67 para a definição de sociedade de economia mista.[260]

---

[257] *O Estado e a empresa estatal – controle*: fiscalização ou poder de dominação? Dissertação (Mestrado), Faculdade de Direito da Universidade de São Paulo: São Paulo: 1987, p. 154.

[258] "A certeza jurídica [...] significa o seguro conhecimento das normas jurídicas, condição indispensável para que o homem tenha previsibilidade, podendo projetar a sua vida e, assim, realizar plenamente os seus desígnios pessoais. [...] Daí, portanto, a exigência de critérios seguros e objetivos, não de aparências, para que o homem projete sua vida. No Direito, eis o que postula a certeza jurídica" (VALIM, Rafael. *O princípio da segurança jurídica no direito administrativo brasileiro*. São Paulo: Malheiros, 2010, p. 91-92).

[259] GUERRA, Sérgio. *Discricionariedade, regulação e reflexividade*: uma nova teoria sobre as escolhas administrativas. 3. ed. rev. atual. Belo Horizonte: Fórum, 2015, p. 321.

[260] "Empresas semiestatais e controle sobre a sua criação" em PEREZ, Marcos Augusto; SOUZA, Rodrigo Pagani de (Coord.). *Controle da administração pública*. Belo Horizonte: Fórum, 2017, p. 360.

Qualquer outra interpretação a respeito do que seria a sociedade de economia mista (e, reflexamente, do que deve ser a empresa semiestatal) que não a pautada pela maioria do capital votante geraria imprevisibilidade,[261] incerteza jurídica, problemas que, vale dizer, a Lei das Empresas Estatais parece-me querer evitar. "Em caso de controle majoritário, é irrelevante o uso efetivo do poder: o acionista terá status de controlador e as responsabilidades dele decorrentes, seja por ação ou por omissão".[262]

O mesmo não ocorreria caso se adotasse o critério do controle societário (e não acionário) para sua classificação. Ele é, a um só tempo, fluido em definição e variável em constatação: em função disso, sua utilização para organizar estruturalmente a Administração Pública traria insegurança jurídica.

Por fluido em definição, refiro-me ao fato de que não há noção estanque, eventualmente extraível do art. 116 da Lei das S/A, que possa ser adotada para definir sócio como controlador de empresa. A caracterização será fática[263] e, bem por isso, discutível.[264] Daí a sua impertinência para organizar estruturalmente a Administração Pública.[265]

---

[261] "O direito administrativo atual é confuso, desorganizado, muitas vezes contraditório em seus mandamentos, e por isso, instável e imprevisível para além do aceitável" (MARRARA, Thiago. Direito Administrativo brasileiro: transformações e tendências. In: MARRARA, Thiago (Org.). *Direito Administrativo brasileiro*: transformações e tendências. São Paulo: Almedina, 2014, p. 17).

[262] Fábio Konder Comparato e Calixto Salomão Filho, *idem ibidem*, p. 58-59.

[263] Também analisando investimentos estatais minoritários acompanhados da celebração de instrumentos negociais aptos a permitir compartilhamento de controle, Sarah Marinho aponta a mesma dificuldade de identificação do controlador societário: "[i]sso ocorre porque a Lei das S.A. define objetivamente como um controlador se comporta para fins de fixação dos deveres e responsabilidades que decorrem do exercício dessa função, mas seu conceito não facilita a identificação de uma pessoa, ou mesmo de um grupo coeso de pessoas, que a exerça em conjunto, sem demais ressalvas. O controle societário, assim, consiste na concentração do poder decisório na figura de uma pessoa ou grupo homogêneo de pessoas no plano legal, mas é uma circunstância fática de verificação muito mais complexa na vida empresarial, não havendo necessidade sequer que decorra dos atos societários da empresa (*idem ibidem*, p. 48).

[264] MACEDO, Ricardo Ferreira de. *Controle não societário*. Rio de Janeiro: Renovar, 2004, p. 77; 94-95.

[265] A mesma dificuldade de caracterização de poder de controle existe em relação à caracterização de controle por meio de *golden shares*. A respeito do tema, Juliana Krueger Pela estuda os critérios previstos no art. 116 da Lei das S/A para checar a possibilidade de o sócio detentor de *golden share* se caracterizar como controlador (ou compartilhador de controle) de determinada empresa. Eles são, em sua visão, de difícil constatação, de maneira que a conclusão dependeria da análise concreta sobre a condução dos negócios empresariais: "[...] cumpre distinguir o sentido do poder de veto nas diversas formas de *golden shares*. Nas *golden shares* emitidas por companhias privatizadas ao abrigo do artigo 17, §7º, da Lei nº 6.404/76, o

Já por variável em constatação, quero significar que, em termos gerais, o sócio controlador poderá variar ao longo do tempo na vida de uma mesma empresa, pelo simples fato de os seus direitos poderem ser exercidos (ou não exercidos) em tal ou qual sentido, caracterizando-se eventualmente como controlador (numa determinada assembleia-geral, como exemplo). Essa variação também não me parece adequada para pautar a incidência do feixe de normas relativo ao regime estrutural da Administração Pública.

A dificuldade de caracterização do controle societário já havia sido apontada por Berle Jr. e Means, em seu clássico estudo a respeito do tema, e por Fabio Konder Comparato e Calixto Salomão Filho, ao analisar o art. 116 da Lei das S/A. Todos eles, em diferentes contextos, mencionam o problema de sua particularização, o que, em minha

---

veto consiste no bloqueio direto da deliberação tomada por maioria de votos, em Assembleia Geral. A manifestação do titular dessa ação altera o sentido da deliberação majoritária. No caso das *golden shares* representadas por classe de ação preferencial com vantagens políticas, prevista no artigo 18 da mesma lei, a expressão veto é simplificadora. Há, em realidade, a aprovação de alterações estatutárias em assembleia especial, ou seja, deliberação tomada pelos titulares daquela classe de ações independentemente da concordância dos demais acionistas da companhia, inclusive dos titulares da maioria das ações com direito a voto. O veto decorre, pois, da não aprovação da proposta de alteração. Finalmente, a *golden share* que assume a forma de classe de ação ordinária não encerra, propriamente, poder de veto. Esse poder é o efeito indireto da elevação do quórum de deliberação da Assembleia Geral, de modo que determinadas matérias não são aprovadas sem o consentimento do titular dessa classe de ações.
Portanto, em relação à ação preferencial de classe especial (artigo 17, §7º) e à classe de ação ordinária (artigo 16) o exercício do veto concorre com a deliberação tomada segundo o critério da maioria. Na primeira hipótese, há uma deliberação majoritária que é desautorizada pela manifestação do titular da *golden share*, enquanto, no segundo caso, a deliberação majoritária só prevalecerá com a aprovação do titular da classe de ação ordinária. Embora não seja titular de direitos de sócio que assegurem, de modo permanente, a maioria dos votos nas deliberações sociais, o acionista que exerce os direitos inerentes à *golden share* necessariamente influi na tomada de decisões relevantes.
Isso não se observa quanto à ação preferencial de voto privilegiado (artigo 18). A aprovação de determinadas alterações estatutárias é de competência exclusiva dos titulares dessas ações, não havendo sequer manifestação dos acionistas titulares da maioria das ações com direito a voto. Nessas deliberações sociais, prevalece, portanto, o voto dos titulares daquela classe de ações.
Em ambas as situações, porém, a preponderância deve ser observada de modo permanente, para que seja atendido o critério previsto na alínea 'a' do artigo 116 da Lei nº 6.404/76. Trata-se de elemento de difícil aferição em abstrato. Para verificar sua ocorrência, é preciso analisar concretamente a dinâmica e o histórico das deliberações de determinada companhia. Além disso, influenciará nessa análise a extensão das matérias sujeitas, em cada companhia, ao poder de veto conferido pela *golden share*.
O segundo critério previsto no artigo 116 – uso efetivo do poder para dirigir as atividades sociais e orientar o funcionamento dos órgãos da companhia – é também de difícil constatação em abstrato. A conclusão sobre sua presença depende, igualmente, de análise das circunstâncias que regem a condução dos negócios de cada companhia" (*idem ibidem*, p. 169-170). Cf. também Mario Engler Pinto Jr., *idem ibidem*, p. 199-200.

visão, dialoga com o tema de, tal como veiculado no mencionado dispositivo, não ser meio adequado para definir estruturalmente a Administração Pública indireta.

Berle Jr. e Means, ao mesmo tempo em que reconheciam a pluralidade de formas pelas quais o controle poderia se materializar, destacavam que ele é esquivo e de difícil definição. Para eles, "controle separado de propriedade não é um conceito familiar. É um produto característico do sistema corporativo. Como a soberania, sua contraparte no campo político, é um conceito evasivo, pois o poder raramente pode ser nitidamente segregado ou claramente definido".[266]

Já Fábio Konder Comparato e Calixto Salomão Filho argumentam que, para fins de determinação de poder de controle em certas hipóteses (imprescindível, por exemplo, em discussões a respeito de sua alienação), há necessidade de adoção de noções previsíveis, estáveis. Contrastando os arts. 116 e 117, §1º, da Lei das S/A, mencionam que, neste, para atribuições de deveres e responsabilidades de sócio controlador, basta noção de controle tendo em vista situação de fato. O mesmo não ocorreria convenientemente naquele, que requeria consolidação de posição jurídica, estabilidade:

> Diferente deve ser a concepção de controle quando a disciplina, para sua aplicação coerente, requer a consolidação de uma posição jurídica. Exemplo claro é a disciplina da alienação de controle e da oferta pública. Só há sentido em aplicá-la em relação a posições jurídicas que possam ser avaliadas como tal, inclusive do ponto de vista patrimonial. [...] o controle só pode representar o valor da organização empresarial quando gerar poder estável sobre ela [...]. Daí por que a disciplina de alienação de controle requer e utilizar tradicionalmente definições estáveis de poder de controle, como posição jurídica. É o que ocorria na revogada Resolução CMN nº 401/76 que, mesmo admitindo controle minoritário, fixava critérios de duração mínima do controle que garantissem um mínimo de estabilidade, exigindo no mínimo 'a maioria absoluta dos votos dos acionistas presentes nas três últimas assembleias gerais da companhia' (art. IV da Resolução CMN nº 401/76). Na nova regulamentação, os critérios são ainda mais rígidos, exigindo o controle majoritário nos exatos e rígidos termos da lei societária (art. 116). A própria lei societária, ao tratar da alienação do controle, passou a prever expressamente na nova redação dada do art. 254 pela Lei nº 10.303/01 (que passou a chamar-se

---

[266] *Idem ibidem*, p. 69, tradução livre. No original: "[c]ontrol divorced from ownership is not, however, a familiar concept. It is a characteristic product of the corporate system. Like sovereignty, its counterpart in the political field, it is an elusive concept, for power can rarely be sharply segregated or clearly defined".

254-A), resolvendo dúvidas que tinha se colocando [...] que na alienação de controle a cessão de participação de qualquer componente do grupo de controle constitui alienação de controle (art. 254-A, §1º). Confirma-se, portanto, a ideia de criar critérios legais definidos de controle para o fim específico de sua alienação, criando maior previsibilidade (e, portanto, possibilidade de cálculo de valor) na alienação de controle.[267]

Berle Jr. e Means ratificam que o controle factual é difícil de ser claramente definido, embora possa se manter por longos períodos e ganhar estabilidade:

> [n]a grande corporação típica, no entanto, o controle não depende de status legal. Nessas empresas, o controle é mais frequentemente factual, dependendo da posição estratégica garantida por meio de mecanismo de propriedade, participação na administração ou uma circunstância externa importante para a condução da empresa. Esse controle é menos claramente definido do que as formas legais, é mais precário e mais acidental e sujeito a mudanças. Ele é, não obstante, real. Pode ser mantido durante um longo período de anos, e à medida que uma corporação se torna maior e sua propriedade mais pulverizada, ele tende a uma posição de inexpugnabilidade comparável à do controle legal, uma posição a partir da qual pode ser desalojado apenas por uma revolução virtual.[268]

A solução adotada na antiga Resolução BACEN 401/1976 e na regulamentação do Novo Mercado da B3 passou pela adoção de critério estável para caracterização do sócio controlador: titularidade sobre o capital votante apto a assegurar maioria absoluta de votos em três assembleias gerais consecutivas.

---

[267] *Idem ibidem*, p. 59-60. Concluem "que a discussão controle majoritário-minoritário, mais do que uma definição de hipótese legal de incidência, relaciona-se à disciplina a ser aplicada. Para aplicação da disciplina da responsabilidade, o controle minoritário é plenamente suficiente (sem afastar, é claro, a responsabilidade do majoritário por omissão) – em outras hipóteses, como a alienação de controle, em que há o requisito da estabilidade da posição, o requisito da maioria consolidada no capital votante tende a ter aplicação e interpretação maior" (*idem ibidem*, p. 60).

[268] *Idem ibidem*, p. 79-80, tradução livre. No original: In the typical large corporation, however, control does not rest upon legal status. In these companies control is more often factual, depending upon strategic position secured through a measure of ownership, a share in management or an external circumstance important to the conduct of the enterprise. Such control is less clearly defined than the legal forms, is more precarious, and more subject to accident and change. It is, however, none the less actual. It may be maintained over a long period of years, and as a corporation becomes larger and its ownership more widespread, it tends towards a position of impregnability comparable to that of legal control, a position from which it can be dislodged only by a virtual revolution".

A Resolução BACEN 401 previa que, em empresa com controle exercido por pessoa, ou grupo de pessoas, que não fosse titular de capital votante que assegurasse maioria absoluta dos votos do capital social, considerar-se-ia acionista controlador "a pessoa, ou o grupo de pessoas, vinculadas por acordo de acionistas, ou sob controle comum, que é titular de ações que lhe asseguram a maioria absoluta dos votos dos acionistas presentes nas três últimas Assembleias Gerais da companhia" (item IV).[269] [270]

Na mesma linha foi o Regulamento do Novo Mercado da B3. Haverá presunção relativa de existência de poder de controle:

> [...] em relação à pessoa ou ao Grupo de Acionistas que seja titular de ações que lhe tenham assegurado a maioria absoluta dos votos dos acionistas presentes nas 3 (três) últimas assembleias gerais da Companhia, ainda que não seja titular das ações que lhe assegurem a maioria absoluta do capital votante.[271]

Critérios distintos do previsto no art. 116 da Lei das S/A, como os utilizados para presumir relativamente quem é o sócio controlador, bem como dos distintos previstos no DL nº 200 e na Lei das Empresas Estatais para caracterizar a sociedade de economia mista, poderiam ser utilizados por nosso ordenamento para a definição de empresas que integrariam organicamente a Administração Pública indireta. Mas, na prática, não é o que ocorreu.[272]

---

[269] Disponível em: <https://www.bcb.gov.br/pre/normativos/busca/downloadNormativo.asp?arquivo=/Lists/Normativos/Attachments/40810/Res_0401_v3_L.pdf>. Acesso em: 29 ago. 2017.

[270] A antiga Lei do Mercado de Capitais (Lei nº 4.728, de 14 de julho de 1965) também se utilizava de critério de estabilidade para definição da quantidade de ações que a União poderia vender de sociedades de economia mista: a maioria do capital social votante. Previa que "[o] Poder Executivo poderá promover a alienação de ações de propriedade da União representativas do capital social de sociedades anônimas de economia mistas, mantendo-se 51% (cinquenta e um por cento) no mínimo, das ações com direito a voto, das empresas nas quais deva assegurar o controle estatal" (art. 60).

[271] Regulamento de Listagem e de Aplicação de Sanções Pecuniárias do Novo Mercado, p. 4 (Disponível em: <http://www.bmfbovespa.com.br/pt_br/regulacao/regulamentos-e-manuais/>. Acesso em: 29 ago. 2017).

[272] "Percebe-se, pois, que o critério retor da classificação [das pessoas categorizadas no DL 200 como Administração Pública indireta – o que vale para as entidades empresarias no bojo da Lei das Empresas Estatais] foi o orgânico, também chamado subjetivo. Com efeito, foram relacionados à conta de entidades da administração indireta quaisquer sujeitos havidos como unidades integrantes da Administração federal, pelo só fato de comporem dito aparelho, independentemente da natureza substancial da atividade que lhes considere própria e independentemente do regime jurídico que lhes corresponda (público ou parcialmente

Traço aqui o exemplo de algo que, por hipótese, poderia ser feito. Pela Instrução CVM 358/2002, é considerada relevante qualquer decisão de acionista controlador, deliberação da assembleia geral ou dos órgãos de administração da companhia aberta, ou qualquer outro ato ou fato de caráter político-administrativo, técnico, negocial ou econômico-financeiro ocorrido ou relacionado aos seus negócios que possa influir de modo ponderável (art. 2º): na cotação dos valores mobiliários de emissão da companhia aberta ou a eles referenciados; na decisão dos investidores de comprar, vender ou manter aqueles valores mobiliários; na decisão dos investidores de exercer quaisquer direitos inerentes à condição de titular de valores mobiliários emitidos pela companhia ou a eles referenciados.

São exemplos de atos ou fatos potencialmente relevantes (art. 2º, parágrafo único): "mudança no controle da companhia, inclusive através de celebração, alteração ou rescisão de acordo de acionistas" (*inciso II*); "celebração, alteração ou rescisão de acordo de acionistas em que a companhia seja parte ou interveniente, ou que tenha sido averbado no livro próprio da companhia" (inciso *III*).

Em acepção similar, a Resolução ANATEL 101, de 4 de fevereiro de 1999, que dispõe sobre a apuração de controle e de transferência de controle em empresas prestadoras de serviços de telecomunicações, prevê que, sem prejuízo de outras situações se enquadrarem em noção de "controladora", para fins de evitar fraude às vedações legais e regulamentares à propriedade cruzada e à concentração econômica e de resguardar a livre concorrência e o direito dos consumidores de serviços de telecomunicações, é a ela equiparada a pessoa que, direta ou indiretamente (art. 1º, §1º): "participe ou indique pessoa para membro de Conselho de Administração, da Diretoria ou órgão com atribuição equivalente, de outra empresa ou de sua controladora" (*inciso I*); "tiver direito de veto estatutário ou contratual em qualquer matéria ou deliberação da outra" (*inciso II*); "possua poderes suficientes para, por qualquer mecanismo formal ou informal, impedir a verificação de quórum qualificado de instalação ou deliberação exigido, por força de disposição estatutária ou contratual, em relação às deliberações da outra, ressalvadas as hipóteses previstas em lei" (*inciso III*); "detenha ações ou quotas da outra, de classe tal que assegure o direito de voto em separado a que se refere o art. 16, III, da Lei nº 6.404/76" (*inciso IV*).

---

privado)" (BANDEIRA DE MELLO, Celso Antônio. *Elementos de direito administrativo*. 3. ed., rev. e ampl. São Paulo: Malheiros, 1992, p. 77).

Com base nisso, a Lei das Empresas Estatais poderia ter previsto que se consideraria como sociedade de economia mista aquela em que a Administração Pública, direta ou indireta, possui qualquer participação acionária e na qual possui instrumentos que lhe garantam o compartilhamento de controle (ou poderes de veto, ou indicação de tais ou quais números de Conselheiros e Diretores, e assim por diante). Mas não o fez:[273] a definição normativa que se tem sobre a questão é a da maioria do capital votante, utilizada para caracterizar empresas que integram estruturalmente a Administração Pública indireta.

Em alguma medida, solução semelhante foi tomada na Comunidade Europeia. Na Diretiva 2006/111/CE, datada de 16 de novembro de 2006, relativa à transparência das relações financeiras entre os Estados-Membros e as empresas públicas, considerou-se "conveniente determinar o que se entende por 'poderes públicos' e 'empresas públicas'", especialmente pelo fato de aqueles poderem exercer:

> [...] influência dominante no comportamento das empresas públicas, não só no caso de serem seus proprietários ou nelas deterem uma participação maioritária, mas também em consequência dos poderes que detenham nos seus órgãos de gestão ou de fiscalização, por força de disposições estatutárias ou em consequência da repartição das acções.

Assim, "poderes públicos" foram caracterizados como "todas as autoridades públicas, incluindo o Estado, as autoridades regionais e locais e todas as outras pessoas colectivas de carácter territorial" (art. 2º, "a"). A empresa pública é aquela "em que os poderes públicos possam exercer, directa ou indirectamente, uma influência dominante em consequência da propriedade, da participação financeira ou das regras que a disciplinam (art. 2º, "b"). Presume-se a existência de influência dominante quando os poderes públicos, direta ou indiretamente, relativamente à empresa (art. 2º): (i) tenham a maioria do capital subscrito da empresa; (ii) disponham da maioria dos votos atribuídos às partes sociais emitidas pela empresa; (iii) possam

---

[273] "[...] deve-se atentar para o fato de que é o direito positivo, e só ele, quem qualifica um ser, do ponto de vista jurídico" (BANDEIRA DE MELLO, Celso Antônio. *Natureza e regime jurídico das autarquias*. São Paulo: Revista dos Tribunais, 1968, p. 319).

designar mais de metade dos membros do órgão de administração, de direção ou de fiscalização da empresa.²⁷⁴

Digo que ela foi tomada nesse sentido "em alguma medida" porque, noutro sentido, esta definição no âmbito da Comunidade Europeia parece-me estar mais próxima da solução adotada para caracterização de sociedades de economia mista na Lei das Empresas Estatais, no Decreto nº 8.945 e do DL nº 200 do que daquela que se utiliza da noção de acionista controlador prevista no art. 116 da Lei das S/A. Explico.

À primeira vista, a *influência dominante* poderia ser aproximada da noção de *efetivamente dirigir atividades sociais*, conforme previsto no art. 116 da Lei das S/A. Contudo, a Diretiva 2006/111/CE deu passo além: procurou objetivar a questão, por meio do estabelecimento de casos em que ela seria presumida, para tornar mais claro o enquadramento de empresas como públicas ou não. Todos os critérios são numéricos: maioria do capital subscrito; maioria de votos ou designação da metade de membros de órgãos da empresa. Eles vão na linha adotada entre nós, portanto: maioria do capital votante.

Esses pontos deixam claro que, em ocasiões diversas, aspectos numéricos são utilizados para caracterização de empresas estatais, sem socorro à noção de controle societário, que é permeada de dificuldades. Com isso, garante-se a necessária estabilidade, clareza para que se organize a Administração Pública indireta. E, mesmo nos casos em que critérios de influência dominante são mencionados, como na legislação portuguesa,²⁷⁵ há adoção legislativa expressa da medida para caracterizar empresas estatais, o que não foi feito no Brasil.

---

[274] Jean-Philippe Colson explica que, na França, o limiar de participação acionária estatal para que a empresa seja considerada como de economia mista é de 50%, embora, pela influência do Direito Comunitário, outros critérios sejam adotados, como a maioria de acentos em conselho de administração (*idem ibidem*, p. 297-298). Cf. também MESCHERIAKOFF, Alain-Serge. *Droit public économique*. 2ᵉ. édition revue et augmentée. Paris: Presses Universitaires de France, 1994, p. 215-217.

[275] Na mesma linha vai o Decreto-Lei Português nº 133, de 3 de outubro de 2013, que dispõe sobre o regime jurídico do sector público empresarial. Seu art. 5º prevê que empresas públicas são "organizações empresariais constituídas sob a forma de sociedade de responsabilidade limitada nos termos da lei comercial, nas quais o Estado ou outras entidades públicas possam exercer, isolada ou conjuntamente, de forma direta ou indireta, influência dominante". As situações caracterizadoras de influência dominante incluem (art. 9º): (i) participação superior à maioria do capital; (ii) maioria dos direitos de voto; (iii) possibilidade de designar ou destituir a maioria dos membros do órgão de administração ou do órgão de fiscalização; (iv) participações qualificadas ou direitos especiais que lhe permitam influenciar de forma determinante os processos decisórios ou as opções estratégicas adotadas pela empresa ou entidade participada. Os 3 primeiros casos, tal como acontece entre nós na Lei das Empresas Estatais e no DL nº 200, são meramente numéricos. O último trata de influência determinante

3.4 Conclusão

A Lei das Empresas Estatais e a Lei das S/A cumprem funções distintas no ordenamento jurídico. No que diz respeito ao objeto deste trabalho, aquela organiza a Administração Pública indireta, enquanto esta imputa ao Estado-acionista deveres e responsabilidades em casos nos quais compartilhe controle (em empresas semiestatais ou em sociedades de economia mista) com sócios privados.

Isso não quer dizer que o critério de controle veiculado no art. 116 da Lei das S/A sirva ao propósito de caracterizar determinadas empresas como sociedades de economia mista. Embora haja entendimentos neste sentido, parece-me que a Lei das Empresas Estatais (tal como já o fazia o DL nº 200) é que organiza a Administração Pública indireta. As noções nela inseridas, que partem da noção de controle acionário, é que se prestam a caracterizar sociedades de economia mista (e, reflexamente, as próprias empresas semiestatais). Assim, é importante compreender as distinções entre controle societário (*fático*) e acionário (*formal*) no que diz respeito à figura do Estado-acionista.

O critério formal traz objetividade, segurança jurídica para a discussão, de maneira que empresas nas quais o Estado detenha 50% ou mais do capital votante se caracterizarão como sociedade de economia mista. O ordenamento jurídico poderia ter adotado outros critérios (inclusive que estivessem mais em linha com o art. 116 da Lei das S/A), mas fato é que não o fez. A caracterização do poder fático de controle não se presta a definir o que são (ou não são) sociedades de economia mista e empresas semiestatais. Isso se dá especialmente pela relevância do tema em seu regime estrutural. Abordo o tema na sequência.

---

em aspectos da gestão da empresa, critério não adotado no ordenamento jurídico brasileiro para definição de empresas estatais. Para aprofundamento sobre o setor empresarial público em Portugal, cf. AMORIM, João Pacheco de. *As empresas públicas no Direito Português* (em especial, as empresas municipais). Coimbra: Almedina, 2000; VAZ, Manuel Afonso. Formas organizativas do sector empresarial do Estado (a experiência portuguesa). In: NUNES, António José Avelãs et al. *IV Colóquio luso-espanhol de direito administrativo*. Coimbra: Coimbra Editora, 2001, p. 111-114.

CAPÍTULO 4

REGIME ESTRUTURAL DA EMPRESA SEMIESTATAL

No presente capítulo, dedico-me às conclusões sobre o regime estrutural das empresas semiestatais. Elas são empresas do setor privado, não integrantes da Administração Pública indireta. Exatamente por conta da necessidade desta apartação (entre empresas estatais e empresas não estatais), deve haver critério jurídico apto a diferenciar as empresas que a integrarão e as que não o farão. A utilização da maioria do capital votante traz segurança jurídica para essa questão (*item 4.1*).

De maneira correlata, a CF utilizou-se do mesmo critério para definição das empresas que compõem o seu orçamento de investimento (*item 4.2*), o que faz com que uma série de preocupações concretas (tal como o dever de licitar ou de realizar concurso público para contratação de pessoal) deixe de ser observada com relação às empresas semiestatais. Contudo, o Estado deverá observar condicionantes para criação de e para exercício de controle societário compartilhado sobre tais empresas (*item 4.3*).

4.1 Critério de enquadramento da maioria do capital votante e segurança jurídica

A caracterização de determinada entidade como integrante da Administração Pública gera implicações, para citar alguns casos, relativas a contratações (realização de licitações e concursos públicos), orçamento (dependência ou não dependência de recursos de seu controlador, inclusão ou não no orçamento de investimentos) e matérias comerciais (incidência ou não do regime de recuperação judicial ou extrajudicial e falência). Em vista disso, há a necessidade de adoção de critério claro, unívoco, para o enquadramento de determinada sociedade como de economia mista. Nesse sentido, Alexandre Santos de Aragão menciona que:

> Segundo o art. 5º, III, do Decreto-Lei nº 200/67, o controle se configura quando há maioria, ou seja, 50% mais um, das ações com direito a voto. A adoção desse conceito se justifica pela especificidade da norma, por sua objetividade e, sobretudo, pela segurança jurídica por ele propiciada. Com efeito, sendo a noção de controle da Lei das S.A. – efetiva e permanente influência dominante na sociedade – potencialmente bastante dinâmica (por exemplo, se os acionistas diluídos e passivos decidirem se unir e assumir uma posição ativa na sociedade, deixa de haver o controle estatal; se voltarem à atitude de inércia anterior, o Estado retoma o controle), haveria grande insegurança jurídica na qualificação das empresas como sociedades de economia mista (entidades da Administração Pública), que ficaria flutuando ao sabor dessas contingências fáticas. No exemplo dado, antes de os acionistas diluídos se unirem, deveria, como sociedade de economia mista e integrante da Administração Indireta, fazer licitação, concurso público e ser controlada pelos tribunais de contas, após, não mais.[276]

A sociedade de economia mista está sujeita a diversos condicionantes que decorrem do regime jurídico de seu sócio majoritário: o Estado. Caso a noção de controle adotada para definição da figura fosse o societário, e não o acionário, segurança jurídica, necessário para sua estabilidade estrutural, ficar comprometida.[277] Filipe Machado

---

[276] Idem ibidem, p. 151-152.
[277] A estabilidade também se coloca para a definição do acionista controlador, nos termos da Lei das S/A. A respeito do tema, a CVM já se posicionou da seguinte forma: "[o]utro ponto importante [...] é a necessidade de permanência do poder. Em razão dele [um sócio qualquer, não controlador] vencer uma eleição ou preponderar em uma decisão não é suficiente. É necessário que esse acionista possa, juridicamente, fazer prevalecer sua vontade sempre que desejar (excluídas, por óbvio, as votações especiais entre acionistas sem direito a voto ou de determinada classe ou espécie, ou mesmo a votação em conjunto de ações ordinárias e preferenciais, quando o estatuto estabelecer matérias específicas). Por esse motivo, em uma companhia com ampla dispersão ou que tenha um acionista, titular de mais de 50% das ações, que seja omisso nas votações e orientações da companhia, eventual acionista que consiga preponderar sempre, não está sujeito aos deveres e responsabilidades do acionista controlador, uma vez que prepondera por questões fáticas das assembleias não preenchendo o requisito da alínea 'a' do art. 116, embora preencha o da alínea 'b'. Esse acionista seria considerado, para determinação de sua responsabilidade, como um acionista

Guedes assim explica a dificuldade de aplicação da noção de controle material para organização da Administração Pública:

> Em relação à instabilidade do conceito material de controle societário, não negamos as dificuldades de aplicá-lo às empresas estatais. Certamente trata-se de critério menos objetivo que o da maioria das ações com direito a voto, tendo em vista sua natureza fática e, por conta disso, seu caráter fluido e mutável. Isso traz problemas na medida em que o controle estatal implica a aplicação de um regime jurídico híbrido, o qual consiste na imposição de procedimento que não podem ser aplicados parcial ou contingencialmente, tais como concursos e licitações.[278]

Contudo, parte da doutrina administrativista nacional, como demonstrado no capítulo anterior, tem insistido na tese de que o controle societário deve ser utilizado para enquadramento de determinada empresa como sociedade de economia mista.[279] O argumento é relativamente simples: o art. 116 da Lei das S/A estabelece a noção geral a respeito da caracterização fática do sócio controlador, sem vinculá-la necessariamente ao número de cotas ou ações detidas pelos sócios. Caracterizado o Estado como controlador, nesses termos, de determinada empresa, esta passaria a se enquadrar na Administração Pública indireta.

Apesar de simples, tal argumento visualiza apenas parte do problema que pretende enfrentar: o controle societário, além de não ser unívoco e estanque (fator essencial para garantia de estabilidade na organização administrativa), é multiforme. Com isso quero dizer que ele pode ser exercido por duas ou mais pessoas, integrantes de bloco de controle de determinada empresa. Vale dizer, ele pode ser exercido por duas pessoas ao mesmo tempo sobre a mesma empresa: ele pode ser compartilhado. *Configurado o controle desta forma, qual seria o regime estrutural da empresa? Não integraria a Administração Pública indireta, pois um dos integrantes do bloco de controle seria privado? Ou integraria, já que um deles é entidade estatal?*[280] Aumenta-se a complexidade

---

normal (sujeito, portanto, ao regime do art. 115)" (CVM, Processo RJ 2005-4069, Rel. Dir. Pedro Oliva Marcilio de Sousa, j. 11. abr. 2006, voto do relator, fl. 3).

[278] *Idem ibidem*, p. 224.

[279] Como demonstrei no item 3.3.

[280] Para explicação sobre operação estruturada via mercado de capitais e com a utilização de instrumentos de compartilhamento de controle entre BNDESPAR e sócios privados, na qual se reconhece expressamente que ele integraria bloco de controle da empresa assim investida, cf. BNDES, Banco Nacional de Desenvolvimento Econômico e Social, *O crescimento de grandes empresas nacionais e a contribuição do BNDES via renda variável (os casos*

da questão, mas sem a existência de parâmetro jurídico adequado para solucioná-la.

Ademais, o suposto "critério numérico", para definição do regime estrutural das entidades integrantes da Administração Pública (fazendo com que as empresas semiestatais não estejam aí enquadradas), não é meramente numérico, por assim dizer.[281] Tampouco parece sê-lo para Fábio Konder Comparato e Calixto Salomão Filho. Ao analisar a estrutura e a qualificação do negócio jurídico de cessão de controle, traçam argumentação semelhante à ora defendida, sobre a distinção que haveria entre a propriedade de 51% do capital votante e a de 49% do capital votante, em termos patrimoniais e societários. A existência dessa maioria caracterizaria o negócio jurídico de cessão do controle e os efeitos que daí decorreriam:

> Mas qual a prestação, ou o conteúdo da obrigação do cedente?
> É nesse ponto que aparece a realidade específica do poder de controle societário, inconfundível com as próprias ações cedidas. A cessão de 51% das ações votantes de uma companhia difere da cessão de 49% dessas ações, não apenas por razões de ordem quantitativa, mas sobretudo pela diversidade qualitativa do objeto. Essa diferença de ordem de 2% não é apenas numérica, pois importa a alienação de outro bem econômico, diverso dos títulos acionários. No primeiro caso, aliena-se, com a maioria das ações votantes, o poder de decidir e comandar na sociedade, em última instância. Por isso mesmo, o preço unitário das ações cedidas, em tal caso, é muito diferente do que seria estipulado na segunda. Nesta última, leva-se em consideração, essencialmente, o valor de mercado das ações, a sua cotação bolsística e, secundariamente, o seu valor contábil. Ou seja, estima-se o valor dos títulos, considerados em si mesmos. No primeiro caso, ao contrário, o valor de Bolsa nem chega a ser levado em consideração pelas partes no negócio. A fixação do preço é feita em função do patrimônio da companhia emitente, independentemente do

---

da JBS, TOTVS e Tupy), 2. ed. Rio de Janeiro, 2015. Disponível em: <https://web.bndes.gov.br/bib/jspui/handle/1408/9634>. Acesso em: 23 jul. 2017, p. 110. Cf. também o Acórdão TCU 1.306/2013 (Plenário, Processo 012.154/2011-3, Rel. Min. Valmir Campelo, j. 29 maio 2013), que tratou do acompanhamento do processo de desestatização do IRB Brasil Resseguros S/A, com a manutenção da União em seu bloco de controle.

[281] Tal como na Lei das Empresas Estatais e no DL nº 200 para caracterização de sociedades de economia mista, o critério numérico é utilizado pela Lei das S/A e pelo Código Civil para qualificação de determinadas empresas. Conforme aquela, são "coligadas as sociedades nas quais a investidora tenha influência significativa", presumindo-se "influência significativa quando a investidora for titular de 20% (vinte por cento) ou mais do capital votante da investida, sem controlá-la" (art. 243, §§1º e 5º). Conforme este, é "de simples participação a sociedade de cujo capital outra sociedade possua menos de dez por cento do capital com direito de voto" (art. 1.100).

seu valor contábil, em função do setor em que se desenvolve a atividade empresarial; isto é, avalia-se a empresa.[282]

Quando se trata da definição do regime estrutural das empresas estatais (e, por oposição, das empresas semiestatais), o critério da maioria do capital votante possui duas virtudes.[283] Traz segurança jurídica para a discussão. Empresas nas quais o Estado detenha mais de 50% do capital do direito a voto pertencerão à Administração Pública indireta.[284] Seu regime estrutural será o das empresas estatais, nos termos do art. 173, §§1º a 3º, da CF, da Lei das Empresas Estatais e do DL nº 200. Por essa razão, todas as normas que incidem sobre determinadas entidades pelo simples fato de serem empresas estatais serão a elas aplicáveis.

---

[282] *Idem ibidem*, p. 231.

[283] Analisando o regime das sociedades de economia mista no Estado Novo, Erymá Carneiro já fazia menção a dois aspectos importantes: (i) a participação majoritária do Estado no capital social de empresas como presunção de controle societária sobre elas, o que também poderia ser utilizado como critério distintivo de caracterização de sociedades de economia mista; (ii) a utilização da participação estatal minoritária em empresas privadas como instrumento de fomento: "[a] participação financeira se apresenta comumente sob dois aspectos: a) – Participação majoritária; b) – participação minoritária.
Na participação majoritária o Estado tem sempre o controle da empresa, porque entra com mais de cinquenta por cento do capital social.
Na participação minoritária o Estado entra com capital inferior à soma do capital dos particulares.
A forma minoritária não é aconselhável, porque seria arriscar fundos que pertencem à coletividade. No entanto ela se justifica de alguma forma, quando o Estado visa estimular a organização de empresas, procura estimular a iniciativa privada a desenvolver novas fontes da riqueza nacional" (*idem ibidem*, p. 176-177).
Mas também há quem a critique. Para Alain Chazel e Hubert Poyet, "[s]ua primeira falha é conferir à porcentagem limite de 50% um significado que está longe de ter na prática dos negócios, e estabelecer que o caráter de empresa nacional é incompatível com o fato de o Estado dispor de uma participação inferior a 50%. É necessário evitar confundir o sentido de participação minoritária com o de posição de subordinação. Não é exato que a passagem da linha ideal de 50% seja suficiente para determinar, por um efeito brusco de rompimento, a aptidão ou, no sentido diverso, a incapacidade do principal acionista de fazer prevalecer seus direitos. Com a condição de que os títulos sejam repartidos bastante difusamente, sabe-se que é perfeitamente possível controlar uma sociedade com uma maioria relativa, mesmo fraca" (*A economia mista*. São Paulo: Difusão Europeia do Livro, 1966, p. 66).

[284] Vejamos exemplos de como o tema aparece na legislação. A legislação referente à Eletrobras previu que a União subscreveria a totalidade de seu capital inicial e, nas emissões posteriores de ações ordinárias, o suficiente para lhe garantir o mínimo de 51% do capital votante (art. 7º da Lei da Eletrobras; art. 9º, §1º, de seu Estatuto Social). Na mesma linha, a da Petrobras estabeleceu que a União manteria o controle acionário da empresa com a propriedade e posse de, no mínimo, 50% das ações, mais uma ação, do capital votante (art. 62 da Lei do Petróleo; art. 1º, parágrafo único, de seu Estatuto Social). Nos casos, o critério de eleição poderia ter sido outro, caso tivesse sido outra a opção do ordenamento jurídico brasileiro para enquadramento de empresas na estrutura orgânica da Administração Pública indireta: o controle societário, e não o acionário.

Apresenta carga de distinção sobre a caracterização da empresa. Quanto à empresa semiestatal, essa carga distintiva é representada pela sua não integração à Administração Pública indireta. Assim, aspectos dos quais as empresas estatais estão salvaguardadas não poderão ser invocados pelas empresas semiestatais. Para mencionar mais um deles: estarão sujeitas ao regime de recuperação judicial, extrajudicial e falimentar, conforme a Lei nº 11.101/2005, que não se impõe a empresas públicas e sociedades de economia mista (art. 2º, I).[285] Ou seja, todas as normas que não incidem sobre determinadas entidades pelo simples fato de serem empresas estatais também não serão a elas aplicáveis.

4.2 Orçamento de investimento e solução fática a respeito do tema

Em cumprimento ao disposto no art. 165, §5º, II, da CF, a LOA-2017 tratou do orçamento de investimento das empresas estatais federais. Nele são incluídas apenas as empresas em que a União, "direta ou indiretamente, detém a maioria do capital social com direito a voto" (art. 1º, III, da LOA-2017). Houve opção legislativa por tratar como empresas controladas pela União, para fins de aplicação das normas orçamentárias (que possuem o condão de organizar estruturalmente a Administração Pública sob a perspectiva dos gastos públicos), apenas aquelas empresas em que haja a detenção de maioria do capital social votante.[286]

A solução, portanto, é pela alternativa que garante estabilidade para a definição das empresas que se subsumirão ao regime fiscal: a inserção apenas de empresas em que a União detenha maioria do capital votante. Para Mario Engler Pinto Jr., na disciplina do orçamento de investimentos da União, a CF teria reconhecido o critério formal para a caracterização de sociedades de economia mista:

---

[285] Para aprofundamento sobre o tema, cf. Mariza Marques Ferreira, *Sociedade de economia mista*: possibilidade de recuperação judicial? Dissertação (Mestrado), Universidade Estadual Paulista "Júlio de Mesquita Filho", Franca, 2011.

[286] Para informações a respeito do orçamento de investimento das empresas estatais federais, incluindo sua redução em contexto de redução de negócios, ajuste fiscal, obtenção de receitas com desinvestimentos priorização de suas atividades-fim, cf. BRASIL, Ministério do Planejamento, Desenvolvimento e Gestão, Secretaria de Coordenação e Governança das Empresas Estatais, *Boletim das Empresas Estatais Federais*, Brasília, MP, vol. 1, p. 4, abr. 2017.

A suficiência do requisito formal da participação majoritária do capital votante, para determinar se uma sociedade pode ser considerada empresa estatal integrante da administração pública, é confirmado pelo disposto no artigo 165, §5º, da Constituição federal. O dispositivo constitucional prescreve a necessidade de aprovação legislativa do orçamento de investimento das 'empresas em que a União, direta ou indiretamente, detenha a maioria do capital social com direito a voto'. No mesmo sentido dispõe o artigo 2º da Lei Complementar nº 101/2000, que define empresa controlada, para efeito de sujeitá-la a certos controles em matéria de gestão fiscal responsável, como sendo a 'sociedade cuja maioria do capital social com direito a voto pertença, direta ou indiretamente, a ente da Federação'.[287]

Há, nesse ponto, consistência com a opção constitucional, tomada de maneira consciente: a de categorizar de forma clara, sem maiores discussões, o que integra e o que não integra a Administração Pública indireta. Como consequência, as normas constitucionais sobre sua organização (especialmente para fins de aplicação do art. 37 da CF e seus incisos, bem como das disposições sobre controle do Estado) terão aplicação mais tranquila. O posicionamento já foi reiterado pelo TCU no âmbito do Acórdão 2.472/2017. Para o Rel. Min. Aroldo Cedraz:

> [...] as disposições da Lei 6.404/1976 não estão aptas a regular a relação entre empresa pública e a sociedade que pretende adquirir, em especial, no que tange a conceito de empresa controlada. [...] para que a empresa controladora possa contratar por dispensa de licitação com fulcro no previsto no art. 24, inciso XXIII, da Lei 8.666/1993, se pública, deve deter a maioria dos votos, utilizando, como parâmetro, disposto no art. 165, §5º, inciso II, da Constituição da República. Percebo que o conceito de empresa controlada, quando aplicado no setor público, demanda o efetivo exercício desse controle por meio do capital social com direito a voto, como pode ser percebido, por exemplo, na definição estabelecida no art. 2º da Lei Complementar 101/2000, a qual guarda total conformidade com o conceito constitucional.[288]

Este entendimento está em linha com a prática do Governo Federal. O Decreto nº 9.240/2017 não traz a menção a qualquer empresa que não tenha capital social votante da União inferior à

---

[287] Mario Engler Pinto Jr., "Sociedade de Economia Mista", em Ligia Paula Pires Pinto Sica (Coord.). *op. cit.*, p. 131-132.
[288] Acórdão TCU 2.472/2017, fls. 8-9.

metade das cotas ou ações com direito a voto.[289] As atribuições sobre empresas estatais federais estão a cargo da SEST, pautadas no Decreto

---

[289] Conforme o Decreto nº 9.240 (Anexo I), as empresas estatais federais incluídas em seu escopo são as seguintes: Centrais de Abastecimento de Minas Gerais S/A – CEASAMINAS; Companhia de Armazéns e Silos do Estado de Minas Gerais – CASEMG; Companhia de Entrepostos e Armazéns Gerais de São Paulo – CEAGESP; Correios Participações S/A; Empresa Brasileira de Correios e Telégrafos – ECT; Telecomunicações Brasileiras S/A – TELEBRAS; Serviço Federal de Processamento de Dados – SERPRO; Casa da Moeda do Brasil – CMB; BB Administradora de Cartões de Crédito S/A – BB CARTÕES; BB Corretora de Seguros e Administradora de Bens S/A – BB CORRETORA; Cobra Tecnologia S/A; BBTUR Viagens e Turismo Ltda.; Empresa Gestora de Ativos – EMGEA; Ativos S/A – Securitizadora de Créditos Financeiros; BB Elo Cartões Participações S/A; BB Seguros Participações S/A – BB Seguros; BB Seguridade Participações S/A; Ativos S/A Gestão de Cobrança e Recuperação de Crédito; Empresa de Tecnologia e Informações da Previdência Social – DATAPREV; Empresa Brasileira de Administração de Petróleo e Gás Natural S/A – PRÉ-SAL PETRÓLEO; Empresa Brasileira de Hemoderivados e Biotecnologia – HEMOBRÁS; Companhia Docas do Ceará – CDC; Companhia Docas do Espírito Santo – CODESA; Companhia das Docas do Estado da Bahia – CODEBA; Companhia Docas do Estado de São Paulo – CODESP; Companhia Docas do Maranhão – CODOMAR; Companhia Docas do Pará – CDP; Companhia Docas do Rio De Janeiro – CDRJ; Companhia Docas do Rio Grande do Norte – CODERN; Empresa Brasileira de Infraestrutura Aeroportuária – INFRAERO; Agência Brasileira Gestora de Fundos Garantidores e Garantias S/A – ABGF; Empresa Gerencial de Projetos Navais – EMGEPRON; Centro de Pesquisas de Energia Elétrica – CEPEL; Eletrobras Termonuclear S/A – ELETRONUCLEAR; Centrais Elétricas Brasileiras S/A – ELETROBRAS; Centrais Elétricas do Norte do Brasil S/A – ELETRONORTE; ELETROSUL Centrais Elétricas S/A; Companhia Hidrelétrica do São Francisco – CHESF; FURNAS – Centrais Elétricas S/A; Eletrobras Participações S/A – ELETROPAR; Companhia de Eletricidade do Acre – ELETROACRE; Companhia Energética de Alagoas – CEAL; Companhia Energética do Piauí – CEPISA; Centrais Elétricas de Rondônia S/A – CERON; Boa Vista Energia S/A – BVENERGIA; Amazonas Distribuidora de Energia S/A – AME; Companhia de Geração Térmica de Energia Elétrica – CGTEE; Uirapuru Transmissora de Energia S/A; Transmissora Sul Brasileira de Energia S/A – TSBE; Transmissora Sul Litorânea de Energia S/A – TSLE; Amazonas Geração e Transmissão de Energia S/A – AMGT; Brasil Ventos Energia S/A; Transenergia Goiás S/A; Geradora Eólica Ventos de Angelim S/A; Geradora Eólica Ventos de Santa Rosa S/A; Geradora Eólica Ventos de Uirapuru S/A; Geradora Eólica Arara Azul S/A; Geradora Eólica Bentevi S/A; Geradora Eólica Ouro Verde I S/A; Geradora Eólica Ouro Verde II S/A; Geradora Eólica Ouro Verde III S/A; Energia dos Ventos V S/A; Energia dos Ventos VI S/A; Energia dos Ventos VII S/A; Energia dos Ventos VIII S/A; Energia dos Ventos IX S/A; Fronteira Oeste Transmissora de Energia S/A; Eólica Hermenegildo I S/A; Eólica Hermenegildo II S/A; Eólica Hermenegildo III S/A; Eólica Chuí IX S/A; Petróleo Brasileiro S/A – PETROBRAS; Braspetro Oil Services Company – BRASOIL; Petrobras Distribuidora S/A – BR; Petrobras Gás S/A – GASPETRO; Transportadora Brasileira Gasoduto Bolívia-Brasil S/A – TBG; Petrobras Transporte S/A – TRANSPETRO; Downstream Participações Ltda. – DOWNSTREAM; Petrobras Logística de Exploração e Produção S/A – PB-LOG; Petrobras Netherlands B.V. – PNBV; 5283 Participações Ltda.; Petrobras International Braspetro B.V. – PIB BV; Petrobras Comercializadora de Energia Ltda. – PCEL; Petrobras Negócios Eletrônicos S/A – E-PETRO; Transportadora Associada de Gás S/A – TAG; Liquigás Distribuidora S/A – LIQUIGÁS; Baixada Santista Energia Ltda. – BSE; Termomacaé Ltda.; Termobahia S/A; Stratura Asfaltos S/A; Petrobras Biocombustível S/A – PBIO; Companhia Integrada Têxtil de Pernambuco – CITEPE; Companhia Petroquímica de Pernambuco – PETROQUÍMICASUAPE; Breitener Energética S/A – BREITENER; Eólica Mangue Seco 2 – Geradora e Comercializadora de Energia Elétrica S/A; Gás Brasiliano Distribuidora S/A – GBD; Termomacaé Comercializadora de Energia Ltda.; Breitener Jaraqui S/A;

nº 9.035/2017. Elas estão centradas nas empresas em que a União possui a maioria das ações com direito a voto e em operações societárias que possam levar a tal configuração acionária.

Ou seja: utiliza-se o critério da maioria do capital votante para definição das entidades empresariais que integrarão a Administração Pública Federal indireta e, assim, para sua sujeição às competências da secretaria. Esse aspecto aparece em momentos distintos no Decreto nº 9.035, ao veicular competências da SEST para:

(i) coordenar a elaboração do PDG e do orçamento de investimento das empresas estatais (art. 41, I);

(ii) acompanhar as execuções orçamentárias e da meta de resultado primário das empresas estatais e requerer, quando julgar convenientes e necessárias, ações corretivas (art. 41, II);

(iii) promover a articulação e a integração das políticas das empresas estatais e propor diretrizes e parâmetros de atuação sobre políticas de pessoal, de governança e de orçamento (art. 41, III);

(iv) manifestar-se sobre criação de empresa estatal ou assunção, pela União ou por empresa estatal, do controle acionário de empresas (art. 41, VI, "a"). Há aí atenção com a assunção do controle acionário (e não societário) de empresas privadas, que levariam à sua configuração como empresa pública ou sociedade de economia mista, a depender da parcela do capital social votante adquirido pelo Governo Federal;

(v) manifestar-se sobre constituição de subsidiária sediada no exterior, inclusive por meio de aquisição ou assunção de controle acionário majoritário (art. 41, VI, "j"). Aqui também se tem como foco a assunção do controle acionário, o que levaria à expansão da Administração Pública Federal Indireta;

(vi) manifestar-se sobre celebração de acordo de acionistas que contenha cláusulas que permitam, de qualquer forma, a assunção da maioria do capital votante por empresas estatais (art. 41, VI, "k"). Neste ponto, a questão ainda é mais clara. A norma foca-se na execução

---

Breitener Tambaqui S/A; Araucária Nitrogenados S/A; Transpetro International B.V.; Nova Transportadora do Nordeste S/A – NTN; Petrobrás Logística de Gás S/A; Financiadora de Estudos e Projetos – FINEP; Banco da Amazônia S/A – BASA; Banco do Nordeste do Brasil S/A – BNB; Caixa Econômica Federal – CAIXA; Caixa Participações S/A – CAIXAPAR; Caixa Seguridade e Participações S/A; Banco do Brasil S/A – BB; BB Banco de Investimento S/A – BB INVESTIMENTOS; BB Gestão de Recursos – Distribuidora de Títulos e Valores Mobiliários S/A – BB DTVM; BB-Leasing S/A – Arrendamento Mercantil – BB LAM; Brasilian American Merchant Bank – BAMB; BESC Distribuidora de Títulos e Valores Mobiliários S/A – BESCVAL; BB Administradora de Consórcios S/A – BB CONSÓRCIOS; Banco Nacional de Desenvolvimento Econômico e Social – BNDES; BNDES Participações S/A – BNDESPAR; Agência Especial de Financiamento Industrial – FINAME; BNDES PLC.

de acordos de sócios que possam levar à assunção da maioria do capital votante pela União, e não em acordos de sócios que possam configurá-la como compartilhadora de controle em empresas privadas nas quais seja sócia minoritária. Tem-se claro que o critério distintivo para o enquadramento de determinada empresa como pública ou de economia mista é o organizacional, o montante de capital votante detido pela União.[290]

Há preocupação com a assunção pelo Governo Federal da maioria das ações com direito a voto de empresas privadas nas quais detenha participação minoritária. Configurada a maioria do capital social votante, terá sido desencadeado o critério para que a empresa passe a integrar a Administração Pública Federal Indireta.

O controle societário (mesmo no caso em que a celebração de acordo de acionistas é expressamente mencionada, nos termos do art. 41, VI, "k", do Decreto nº 9.035) fica relegado a segundo plano. E o racional parece-me ser justamente este: *o fato de o critério eleito pelo ordenamento jurídico brasileiro para o enquadramento de determinada empresa como pública ou de sociedade de economia mista ser a quantidade de cotas ou ações com direito a voto detida pelo Estado no capital social de determinada empresa*.[291]

4.3 Requisitos para participação do Estado e contribuição à acepção de controle

Embora não integrem a Administração Pública indireta, condicionantes jurídicas serão impostas para a participação estatal

---

[290] "A SEST precisa se manifestar sobre todo e qualquer acordo de acionistas firmado por empresas estatais federais? R: Não. A manifestação só é necessária no acordo de acionistas que contenha cláusulas (por exemplo uma *put option*) que permitam, de qualquer forma, a assunção da maioria do capital votante por empresas estatais. Cabe ressaltar que o Ministério da Fazenda manifesta-se previamente à assinatura de qualquer acordo de acionistas" (Brasil, Ministério do Planejamento, Desenvolvimento e Gestão, *idem ibidem*, p. 35).

[291] O documento "Perfil das Empresas Estatais, divulgado anualmente pelo MPDG, segue a mesma linha. Ele tem como objetivo conferir maior transparência às empresas estatais federais e contempla informações gerais sobre a importância da participação do Estado na produção de bens e serviços, demonstrações financeiras individualizadas, agregadas e consolidadas. Uma das informações trazidas é a descrição de todas as empresas estatais federais, com as respectivas participações acionárias detidas pela União e por entes da Administração Pública Federal, em linha com o Decreto nº 9.240. Há referência apenas a empresas nas quais o Estado detenha a maioria do capital social votante, sem a adoção de outros critérios para o enquadramento das empresas como estatais. Informações disponíveis em <http://www.planejamento.gov.br/assuntos/empresas-estatais/publicacoes/perfil-das-empresas-estatais>. Acesso em: 26 jan. 2017.

em empresas semiestatais. Dentre elas, estarão, exemplificativamente, a disponibilidade orçamentária para a realização de investimentos minoritários; a necessidade de fundamentação para escolha do parceiro privado; o alinhamento entre objeto social e a finalidade pública perseguida.

Daí decorrem deveres e obrigações ao próprio Estado, que, na condição de sócio integrante do bloco de controle, deve possuir instrumentos adequados para planejar a aplicação de recursos, para fixar os objetivos que se pretende realizar por meio delas e para orientar sua atuação. Nesse sentido, o controle sobre as empresas estatais pode ser entendido sob análise tridimensional:

(i) *controle como forma de comando* (atuação do "Estado-acionista"): o poder de determinar os destinos de algo no mundo dos fatos. Nesta acepção, o controle estará mais aproximado da noção de controle societário sobre empresas;[292]

(ii) *controle como forma de supervisão* (atuação do "Estado-governo"): o poder de fiscalizar o comportamento de algo no mundo;[293]

(iii) *controle como forma de determinação de norte, orientação* (atuação do "Estado-planejador"): poder de estabelecer os objetivos de algo no mundo.[294]

Reside aqui minha contribuição quanto à discussão sobre controle de investimentos no capital social empresarial pelo Estado:

---

[292] Para tipologia do controle exercido sobre o setor empresarial estatal, cf. Paulo Otero, *idem ibidem*, 314-320; Maria João Estorninho, *idem ibidem*, p. 54-57.

[293] Esta forma de controle está bastante próxima à que foi veiculada pelo DL nº 200 e pelas atribuições dadas aos órgãos internos pela Lei das Empresas Estatais. Floriano de Azevedo Marques Neto e Marina Fontão Zago apontam a possibilidade de utilização do poder de tutela ministerial para supervisionar o cumprimento de objetivos dentro de políticas públicas: "Como entidades estatais que são, a Administração central possui mecanismos para coordenar a atuação das estatais com as políticas públicas centrais da esfera federativa a que a empresa estatal encontra-se vinculada. O primeiro [...], trata-se do chamado poder de tutela ou de supervisão, que se diferencia do controle hierárquico existente entre órgãos da Administração direta. O poder de tutela ou supervisão, que será exercido pelo órgão da Administração direta que tiver relação temática com o objeto social da empresa, busca assegurar que a Administração central possa supervisionar as atividades executadas pelo ente descentralizado, assegurando convergência entre as políticas públicas do setor" ("Limites da atuação do acionista controlador nas empresas estatais: entre a busca do resultado econômico e a consagração das suas finalidades públicas", *op. cit.*, p. 85-86).

[294] Adilson Abreu Dallari também adota noção ampla de controle, a envolver acompanhamento e orientação: "[...] o que me parece mais importante é definir o controle [sobre a Administração Pública] como esta faculdade de vigilância, de orientação e de correção. Reunindo essas três coisas, pois o controle não é um mero acompanhamento, uma mera vigilância. Também não serve o controle apenas para corrigir aquilo que se fez errado. O controle reúne esses três aspectos. O acompanhamento, sim. Mas também a correção e, indispensavelmente, a orientação" ("Controle das Empresas Estatais", *op. cit.*, p. 2).

a necessidade de gradação para que a atividade empresarial estatal ocorra em bases juridicamente adequadas.

Em primeiro lugar, haverá imperatividade de reconhecimento da instrumentalidade de algo pelo Estado: *qual a função do investimento estatal minoritário em determinada empresa? Qual finalidade pretende-se ver concretizada?*

A partir daí, haverá necessidade de se planejar a sua aplicação, a maneira de utilização de algo no mundo: *como será estabelecido o planejamento da realização de investimentos minoritários, tanto do ponto de vista da aplicação de recursos públicos quanto dos objetivos que se quer perseguir?*

Na sequência, deverão ser estimados resultados e sua forma de aferição: *de que maneira as empresas semiestatais atuarão, o que delas se espera e em qual horizonte de tempo? Qual sua utilidade para o Estado-acionista? Como são pensadas pelo Estado-planejador? Como o Estado-governo observa sua atuação?*

Traçado este itinerário, o norte de atuação das empresas estatais estará definido e deverá servir de parâmetro para o exercício do controle, como forma de supervisão. Em certos horizontes temporais ou em vista de cumprimento de atividades materiais, poderão ser analisadas as hipóteses de manutenção de seus objetivos; de mudança de orientação de seu uso; de seu mero descarte, retirada de sua instrumentalidade, tendo em vista o atingimento da finalidade perseguida ou do reconhecimento de que ela não poderá ser alcançada ou se mostra, em novo contexto, como desnecessária. Essa relação de tensão entre estabilidade e flexibilidade[295] deverá ser assegurada pelo adequado planejamento, de maneira que objetivos deverão ser fixados e eventualmente modificados, caso haja necessidade.

Entra-se, a partir daí, em ciclos de utilização de controle. O exercício do controle como *comando* poderá ser utilizado para manutenção, para guinada ou para retirada. O exercício do controle como *supervisão* será mais bem utilizado para a análise de controle de resultados. Novos horizontes poderão ser fixados no controle como *orientação*.

Como paralelo sobre o tema, o DL nº 200 parece-me reconhecer a distinção traçada entre supervisão e orientação. Embora faça menção à noção ampla de supervisão (ministerial), há nuances em

---

[295] Hartmut Maurer, *Direito administrativo geral*, tradução de Luís Afonso Heck, Barueri, Manole, 2006, p. 487.

sua utilização. De um lado, preocupa-se com a concretização de resultados de entidades da Administração Pública; doutro, com a harmonização entre a atuação e a política pública setorial fixada e na qual a própria entidade deverá se enquadrar.[296] A supervisão ministerial sobre a Administração Pública indireta deverá assegurar a realização dos objetivos fixados nos atos de constituição da entidade (art. 26, I) e a harmonia com a política e a programação do Governo no setor de sua atuação (art. 26, II). No primeiro caso, a supervisão seria destinada a fiscalizar as atividades da entidade, no sentido de analisar condutas em vista das razões para a qual foi constituída. No segundo sentido, a supervisão se realizaria por meio de estabelecimento concreto das finalidades públicas[297] (fins perseguidos) na política setorial, sendo a entidade umas das formas jurídicas (meio de ação) para sua concretização. Seu norte seria dado por instrumento exógeno à própria entidade: a política pública governamental.

O controle como comando, como supervisão e como orientação também decorre das medidas previstas no DL nº 200 – também utilizadas como paralelo sobre o tema.

Em primeiro bloco, estão enquadradas a indicação ou nomeação pelo Ministro ou, se for o caso, eleição dos dirigentes da entidade, conforme sua natureza jurídica; a designação, pelo Ministro, dos representantes do Governo Federal nas assembleias gerais e órgãos de administração ou controle da entidade (art. 20, parágrafo único, "a" e "b"). Com elas, será possível o controle societário da entidade, por meio da indicação de pessoal em órgãos gestores da empresa e por meio do controle acionário, exercido voto em assembleia.

---

[296] A diferenciação conceitual entre supervisão e orientação (com inserção de terceiro elemento, coordenação) é veiculada em outro ponto do DL nº 200: a Reforma Administrativa. Em seus termos, a Administração Pública Federal seria objeto de reforma profunda (art. 145). Seria realizada em etapas, nas quais o Poder Executivo promoveria levantamento de leis, decretos e atos regulamentares que dispussessem sobre estruturação, funcionamento e competência dos órgãos da Administração Federal, com o propósito de ajustá-los às disposições do próprio decreto e, na sequência, expediria progressivamente atos de reorganização, reestruturação lotação, definição de competência, revisão de funcionamento e outros necessários a efetiva implantação da reforma (art. 146). A orientação, coordenação e supervisão das providências sobre a Reforma Administrativa ficariam "a cargo do Ministério do Planejamento e Coordenação Geral, podendo, entretanto, ser atribuídas a um Ministro Extraordinário para a Reforma Administrativa, caso em que a este caberá os assuntos de organização administrativa" (art. 147). No primeiro caso, o Ministério determinaria fins a serem cumpridos, enquanto no terceiro avaliaria seu efetivo cumprimento.

[297] SCHNEIDER, Jens-Peter. O Estado como sujeito econômico e agente direcionador da economia, tradução de Vitor Rhein Schirato. *Revista de Direito Público da Economia – RDPE*, Belo Horizonte, ano 5, n. 18, p. 194, abr./jun. 2007.

Em segundo bloco, vem o recebimento sistemático de relatórios, boletins, balancetes, balanços e informações que permitam ao Ministro acompanhar as atividades da entidade e a execução do orçamento-programa e da programação financeira aprovados pelo Governo; a aprovação de contas, relatórios e balanços, diretamente ou por meio de representantes ministeriais nas Assembleias e órgãos de administração ou controle; a realização de auditoria e avaliação periódica de rendimento e produtividade (art. 20, parágrafo único, "c", "e", e "h"). Com base nessas informações, poderá ser feita avaliação sobre o cumprimento de resultados, com base em atividades realizadas, metas atingidas e função cumprida.

Por meio de terceiro bloco, seria determinado o norte da empresa. Nos termos do DL nº 200, admite-se a veiculação de medidas de supervisão "em regulamento" (art. 20, parágrafo único, *caput*).

Embora regulamento sobre o tema não tenha sido veiculado, parece-me que as normas que organizam distintos setores (ou, em outros termos, que definem competências de entes da Administração Pública e o seu inter-relacionamento em certa esfera de atuação) organizam o que chamei aqui de *controle como norte*. Utilizar-me-ei o de minas e energia para exemplificar a questão, focando-me nas atribuições de MME, Petrobras e Eletrobras.

O setor de minas e energia é estruturado por meio de complexo arranjo institucional, no qual estão inseridos a União, o MME, órgãos desconcentrados e entes descentralizados, todos com competências materiais, ora similares e ora distintas, para sua organização e funcionamento. Petrobras e Eletrobras são duas das principais entidades que o compõem: são empresas vinculadas ao referido ministério e controladas pela União.[298]

Conforme o Decreto nº 8.871/2016, o MME é o órgão da Administração Pública Federal Direta com competência sobre os seguintes assuntos (art. 1º): (i) geologia, recursos minerais e energéticos; (ii) aproveitamento da energia hidráulica; (iii) mineração e metalurgia; (iv) petróleo, combustível e energia elétrica, inclusive nuclear; e (v) energização rural e agroenergia.

Em sua estrutura organizacional, estão inseridas entidades com personalidade jurídica (art. 2º, III, do Decreto nº 8.871), distribuídas

---

[298] SCHAPIRO, Mario Gomes. Legalidade ou discricionariedade na governança de bancos públicos: uma análise aplicada ao caso do BNDES. *Revista de Administração Pública*, v. 51, p. 113-114, 2017.

em autarquias,[299] empresas públicas[300] e sociedades de economia mista (aqui incluídas Petrobras e Eletrobras). Relativamente às atribuições destas empresas, órgãos desconcentrados do MME também manejam competências, que vão desde o estabelecimento de medidas de planejamento e de políticas públicas macrossetoriais,[301] incluindo adoção de medidas de interação entre órgãos e entidades e proposição de ações para correção de curso, até ações específicas de produção energética e de petróleo.

Em termos macrossetoriais, destacam-se a Assessoria Especial de Gestão Energética e a Assessoria Especial de Gestão de Projetos. Àquela compete coordenar e monitorar a atuação dos órgãos do Ministério e de suas entidades vinculadas, para (art. 5º do Decreto nº 8.871): cumprir políticas e ações estratégicas (*inciso IV*); formular e implementar estratégias e mecanismos de integração e articulação do Ministério com suas entidades vinculadas e com os demais órgãos governamentais (*inciso V*); estabelecer e implementar, em articulação com os órgãos do Ministério e com suas entidades vinculadas, procedimentos de acompanhamento, avaliação e revisão do plano plurianual, propondo medidas para correção de distorções e para seu aperfeiçoamento (*inciso VIII*). A esta, por sua vez, coordenar o processo de planejamento, monitoramento e avaliação de desempenho e resultados dos projetos em áreas afetas ao Ministério (art. 7º, III, do Decreto nº 8.871). Suas atribuições focam-se nos aspectos macrossetoriais, com preocupação normativa com ações de planejamento, articulação, coordenação de ação e controle de resultados.

Outros órgãos possuem competência para definição de políticas mais específicas, que serão executadas por meio das entidades descentralizadas que integram o arranjo do MME.

À Secretaria de Planejamento e Desenvolvimento Energético, por exemplo, compete desenvolver ações estruturantes de longo prazo para a implementação de políticas setoriais (art. 15, I, do Decreto nº

---

[299] Agência Nacional de Mineração – ANM, criada pela Lei nº 13.575, de 26 de dezembro de 2017; Agência Nacional do Petróleo, Gás Natural e Biocombustíveis – ANP; Agência Nacional de Energia Elétrica – ANEEL.

[300] Companhia de Pesquisa de Recursos Minerais – CPRM; Empresa de Pesquisa Energética – EPE; Empresa Brasileira de Administração de Petróleo e Gás Natural S/A – Pré-Sal Petróleo S/A.

[301] Para explicação sobre a relação entre Direito e políticas públicas, com foco no setor elétrico, cf. SUNDFELD, Carlos Ari; ROSILHO, André J. Direito e Políticas Públicas: dois mundos? In: SUNDFELD, Carlos Ari; ROSILHO, André J. (Org.). *Direito da regulação e políticas públicas*. São Paulo: Malheiros, 2014, p. 54-56.

8.871). Ao Departamento de Planejamento Energético, subsidiar a elaboração das políticas de energia e promover a sua integração nos âmbitos interno e externo ao Ministério (art. 16, I, do Decreto nº 8.871). Relativamente às atividades de petróleo e gás natural, compete ao Departamento de Política de Exploração e Produção de Petróleo e Gás Natural propor e implementar políticas públicas que atraiam investimentos para os setores de petróleo e gás natural no País (art. 25, VI, do Decreto nº 8.871), bem como o aperfeiçoamento das políticas públicas para o setor de exploração e produção de petróleo e gás natural, em articulação com outros órgãos da Administração Pública (art. 25, VII, do Decreto nº 8.871). Ao Departamento de Combustíveis Derivados de Petróleo compete a proposição de diretrizes e políticas públicas direcionadas a várias preocupações, que abrangem garantia de abastecimento de combustíveis derivados de petróleo (art. 27, I, do Decreto nº 8.871), ampliação da competitividade do abastecimento de derivados de petróleo (art. 27, IV, do Decreto nº 8.871), ampliação da infraestrutura de transporte e a melhoria da logística de abastecimento de derivados de petróleo no País (art. 27, V, do Decreto nº 8.871) e otimização da produção dos combustíveis derivados do petróleo no País (art. 27, VI, do Decreto nº 8.871).

Finalmente, como exemplo da congregação das atividades de planejamento, de articulação e de formulação de políticas públicas, há a Secretaria de Petróleo, Gás Natural e Biocombustíveis. Como planejadora, formula propostas de planos plurianuais para setores de petróleo, gás natural e biocombustíveis, monitora, avalia e ajusta sua implementação e seus resultados (art. 24, II, do Decreto nº 8.871). Como articuladora, interage com agências reguladoras, entidades públicas vinculadas ao Ministério, concessionárias públicas e privadas e demais entidades dos setores de petróleo, gás natural e biocombustíveis e orienta-as quanto às políticas aprovadas (art. 24, VI, do Decreto nº 8.871). Por fim, estabelece políticas públicas voltadas ao incremento da participação da indústria nacional de bens e serviços no setor de petróleo, gás natural e biocombustíveis (art. 24, XII, do Decreto nº 8.871).

Esse conjunto de atribuições de órgãos e entidades que integram o arranjo institucional[302] ligado ao MME não se basta nele mesmo. Há todo um aparato com incumbência para estabelecer os rumos setoriais,

---

[302] COUTINHO, Diogo R. O direito no desenvolvimento econômico. *Revista Brasileira de Direito Público – RDPE*, Belo Horizonte, ano 10, n. 38, jul./set. 2012. Disponível em: <http://www.bidforum.com.br/bid/PDI0006.aspx?pdiCntd=81457>. Acesso em: 14 maio 2015.

o que deve se dar em políticas públicas desenhadas, articuladas com demais órgãos e entidades, os quais terão a incumbência de executar objetivos que lhes forem desenhados e que estarão suscetíveis a controle de resultados, prestação de contas e eventuais revisões de rumos. Há miríade de competências, entrelaçadas entre si, que devem ser exercidas para planejamento setorial e, como consequência, para pautar imediatamente a atuação das empresas estatais (e, mediatamente, de semiestatais).

A legislação que dispõe sobre atribuições de Petrobras e Eletrobras vincula-as diretamente ao MME. Configuram-se como meios para a concretização de objetivos que lhes forem atribuídos pela política pública setorial. O mesmo valerá para as empresas que constituírem minoritariamente com a iniciativa privada. O alinhamento entre objeto social e objetivo da política pública na qual a empresa estatal está inserida deverá ser fundamentado. Ambas (empresa estatal e empresa semiestatal) serão apenas instrumentos para a consecução de fins, que devem ser estruturados de forma adequada no arranjo institucional setorial.

Nos termos da Lei do Petróleo e do Decreto nº 4.559/2002, Petrobras e Eletrobras são vinculadas ao MME (art. 61 daquela; art. 4º, II, deste), de maneira que o exercício de seu objeto social deveria estar em linha com os objetivos do planejamento setorial no qual inseridas. O mesmo se aplicará para as empresas semiestatais que criarem, as quais também são apenas ferramentas de auxílio no cumprimento do objeto da própria empresa estatal (o que se denota, por exemplo, no art. 64 da Lei do Petróleo), de maneira que deveria haver explícita fundamentação sobre sua criação e sobre os objetivos que lhe seriam atribuídos no bojo da política pública.

A existência de prévio planejamento para a atuação da empresa estatal não lhe retiraria a autonomia. No contexto da política pública, sua atuação estará mais bem delimitada e os propósitos que dela se espera mais bem desenhados. Não haveria motivos, por exemplo, para que, nesse quadro de ação, interferências externas (especialmente interferências políticas) fossem realizadas para mudar os rumos da empresa.

Antes do que forma de limitação, o planejamento e a política pública, desenhados no bojo do arranjo institucional setorial, seriam os fundamentos e os próprios limites de atuação da empresa, dando-lhe liberdade de atuação para concretizar os objetivos que dela se espera, aí sim atuando empresarialmente. Seriam seu fundamento de atuação, seu mecanismo de proteção, seu instrumento de transparência e sua bandeira para manutenção e correção de cursos. A constituição de empresas semiestatais estaria condicionada à demonstração de seu propósito neste contexto, o que envolveria fundamentação sobre sua importância para complementar a atuação estatal.[303]

Assim, "planejamento, definição de objetivos de longo prazo e formulação de políticas consistentes e duradouras"[304] fundamentariam a atuação da empresa estatal, a criação e a atuação da empresa semiestatal e fechariam o ciclo de controle que desenhei. O Estado-acionista exerceria poder de controle societário sobre a empresa semiestatal, em linha com o art. 116 da Lei das S/A. O Estado-governo supervisionaria sua atuação, por meio da fiscalização da ação da própria empresa estatal que a controla de maneira compartilhada. O Estado-planejador fixaria nortes, estabeleceria objetivos de atuação e, quando necessário, abriria caminhos para a extinção da empresa[305] (concretizada, ao cabo, pelo Estado-acionista, com a venda de participação social ou liquidação da empresa).[306]

O desenho de ação no arranjo institucional seria instrumento de emancipação das empresas estatais, de libertação de ingerências

---

[303] "O direito brasileiro aplicável às empresas do Estado consagra a exigência de autorização legislativa prévia para a criação de uma empresa estatal. Esta criação implica a transferência de bens patrimoniais do Estado ao patrimônio da empresa criada. Que sentido teria, pois, a instituição pelo Estado de uma empresa 'criada para viver sua vida'? Não há dúvida de que ela tem uma missão de interesse geral a cumprir, o que justifica que o Estado lhe dê os meios para fazê-lo. Este tratamento especial de que ela é objeto se explica pelo fato que foi criada 'para servir' a toda coletividade. Se não fosse esse o caso, não haveria razão que justificasse o apoio, que lhe assegura o Estado, em sua missão" (Pedro Paulo de Almeida Dutra, *idem ibidem*, p. 120-121).

[304] Acórdão TCU 2.659/2017, Plenário, Processo 007.859/2017-1, Rel. Min. Aroldo Cedraz, j. 29 nov. 2017, fl. 21.

[305] "Com frequência, os advogados aconselharão a seus clientes que o ponto mais importante a ser determinado sobre uma aliança é sua estratégia de saída. Essa advertência é apenas parcialmente verdadeira, pois uma saída é somente uma das mudanças estratégicas disponíveis. É mais importante considerar como a aliança será transformada ao longo do tempo, quando as condições estratégicas mudarem. A verdadeira ênfase deve ser colocada em como criar uma estrutura flexível e como a aliança será gerenciada, em vez de se planejar como sair dela" (LYNCH, Robert Porter. *Alianças de negócios, a arma secreta competitiva*: como planejar, negociar e gerenciar alianças estratégicas competitivas, tradução de Cecília Camargo Bartalotti, revisão técnica de José Ernesto Lima Gonçalves. São Paulo: Makron Books, 1994, p. 349).

[306] "[...] o planejamento representa, no conjunto desses elementos essenciais, um papel fundamental: ele é, ao mesmo tempo, a fonte de onde provêm as diretivas que vão orientar a ação das empresas estatais como é, igualmente, o registro que se tem para a verificação de um outro [...]. Não é bastante reconhecer o papel instrumental das empresas estatais. É necessário fazer viver esta ideia; é necessário dar substância material a esse papel. A questão se coloca, então, com uma grande simplicidade: para que a empresa saiba o que deve fazer, é necessário que seja definido o que deve ser feito. É tarefa do planejamento desempenhar essa missão" (Pedro Paulo de Almeida Dutra, *idem ibidem*, p. 129).

que possam lhes tolher a liberdade empresarial. Isso se refletiria na utilidade que empresas semiestatais podem cumprir para a consecução de seu objeto social.

O ponto é corroborado pela Lei das Empresas Estatais e por sua regulamentação. Conforme a lei, o exercício da supervisão por vinculação não pode ensejar a redução ou a supressão da autonomia conferida pela lei específica que autorizou a criação da entidade supervisionada, nem autoriza a ingerência do supervisor em sua administração e funcionamento, devendo a supervisão ser exercida nos limites da legislação aplicável (art. 89).[307] Mais especificamente, a supervisão estará limitada pelo "foco na realização de políticas públicas transparentes e em harmonia com o objeto social da empresa estatal vinculada e com as diretrizes do Plano Plurianual" (art. 49 do Decreto nº 8.945).

4.3.1 Importância dos instrumentos negociais que preveem compartilhamento de controle

Nesse trilhar, ganha importância a disciplina das relações societárias entre Estado e iniciativa privada por meio do acordo de sócios. Sua celebração é fundamental para que os objetivos do Estado, como compartilhador de controle da sociedade, possam ser atingidos e, por conseguinte, para que uma sociedade possa ser qualificada como empresa semiestatal. Há a ideia de proteção ao investimento estatal de forma imanente ao acordo de sócios no âmbito de tais empresas.

Por meio deles, o Estado acordará a forma de exercício de votos nas deliberações sociais, direitos de veto em determinadas matérias, indicação de conselheiros e diretores a compor os órgãos da sociedade. Mais importante: fixará hipóteses de saída da sociedade investida, notadamente quando os objetivos perseguidos forem atingidos ou quando houver a constatação fática de que não poderão ser mais alcançados, e a forma por meio da qual será realizada (com a obrigação, por exemplo, de que os sócios privados adquiram ações por ele detidas caso determinadas hipóteses sejam verificadas).

---

[307] "A Lei nº 13.303/16 elegeu a autonomia e a independência da empresa pública e da sociedade de economia mista como um valor a ser protegido, de modo a garantir o exercício de atividades econômicas para as quais foi criada e o pleno cumprimento de sua função social, sem qualquer ingerência ilegítima, especialmente de índole política" (Edgar Guimarães e José Anacleto Abduch Santos, *idem ibidem*, p. 312).

Os já mencionados art. 1º, §7º, I, da Lei das Empresas Estatais, e art. 9º, §1º, I, do Decreto nº 8.945, são claros sobre o tema. Participações estatais minoritárias devem ser pautadas por "documentos e informações estratégicos do negócio e demais relatórios e informações produzidos por força de acordo de acionistas e de Lei considerados essenciais para a defesa de seus interesses na sociedade empresarial investida". O acordo de sócios deverá instituir direitos ao Estado compartilhador de controle para a defesa de seus direitos no âmbito do empreendimento.

Essa tem sido a estratégia adotada, por exemplo, nas operações de renda variável, via participação acionária, do BNDES. Mario Gomes Schapiro explica que têm sido realizadas por meio da adoção de instrumentos societários, especialmente para acompanhamento do desempenho econômico do empreendimento. "Nestes casos, os interesses do Banco são garantidos pelos mecanismos societários, como, por exemplo, a celebração de um acordo de acionistas, entre os representantes do Banco e os controladores da empresa beneficiária".[308]

Além de monitoramento ativo no âmbito dos investimentos realizados,[309] a flexibilidade negocial desses instrumentos societários permitiria:

> [...] *planejamento de saída dos negócios*, em médio prazo, seja para evitar perdas diante de um projeto malsucedido, seja para realização de lucros, nas empreitadas exitosas. Como o nível de contingência e de incerteza nos setores emergentes é maior, a manutenção prolongada da participação societária pode ser inconveniente.[310]

As preocupações relativas a operações com aportes de capital, incluindo aspectos de saída do investimento, são assim evidenciadas pelo Sistema BNDES:

> Nas operações de investimento em empresas, a BNDESPAR estabelece acordos de acionistas que buscam promover melhoria na governança, transparência e sistemas de controle, além de antecipar exigências que serão feitas para a abertura de capital, estipulando, por exemplo: subscrição de ações com direito a voto; indicação de representantes para

---

[308] *Idem ibidem*, p. 222.
[309] MATTOS, Paulo Todescan Lessa. O sistema jurídico-institucional de investimentos público-privados em inovação no Brasil. *Revista de Direito Público da Economia – RDPE*, Belo Horizonte, ano 7, n. 28, p. 5, out./dez. 2009.
[310] Mario Gomes Schapiro, *idem ibidem*, p. 224.

os principais colegiados da Companhia (Conselho de Administração, Conselho Fiscal, além de Comitês internos); direito de recebimento de um valor por ação correspondente a 100% do valor pago ao acionista controlador em caso de alienação do controle (*tag along* de 100%); regras claras e transparência para transações entre partes relacionadas e restrições aos acionistas controladores para criar negócios concorrentes.[311]

A preocupação com a entrada e com a saída de negócios empresariais pelo Estado foi recentemente reiterada com a publicação do Decreto nº 9.188, o qual prevê como objetivos do regime especial de desinvestimento de ativos de sociedades de economia mista, dentre outros (art. 7º): (i) o incentivo à adoção de métodos de governança corporativa que assegurem a realização do objeto social pela sociedade de economia mista; (ii) as transparência, impessoalidade e segurança jurídica aos processos de alienação; (iii) a garantia de qualidade e a probidade do processo decisório que determina o desinvestimento; (iv) a aproximação das sociedades de economia mista às melhores práticas de governança e gestão reconhecidas pelo setor privado; (v) o desenvolvimento de ambiente de previsibilidade e racionalidade para a tomada de decisão pelos agentes envolvidos no setor; e (vi) a sustentabilidade econômica e financeira da sociedade de economia mista.

Nessa ótica, a celebração de acordos de sócios e a instituição de eventuais outros mecanismos societários de compartilhamento de controle são fundamentais para que os investimentos estatais minoritários sejam realizados: servem à proteção de seu investimento,[312] em suma. A título de exemplo, o tema apareceu no Acórdão TCU 2.402/2017,[313] que tratou de análise da conformidade da aplicação de recursos federais em SPEs integradas pela CHESF e parceiro privado. No caso, aportes de capital previstos no plano de negócios e no acordo de acionistas celebrado entre partes não foram realizados pelo parceiro privado, o que teria desconfigurado o esboço inicial de SPEs (que teriam participação de 49% no capital votante detidos pela CHESF e 51% do parceiro privado), de maneira que a participação detida pela empresa estatal chegou a quase 100% do capital votante. Ainda como

---

[311] BNDES, *idem ibidem*, p. 6.
[312] MARQUES NETO, Floriano de Azevedo. Do contrato administrativo à Administração contratual. *Revista do Advogado*, ano XXIX, n. 107, p. 81, dez. 2009.
[313] Plenário, Processo 007.880/2017-0, Rel. Min. Substituto André Luís de Carvalho, j. 25 out. 2017.

decorrência da não realização dos aportes privados, investimentos e retornos previstos no projeto foram impactos negativamente.[314] E também há o outro lado da moeda: o acordo de sócios pode funcionar, concomitantemente às finalidades do Estado investidor já delineadas, como proteção ao investimento realizado pelo sócio privado. Há via negocial de mão dupla: as partes poderão ajustar instrumentos que atendam aos objetivos de ambas.

A questão é abordada por Luiz Ferreira Xavier Borges em análise sobre a estruturação realizada para o desenvolvimento do Polo de Camaçari. O modelo empresarial proposto foi o de criação de *joint ventures* para o desenvolvimento de cada projeto ali localizado, por meio de "sistema tripartite", em que representantes internacionais, detentores de tecnologia, empresas nacionais e o próprio Estado entrariam, cada qual, com 33,33% do capital. A divisão deveria permitir o controle nacional (Estado e sócio privado brasileiro) e privado (sócios privados estrangeiros e nacional). Para equilibrar interesses, a Petroquisa, responsável estatal pelos empreendimentos, teria adotado:

---

[314] Conforme o relatório do Acórdão TCU 2.402/2017, "[s]egundo os acordos de acionistas das sociedades, [...] cláusula 5.1.1, o acionista que, por qualquer razão, não integralizasse o capital por subscrito, no prazo fixado no boletim de subscrição, como de fato ocorreu [...], estaria constituído em mora e o valor do débito ficaria sujeito à: (i) correção monetária, calculada com base no IGPM (ou índice que o viesse a substituir); (ii) juros de 1% ao mês, pro-rata-die; e (iii) multa de 2% sobre o valor do principal. Caso não purgasse a mora em 90 dias, estaria obrigado a transferir aos demais acionistas (preferencialmente), ou a terceiros, a sua participação não subscrita ou não integralizada no capital social da SPE, sem ônus ao cessionário. Também estaria obrigado ao adimplemento dos encargos de mora fixados. Configurada a inadimplência da acionista privada, [...] em 25/8/2014, a Chesf deliberou sobre a suspensão do seu direito de voto nas sociedades [...], tendo a diluição do seu capital ocorrido em 29/10/2014, com os registros nos livros societários de transferência das ações não integralizadas para a companhia estatal, que passou a deter 99,95% [...] do capital em comento. A partir de então, a Chesf comprometeu-se com a quase totalidade dos aportes de recursos aos empreendimentos [...]
Após as diluições de capital [...], a companhia estatal realizou, ao longo do exercício de 2015, chamada pública para novos parceiros nos empreendimentos, de forma a restaurar a composição societária original de 49% do capital Chesf e 51% de capital privado, não tendo, contudo, logrado êxito. Até o momento da finalização dos trabalhos de campo da auditoria, as SPEs também não reuniam as condições estabelecidas para a obtenção de financiamento (empréstimos ponte e de longo prazo) para a recomposição dos Project Finance e definição dos novos planos de negócios dos parques eólicos em apreço.
Dos exames procedidos, verificou-se que os termos de compromisso pré-leilão celebrados entre as partes, bem como os acordos de acionistas das sociedades de propósito específico constituídas, foram omissos em não estabelecer condição suficiente, garantia específica ou reparação financeira adequada que se mostrassem capazes de fazer frente à inadimplência ou à desistência imotivada de qualquer parceiro, seja ele público ou privado, sem que fosse colocada em risco a viabilidade dos empreendimentos em tela" (fls. 15-17).

[...] modelo de estatuto social e de acordo de acionistas, que passou por negociações particulares e coletivas com todos os grupos nacionais e estrangeiros interessados. Esse modelo previa sempre um poder de veto amplo para que qualquer dos três sócios se sentisse confortável e livre de uma exclusão das decisões sociais.[315]

O autor explica que a celebração de acordo de acionistas nos empreendimentos utilizados para implantação e desenvolvimento do Polo de Camaçari foi útil para a consecução dos objetivos dos sócios público e privado, como instrumento de coordenação de interesses:

> Originalmente, os acordos de acionistas do BNDE surgiram de dois tipos de necessidades. O primeiro foi a necessidade de compor interesses econômicos com demais acionistas ao participar do capital de risco de um projeto, seja através de apoio financeiro, seja através de aquisição de controle após uma execução. O segundo foi a necessidade de garantir o controle nacional ou o poder de fiscalização do BNDE ou, posteriormente, de suas subsidiárias.[316]

Dou outro exemplo. Uma das preocupações em relação à atuação das empresas estatais (que pode ser espraiada para as empresas semiestatais, tendo em vista o exercício de controle societário pelo Estado) diz respeito à possibilidade de desvio de atuação. O exercício de comando estatal poderá ser utilizado para que a sociedade se distancie, em alguma medida, de seus objetivos sociais, que não

---

[315] O Acordo de Acionistas como Instrumento da Política de Fomento do BNDES: o Polo de Camaçari. *Revista do BNDES*, Rio de Janeiro, v. 14, n. 28, p. 63-64, dez. 2007.

[316] *Idem ibidem*, p. 67. Como resultado das negociações "sistema tripartite", o autor menciona que Petrobras e BNDES haviam chegado, por volta de 1980, a consenso sobre pontos que admitiriam voto qualificado: "1 – Reforma estatutária em geral, exceto para aumento de capital nos seguintes casos: 1.1 – por incorporação de reservas ou em decorrência de imposição legal; 1.2 – quando o aumento alcançar apenas as ações preferenciais inconversíveis em ações ordinárias; 1.3 – quando o aumento estiver dentro do valor do investimento necessário à conclusão do projeto e à produção comercial da unidade ou se destinar à execução de planos de expansão comprovadamente econômicos e caracterizados como dentro do objeto social da empresa; 2 – Fusão, incorporação ou cisão da empresa; 3 – Resgate ou conversão de ações, debêntures ou obrigações; 4 – Dissolução ou liquidação da sociedade; 5 – Participação em outras sociedades, salvo para beneficiar-se de incentivos fiscais; 6 – Alienação de bens do ativo permanente acima de determinado valor; 7 – Oneração de bens do ativo permanente acima de determinado valor, salvo para garantir empréstimos necessários à execução do projeto ou à execução de planos de expansão comprovadamente econômicos e caracterizados como dentro do objeto social da Empresa; 8 – Aprovação e alterações de contratos entre a Empresa e seus acionistas; 9 – Aprovação de novos projetos, salvo a aprovação de planos de expansão comprovadamente econômicos e caracterizados como dentro do objeto social da Empresa; 10 – Transferência de tecnologia a concorrentes da empresa" (*Idem ibidem*, p. 71-72).

cumpra as finalidades para as quais foi constituída. Nessas hipóteses, o investimento privado será penalizado, tendo em vista as finalidades que também são buscadas pela iniciativa privada quando se associa ao Estado.

No mesmo sentido, Alexandre Santos de Aragão menciona que os acordos de sócios cumprem o papel de tornar a condução das atividades da empresa com participação do Estado "mais empresarial, [por meio] da instituição de controles e limites à tomada de decisões pelo sócio público e, consequentemente, diminuição das influências político-partidárias sobre os negócios da empresa".[317]

O acordo de sócios deverá ser formatado para que proteções sejam dadas também ao sócio privado, assegurando a institucionalidade dos investimentos realizados e a determinação da parceria constituída com a empresa semiestatal. Podem ser conferidos direitos e deveres de parte a parte e, obviamente, direitos ao sócio privado para que, exemplificativamente, em hipóteses de desvio pelo sócio público na utilização da empresa semiestatal, ele se retire do empreendimento.[318] O acordo de sócios celebrado poderia prever a obrigação de o sócio público adquirir a parcela do capital votante até então detida pelo parceiro privado (desde que houvesse autorização legislativa autorizando a empresa estatal a constituir subsidiárias, integrais ou não, pois, pela obrigação de aquisição, ela poderia passar a deter maioria do capital votante na empresa).

Esses pontos dialogam com discussões a respeito da forma de criação e extinção de empresas públicas e sociedades de economia

---

[317] "Empresa público-privada", em Alexandre Santos de Aragão (Coord.). *op. cit.*, p. 22.
[318] Carlos Ari Sundfeld, ao analisar o tema da execução de semelhantes acordos por sócios de sociedades de economia mista, parece adotar o mesmo entendimento. Para ele, a celebração do instrumento funcionaria como mecanismo de freio e contrapeso dos interesses público e privado, funcionando ao mesmo tempo de maneira complementar (a atuação dos sócios permite que a empresa cumpra sua finalidade de maneira adequada) e contraposta (o interesse da sociedade não é deixado de lado, o que poderia favorecer este ou aquele sócio): "[o] êxito da nova concepção depende, por óbvio, de se permitir que o sócio privado constitua um núcleo de poder efetivo – o que antes sempre se quis evitar. Mas o princípio envolvido não é o da substituição da gestão estatal pela do particular, isto é, o da simples mudança do sujeito que exerce o poder de controle; é – isto, sim – o da criação de um poder concorrente, que opere como freio e contrapeso do poder estatal, que segue existindo, mas agora com temperamentos. Não é difícil identificar, aí, a intenção de adotar, no interior da sociedade mista, traços de uma solução que, no campo da Política, logrou pôr um fim no Absolutismo Monárquico: a da divisão de Poderes" ("A participação privada nas empresas estatais", em Carlos Ari Sundfeld (Org.). *op. cit.*, p. 272).

mista e a sua participação em outras já realizadas pelo STF. Os *leading cases* a respeito do tema são as ADIs 234-1/RJ[319] e 1.649-1/DF.[320] Na primeira, o tema debatido foi a constitucionalidade de dispositivos da Constituição Estadual do Rio de Janeiro: (i) o art. 69, que prescrevia que a alienação de ações das sociedades de economia mista pelo Estado dependia de autorização legislativa; (ii) o art. 69, parágrafo único, que determinava que as alienações de ações das sociedades de economia mista não poderiam acarretar a perda do controle acionário por parte do Estado; (iii) o art. 99, XXXIII, que atribuía competência privativa à Assembleia Legislativa para autorizar a criação e extinção de empresas estatais, afastando o Poder Executivo estadual de tal processo.

O STF concluiu pela inconstitucionalidade do art. 69, parágrafo único, em virtude da "natureza das atividades econômicas" e do "dinamismo que lhes é inerente", reputando ser inadmissível que, no sistema da CF, a Constituição Estadual proíba que o Estado-membro reordene sua posição na economia, "transferindo à iniciativa privada atividades indevida ou desnecessariamente exploradas pelo setor público".[321]

Também concluiu pela inconstitucionalidade do art. 99, XXXIII, pelo fato de não ser possível "excluir o Governador do Estado do processo para a autorização legislativa destinada a alienar ações do Estado em sociedade de economia mista".[322] Por derradeiro, entendeu pela constitucionalidade parcial do art. 69, aplicando a técnica da interpretação conforme a Constituição, de forma que *a autorização legislativa só seria necessária para os casos de alienação de ações que importassem a transferência do controle acionário das sociedades de economia mista.*

Já a ADI nº 1.649-1/DF foi proposta por partidos políticos para questionar a constitucionalidade dos arts. 64 e 65 da Lei do Petróleo, que correspondem, respectivamente, à autorização genérica para a criação de subsidiárias e participação em outras empresas e à autorização específica para a criação de subsidiária para o desempenho de atividades relacionadas à construção e operação de dutos, terminais marítimos e embarcações para o transporte de petróleo e seus derivados. Os autores da ADI entendiam que a criação

---

[319] Referenciada no item 3.3.
[320] STF, ADIN 1.649-1/DF, Plenário, Rel. Min. Maurício Corrêa, j. 24 mar. 2004.
[321] STF, ADIN 234-1/RJ, Plenário, Rel. Min. Néri da Silveira, j. 22 jun. 1995, ementa.
[322] *Idem ibidem.*

de subsidiárias de empresas estatais dependia de lei específica, pois não se constituiriam como mero departamento do ente público, mas, sim, nova empresa estatal, com capital e estrutura próprios. A conclusão do STF foi pela improcedência da ADI, ratificando a constitucionalidade dos dispositivos impugnados. A Suprema Corte firmou entendimento de que tais dispositivos conferiram à Petrobras autorizações legislativas, uma genérica, outra específica, para a constituição de subsidiárias, assim sintetizado na ementa do julgamento:

> A Lei nº 9.478/1997 não autorizou a instituição de empresa de economia mista, mas sim a criação de subsidiárias distintas da sociedade-matriz, em consonância com o inciso XX e não com o XIX do art. 37 da Constituição Federal.
>
> É dispensável a autorização legislativa para a criação de empresas subsidiárias, desde que haja previsão para esse fim na própria lei que instituiu a empresa de economia mista matriz, tendo em vista que a lei criadora é a própria medida autorizadora.

Os pontos mais relevantes a serem extraídos das decisões consistem no reconhecimento do dinamismo inerente à natureza da atividade econômica explorada por sociedades de economia mista (inclusive por meio da realização de participação acionária em outras empresas pertinentes ao seu objeto social).

A Lei do Petróleo representou o advento de novo marco regulatório para o setor no país: abriu o mercado para a iniciativa privada, com a inserção da Petrobras em contexto de livre competição com outras empresas privadas. Para garantir participação eficiente perante o cenário de competição, foi necessário conferir a ela ampla liberdade de autogestão e de conformação empresarial. Esse é o racional imanente ao art. 64 da Lei do Petróleo, que proporcionou à empresa a (larga) possibilidade de constituir empresas subsidiárias. Tal entendimento também é defendido por Arnoldo Wald, ao analisar a evolução legal do regime da Petrobras:

> Ora, verifica-se que existe autorização legal específica para a Petrobras criar subsidiárias, ou seja, para participar em outras empresas, acrescentando o art. 64 acima transcrito que tal participação tanto pode ser majoritária, quanto minoritária (caso em que não se trata de subsidiária mas de participação acionária). [...] Tratando-se de autorização, para criar subsidiária, visando atender às finalidades sociais da Petrobras, que foi dada pela lei não há necessidade de lei específica para qualquer

associação, pois a autorização já existe e não se trata de realização pelo Estado de atividade não prevista pelo legislador.[323]

Em virtude do paralelismo das formas, é simples depreender que o permissivo legal genérico para a constituição de subsidiárias e para a realização de investimentos minoritários também serve ao propósito de extingui-las ou para a alienação das participações acionárias.

A atuação empresarial, a capacidade de autogestão e as peculiaridades dos negócios nos quais inseridas poderão fazer com que empresas com autorizações legislativas para realizar investimentos (majoritários e minoritários) e alienar suas participações manejem esses pontos nos acordos de sócios que celebrarem. Seus direitos e de seus sócios privados poderão ser discutidos, concordados, ampliados ou diminuídos, tudo a depender das negociações realizadas pelas partes, o que poderia abarcar a compra e a venda de participações detidas pelas partes em tais ou quais hipóteses, conforme delimitadas contratualmente (incluindo a obrigação da contraparte de adquirir a participação da outra, que eventualmente se retiraria do empreendimento).

Como exemplo, o Regulamento de Licitações e Contratos da CEF[324] prevê que oportunidades de negócios poderão se materializar (art. 11, §2º): pelo estabelecimento de parceria negocial, cuja fundamentação vise atuação concorrencial (*inciso I*); pelas aquisição e alienação de participação em sociedades e outras formas associativas, societárias ou contratuais (*inciso II*); com formação e extinção de parcerias e outras formas associativas, societárias ou contratuais (*inciso IV*).

Assim, determinada parceria societária que a CEF viesse a realizar poderia estar acompanhada de acordos de sócios por meio dos quais seriam fixadas obrigações de aquisição e alienação de ações, de parte a parte e nas hipóteses fixadas no instrumento. Pouco importaria, nesta situação, se a obrigação de a CEF adquirir participação no capital votante a fizesse sócia majoritária do negócio, pois o precedente do STF e a legislação que ampara sua atuação admitem a situação.[325] A empresa apenas deixaria de ser semiestatal e passaria a ser estatal, subsidiária da própria CEF. Mas não seria necessário qualquer tipo de autorização legislativa a embasar a operação nesses termos.

---

[323] A evolução do regime legal da Petrobras e a legislação antitruste. *Revista de direito mercantil, industrial, econômico e financeiro*, v. 112, p. 59, out./dez. 1998.

[324] Disponível em: <http://www.caixa.gov.br/Downloads/caixa-documentacao-basica-21/Regulamento_CAIXA_Aprovado_31_03_2017.pdf>. Acesso em: 09 dez. 2017.

[325] As Leis nº 11.908/2009 e nº 13.262/2016 autorizaram a CEF a constituir subsidiárias e controladas e adquirir participação em outras empresas.

4.3.2 Obrigações societárias impostas ao Estado na qualidade de sócio integrante de bloco de controle

O fato de empresas semiestatais não integrarem a Administração Pública indireta não diminui a importância que se deve dedicar à temática de sua constituição escorreita e à execução dos objetivos sociais que lhe sejam atribuídos. Tendo em vista que o Estado figurará como sócio compartilhador de controle societário, deverá estar constantemente atento ao adequado desenvolvimento de sua atividade. A um só tempo, deverá atuar para que a lógica empresarial e para que as finalidades perseguidas com a constituição da empresa sejam alcançadas. Este ponto decorre da estreita vinculação entre dois aspectos:

(i) a coincidência entre o objeto social e a finalidade pública que se buscará por meio da empresa semiestatal. Deverá haver alinhamento entre as razões que justificam a criação da empresa estatal, os investimentos minoritários que realizam para tal fim e a amarração entre um e outro (objetivo da empresa investidora e objeto social da empresa investida) (art. 8º, §1º, da Lei das Empresas Estatais; art. 8º, II, do Decreto nº 8.945);

(ii) o fato de serem entidades privadas, o que reforça a importância da governança interna da própria empresa. Conselhos de administração bem estruturados podem ser fundamentais para a melhoria na tomada de decisões, o que pode dotar a empresa de maior eficiência; investimentos minoritários devem estar amparados em plano de negócios de empresas estatais investidoras (art. 8º, II e §2º, do Decreto nº 8.945).

A Lei das Empresas Estatais prevê que, em parcerias societárias nas quais o Estado não detenha controle acionário, deverá adotar, em seu dever de fiscalizar, práticas de governança e controle proporcionais à relevância, à materialidade e aos riscos do negócio do qual é partícipe (art. 1º, §7º). Para isso, deverá considerar documentos e informações estratégicos do negócio e demais relatórios e informações produzidos por força de acordo de acionistas e de lei considerados essenciais para a defesa de seus interesses na sociedade empresarial investida (art. 1º, §7º, I); informe sobre execução de projetos relevantes para os interesses da investidora (art. 1º, §7º, VII).[326]

---

[326] Na mesma linha, o Decreto nº 8.945 prevê que a empresa estatal que detiver participação equivalente a 50% ou menos do capital votante em qualquer outra empresa deverá elaborar política de participações societárias que contenha práticas de governança e controle proporcionais à relevância, à materialidade e aos riscos do negócio do qual participe (art. 9º). A política deverá ser aprovada pelo conselho de administração da empresa ou, se não

Portanto, deverá atrelar a execução dos projetos pela empresa semiestatal aos objetivos do Estado-acionista, com a adoção de padrão de governança compatível com sua participação no negócio, que será tanto mais elevado quanto mais elevado for o grau de participação na empresa, especialmente em termos de compartilhamento de controle e de assunção de riscos. Como partícipe do controle, deverá fazer com que a empresa cumpra adequadamente seu objetivo social.

Isso se junta às disposições da Lei das S/A, ao determinar que "o acionista controlador deve usar o poder com o fim de fazer a companhia realizar o seu objeto e cumprir sua função social". Ele possui deveres e responsabilidades amplos, incluindo, "para com os demais acionistas da empresa, os que nela trabalham e para com a comunidade em que atua, cujos direitos e interesses deve lealmente respeitar e atender" (art. 116, parágrafo único).

Fundamentalmente, o investimento estatal minoritário qualificado fará com que o caráter empresarial do empreendimento ganhe relevo, com a necessidade de a Administração Pública adotar postura compatível com o objetivo social relativamente ao qual realizou o aporte de capital, guiando-o para a consecução dos desígnios institucionais e legais da empresa.

Em análise sobre o compartilhamento de controle e a consequente divisão de deveres à luz da Lei das S/A, Gilberto Bercovici aponta que, "quando várias pessoas exercem o controle em conjunto, todas são consideradas controladoras, possuindo as mesmas responsabilidades. Este grupo possui o bloco de controle, isto é, a quantidade de ações, títulos e direitos que garante o exercício do poder de controle".[327] O controle compartilhado ocorreria exatamente pela organização de grupo de sócios, que convergiriam seus interesses de maneira permanente ou transitória. "Nesta situação várias acionistas atuam, necessariamente, na realização das atividades sociais, configurando-se por meio de definições sobre quóruns comuns qualificados para determinar decisões societárias e partilha na administração da empresa".[328]

---

houver, de sua controladora, e incluirá: "documentos e informações estratégicos do negócio e demais relatórios e informações produzidos por exigência legal ou em razão de acordo de acionistas que sejam considerados essenciais para a defesa de seus interesses na sociedade empresarial investida" (art. 9º, §1º, I); avaliação das necessidades de novos aportes na sociedade empresarial investida e dos possíveis riscos de redução da rentabilidade esperada do negócio (art. 9º, §1º, IX).

[327] *Idem ibidem*, p. 91-92.
[328] *Idem ibidem*, p. 92.

O art. 115 trata dos direitos ordinários de acionista, do não controlador, que devem ser exercidos no interesse da empresa. Será considerado "abusivo o voto exercido com o fim de causar dano à companhia ou a outros acionistas, ou de obter, para si ou para outrem, vantagem a que não faz jus e de que resulte, ou possa resultar, prejuízo para a companhia ou para outros acionistas".

Doutro lado, há obrigações adicionais para o acionista controlador, que tem o poder de nortear a atuação da companhia. Por isso, a lei lhe imputa deveres e responsabilidades adicionais,[329] que não são impostos aos demais sócios. Bem por isso, poderá ser responsabilizado pelo exercício abusivo do controle.[330]

Primeiro, há dever informacional. O acionista controlador e os acionistas, ou grupo de acionistas, que elegerem membro do conselho de administração ou do conselho fiscal, deverão informar modificações em posições acionárias na companhia à CVM e às bolsas de valores ou entidades do mercado de balcão organizado nas quais os valores mobiliários de emissão da companhia estejam admitidos à negociação (art. 116-A da Lei das S/A).

Ainda, há dever de reparação. O acionista controlador responderá por danos causados por atos praticados com abuso de poder, aí incluídas as seguintes modalidades (art. 117 e §1º da Lei das S/A): (i) orientar a companhia para fim estranho ao objeto social; (ii) adotar políticas ou tomar decisões que não tenham por fim o interesse da companhia e visem a causar prejuízo a acionistas minoritários, aos que trabalham na empresa ou aos investidores em valores mobiliários; (iii) eleger administrador ou fiscal que sabe inapto, moral ou tecnicamente. Em qualquer hipótese, acordos de sócios (essenciais para caracterização de empresas semiestatais), ainda que versem sobre o exercício de direitos de voto ou poder de controle, não poderão ser invocados para que haja eventuais excludentes de responsabilidade (art. 118, §2º, da Lei das S/A).

Na mesma linha, a Lei das Empresas Estatais prevê que "[o] acionista controlador da empresa pública e da sociedade de economia mista responderá pelos atos praticados com abuso de poder, nos termos

---

[329] Edgar Guimarães e José Anacleto Abduch Santos, *idem ibidem*, p. 34-35.
[330] Para análise de situação concreta a respeito de ente controlador de sociedade de economia mista, dirigindo-a para objetivos fora do seu estatuto social e causando-lhe prejuízos, cf. Ary Oswaldo Mattos Filho, *idem ibidem*, p. 449-453.

da Lei nº 6.404, de 15 de dezembro de 1976" (art. 15).[331] O exercício de controle abusivo por parte da Administração Pública, na qualidade de sócia compartilhadora de controle da empresa semiestatal, fá-la-á passível de imputação de responsabilidade pelos danos causados por atos praticados com abuso de poder.[332] O dispositivo veicula diversas modalidades de exercício abusivo de poder que poderiam eventualmente ser praticadas pelo Estado-acionista.[333]

4.4 Fechamento

A definição da estrutura organizacional da Administração Pública indireta requer a utilização de critérios jurídicos claros. Como corolário, pretende-se garantir segurança jurídica a respeito do tema. Isso foi reconhecido, em termos normativos, na CF (ao tratar do orçamento de investimento das empresas estatais federais), na Lei das Empresas Estatais e, mais antigamente, no DL nº 200. Com base

---

[331] Art. 15, §1º, da Lei das Empresas Estatais: "[a] ação de reparação poderá ser proposta pela sociedade, nos termos do art. 246 da Lei nº 6.404, de 15 de dezembro de 1976, pelo terceiro prejudicado ou pelos demais sócios, independentemente de autorização da assembleia-geral de acionistas. §2º. Prescreve em 6 (seis) anos, contados da data da prática do ato abusivo, a ação a que se refere o §1º".

[332] Floriano de Azevedo Marques Neto e Marina Fontão Zago também reconhecem a imputação de deveres e responsabilidades de sócio controlador ao Estado, nos seguintes termos: "[...] a atuação dos acionistas – e, notadamente, do acionista controlador – deverá estar sempre voltada para o alcance dos interesses e fins da sociedade. Exercer seus direitos – notadamente, seu direito de voto – de modo a direcionar a sociedade para fins extroversos àqueles previstos em seu estatuto (e que representam o objetivo comum para o qual os sócios se uniram) é considerado como um desvio da finalidade social, um abuso do direito do sócio. Nesse caso, a Lei nº 6.404/76 (Lei de Sociedades Anônimas – LSA) prevê consequências tanto para o abuso do poder de voto do acionista, como especificamente para o abuso do poder de voto do acionista controlador e dos administradores da companhia. [...] Nesse sentido, a Lei nº 6.404/76 estabeleceu sanções específicas para a condução abusiva dos negócios de uma companhia por seus acionistas, prevendo, com vistas a sua coibição, duas condutas: o (i) exercício abusivo do direito de voto, aplicável a qualquer acionista (art. 115), e o (ii) abuso de poder pelo acionista controlador, destinado ao acionista que controla a companhia (art. 116 e art. 117). A lei também previu que a responsabilização dos administradores da companhia quando eles, dentro de suas atribuições ou poderes, atuarem com culpa ou dolo, ou quando perpetrarem violação legal ou estatutária, ensejarão sua responsabilização na esfera civil (art. 158)" ("Limites da atuação do acionista controlador nas empresas estatais: entre a busca do resultado econômico e a consagração das suas finalidades públicas", *Revista de Direito Público da Economia – RDPE*, Belo Horizonte, ano 13, n. 49, p. 87-88, jan./mar. 2015).

[333] Antonio Angarita, Ligia Paula Pinto Sica e Angela Donaggio utilizam-se da expressão "Estado interventor-empresário" para caracterizar sua atuação empresarial, exercendo atividades econômicas em sentido estrito e com finalidade de prestar serviço público ou concretizar política pública (*idem ibidem*, p. 78).

nas disposições veiculadas em tais atos normativos, verifica-se que empresas semiestatais não fazem parte do corpo estatal. Todavia, isso não significará a inexistência de condicionantes ao Estado para constituição e para atuação dessas empresas. Ao revés. Há necessidade de planejamento, desenhado em âmbito de arranjos institucionais, para que se justifique a criação de empresas semiestatais e a sua pertinência para o próprio Estado. Ele deverá fixar nortes de atuação, supervisioná-la e, se e quando for o caso, desfazer-se do investimento. Nesse ponto, instrumentos de compartilhamento de controle societário serão aptos, ao mesmo tempo, para garantir institucionalidade à participação acionária estatal e para a fixação de direitos e deveres de parte a parte, os quais pautarão a atuação da empresa.

Além disso, deve haver cuidado não apenas no investimento estatal, mas também no exercício do controle societário (ainda que compartilhado). Nos termos da legislação societária, há obrigações e deveres impostos ao sócio controlador, as quais serão eventualmente imputadas ao sócio estatal em caso de descumprimento dos requisitos legais.

Bem por isso, deve haver análise sobre as finalidades públicas que se almejam concretizadas e instrumentos colocados à disposição do Estado para que possam ser efetivadas. Com base nessas análises e com o consequente estabelecimento de objetivos, empresas estatais poderiam ser utilizadas como instrumento de sua consecução. Elas mesmas, ato contínuo, poderiam constituir empresas semiestatais, cuja atuação deve estar alinhada com o propósito estatal. Sua criação deve ser feita para o cumprimento de determinada função.

Até este ponto estive mais preocupado com o tema do regime estrutural da empresa semiestatal. Contudo, isso não o esgota: para sua compreensão holística, é necessário o aprofundamento sobre seu regime funcional. Eis o que faço na parte que se segue.

PARTE II

REGIME FUNCIONAL DA PARTICIPAÇÃO ESTATAL NA EMPRESA SEMIESTATAL

CAPÍTULO 5

EMPRESA SEMIESTATAL COMO INSTRUMENTO DE EXPLORAÇÃO DIRETA DE ATIVIDADE ECONÔMICA

Neste capítulo, abordo a primeira hipótese que me propus a analisar sobre o caráter funcional da constituição de empresas semiestatais: *a intervenção estatal direta no domínio econômico*. Para tanto, faço a delimitação conceitual do tema, especialmente para diferenciá-lo da atividade administrativa de fomento (*item 5.1*).

Sequencialmente, apoio-me em dois setores de atividades econômicas nos quais o Estado tem atuado de forma sistemática e constituído empresas semiestatais. O primeiro deles é o de petróleo e gás. Nos termos da Lei do Petróleo, e especialmente por meio da Petrobras, diversas parcerias societárias foram constituídas com o objetivo de amparar a execução de atividades setoriais (*item 5.2*). O segundo é o elétrico, pautado pela atuação da Eletrobras, nos termos da Lei nº 3.890-A (*item 5.3*).

Destaco que um dos riscos colocados nesta forma de atuação empresarial do Estado é o agigantamento[334] do número de empresas

---

[334] "É óbvio que os diversos motivos que levaram ao excessivo intervencionismo estatal, em muitos casos, não mais estão presentes e não se coadunam com o Texto Constitucional vigente. [...] fora das hipóteses em que haja prestação de serviços públicos ou de exploração direta da atividade econômica para atender imperativos de segurança nacional ou relevante interesse coletivo não podem existir empresas estatais.
Urge, pois, que se corrija a anomalia do gigantismo do Estado, oriunda de uma política que lhe atribuiu o papel de condutor da economia. Este é o objetivo primordial da privatização: devolver à iniciativa privada um espaço que, em situação de normalidade, lhe compete, retornando o Estado às suas funções típicas, especialmente no que concerne ao essencial, como saúde pública, segurança, educação e saneamento" (SOUTO, Marcos Juruena Villela. *Desestatização, privatização, concessões e terceirizações*. Rio de Janeiro: Lumen Juris, 1997, p. 46-47).
Cf., ainda, BARROSO, Luís Roberto. Estado e livre-iniciativa na experiência constitucional

semiestatais que poderão ser constituídas para a exploração de atividades econômicas. Tal fato pode ocasionar problemas em relação ao montante de recursos públicos empregados nessas empresas, ao efetivo cumprimento de seus objetos sociais e ao controle sobre elas exercido (especialmente em relação aos resultados que com elas se pretende alcançar).

As noções adotadas no art. 173 da CF para justificar a atuação empresarial do Estado são altamente imprecisas, o que torna possível a existência de alguma liberdade por parte do legislador (ao delinear os critérios que deverão ser observados na atuação das empresas estatais) e do administrador (ao efetivar a sua atuação e guiar os parâmetros de consecução de seu objetivo social) para a criação de empresas estatais (e, ato contínuo, para que sejam constituídas empresas semiestatais, nos casos em que admitida a participação acionária minoritária pelas próprias empresas estatais).

Ao invés da atuação agigantada (quiçá desordenada) com a constituição de empresas semiestatais, é preciso se debruçar cuidadosamente sobre a necessidade de sua criação para o atingimento de finalidades públicas impostas pelo ordenamento jurídico. A criação e atuação dessas empresas, pautadas *apenas* pelos critérios indeterminados previstos no art. 173 da CF (que amparam a constituição de empresas estatais e se refletem, portanto, na constituição de empresas semiestatais), podem ser juridicamente insuficientes. Outros critérios deverão ser observados para a criação dessas empresas.

Primeiro: o protagonismo da livre-iniciativa no domínio econômico, em detrimento da própria intervenção estatal direta (art. 170 da CF).[335] Dele decorre outro: a noção de subsidiariedade (subjacente ao já citado art. 173 da CF).[336] Finalmente: a necessidade

---

brasileira. In: RIBEIRO, Leonardo Coelho; FEIGELSON, Bruno; FREITAS, Rafael Véras de (Coord.). *A nova regulação da infraestrutura e da mineração*: portos, aeroportos, ferrovias, rodovias. Belo Horizonte: Fórum, 2015, p. 23-24.

[335] "[...] face aos princípios constitucionais que regem a 'ordem econômica' (art. 170), entre os quais se inclui o da 'livre iniciativa', a presença do Estado na economia não deve ser a regra, mas sim a exceção, apenas se justificando quando a iniciativa privada não puder ou não quiser atender satisfatoriamente aquele setor da atividade econômica. Razões estratégicas ou de política geoeconômica também poderão recomendar a presença de sociedades de economia mista e empresas públicas" (BORBA, José Edwaldo Tavares. *Sociedade de economia mista e privatização*. Rio de Janeiro: Lumen Juris, 1997, p. 6).

[336] Em crítica com viés que me parece mais sociológico, e menos jurídico, sobre a intervenção direta do Estado brasileiro na economia, Luís Roberto Barroso coloca o seguinte: "[n]a minha vivência brasileira, sou convencido de que o Estado, na sua atuação econômica, é quase sempre um Midas pelo avesso: o que ele toca vira lata. Em seguida, enferruja" (Luís Roberto Barroso, "Estado e livre-iniciativa na experiência constitucional brasileira", *op. cit.*, p. 22).

de concretização da eficiência com a atuação dessas entidades. Esses mesmos pontos deveriam ser observados quando o Estado constitui empresas semiestatais para a prestação de serviços públicos (no caso da outorga de concessão, exemplificativamente): elas competirão pelo

Continua o autor: "[p]recisamos superar essa visão, que está por trás de uma concepção de que o Estado deve ser protagonista de tudo. Governo é para garantir as regras do jogo, criar infraestrutura e ajudar os pobres, arrecadando tributos com eficiência e justiça fiscal, redistribuindo renda, bancando programas sociais e, sobretudo, prestando serviços públicos de qualidade. Excepcionalmente, em áreas estratégicas, é possível ter o Estado atuando diretamente em atividades econômicas. Mas, como regra, não em regime de privilégio, de exclusividade, de monopólio" (*idem ibidem*, p. 25).
Ainda, para aprofundamento sobre a subsidiariedade, cf. MARQUES NETO, Floriano de Azevedo. O fomento como instrumento de intervenção estatal na ordem econômica. *Revista de Direito Público da Economia – RDPE*, Belo Horizonte, ano 8, n. 32, p. 61-62, out./dez. 2010; GUERRA, Sérgio. As privatizações no atual contexto jurídico constitucional brasileiro. In: SOUTO, Marcos Juruena Villela (Coord.). *op. cit.*, p. 380-390; Adilson Abreu Dallari, "Controle das Empresas Estatais", *op. cit.*, p. 5); Caio Tácito, "As empresas estatais no direito brasileiro", em Antonio A. Queiroz Telles e Edmir Netto de Araújo (Coord.). *Direito administrativo na década de 90*: estudos jurídicos em homenagem ao prof. J. Cretella Junior. São Paulo: Revista dos Tribunais, 1997, p. 15-27.
Em sentido oposto, Gilberto Bercovici advoga a inexistência de subsidiariedade de intervenção estatal direta no domínio econômico: "A iniciativa privada é livre nos termos da Constituição. A limitação da iniciativa econômica privada ocorre em função das medidas adotadas legitimamente pelo Estado, também dotado de iniciativa econômica, para reconstruir o ordenamento econômico e social no sentido determinado pelo texto constitucional. Deste modo, a iniciativa econômica privada, em geral, e a liberdade de empresa, em particular, podem ser limitadas por uma série de fatores, como a reserva de setores privativos de atuação do Estado (serviços públicos, monopólios estatais, etc.), a própria iniciativa econômica pública, a legislação regulamentadora das várias atividades econômicas, inclusive o poder de polícia da Administração Pública, a proteção à concorrência, ao consumidor e ao meio ambiente, a proteção aos direitos fundamentais dos trabalhadores, o controle de preços, desde que utilizado como forma de atingir os fins constitucionalmente determinados, etc. O limite último da livre iniciativa é o respeito à essência da Constituição, ou seja, a busca de melhores condições sociais de vida e mais bem estar para todos. A livre iniciativa, portanto, como toda liberdade pública, é relativa. O bem-estar econômico geral, a busca da igualdade material e do pleno emprego a limitam. Afirmar [...] que a livre iniciativa é a regra, e os demais vínculos sociais constitucionalmente estabelecidos são a exceção, não passa de um jogo de palavras sem consistência teórica, fruto da tentativa de impor determinadas ideologias" (*Direito econômico do petróleo e dos recursos minerais*. São Paulo: Quartier Latin, 2011, p. 266-267). Cf. também FREIRE, André Luiz. A crise financeira e o papel do estado: uma análise jurídica a partir do princípio da supremacia do interesse público sobre o privado e do serviço público. *A&C – Revista de Direito Administrativo & Constitucional*, Belo Horizonte, ano 10, n. 39, p. 147-162, jan./mar. 2010; BONFIM, Natália Bertolo. *O interesse público nas sociedades de economia mista*, Dissertação (Mestrado), Faculdade de Direito da Universidade de São Paulo: São Paulo: 2011.
Para apontamentos gerais sobre o princípio da subsidiariedade, cf. KALIL, Marcus Vinicius Alcântara. *Estado subsidiário, privatizações e parcerias público-privadas*. Rio de Janeiro: Lumen Juris, 2014, p. 43-85; SAMPAIO, Gustavo José Marrone de Castro. *O princípio da subsidiariedade como critério de delimitação de competências na regulação bancária*, Tese (Doutorado), Faculdade de Direito da Universidade de São Paulo: São Paulo: 2011, p. 90-124; CUNHA, Carlos Eduardo Bergamini. *A subsidiariedade como vetor objetivo de restrição à intervenção regulatória do Estado na economia*: definição e instrumentalização, Dissertação (Mestrado), Faculdade de Direito da Universidade de São Paulo: São Paulo: 2013, p. 65-127.

mercado com empresas privadas no âmbito de concorrências públicas ou já em sua efetiva atuação, uma vez constituídas.

Assim, a realização e a manutenção de investimentos estatais minoritários deverão ser balizadas: com a constatação de intervenção estatal indevida ou desnecessária, o investimento estatal minoritário deverá ser desfeito.

5.1 Intervenção direta do Estado na atividade econômica e a ideia de persistência

A constituição de empresas semiestatais poderá ser utilizada como instrumento para a exploração direta de atividade econômica, conforme o art. 173 da CF.[337] Além dele, o art. 175 da CF veicula a incumbência da Administração Pública de *prestar*, direta ou indiretamente, *serviços públicos*, também na forma da lei.[338] Encontram-se, aí, as grandes previsões constitucionais a respeito do exercício de atividades econômicas pelo Estado. Além delas, haverá as hipóteses específicas de atuação empresarial do Estado.

O art. 37 da CF, nos incisos XIX e XX, arrola as entidades empresariais criadas com a participação estatal (exclusiva ou não), incluídas empresas subsidiárias das sociedades de economia mista, sociedades controladas, direta ou indiretamente pelo Poder Público, bem como qualquer outra sociedade em que o Estado possua participação.

Apesar das nuances existentes entre as mencionadas figuras, elas parecem guardar pertinência entre si: o fato de serem criadas para exploração de atividade econômica. A concepção da empresa seria feita para que ela existisse não de maneira efêmera, mas buscando influenciar o mercado, gerar resultados positivos, progredir.

A minha concepção é a de que a intervenção direta do Estado no domínio econômico deve ser entendida como a execução de atividades econômicas duradouras do ponto de vista temporal. Tendo em vista as disposições constitucionais a respeito do exercício de atividades econômicas, aspecto relevante diz respeito à possibilidade de desenvolvimento de atividades pela Administração Pública em concorrência com a iniciativa privada, com os mesmos propósitos.

---

[337] Art. 173 da CF: "[r]essalvados os casos previstos nesta Constituição, a exploração direta de atividade econômica pelo Estado só será permitida quando necessária aos imperativos da segurança nacional ou a relevante interesse coletivo, conforme definidos em lei".

[338] Art. 175 da CF: "[i]ncumbe ao Poder Público, na forma da lei, diretamente ou sob regime de concessão ou permissão, sempre através de licitação, a prestação de serviços públicos".

Contudo, isso não deve significar, em termos jurídicos, que a empresa deva (ou mesmo que ela vá) se perpetuar indefinidamente. A manutenção dos imperativos previstos constitucionalmente deverá ser observada, de maneira que sua cessação levará à cessão da possibilidade de intervenção estatal. Esta também é a opinião de Vitor Rhein Schirato:

> [c]onforme [...] previsto no artigo 173 da Constituição Federal, o Poder Público somente poderá explorar atividades econômicas nos casos necessários aos imperativos da segurança nacional ou ao relevante interesse coletivo, conforme previsto em lei. [...]
> Assim, quanto às hipóteses de exploração de atividade econômica em comento, devemos mencionar que (i) somente poderão ocorrer diante da verificação dos requisitos constitucionais pertinentes, cessados os quais deverá o Poder Público imediatamente suspender a exploração da atividade econômica, e (ii) dar-se-ão em regime de livre concorrência com a iniciativa privada.[339]

Especificamente no caso de empresas semiestatais, mesmo nas hipóteses em que o Estado decide constituí-las com o objetivo de prestar, indiretamente, serviços públicos (art. 175), por se tratar de criação de entidade não integrante da estrutura da Administração Pública, sua constituição dependerá, em geral, de participação de empresas privadas em procedimento licitatório, e, com a assinatura do respectivo contrato de concessão, sujeita a prazo determinado. Sendo assim, sua atuação não se perpetuará indefinidamente.

Tanto a intervenção direta (*exploração de atividade econômica*) quanto a indireta (*fomento*) são atividades estatais que provocam "repercussão econômica"[340] e, bem por isso, devem ser realizadas motivadamente pela Administração.

Na exploração de atividade econômica, a continuidade da atuação se motivará e se justificará na medida em que suas finalidades possam ser cumpridas, especialmente com a demonstração do prosseguimento da existência das razões de relevante interesse coletivo ou de segurança nacional que ensejaram sua constituição.

---

[339] "Novas Anotações sobre as Empresas Estatais", *op. cit.*, p. 220-221.
[340] MOREIRA NETO, Diogo de Figueiredo. A Administração Indireta e sua eficiência. In: MARTINS FILHO, Ives Gandra da Silva; MEYER-PFLUG Samantha Ribeiro (Coord.). *A intervenção do Estado no domínio econômico*: condições e limites (homenagem ao Prof. Ney Prado). São Paulo: LTr, 2011, p. 437.

Essa concepção não deve ser confundida com a atividade administrativa de fomento,[341] a qual também pode ser realizada por meio da constituição de empresas semiestatais. Nesta hipótese, o desenvolvimento da atividade empresarial pelo Estado não se daria pela perspectiva da *persistência*, mas pelo *apoio*. O seu objetivo não é o de interferir no domínio econômico para atuar em regime concorrencial com empresas privadas: a motivação passará pela necessidade de se estimular atividades por elas desenvolvidas.

No primeiro caso, os requisitos de intervenção direta do Estado no domínio econômico (art. 173 da CF) deverão ser estritamente observados. A Administração Pública operará em campo que lhe é estranho (mesmo quando o faz por meio de empresas nas quais investe minoritariamente), razão pela qual os critérios insculpidos no mencionado dispositivo deverão ser atendidos, sob pena de atuação irregular.[342]

Doutro lado, a atividade administrativa de fomento é campo de atuação precípuo do Estado, ao lado das demais atividades que lhes são impostas pelo ordenamento jurídico. Bem por isso, no caso de constituição de empresas semiestatais, a atuação fomentadora será realizada sob a perspectiva do apoio, de maneira que, verificada a concretização das medidas que se quis fomentar, ou constatada a inviabilidade de sua materialização, não haverá mais razão para que haja a sua continuidade pela Administração Pública.

O ponto de vista da persistência é evidenciado pela ideia de exploração de atividades econômicas, trazidas no estatuto social de distintas estatais federais. A ECT tem por objeto social (i) planejar, implantar e explorar o serviço postal e o serviço de telegrama; (ii) explorar os serviços postais de logística integrada, financeiros e eletrônicos; (iii) explorar atividades correlatas; (iv) exercer outras atividades afins, autorizadas pelo Ministério das Comunicações (art. 4º de seu Estatuto Social).[343] A Eletrobras operará diretamente, ou

---

[341] Maria Hermínia Penteado Pacheco e Silva Moccia, *Parâmetros para a utilização do fomento público econômico (empréstimos pelo BNDES em condições favoráveis)*, Tese (Doutorado), Pontifícia Universidade Católica de São Paulo: São Paulo: 2014, p. 50-72.

[342] Sobre a prevalência da atuação empresarial privada, Lúcia Valle Figueiredo coloca que, "[e]m um sistema liberal, onde o regime tradicional é o capitalista, o Estado só deve, e é este o mandamento constitucional, interferir na esfera reservada aos particulares, na hipótese de ausência ou insuficiência de atividade privada. De outra parte, o Estado, tutelando o interesse público, só agirá na esfera que lhe for particularmente reservada" (*idem ibidem*, p. 28).

[343] Art. 5º do Estatuto Social da ECT: "[p]ara a execução de atividades compreendidas em seu objeto, a ECT poderá, mediante autorização da Assembleia Geral, adquirir o controle

por intermédio de subsidiárias ou empresas a que se associar, para exploração da produção ou transmissão de energia elétrica sob regime de concessão ou autorização (art. 3º, §1º, de seu Estatuto Social). A ideia de exploração de atividades econômicas está associada à ideia de (livre) competição nos mercados nos quais essas empresas estão inseridas. O Estatuto Social da Petrobras especifica que "[a]s atividades econômicas vinculadas ao seu objeto social serão desenvolvidas pela Companhia em caráter de livre competição com outras empresas, segundo as condições de mercado" (art. 3º, §1º, de seu Estatuto Social). Na mesma linha vai o da Transpetro: ela possui objeto social bastante amplo,[344] desenvolvido "em caráter de livre competição com outras empresas, obedecendo estritamente às condições de mercado" (art. 3º, §1º).

5.1.1 Motivação para realização do investimento minoritário: eficiência

A ideia de persistência da intervenção direta do Estado na economia não faz com que a empresa possa agir livremente, tampouco que o próprio Estado o possa quando constitui empresas semiestatais. Deve haver motivação para realização do investimento minoritário, considerando todos seus méritos, incluindo solidez, consistência[345] e riscos existentes. A motivação deve ser realizada sob duas óticas.

---

ou a participação acionária em sociedades empresárias já estabelecidas, e de constituir subsidiárias".

[344] Art. 3º do Estatuto Social da Transpetro: "[a] Companhia tem como objeto: I – As operações de transporte e armazenagem de graneis, petróleo e seus derivados, biocombustíveis, petroquímicos e de gás em geral, por meio de dutos, terminais, embarcações próprias ou de terceiros, e quaisquer outros modais de transporte, incluindo rodoviário, ferroviário e multimodal; II – O transporte de sinais, de dados, voz e imagem associados às suas atividades fins; III – A construção e operação de novos dutos, terminais e embarcações, mediante associação com outras empresas, majoritária ou minoritariamente; a participação em outras sociedades controladas ou coligadas, bem como o exercício de outras atividades afins e correlatas".
Art. 12 do Estatuto Social da Transpetro: "[a] Companhia, no estrito cumprimento de seu objeto social vinculado à indústria do petróleo e atividades afins, fica autorizada a constituir subsidiárias, no país ou no exterior, bem como a participar de sociedades controladas ou coligadas, bem como associar-se, majoritária ou minoritariamente, a outras empresas".
Art. 13 do Estatuto Social da Transpetro: "[a] Companhia poderá adquirir ações ou cotas de outras sociedades, bem como formar consórcios com empresas nacionais ou estrangeiras, na condição ou não de empresa líder, objetivando expandir atividades, reunir tecnologias e ampliar investimentos aplicados aos negócios constantes do seu objeto social".

[345] Egon Bockmann Moreira, *Direito das concessões de serviços público*: inteligência da Lei 8.987/1995 (parte geral), São Paulo: Malheiros, 2010, p. 230-231. Conforme a Lei de Processo Administrativo, a motivação deve ser "explícita, clara e congruente" (art. 50, §1º).

A primeira diz respeito ao veículo utilizado pelo Estado para a realização do investimento. A finalidade perseguida deverá estar em linha com seu objetivo social. Caso a empresa estatal seja constituída para intervenção no domínio econômico com finalidade específica (que deve ser adequadamente demonstrada), o investimento minoritário realizado com o objetivo de constituir empresa semiestatal deverá segui-la.

Nessa toada, deve haver indicação da finalidade para a qual o investimento minoritário foi realizado. Os objetivos perseguidos pela Administração Pública definirão a perspectiva pela qual o investimento será realizado, fazendo incidir as condicionantes para sua realização[346] e a eficiência que deve pautar a descentralização de atividades.

A descentralização administrativa pode ser amplamente entendida como a "transferência de *atividade administrativa* ou, simplesmente, *do exercício dela* para outra pessoa. Isto é, desloca-se do Estado, que a desempenharia através de sua Administração Central, para outra pessoa, *normalmente* pessoa jurídica".[347] Ela é caraterizada pela: (i) transferência da atividade ou do exercício dela para *pessoa* diferente do próprio Estado; (ii) atividade transferida deve ser *administrativa*.[348]

O DL nº 200 veicula diretrizes de ampla descentralização administrativa (art. 10), que deve ser operada em três planos (art. 10, §1º): (i) dentro dos quadros da Administração, distinguindo-se claramente o nível de direção do de execução; (ii) da Administração Federal para a das unidades federadas, quando estejam devidamente aparelhadas e mediante convênio; (iii) da Administração para a órbita privada, mediante contratos ou concessões.

O terceiro plano opera-se por meio da transferência de determinadas atividades até então assumidas pela Administração (seja em termos de atribuição legal, seja em termos de descentralização já realizada a algum ente governamental) para pessoas da iniciativa

---

[346] José Cretella Jr. levanta argumento sobre determinantes para criação de empresas estatais que, em minha visão, podem ser replicados para a constituição de empresas semiestatais: "[a]s causas determinantes da criação da empresa pública federal são de duas espécies: *conveniência* ou *contingência*. Resume-se a conveniência em um juízo axiológico ou valorativo do Governo. A autoridade, louvada em parecer (técnico, econômico ou social), valora a oportunidade ou a conveniência da 'criação' ou da 'transformação'. Concluindo positivamente, o Governo, escudado em parecer técnico-jurídico, aparelha-se para a concretização do aparecimento da nova entidade. Pode criá-la ou não: está na esfera discricionária do poder governamental a providência ou a inércia. A criação da empresa pública é contingente, ou seja, pode ser ou não ser criada, conforme as circunstâncias do momento aconselhem ou não a criação" (*Idem ibidem*, p. 177).

[347] Celso Antônio Bandeira de Mello, *idem ibidem*, p. 6-7.

[348] Celso Antônio Bandeira de Mello, *idem ibidem, loc. cit.*

privada. É o que se passa, por exemplo, nas concessões de serviços públicos, nas quais, mediante prévia licitação, outorga-se o exercício de determinada atividade ao seu vencedor.

A descentralização, em qualquer desses planos, tem como objetivo trazer maior eficiência tanto ao ente que a opera quanto para a atividade que se descentraliza. Aquele poderá se focar nas atribuições que ficam sob sua guarida, podendo desempenhá-las de maneira mais focada, com maiores esforços, enquanto este será executado por pessoa com maior expertise, maior disponibilidade de desenvolvê-la.

Conforme o DL nº 200, a descentralização deve permitir que a estrutura centralizada se liberte "das rotinas de execução e das tarefas de mera formalização de atos administrativos, para que possam concentrar-se nas atividades de planejamento, supervisão, coordenação e controle" (art. 10, §2º). Em outros termos: foque-se em suas atividades finalísticas.

Ainda, para evitar o seu crescimento desmesurado, a Administração desobrigar-se-á de realizar tarefas executivas, "recorrendo, sempre que possível, à execução indireta, mediante contrato, desde que exista, na área, iniciativa privada suficientemente desenvolvida e capacitada a desempenhar os encargos de execução" (art. 10, §7º). A atuação estatal será subsidiária à atuação privada, especialmente nos casos em que a atividade passível de descentralização puder ser por esta realizada de maneira mais adequada. Ao mesmo tempo, a preocupação com o crescimento desmesurado do Estado (veiculada não apenas no mencionado dispositivo do DL nº 200, mas em outros, como o art. 178) faz com que o ônus argumentativo para a realização e para manutenção de investimentos estatais se amplie.

Reconhece-se a descentralização como medida hábil a dotar a Administração Pública (por meio da execução direta de suas atividades que lhe permanecem atribuídas ou da execução indireta de atividades outorgadas a terceiros) de maior eficiência. Muito antes da alteração do art. 37, *caput*, da CF, promovida pela Emenda Constitucional nº 19/1998, o DL nº 200 já havia se ocupado de tratar do tema.

O ganho de eficiência poderá se dar por meio da *descentralização de atividades para empresas estatais*.[349] Posteriormente à descentralização

---

[349] A noção de descentralização é apontada por Maria Sylvia Zanella Di Pietro. Para ela, a lei que autoriza a criação da empresa define os fins que deve atingir. Por isso mesmo, estaria sujeita ao princípio da especialização, decorrência da própria ideia de descentralização administrativa. Significa dizer que, quando o Estado cria pessoas jurídicas como forma de

de atividades para empresas estatais, *a eficiência poderia se dar por nova descentralização, por meio da constituição de empresas semiestatais*. A primeira seria realizada com a descentralização por serviços, com a criação de pessoa jurídica de direito público ou privado para a qual seria atribuída a execução de determinada atividade. Ela se daria por meio de lei, por meio da qual o ente descentralizado passaria a deter a titularidade sobre ela e, consequentemente, desempenhá-la-ia com relativa independência em relação à pessoa central, pois somente seriam admissíveis nos limites expressamente estabelecidos em lei e com objetivo de garantir que a entidade não se desviasse dos fins para os quais foi instituída.[350] Com a descentralização por serviços a determinada empresa estatal, esta posteriormente poderia realizar descentralização por colaboração com a criação de empresa semiestatal, incumbida de desenvolver atividade sob atribuição daquela.[351]

---

descentralizar a prestação de certas atividades, fá-lo "com vistas à especialização de função; por isso mesmo, a lei que autoriza a criação da entidade estabelece com precisão as finalidades que lhe incumbe atender, de tal modo que não cabe aos seus administradores afastar-se dos objetivos definidos na lei" (Licitação. Associação entre empresa pública e privada. Objetivo: participação em futuro certame licitatório para a execução de um empreendimento. In: DI PIETRO, Maria Sylvia Zanella. *Direito administrativo*: pareceres. São Paulo: Forense, 2015, p. 473). A autora também se utiliza da ideia de especialização, por exemplo, ao analisar caso de descentralização de atividades pela ECT por meio de investimentos minoritários em empresa que seria constituída para oferta de serviços de comunicação física e digital. Com esta técnica, buscar-se-ia incremento de eficiência da empresa estatal que descentraliza a atividade, pois se focaria em suas atividade-fim ao mesmo passo em que conseguiria informações e expertise necessários relativamente à atividade-meio descentralizada: "No caso da ECT, não se trata de atividade econômica, própria da iniciativa privada, mas de serviço público atribuído à União. Não es trata de atividade aberta à livre iniciativa, que dependa de fomento por parte do Estado. Nem se trata de direcionar as atividades de uma empresa privatizada, por meio de *golden share* ou acordo de acionistas. Quando muito, a ECT estaria interessada na parceria com entidade privada, para usufruir de seu conhecimento em matéria à qual a estatal não está afeita, ampliando, dessa forma, a sua eficiência. Esse objetivo parece decorrer do artigo 2º, parágrafo único, do Decreto-lei nº 509/69, com a redação dada pelo Lei nº 12.490/2011. Ao ampliar as competências da ECT, a Lei 12.490 autorizou a ECT a, 'obedecida a regulamentação do Ministério das Comunicações, firmar parcerias comerciais que agreguem valor à sua marca e proporcionem maior eficiência de sua infraestrutura, especialmente de sua rede de atendimento'" ("Participação minoritária da Empresa de Correios e Telégrafos – ECT em empresa privada a ser constituída. Licitação para escolha da empresa, sob pena de afronta aos princípios da isonomia e da livre concorrência. Direito de acesso a informação", *op. cit.*, p. 509).

[350] Maria Sylvia Zanella Di Pietro, *idem ibidem*, p. 45-46.

[351] "A racionalidade da descentralização administrativa assenta-se na combinação de três fatores: (i) especialização funcional, (ii) autonomia gerencial e (iii) flexibilidade de ação. O recurso à descentralização administrativa serve para organizar atividades tipicamente estatais [...] assim como para a exploração de empreendimentos econômicos em regime de mercado. No primeiro caso, o Estado pode optar por qualquer das três formas descentralizadas (autárquica, fundacional ou societária), já no segundo o Estado deve necessariamente adotar o modelo de sociedade empresária regida pelo direito privado" (Mario Engler Pinto

A motivação, sob esta primeira perspectiva, deverá demonstrar a compatibilidade entre a finalidade do investimento minoritário para a constituição de semiestatal com a efetivação dos objetivos e a estatal que a constitui, demonstrando de qual maneira essa decisão pode contribuir para que haja maior eficiência na descentralização da atividade.

Além disso, a motivação deverá evidenciar que outro requisito foi atendido. O ponto é lançado por Marcos Juruena Villela Souto: a necessidade de prévio oferecimento pelo Estado da exploração da atividade econômica à iniciativa privada. Deveria ser realizado diagnóstico sobre situação constatada e a necessidade de sua melhoria, o prognóstico sobre a forma de atingi-la por meio da atuação empresarial e eventuais medidas de fomento que o Estado ofereceria para empresários privados que pretendessem enfrentá-la.[352] Em caso de abstenção[353] da iniciativa privada, estaria constitucionalmente autorizado a realizar a intervenção direta na economia. Para o autor, este deveria ser o critério para definição do "relevante interesse coletivo", previsto no art. 173, *caput*, da CF e legitimador da presença do Estado em setor.[354] Na mesma linha é a opinião de Caio Tácito, para quem "a atividade econômica pública é complementar da iniciativa privada, dominada pelo princípio da subsidiariedade e ocupando os espaços vazios dos quais se ausenta a iniciativa privada ou quando esta fracassa".[355]

Em alguma medida, esta ideia foi trazida para balizar o procedimento de alienação previsto no Decreto nº 9.188/2017. As

---

Jr., "Organização do setor público empresarial: articulação entre Estado e companhias controladas", *idem ibidem*, p. 331).

[352] *Aspectos jurídicos do planejamento econômico*. 2. ed. rev. e atual. Rio de Janeiro: Lumen Juris, 2000, p. 161-162.

[353] Marcos Juruena Villela Souto, "Criação e função social da empresa estatal – a proposta de um novo regime jurídico para as empresas sob controle acionário estatal", em Marcos Juruena Villela Souto (Coord.). *op. cit.*, p. 5. Cf. também CARRASQUEIRA, Simone de Almeida. *Investimento das empresas estatais e endividamento público*. Rio de Janeiro: Lumen Juris, 2006, p. 57-64.

[354] "Logo, para conciliar a presença do Estado como princípio da livre iniciativa, deve o setor, antes de exploração pelo Poder Público, ser oferecido, com seriedade, à iniciativa privada, o que se alcança através da presença de instrumento de fomento público (incentivos fiscais, empréstimos públicos, subsídios – evitando, assim, que seja 'plantados' interesses públicos). Não despertando o interesse privado e estando no plano da lei do plano como essencial para o atendimento do interesse público, deve o Estado explorá-lo sob regime de direito público" (Marcos Juruena Villela Souto, *idem ibidem*, p. 33).

[355] Regime jurídico das empresas estatais. *Revista de Direito Administrativo – RDA*, Rio de Janeiro, n. 195, p. 3, jan./mar. 1994.

suas duas primeiras etapas são a *preparação* e a *consulta de interesse*.[356] Aquela se destina ao "planejamento do procedimento competitivo de alienação" (art. 17), contemplando sua justificativa, com a motivação para alienação, proposta de estrutura de negócio, percentual do ativo ou da sociedade a ser alienada e indicativo de valor, bem como avaliação de impactos comerciais, fiscais, contábeis, trabalhistas, ambientais, societários e contratuais. Por meio desta, "a sociedade de economia mista verificará o interesse do mercado na alienação pretendida por meio de instrumento de divulgação da oportunidade" (art. 21).[357]

Dessa maneira, a consulta terá como propósito checar o interesse da iniciativa privada em carrear determinada atividade (ou participar de determinada empresa) que vinha sendo realizada diretamente pelo Estado. Haverá a necessidade de divulgação de informações e instrumentos públicos de consulta ao mercado, como critério para o Estado seguir ou não com a alienação. Em caso de desinteresse, outras medidas poderiam ser adotadas, como liquidação da empresa e sua posterior extinção, realização de aportes de capital ou outras medidas de reestruturação. Mas, seja como for, permitirá sentir a efetiva possibilidade de exploração do empreendimento pela iniciativa privada.

Isto também é o que ocorre na atuação da ABGF, empresa pública federal cujo objeto abrange (art. 38 da Lei nº 12.712/2012): (i) concessão de garantias contra riscos comerciais, em operações de crédito ao comércio exterior com prazo superior a 2 anos, e políticos e extraordinários, em operações de crédito ao comércio exterior de qualquer prazo; (ii) constituição, administração, gestão e representação de fundos garantidores e de outros fundos de interesse da União.

Embora seu objeto seja a prestação de garantia, a ABGF deixará de concedê-las "contra riscos que encontrem plena cobertura no mercado de seguros privados a taxas e condições compatíveis com

---

[356] Art. 15 do Decreto nº 9.188/2017: "[o] procedimento de alienação observará as seguintes fases: I – preparação; II – consulta de interesse; III – apresentação de propostas preliminares; IV – apresentação de propostas firmes; V – negociação; e VI – resultado e assinatura dos instrumentos jurídicos negociais".

[357] Art. 22 do Decreto nº 9.188/2017: "[o] instrumento de divulgação da oportunidade conterá o resumo do objeto da alienação, informará os critérios objetivos para participação no procedimento competitivo de alienação e disponibilizará as informações não sigilosas sobre o ativo, em observância ao princípio da publicidade. Parágrafo único. O instrumento de divulgação da oportunidade conterá as informações necessárias para a manifestação de interesse em participar do procedimento de alienação, tais como o prazo e a forma de realização dos atos, e será publicado preferencialmente por meio eletrônico, em portal mantido na internet [...]".

as por ela praticadas, ressalvada a prerrogativa de recusa de casos individuais pelo mercado" (art. 38, §1º, da Lei nº 12.712/2012). Assim, sua atuação é, em termos legais, subsidiária à atuação da iniciativa privada no mercado em que se insere.

Há exemplo atual de aplicação deste comando legal. A União, representada pelo Comando da Aeronáutica – COMAER e por intermédio da Comissão de Implantação do Sistema de Controle do Espaço Aéreo – CISCEA, pretende contratar PPP, na modalidade de concessão administrativa, que terá como objeto a gestão de rede de comunicações integrada do COMAER. Com a contratação, este assumirá obrigações pecuniárias de pagamento de contraprestações mensais ao longo de 25 anos, em montantes mensais estimados em R$ 15,2 milhões.[358]

Conforme minuta de edital submetida a consulta pública,[359] foi considerada a estruturação de garantia do pagamento da contraprestação mensal que será devida pelo COMAER, caso a PPP seja efetivamente contratada, por meio do Fundo Garantidor de Infraestrutura – FGIE, administrado pela ABGF. Porém, como alternativa à constituição da garantia nestes moldes, o COMAER veiculou o Edital de Chamamento Público de Garantia 001/CISCEA/2017, com o objetivo de identificar, junto aos agentes do mercado financeiro, em especial instituições bancárias, de seguros e de resseguros, eventual interesse em constituir garantia contra risco de crédito do COMAER, proveniente do não pagamento da contraprestação mensal mencionada.[360] Assim, o envolvimento da ABGF no projeto estaria condicionado à existência de interesse privado na execução da mesma atividade, em bases comerciais semelhantes. Caso ela existisse, a empresa estatal não atuaria neste caso.

Nessas bases, para concretizar o comando constitucional, o Estado deve motivar adequadamente sua atuação, bem abster-se de intervir diretamente na economia[361] fora das hipóteses ali delimitadas.

---

[358] Disponível em: <grcic.ciscea.gov.br/inicio>. Acesso em: 12 nov. 2017.
[359] Consulta Pública 1/CISCEA/2017, publicada no Diário Oficial da União de 31 de julho de 2017: "Abertura da Consulta Pública destinada a colher sugestões sobre as Minutas de Edital e de Contrato da Concorrência e respectivos anexos para Parceria Público-Privada voltada para a Gestão da Rede de Comunicações Integrada do Comando da Aeronáutica – COMAER (GRCIC), sob a modalidade de Concessão Administrativa [...]".
[360] Publicado no Diário Oficial da União de 25 de outubro de 2017.
[361] Sérgio Guerra, *idem ibidem*, p. 316-317.

Sua atuação será residual:[362] a criação de empresas semiestatais deverá ser amparada pelos juízos de *necessidade* (evidenciação da hipótese de atuação empresarial estatal que não seja – ou que não possa ser – adequadamente atendida pela iniciativa privada),[363] de *especialização* (buscada com a criação e atuação da empresa semiestatal), resumidas na ideia de *eficiência* (apenas poderá vir a realizar investimento minoritário em empresa semiestatal na exata medida em que ela puder contribuir para a realização da sua atividade-fim).[364]

5.2 Empresas semiestatais no setor de petróleo e gás

A Lei do Petróleo trouxe disciplina específica sobre a constituição de subsidiárias e de realização de investimentos minoritários pela Petrobras. Veiculou autorização legislativa, demandada pela Constituição Federal, para criação de suas subsidiárias, nos termos de seu art. 64, o qual prevê que, para o estrito cumprimento de atividades de seu objeto social que integrem a indústria do petróleo, a Petrobras poderá constituir subsidiárias, as quais poderão associar-se, majoritária ou minoritariamente, a outras empresas.[365]

Assim, representou advento de novo marco regulatório para o setor no país: abriu o mercado para a iniciativa privada, com a inserção da Petrobras em contexto de livre competição com outras empresas privadas.[366] Para garantir participação eficiente perante o cenário de

---

[362] MARQUES NETO, Floriano de Azevedo. Limites à abrangência e à intensidade da regulação estatal. *Revista Eletrônica de Direito Administrativo Econômico*, Salvador, Instituto de Direito Público da Bahia, n. 4, p. 13, nov./dez. 2005, jan. 2006. Disponível em: <http://www.direitodoestado.com.br>. Acesso em: 17 jan. 2017.

[363] Marcos Juruena Villela Souto, *idem ibidem*, p. 128.

[364] Como exemplo, a assertiva foi recentemente reconhecida no Regulamento de Licitações e Contratos da CEF, ao prever que a exploração de oportunidades de negócios, com o "estabelecimento de parcerias com terceiros destinadas ao desenvolvimento da atuação concorrencial", deve estar pautada por (art. 11): (i) retorno em receitas financeiras; (ii) acesso a soluções melhores e inovadoras; (iii) ganho operacional e de eficiência; (iv) promoção de empreendedorismo visando adoção de novos modelos/procedimentos de mercado; (v) melhoria de performance na execução de suas atividades finalísticas (disponível em: <http://www.caixa.gov.br/Downloads/caixa-documentacao-basica-21/Regulamento_CAIXA_Aprovado_31_03_2017.pdf>. Acesso em: 09 dez. 2017).

[365] Sobre a expansão das atividades da Petrobras, incorporando a lógica de atuação de empresas privadas, por meio de integração vertical, conglomeração e, notadamente, pela formação de *joint ventures*, cf. ALVEAL CONTRERAS, Edelmira del Carmen. *Os desbravadores*: a Petrobras e a construção do Brasil industrial. Rio de Janeiro: Relume Dumará, ANPOCS, 1994, p. 130-141.

[366] SUNDFELD, Carlos Ari; CÂMARA, Jacintho Arruda. Operações societárias da Petrobras. *Revista Síntese de Direito Administrativo*, São Paulo, v. 69, p. 115, set. 2011.

competição, foi necessário conferir-lhe liberdade de autogestão e de conformação empresarial. Esse é o racional imanente ao art. 64 da Lei do Petróleo, que proporcionou à empresa a (larga) possibilidade de constituir empresas subsidiárias e participar minoritariamente de empresas privadas.[367]

Com base nele, a atuação da Petrobras se pautou por ampliação de sua intervenção direta no domínio econômico por meio da constituição de parcerias societárias, nas quais, por diversas vezes, detém participação minoritária.[368] Contudo, problemas por ela experimentados recentemente fizeram com que se colocasse em marcha movimento contrário: o reposicionamento de sua atuação, orientada por diminuição e necessidade de venda de ativos, especialmente para melhoria de sua saúde financeira. Esses desinvestimentos poderão fazer com que a Petrobras realize venda total de participações detidas no capital de outras empresas ou, alternativamente, a venda apenas da parcela majoritária do capital votante, mas mantendo-se como sócia

---

[367] Nos Embargos de Declaração em Agravo de Instrumento 1.363.474/RJ (1ª T., Rel. Min. Arnaldo Esteves Lima, j. 17 out. 2013), o STJ entendeu que a Transportadora Brasileira Gasoduto Bolívia-Brasil – TGB, embora não se caracterizasse formalmente como sociedade de economia mista (já que sua criação não havia sido autorizada por lei), deveria ter o seu regime jurídico equiparado a ela, pois a Petrobras Gás S/A – Gaspetro deteria mais de 50% de seu capital votante. A discussão está assim resumida na ementa do acórdão: "[a] questão principal em análise diz versa acerca da natureza jurídica da Sociedade Anônima controlada pela Petrobras Gás S.A., ora embargante – se é, ou não, uma sociedade de economia mista –, mas se integra ou não o conceito de Administração Pública Indireta para fins de aplicação das regras concernentes aos concursos públicos. Por conseguinte, conquanto se reconheça que o acórdão embargado firmou a premissa equivocada de que a ora embargante é uma sociedade de economia mista, tal fato não é suficiente para alterar o resultado do julgamento do agravo regimental. As entidades que compõem a Administração Pública Indireta, dentre elas as Sociedades de Economia Mista e suas empresas subsidiárias, devem ser sujeitas às regras concernentes aos concursos públicos". A TGB possui a seguinte composição acionária: 51% – Petrobras Logística de Gás S/A; 29% – BBPP Holdings Ltda.; 12% – YPFB Transporte do Brasil Holding Ltda.; 8% – GTB-TBG Holdings S.À.R.L. (disponível em: <http://www.tbg.com.br/pt_br/a-tbg/perfil.htm> e <http://www.tbg.com.br/pt_br/publicacoes/relatorios-e-demonstracoes-contabeis/2016.htm>. Acesso em: 10 out. 2017).

[368] As *empresas controladas* pela Petrobras, nas quais detém maioria do capital votante, são as seguintes: 5283 Participações Ltda.; Araucária Nitrogenados S/A; Breitener Energética S/A; Breitener Jaraqui S/A; Breitener Tambaqui S/A; Companhia Integrada Têxtil de Pernambuco; Companhia Petroquímica de Pernambuco; Eólica Mangue Seco 2 – Geradora e Comercializadora de Energia Elétrica S/A; Gás Brasiliano Distribuidora; Indústria Carboquímica Catarinense; Nova Transportadora do Nordeste S/A; Nova Transportadora do Sudeste S/A; Petrobras Biocombustível; Petrobras Comercializadora de Energia Ltda.; Petrobras Logística de Exploração e Produção S/A; Petrobras Logística de Gás S/A; Petrobras Negócios Eletrônicos S/A; Stratura Asfaltos; Termobahia S/A; Termomacaé Comercializadora de Energia Ltda.; Termomacaé Ltda UTE Mário Lago; Transportadora Associada de Gás; Transportadora Brasileira Gasoduto Bolívia-Brasil (disponível em: <http://www.petrobras.com.br/pt/quem-somos/principais-subsidiarias-e-controladas/outras-empresas-controladas-do-sistema-petrobras/>. Acesso em: 10 out. 2017).

minoritária (cumulada com a possibilidade de adoção de acordos de sócios para compartilhamento de controle). O tema foi tratado no Acórdão TCU 442/2017,[369] relativo à representação elaborada pela SeinfraPetróleo sobre a sistemática de desinvestimentos de ativos e empresas do Sistema Petrobras. Não teve por objetivo avaliar casos concretos de vendas, mas a metodologia utilizada para alienações. Não fez parte do escopo de auditoria, por exemplo: (i) avaliar casos de venda de ativos concretizados ou em andamento; (ii) examinar impactos econômico-financeiros para a Petrobras decorrentes de desinvestimentos; (iii) aferir eventuais riscos de negócio relacionados aos desinvestimentos.[370]

Os principais apontamentos da unidade técnica do TCU no que concerne à sistemática de desinvestimentos referiram-se, dentre outros aspectos, a supostas: (i) falta de transparência de processos competitivos para vendas e seleção de parceiros, em especial a ausência de publicação da oportunidade de negócio; (ii) possibilidade de escolha de potenciais compradores, em processo sigiloso, associada à discricionariedade conferida ao gestor para escolha de possíveis interessados e ao risco de restrição do número de participantes; (iii) permissão para alteração do objeto alienado a qualquer momento, mesmo em etapas avançadas de negociação, sem dar oportunidades iguais aos licitantes de se manifestarem sobre as alterações promovidas no objeto; (iv) não condução à deliberação de órgãos diretivos de parcela considerável de atos relacionados à venda.[371]

A SeinfraPetróleo havia concluído que tais fragilidades poderiam macular diretrizes fundamentais do procedimento de venda e de seleção de parceiros e implicar consequências indesejadas aos processos de desinvestimentos, como potencialização dos riscos de ocorrência de atos ilícitos (eventuais direcionamentos de empresas interessadas) e modificações nos objetos durante os processos de alienação (com possibilidade de alterações dos preços de venda dos ativos em negociação).[372]

Com base nesses pontos, a questão foi apreciada pelo Plenário do TCU, o que deu origem ao Acórdão 3.166/2016, de 07 de dezembro de 2016.[373] Nele, determinou-se à Petrobras, cautelarmente, que, à

---

[369] Plenário, Processo 013.056/2016-6, Rel. Min. José Múcio Monteiro, j. 15 mar. 2017.
[370] Acórdão TCU 442/2017, fl. 01, relatório.
[371] Acórdão TCU 442/2017, fls. 02-03, relatório.
[372] Acórdão TCU 442/2017, fl. 03, relatório.
[373] Plenário, Processo 013.056/2016-6, Rel. Min. José Múcio Monteiro, j. 07 dez. 2016.

exceção dos projetos de desinvestimento denominados Paraty 1, Paraty 3, Ópera, Portfólio 1 e Sabará, sobre os quais se julgou presente o *periculum in mora* reverso e, por isso, poderiam ser finalizados, abstivesse-se de assinar contratos de venda de ativos e empresas, e de iniciar novos processos de alienação, até que o TCU deliberasse sobre o mérito da discussão.[374]

De acordo com a Petrobras, a revisão de sua sistemática de desinvestimentos buscou mitigar os riscos mencionados pelo TCU no relatório que fundamentou o Acórdão TCU 3.166/2016. Consignou que a atual versão passou a prever, expressamente, que a regra para o desinvestimento é a realização de processo competitivo e, apenas em casos excepcionais, justificados mediante parecer jurídico e aprovação de sua diretoria executiva, seria possível a realização de negociação direta.[375]

Destacou também que, em atenção às preocupações sinalizadas nas instruções da SeinfraPetróleo, bem como no Acórdão TCU 3.166/2016, a nova sistemática previu que o documento intitulado Relatório de Entrada na Carteira de Desinvestimentos[376] passaria a contar com maior detalhamento dos motivos da inclusão de ativo e empresa para desinvestimento, contemplando a exposição da estratégia corporativa que orienta a alienação, bem como os riscos, prejuízos e impactos decorrentes da eventual manutenção do ativo/empresa em propriedade da Petrobras.[377]

O aprimoramento da sistemática de desinvestimentos e a continuidade de operações de alienações (e, portanto, o atendimento às recomendações do TCU e de sua área técnica) seriam fundamentais para a própria Petrobras. Conforme informações trazidas pela empresa, o programa de desinvestimentos seria fundamental para sua recuperação financeira, "uma vez que um dos principais objetivos de seu Plano de Negócios e Gestão para 2015-2019 já era a redução da

---

[374] Acórdão TCU 442/2017, fl. 03-04, relatório.
[375] Acórdão TCU 442/2017, fl. 20, relatório.
[376] Notas da Petrobras sobre o tema e dos aprimoramentos realizados com base nas indicações feitas no âmbito dos Acórdãos TCU 3.166/2016 e 442/2017 estão disponíveis em <http://www.petrobras.com.br/fatos-e-dados/aprovamos-nova-carteira-de-desinvestimentos.htm> e <http://www.petrobras.com.br/fatos-e-dados/aperfeicoamos-nosso-processo-de-desinvestimentos.htm>. Acesso em: 08 set. 2017.
[377] Acórdão TCU 442/2017, fl. 20, relatório.

alavancagem líquida, meta que seria alcançada com várias medidas, entre as quais destacam-se os desinvestimentos".[378][379]

Também mencionou que o Plano de Negócios e Gestão para o período 2017-2021 teria adotado como estratégia para o alcance da métrica financeira "a ampliação das parcerias e desinvestimentos, disseminando a experiência obtida na área de exploração e produção (E&P) para as demais áreas da Companhia, prevendo as seguintes metas de desinvestimentos e parcerias: US$ 15,1 bilhões no biênio 2015-2016 e US$ 19,5 bilhões em 2017-2018".[380]

---

[378] Acórdão TCU 442/2017, fl. 23, relatório.

[379] Os aprimoramentos promovidos pela Petrobras foram acatados pela área técnica do TCU e pelo Plenário da Corte. O processo foi arquivado, com determinação à Petrobras para aplicar "aos projetos de desinvestimento a versão da sistemática aprovada pela Diretoria Executiva da companhia [...], reiniciando todos aqueles cujos contratos de compra e venda não tenham sido firmados, com exceção dos denominados Ópera e Portfólio 1, que poderão prosseguir, da fase em que se encontram, com a utilização das referidas novas regras (item 9.3, Acórdão TCU 442/2017, fl. 60). Ainda, o TCU recomendou "à Casa Civil da Presidência da República que avalie a conveniência e oportunidade de propor, com a urgência que considerar adequada, norma específica que disponha sobre alienações e desinvestimentos de sociedades de economia mista" (item 9.5, Acórdão TCU 442/2017, fl. 60). Apenas como exemplo, a Petrobras divulgou recentemente fato relevante sobre desinvestimentos no Setor de Fertilizantes, que estaria em "consonância com a sistemática para desinvestimentos da Petrobras, que foi revisada e aprovada pela Diretoria Executiva da companhia e está alinhada às orientações do Tribunal de Contas da União (TCU)" (disponível em: <http://www.investidorpetrobras.com.br/pt/comunicados-e-fatos-relevantes>. Acesso em: 14 set. 2017).

[380] Acórdão TCU 442/2017, fl. 24, relatório. "Nesse contexto, a Companhia informou que a paralisação dos projetos de desinvestimentos em andamento teria efeitos extremamente negativos para a Petrobras e para a economia brasileira e implicaria nos seguintes impactos imediatos: (i) Dívida Líquida/EBITDA superior ao limite máximo estabelecido no PNG para o biênio 2017-2018; (ii) Necessidade de captação de pelo menos US$ 8,4 bilhões em 2017; (iii) Dívida Líquida aumentaria para US$ 21 bilhões em 2018, se comparada com o PNG; (iv) Investimento adicional de US$ 3 bilhões no período 2017/2021; (v) Continuidade de aportes em ativos/empresas deficitários do Sistema Petrobras.

Ainda segundo a Petrobras, tais impactos, na prática, levariam a Companhia a manter sua exposição a risco em patamares pré-2015, situação que levou o seu valor de mercado a preço inferior ao seu valor contábil, com viabilidade financeira mantida apenas pela expectativa de possível aporte do acionista controlador, o que seria uma situação extrema, gerando aumento da percepção de risco do mercado e, consequentemente, do custo de captação, alimentando um ciclo vicioso que só poderia ser interrompido mediante aportes do acionista controlador. Destacou, ainda, que, caso permaneça a restrição para a conclusão dos projetos de desinvestimentos, terá de ser elaborado e divulgado novo PNG, com mais cortes de investimentos, próximos do valor de entrada de caixa que deixaria de ser obtido com o portfólio de desinvestimentos, da ordem de US$ 24 bilhões, equivalente a 32% dos investimentos do PNG 2017-2021. Asseverou que, somado a esse valor, também seriam suprimidos os investimentos indiretos feitos pelos parceiros da Petrobras, em ordem de grandeza similar ou superior, com desdobramentos para a economia brasileira, tendo como consequência, por exemplo, o retardo no desenvolvimento da produção no pré-sal e a redução na arrecadação de impostos" (Acórdão TCU 442/2017, relatório, fls. 24-25).

Os dados citados denotam a necessidade de adequados planejamento e motivação para que novos investimentos estatais minoritários ou para que processos de desinvestimentos, nos quais se constitui empresa semiestatal, sejam realizados, sob pena de serem postos em xeque. O ponto foi destacado pela Petrobras, ao evidenciar preocupação com a descontinuidade do programa de desinvestimentos e os impactos negativos que poderia gerar.

A empresa alegou que "a continuidade dos projetos elencados em seu requerimento, com a aplicação da Sistemática revisada da fase em que estão para frente, é absolutamente imprescindível para a Companhia, haja vista o impacto ainda maior que eventual determinação do TCU teria no sentido de reinício de tais projetos". Segundo ela, embora os projetos questionados do âmbito do TCU estivessem em diferentes fases de desenvolvimento interno, já contariam com gastos "no seu planejamento, [...] com ações de equipes multidisciplinares da Companhia, envolvendo consideráveis gastos com recursos humanos e materiais para a sua execução, e, dada a complexidade de reinicio, essa decisão implicaria a perda de todos esses investimentos".[381]

A preocupação com a celebração de novas parcerias e com o programa de desinvestimentos já se fez sentir no Plano Estratégico e Plano de Negócios e Gestão da Petrobras, para o período 2017-2021. A estratégia da área de Refino & Gás Natural passa pelo foco da empresa em atividades de óleo e gás, com a consequente tentativa de redução de risco na atuação em E&P, refino, transporte, logística, distribuição e comercialização, por meio de parcerias e desinvestimentos.[382]

Isso deve passar pela tentativa de otimização do portfólio de negócios, com a saída integral da estatal das atividades de produção de biocombustíveis, distribuição de GLP, produção de fertilizantes e das participações em petroquímica, reestruturação dos negócios de energia e revisão do posicionamento do negócio de lubrificantes, objetivando maximizar a geração de valor para a Petrobras.[383] Sob a perspectiva

---

[381] Acórdão TCU 442/2017, relatório, fls. 25-26.
[382] Disponível em: <http://www.petrobras.com.br/pt/quem-somos/estrategia/plano-de-negocios-e-gestao/>. Acesso em: 13 out. 2017, slide 43.
[383] Disponível em: <http://www.petrobras.com.br/pt/quem-somos/estrategia/plano-de-negocios-e-gestao/>. Acesso em: 13 out. 2017, slide 43. Em boa medida, esses pontos contrastam com o Plano Estratégico 2030 e o Plano de Negócios e Gestão 2014-2018 da Petrobras, aprovado pelo conselho de administração e divulgado em fevereiro de 2014. Como exemplo, a estratégia na área de biocombustíveis era a de "[m]anter o crescimento em biocombustíveis, etanol e biodiesel, em linha com o mercado doméstico de gasolina e diesel" (disponível

financeira, a atuação com ênfase em parcerias e desinvestimentos passa a ser vista como elemento-chave para a geração de valor para a empresa.[384]

5.2.1 Instrumentos de compartilhamento de controle no setor de petróleo e gás

Embora a Lei do Petróleo e o Estatuto Social da Petrobras não prevejam expressamente a possibilidade de celebração de acordos de sócios pela empresa, a hipótese me parece juridicamente admitida. Ela decorre da ampla possibilidade de intervenção direta da empresa no domínio econômico, o que pode ser realizado mediante processo de descentralização de atividades, por meio de constituição de subsidiárias e de investimentos minoritários em empresas privadas. Mas também por razão mais óbvia: a incidência da Lei das S/A sobre as atividades da Petrobras e, consequentemente, das regras sobre acordos de acionistas nela previstas. Não há ponto na Lei do Petróleo ou no Estatuto Social da Petrobras que veicule entendimento oposto.

O acirramento da concorrência do mercado em que atua, competindo com empresas privadas, faz com que instrumentos privados possam ser igualmente manejados para que ela cumpra adequadamente os seus objetivos. Sua natureza empresarial precisa ser levada a sério,[385] sob pena de subjugar sua finalidade, especialmente quando se tem em pauta a concretização de políticas públicas.

Em função das características do mercado em que atua, dos objetivos que deve perseguir e de sua característica empresarial, a Petrobras celebrou diversos acordos de acionistas, alguns dos quais estão atualmente sendo revisados no âmbito do processo de reposicionamento de sua atuação. Também o fez para compartilhar controle no bojo de empreendimentos no qual atua como sócia minoritária.

A título de exemplo, na data de 18 de julho de 2017, a Petrobras veiculou comunicado ao mercado sobre início de tratativas para revisão

---

em: <https://www.slideshare.net/petrobrasri/plano-estratgico-2030-e-plano-de-negcios-e-gesto-20142018>, slide 25. Informações adicionais disponíveis em: <http://www.petrobras.com.br/fatos-e-dados/plano-estrategico-2030-e-plano-de-negocios-e-gestao-2014-2018.htm>. Fato relevante sobre o tema disponível em: <http://www.investidorpetrobras.com.br/pt/comunicados-e-fatos-relevantes/fato-relevante-plano-estrategico-petrobras-2030-e-plano-de-negocios-e-gestao-2014-2018> e <http://siteempresas.bovespa.com.br/consbov/ArquivosExibe.asp?site=&protocolo=411764>. Acesso em: 13 out. 2017.

[384] Disponível em: <http://www.petrobras.com.br/pt/quem-somos/estrategia/plano-de-negocios-e-gestao/>. Acesso em: 13 out. 2017, slide 62.

[385] Carlos Ari Sundfeld e Rodrigo Pagani de Souza, "Licitações nas empresas estatais: levando a natureza empresarial a sério", em Carlos Ari Sundfeld (Org.). *op. cit.*, p. 80.

de acordo de acionistas mantido para gestão de empresa na qual deteria 47% do capital votante (enquanto a parcela de 50,1% estaria nas mãos do sócio majoritário). A revisão faria parte do processo de "busca pela valorização de seu portfólio", o que incluiria a "avaliação de possíveis alterações nos acordos de acionistas por ela firmados, nas sociedades em que possui participação".[386]

Adicionalmente, há comunicados relevantes com referências expressas ao compartilhamento de controle com sócios privados em empresas investidas pelo Grupo Petrobras,[387] inclusive com divisão exata do capital votante em 50% para cada parte.[388]

A prática não é nova, contudo. Exemplificativamente, havia sido o modelo adotado para desenvolvimento do Polo de Camaçari. Conforme indica Luiz Ferreira Xavier Borges, coube à Petrobras, por meio da Petroquisa, definir os grupos industriais que comporiam as empresas do polo, o que teria envolvido a definição da estrutura geral dos estatutos sociais e acordos de acionistas que seriam adotados pelas *joint ventures*. A fórmula básica teria envolvido a divisão do capital votante de cada empresa em três partes (uma de recursos privados nacionais, outra adquirida pela Petroquisa e a terceira por empresa estrangeira portadora da tecnologia, todas em proporções semelhantes). Os principais aspectos adotados em acordos de acionistas foram:[389]

---

[386] Disponível em: <http://www.investidorpetrobras.com.br/pt/comunicados-e-fatos-relevantes/inicio-de-tratativas-para-revisao-do-acordo-de-acionistas-da-braskem> e <http://www.braskem-ri.com.br/detalhe-comunicados-e-fatos-relevantes/revisao-do-acordo-de-acionistas-entre-odebrecht-e-petrobras>. Acesso em: 10 out. 2017. Informações adicionais sobre o acordo de acionista haviam sido veiculadas em fato relevante um pouco mais antigo, datado de 22 de janeiro de 2010 (disponível em: <http://www.investidorpetrobras.com.br/pt/comunicados-e-fatos-relevantes/fato-relevante-reestruturacao-de-participacao-petroquimica>. Acesso em: 10 out. 2017). Aspectos sobre outras participações acionárias do Grupo Petrobras, concomitante à celebração de acordos de acionistas, datadas de 2008 e 2005, estão disponíveis em: <http://www.investidorpetrobras.com.br/pt/comunicados-e-fatos-relevantes/fato-relevante-acordo-de-investimentos-integracao-de-ativos-petroquimicos> e <http://www.investidorpetrobras.com.br/pt/comunicados-e-fatos-relevantes/aditivo-fixa-novas-condicoes-e-prazos-para-opcao-de-compra-de-acoes-da-braskem-pela-petroquisa>. Acesso em: 10 out. 2017.

[387] Disponível em: <http://www.investidorpetrobras.com.br/pt/comunicados-e-fatos-relevantes/aquisicao-de-usina-na-bahia>. Acesso em: 11 out. 2017.

[388] Disponível em: <http://www.investidorpetrobras.com.br/pt/comunicados-e-fatos-relevantes/memorando-de-entendimento-para-investimento-em-petroquimica>. Acesso em: 11 out. 2017. O percentual de participação no capital votante detido por cada sócio está disponível em: <http://www.fccsa.com.br/exibirarquivo/pdf%2Cacesso-livre%2CPublicacao_DFs_FCCSA_2016_2339.pdf%2Copen-file-component.aspx>. Acesso em: 11 out. 2017. Nos termos do Decreto nº 8.945, empresas nas quais empresas estatais detenham 50% ou menos do capital votante são consideradas empresas privadas (art. 9º, c/c art. 2º, VI).

[389] *Idem ibidem*, p. 73-74.

a) em qualquer época, a maioria absoluta das ações com direito a voto deve pertencer a capitais nacionais (garantida a adequação formal à legislação sobre capital estrangeiro);
b) a Petroquisa deverá ter em qualquer época, pelo menos, a mesma participação que o maior acionista ou grupo de acionistas votantes;
c) as partes terão prioridade na compra e venda de ações;
d) as partes terão prioridade sobre terceiros, para subscrição de ações preferenciais, na proporção das ações ordinárias que possuírem, direito este que poderá ser cedido a terceiros;
e) as partes terão direito de preferência na aquisição de quaisquer novas ações ordinárias, na proporção das ações ordinárias que possuírem na empresa;
f) estabelecimento individual da estrutura de capitalização nos termos do "sistema do terço";
g) exigência de unanimidade de votos para a aprovação dos pontos mais importantes de deliberação social (ex.: dissolução, liquidação, fusão, alterações estatutárias, novos projetos de expansão, lançamento de novos títulos, contratações e negociação de bens acima de certos montantes, propriedade industrial, participações em outros empreendimentos e prestação de garantias a terceiros);
h) divisão entre os signatários dos cargos de administradores e conselheiros fiscais da companhia;
i) definição da política de lucros, investimentos, a transferência de tecnologia (esta última a mais sensível para os sócios estrangeiros).[390]

Evidencia-se, assim, a constituição de empresas em que os sócios não possuiriam "o poder de decisão isoladamente, resguardando-se a qualquer membro do sistema do terço, entretanto, o poder de veto sobre as decisões com as quais estivesse em desacordo".[391] Esse modelo de criação de empresas semiestatais não ficou restrito ao setor de petróleo e gás: também é adotado na legislação e na prática do setor elétrico nacional.

5.3 Empresas semiestatais no setor elétrico

Nos termos da Lei da Eletrobras, a empresa tem por objeto a realização de estudos, projetos, construção e operação de usinas produtoras e linhas de transmissão e distribuição de energia elétrica, bem como a celebração dos atos de comércio decorrentes dessas

---
[390] Luiz Ferreira Xavier Borges, *idem ibidem*, p. 74.
[391] *Idem ibidem, loc. cit.*

atividades. Para tanto, operará diretamente ou por intermédio de subsidiárias ou empresas a que se associar, para cumprimento de seu objeto social (art. 15; art. 3º de seu Estatuto Social).

Também poderá associar-se, diretamente ou por meio de suas subsidiárias ou controladas, com ou sem aporte de recursos, para participação em sociedades, com ou sem poder de controle, no Brasil ou no exterior, que se destinem direta ou indiretamente à exploração da produção, transmissão ou distribuição de energia elétrica (art. 15, §1º; art. 3º, §1º, de seu Estatuto Social).[392]

Este foi o caso, exemplificativamente, de sua participação na SPE Norte Energia S/A, objeto do Acórdão TCU 2.839/2016.[393] Ele tratou de auditoria realizada pela SeinfraElétrica nas empresas estatais acionistas da empresa (Eletrobras, Centrais Elétricas do Norte do Brasil S/A – Eletronorte e CHESF), para verificar a efetividade de controles exercidos sobre investimentos e contratos por ela firmados.[394]

A Usina Hidrelétrica de Belo Monte é empreendimento que decorre da concessão de uso de bem público, de titularidade da União. A licitação, ocorrida em abril de 2010, teve como vencedor o consórcio Norte Energia.[395] Considerada a participação estatal no empreendimento, a fiscalização teve como objeto os controles exercidos pelo grupo Eletrobras sobre investimentos e contratos da Norte Energia S/A.[396]

No relatório do Acórdão TCU 2.839/2016, chegou-se à conclusão de que a estruturação da participação estatal na empresa teria ocorrido com suposto desvio de finalidade. Isso porque o Grupo Eletrobras

---

[392] Segundo a Carta Anual de Políticas Públicas e de Governança Corporativa 2017 da Eletrobras, "[a] companhia ainda possui participação em 178 Sociedades de Propósito Específico (SPEs) no Brasil, sendo 137 de geração, 38 de transmissão e 3 de serviços, em sua maioria com participação de até 49% do capital social, sendo 2 parcerias em SPEs no exterior, além de participações minoritárias em 25 empresas de energia elétrica" (disponível em: <http://eletrobras.com/pt/ri/ComunidadoseFatos/Carta%20Anual%20de%20Governan%C3%A7a%20Corporativa%20-%202017.pdf>. Acesso em: 07 jan. 2018, p. 6).
O impacto recentemente causado por participações acionárias está assim descrito: "[n]a sua função de cooperar com a estratégia de expansão da infraestrutura do setor elétrico do país, a Eletrobras participou, especialmente através de sociedades de propósito específico, de projetos de geração e transmissão, cuja taxa de retorno, após a implantação dos empreendimentos, se realizaram menores que aquelas esperadas quando da elaboração do respectivo plano de negócios. Em 31 de dezembro de 2016, a Eletrobras registrou em suas Demonstrações Financeiras cerca de R$ 9,2 bilhões de provisão para contratos onerosos e *impairments* relativos a alguns desses empreendimentos" (*idem ibidem*, p. 21).
[393] Plenário, Processo 017.053/2015-3, Rel. Min. José Múcio Monteiro, j. 09 nov. 2016.
[394] Acórdão TCU 2.839/2016, relatório, fls. 01-02.
[395] Acórdão TCU 2.839/2016, relatório, fl. 02.
[396] Acórdão TCU 2.839/2016, relatório, fl. 02.

atuaria como acionista empreendedor (em função de sua relevante participação acionária no empreendimento) e como controlador de fato (em função de sua participação qualificada, com compartilhamento de controle via acordo de acionistas), embora a sociedade tivesse sido constituída com a maioria do capital com direito a voto pertencente a grupos privados. A equipe técnica do TCU argumentou que teria havido "desvio de finalidade desta participação minoritária do Estado, haja vista a prática verificada ser contrária aos imperativos constitucionais sobre a intervenção do Estado na economia, dispostos nos artigos 173 e 174 da Constituição Federal".[397]

Cotejando os mencionados dispositivos constitucionais, a equipe técnica do TCU concluiu que a atuação empresarial minoritária do Estado "pressup[oria] atividade de mero fomento dessas sociedades". Não obstante, haveria possibilidade de algumas dessas sociedades estarem sob controle societário estatal, "numa modelagem societária artificializada para afastar a aplicação de direitos e normas do regime de direito público e todas as consequências advindas (por exemplo, licitação obrigatória, contratação de pessoal por meio de concurso público, tutela administrativa, controle externo, etc.) [...]".[398]

Sem adentrar no mérito de outras questões abordadas no acórdão em discussão, a análise da equipe técnica do TCU reproduzida no Acórdão 2.839/2016 sobre a participação minoritária realizada contém, a meu ver, duplo equívoco: considerar que os investimentos estatais minoritários sempre estarão adstritos à atividade administrativa de fomento e pressupor que a modelagem societária de empresa semiestatal será sempre artificializada, ocasionando, inclusive, a impossibilidade de compartilhamento de controle com empresas privadas.

Quanto ao primeiro ponto, o investimento estatal minoritário em empresas privadas poderá cumprir duas funções, ao menos: intervenção direta do domínio econômico ou exercício da atividade administrativa de fomento. No caso da SPE Norte Energia, tendo

---

[397] Acórdão TCU 2.839/2016, relatório, fl. 49. Alexandre Santos de Aragão coloca os 2 dispositivos constitucionais em perspectiva, mencionando a atuação do Estado *sobre a economia*, nos termos do art. 174, e da atuação do Estado *na economia*, quando ele próprio realiza atividades econômicas ("Considerações sobre as relações do Estado e do Direito na economia", em Arnoldo Wald, Marçal Justen Filho e Cesar Augusto Guimarães Pereira (Org.). *op. cit.*, p. 96).

[398] Acórdão TCU 2.839/2016, relatório, fl. 50. Continua a análise da equipe técnica: "[...] a intervenção do Estado por intermédio da atividade de fomento deveria ser o caso em que se descortinaria a presença de capital público da União na Norte Energia. [...] a União, por meio do grupo Eletrobras, exerce, em verdade, atividade de empreendedor na NESA, além do próprio controle societário de fato" (Acórdão TCU 2.839/2016, relatório, fl. 52).

em vista as características do empreendimento e a caracterização da Eletrobras como atuante diretamente no domínio econômico, estaríamos mais próximos da intervenção direta no domínio econômico, nos termos do art. 173 da CF.

Bem por isso, não é contrária a esta lógica de atuação empresarial do Estado que se firme acordo de acionistas com os sócios privados, para reger a relação entre eles e a atuação da própria empresa. Pelo contrário: esta dinâmica é inerente à atuação empresarial e admitida pelo ordenamento jurídico brasileiro. Claro que outras razões poderiam levar à conclusão de que os investimentos estatais minoritários realizados na SPE Norte Energia (ou em qualquer outra empresa, a bem da verdade) foram feitos de maneira irregular, mas não esta, isoladamente considerada.

Para que se concluísse que a constituição de empresa semiestatal foi realizada de forma irregular, seria necessário que houvesse descompasso entre a finalidade desta empresa e os objetivos perseguidos pela Eletrobras e, portanto, aos requisitos constitucionais e legais impostos para a constituição de empresas estatais que intervêm na ordem econômica – tais como aquelas condicionantes estabelecidas no art. 173 e o requisito da subsidiariedade.

Mais: ainda que se tratasse de atividade administrativa de fomento, a celebração de acordo para o compartilhamento de controle entre sócios público e privado poderia ser admitida, a depender da legislação de regência da matéria.

5.3.1 Instrumentos de compartilhamento de controle no setor elétrico

Além das razões apontadas em relação à Petrobras sobre a possibilidade de celebração de acordo de acionistas, no caso da Eletrobras há uma adicional: a previsão expressa de que poderá se associar a outras empresas, com ou sem poder de controle. Conforme a Lei da Eletrobras, a empresa operará diretamente ou por meio de suas subsidiárias ou controladas, podendo associar-se, com ou sem aporte de recursos, para organização de consórcios ou participação em sociedades, "com ou sem poder de controle, no Brasil ou no exterior, que se destinem direta ou indiretamente à exploração da produção, transmissão ou distribuição de energia elétrica" (art. 15, §1º).

Um dos casos em que houve celebração de acordo de acionistas foi exatamente o da SPE Norte Energia. No Acórdão TCU 2.839/2016, foram trazidas as principais informações sobre o documento, que dividiria os acionistas em duas partes: uma pública, com 49,98% das ações, formada por Eletrobras, Eletronorte e CHESF, e outra privada, com 50,02% das ações, formada pelos outros sócios.[399]

Alguns aspectos relevantes da gestão da SPE Norte Energia teriam ficado a cargo da Eletrobras, como: (i) a administração da empresa; (ii) a responsabilidade pela engenharia do proprietário; (iii) as atividades de operação e manutenção.

Quanto à administração, informa-se no relatório do Acórdão TCU 2.839/2016 que o conselho de administração seria constituído por doze conselheiros, sendo que o Grupo Eletrobras ficaria responsável pela indicação de cinco deles, enquanto os demais sócios seriam responsáveis pela indicação de outros cinco. Os dois remanescentes seriam independentes, eleitos em assembleia geral a partir de lista tríplice elaborada por consultoria, sendo vedada escolha de pessoa vinculada por acordo de acionista, ou ligado aos acionistas ou a partes relacionadas dos acionistas.

Por sua vez, a diretoria possuiria sete integrantes. O Grupo Eletrobras indicaria o diretor-presidente e dois outros membros (diretor de construção e diretor de fornecimento e montagem). Estas diretorias possuiriam maior relevância técnica, responsáveis pela aplicação de parcela acima de 80% dos recursos na fase de implantação do empreendimento. O Grupo Eletrobras possuiria, ainda, faculdade de decidir entre a indicação do diretor de relações institucionais ou socioambiental. Assim, selecionaria a maioria absoluta dos diretores: quatro do total de sete.[400]

Quanto às atividades de engenharia, o acordo de acionistas preveria que o Grupo Eletrobras seria responsável pela equipe designada para fiscalização da implantação da obra pelo proprietário.[401] Finalmente, a operação e a manutenção ficariam a cargo da Eletronorte, que prestaria serviços da usina por preço já determinado.[402]

Vê-se, assim, que o acordo de acionistas foi utilizado para a estruturação da participação e da atuação do Grupo Eletrobras no negócio. Por meio dele, foi realizado investimento estatal minoritário qualificado, pois, embora a participação pública no capital votante

---

[399] Acórdão TCU 2.839/2016, Relatório, fls. 63-65. Informações adicionais sobre o acordo de acionistas da SPE Norte Energia estão disponíveis em: <http://siteempresas.bovespa.com.br/DWL/FormDetalheDownload.asp?site=C&prot=548374>. Acesso em: 12 out. 2017.
[400] Acórdão TCU 2.839/2016, Relatório, fls. 63-64.
[401] Acórdão TCU 2.839/2016, Relatório, fl. 64.
[402] Acórdão TCU 2.839/2016, Relatório, fl. 64.

tenha sido minoritária, aspectos relevantes foram desenhados por meio de acordo, incluindo a administração da SPE Norte Energia e a operação e manutenção do empreendimento.

Sobre o tema, a Eletrobras veiculou informações sobre seu rol de participações acionárias.[403] Além da menção à SPE Norte Energia, na qual detém apenas 15% das ações ordinárias, as demais empresas às quais é feita menção ao controle conjunto são Itaipu, com 50% de ações ordinárias detidas pela Eletrobras; Inambari, com 29,40% de ações ordinárias detidas pela Eletrobras; Mangue Seco 2, com 49% de ações ordinárias detidas pela Eletrobras; Rouar, com 50% de ações ordinárias detidas pela Eletrobras; CEB Lajeado, Lajeado Energia e Paulista Lajeado, nas quais a Eletrobras não possui participação no capital votante, mas apenas ações preferenciais.

5.4 Conclusão

A Constituição Federal possibilita a intervenção direta do Estado no domínio econômico, com exploração de atividades de maneira concorrencial com a exploração privada. Para que a atuação empresarial do Estado, nessas bases, tenha aderência ao texto constitucional, deve haver clara motivação sobre sua realização, especialmente pela ausência de seu atendimento adequado pela exploração estritamente privada.

A criação de empresa semiestatal, neste contexto, seguirá a mesma lógica. Ela deve estar atrelada ao objeto social da empresa estatal que a constitui e, por essa razão, sua atuação também deverá estar atrelada à lógica constitucional que ampara a atuação da empresa estatal que a constitui.

Esse tipo de atuação tem sido amplamente realizado em setores de intervenção direta do Estado no domínio econômico. Mencionei aqui dois exemplos: o de petróleo e gás e o de energia. A Lei do Petróleo e a Lei da Eletrobras admitem que Petrobras e Eletrobras constituam empresas semiestatais para a consecução de seus objetos sociais. Se podem fazê-lo, devem seguir nesta lógica com adequada cautela jurídica. Investimentos devem ser realizados de maneira motivada, especialmente porque essas atuações poderão prejudicar o

---

[403] Disponível em: <http://eletrobras.com/pt/ri/Documents/Participa%C3%A7%C3%A3o%20 Acion%C3%A1ria.pdf>. Acesso em: 12 out. 2017. Ainda, a relação de participações societárias detidas pelas subsidiárias da Eletrobras em 74 sociedades de propósito específico está disponível em: <http://eletrobras.com/pt/ri/ComunidadoseFatos/Comunicado%20ao%20 Mercado%20-%2021.07.17%20-%20SPE´s.pdf>. Acesso em: 12 out. 2017.

desempenho da empresa matriz (como tem sido o caso da Petrobras) e precisam ser bem desenhadas (como é o caso da Eletrobras). Em boa medida, a mesma estratégia tem sido utilizada na atividade administrativa de fomento, no âmbito da qual o Estado realiza investimentos minoritários para apoiar atividades desenvolvidas por empresas privadas, concomitantemente à celebração de acordos de sócios. O tema é objeto do próximo capítulo.

CAPÍTULO 6

PARTICIPAÇÃO NA EMPRESA SEMIESTATAL COMO INSTRUMENTO DE FOMENTO

A segunda hipótese que me propus a analisar no trabalho é a de que a participação do Estado na constituição de empresas semiestatais pode ser adotada para apoiar empreendimentos econômicos no contexto de políticas de fomento. Essa possibilidade, além de emanar do art. 174 da CF, decorre também, de maneira genérica, de outras previsões constitucionais. É o caso de seu art. 3º, II e III, ao prever como objetivos da República *garantir o desenvolvimento nacional* e *reduzir as desigualdades sociais e regionais*,[404] e do art. 170, VII, que estabelece que a ordem econômica, fundada na valorização do trabalho humano e na livre-iniciativa, tem por fim assegurar a todos existência digna, conforme os ditames da justiça social, e observado o princípio de *redução das desigualdades regionais e sociais*.

Essas disposições estão mais bem delineadas em previsões constitucionais sobre setores econômicos específicos. Sobre o setor financeiro nacional, há previsão constitucional de que será estruturado de forma a *promover o desenvolvimento equilibrado do País* e a servir aos interesses da coletividade (art. 192 da CF). Em sentido semelhante, pode-se citar o setor de inovação, em relação ao qual o Estado *promoverá*

---

[404] "O planejamento deve ser compreendido dentro do contexto de legitimação do Estado pela capacidade de realizar objetivos pré-determinados (como os fixados pelo artigo 3º da Constituição de 1988). O fundamento da ideia de planejamento é a perseguição de fins que alterem a situação econômica e social vivida naquele momento. É uma atuação voltada essencialmente para o futuro. O planejamento coordena, racionaliza e dá uma unidade de fins à atuação do Estado, diferenciando-se de uma intervenção conjuntural e casuística" (BERCOVICI, Gilberto. *Desigualdades regionais, Estado e Constituição*. São Paulo: Max Limonad, 2003, p. 192).

e incentivará o desenvolvimento científico, a pesquisa, a capacitação científica e tecnológica e a inovação (art. 218 da CF). Ainda, a CF determina o apoio e estímulo às empresas que invistam em pesquisa, criação de tecnologia adequada ao País, formação e aperfeiçoamento de seus recursos humanos e que pratiquem sistemas de remuneração que assegurem ao empregado, desvinculada do salário, participação nos ganhos econômicos resultantes da produtividade de seu trabalho, conforme regulamentado por lei (art. 218, §4º, da CF).

Assim, ao lado de outros mecanismos aptos a fomentar as atividades desenvolvidas pelo setor privado, um deles é o de aporte no capital social, realizado de forma minoritária, porém relevante (em termos quantitativos ou de riscos assumidos), pelo Estado, para apoiar a viabilização das atividades fomentadas, tendo em vista o seu desenvolvimento por empresas privadas.

Não pretendo refutar, aqui, que a atividade administrativa de fomento por meio do aporte de capital em empresas privadas também se constitua, em alguma medida, como hipótese de exploração de atividade econômica pelo Estado. Afinal, ele passa a atuar como sócio (minoritário) da empresa, e também intervirá no domínio econômico, tal como o sócio majoritário. Contudo, entre elas parece-me haver diferenciação de *grau* e de *finalidade*.

Os itens seguintes são dedicados ao estudo desta hipótese: a da constituição de empresas semiestatais, pelo Estado, como instrumento de fomento. Inicialmente, abordo a questão da atividade administrativa de fomento, diferenciando-a da intervenção direta no domínio econômico, com o desenvolvimento dos argumentos a respeito da perspectiva do estímulo e do apoio que lancei (*item 6.1*).

Na sequência, analiso a legislação federal aplicável a dois setores específicos, que possuem previsão constitucional a respeito do fomento público: o financeiro, por meio da disciplina sobre bancos estatais de desenvolvimento (*item 6.2*), e o de inovação, com enfoque nas disposições da Lei de Inovação (*item 6.3*).

6.1 Atividade administrativa de fomento e sua delimitação

A atividade administrativa de fomento pode ser realizada pelo Estado por meios diversos. É corrente a noção de Jordana de Pozas sobre o tema: "ação que consiste em proteger, estimular, auxiliar ou fomentar as atividades particulares por meio das quais se satisfaçam necessidades ou conveniências de caráter geral, tem, em nosso idioma, segundo tradição administrativa de mais de um século, a denominação de Fomento".[405]

Olhando-se especificamente para o ordenamento jurídico brasileiro, constata-se que os instrumentos colocados à Administração Pública para realização da atividade administrativa de fomento são diversos.[406] Esse aspecto é ressaltado do ponto de vista constitucional: ao longo de suas disposições, a CF veicula distintas maneiras pelas quais o Estado pode fomentar setores da economia.

O texto constitucional inclui, entre os objetivos fundamentais da República, o desenvolvimento nacional (art. 3º, II). Ao longo de seus dispositivos, multiplica a preceituação de promoção e de incentivo ao progresso, com referência aos setores econômicos e sociais de que trata especificamente.

Como exemplo, abordo aqui segmento específico: o de inovação. Há diversas preceituações constitucionais sobre o tema da inovação. Englobam desde atribuições legislativas,[407] passando pelo manejo da aplicação de recursos públicos[408] e chegando à atuação promocional do Estado e de incentivo, por meio do fomento estatal.[409]

Para as finalidades deste trabalho, ressalto a diferença entre as noções de *promoção* e de *incentivo* ao desenvolvimento científico,

---

[405] "Ensaio de una Teoría del Fomento en el Derecho Administrativo", *Revista de Estudios Políticos*, 48, 1949, p. 49, tradução livre. No original: "acción consistente en proteger, estimular, auxiliar o fomentar las actividades particulares mediante las cuales se satisfacen necesidades o conveniencias de carácter general, tiene en nuestro idioma, según tradición administrativa de más de un siglo, el nombre de Fomento". Em sua classificação, os meios para a realização da atividade administrativa de fomento seriam honoríficos, econômicos e jurídicos (*idem ibidem*, p. 52-53). Entre nós, os aspectos abordados por Jordana de Pozas são reprisados, exemplificativamente, por ROCHA, Sílvio Luís Ferreira da. *Manual de Direito Administrativo*. São Paulo: Malheiros, 2013, p. 581-582; Maria Hermínia Penteado Pacheco e Silva Moccia, *idem ibidem*, p. 51-54; Ricardo Marcondes Martins, *idem ibidem*, p. 135.

[406] Floriano de Azevedo Marques Neto ressalta a multiplicidade de mecanismos de fomento previstos no ordenamento jurídico brasileiro, "O fomento como instrumento de intervenção estatal na ordem econômica", *op. cit.*, p. 66-67; Maria Hermínia Penteado Pacheco e Silva Moccia, *idem ibidem*, 73-102.

[407] Competência concorrente da União, dos Estados e do Distrito Federal para legislar sobre ciência, tecnologia, pesquisa, desenvolvimento e inovação (art. 24, IX).

[408] Admissão de transposição de categorias de programação, no âmbito das atividades de ciência, tecnologia e inovação, com o objetivo de viabilizar os resultados de projetos restritos a essas funções (art. 167, §5º).

[409] Necessidade de o Estado promover e incentivar o desenvolvimento científico, a pesquisa, a capacitação científica e tecnológica e a inovação (art. 218, *caput*).

à pesquisa, à capacitação científica, à tecnológica e à inovação, por força do art. 218 da CF.[410]

Em linhas gerais, a *promoção* envolverá a atuação direta do Estado para a concretização dos objetivos relativos à inovação no país. Trata-se de hipótese de intervenção no domínio econômico. O *incentivo*, por sua vez, dirá respeito à instituição de instrumentos destinados a impulsionar atividades privadas, para que elas possam fazê-lo.

A CF impõe o dever de adoção de medidas de desenvolvimento científico e tecnológico, nas diversas formas nela delineadas. A pesquisa científica básica e tecnológica receberá tratamento prioritário do Estado, tendo em vista o bem público e o progresso da ciência, tecnologia e inovação (art. 218, §1º), voltando-se, preponderantemente, para a solução dos problemas brasileiros e para o desenvolvimento do sistema produtivo nacional (§2º).

A ciência, como sistematização racional do conhecimento, encontra seu estímulo no campo educacional e cultural, e *a tecnologia, como conhecimento aplicado, tem sentido econômico, vinculada à atividade empresarial*.[411] Em linha com a Carta Magna, o Estado deverá *incentivar* e *promover* atividades econômicas concernentes ao tema da inovação.

Especialmente no que diz respeito ao tema da atividade administrativa de fomento, parece-me haver distinção, em plano constitucional, entre as medidas adotadas pelo Estado para, de um lado, *incentivar* e, doutro, *promover* atividades econômicas.[412]

A questão do *incentivo* seria vinculada à *noção estrita* do que seja a *atividade administrativa de fomento*. Ela pode ser extraída da concepção adotada por Floriano de Azevedo Marques Neto e Aline Lícia Klein, para quem o fomento estatal é "atividade por meio da qual o Estado incentiva o próprio setor privado no desenvolvimento de atividades econômicas que ensejam externalidades positivas para sociedade,

---

[410] Art. 218 da CF: "[o] Estado promoverá e incentivará o desenvolvimento científico, a pesquisa, a capacitação científica e tecnológica e a inovação".

[411] MOREIRA NETO, Diogo de Figueiredo. *Curso de direito administrativo*. 12. ed. rev. ampl. e atual. Rio de Janeiro: Forense, 2001, p. 533.

[412] "É incumbência do Estado promover e incentivar o desenvolvimento científico, a pesquisa e a capacitação tecnológica. *Promover* significa, neste contexto, realizar, por si próprio, aquelas tarefas, especialmente por meio de suas universidades e institutos especializados. *Incentivar* quer dizer conceder apoio e meio, inclusive a instituições privadas, para a realização daqueles objetivos [...]" (SILVA, José Afonso da. *Comentário contextual à Constituição*. São Paulo: Malheiros, 2005, p. 817).

direcionando assim a ordem econômica para os fins determinados pela Constituição Federal".[413] O fundamento jurídico da noção restrita de fomento residiria, especialmente, no art. 174 da CF, ao prever que, "[c]omo agente normativo e regulador da atividade econômica, o Estado exercerá, na forma da lei, as funções de fiscalização, incentivo e planejamento, sendo este determinante para o setor público e indicativo para o setor privado".[414]

Ao lado dela, pode ser colocada *noção ampla de fomento*.[415] Nela não se enquadrariam apenas medidas realizadas pelo Estado para o incentivo indireto a atividades econômicas, mas quaisquer atividades estatais que, direta ou indiretamente, estimulassem ou incentivassem iniciativas enquadradas em ações levadas a cabo pela Administração Pública. Essa acepção é adotada por Diogo de Figueiredo Moreira Neto, para quem:

> [...] pode-se conceituar o fomento público como a função administrativa através da qual o Estado ou seus delegados estimulam ou incentivam, direta, imediata e concretamente, a iniciativa dos administrados ou de outras entidades, públicas e privadas, para que estas desempenhem ou estimulem, por seu turno, as atividades que a lei haja considerado

---

[413] DI PIETRO, Maria Sylvia Zanella (Coord). *Tratado de direito administrativo*: funções administrativas do Estado. São Paulo: Revista dos Tribunais, 2014, p. 409. Como forma de intervenção indireta estatal na economia, "o fomento é capaz de viabilizar a satisfação de necessidades e interesses públicos com mínima restrição na liberdade e propriedade privada, e sem que o Estado assuma para si a prestação de uma atividade" (*idem ibidem*, p. 406).
Na mesma linha parece ser a noção adotada por Célia Cunha Mello, para quem a atividade administrativa de fomento é indireta "porque a administração fomentadora não realiza diretamente a finalidade pretendida – quem o faz é o agente fomentado, depois de aderir, livremente, aos propósitos da administração fomentadora, seduzidos pelas vantagens e incentivos prometido" (*O fomento da administração pública*. Belo Horizonte: Del Rey, 2003, p. 31).

[414] "O dispositivo prevê o papel estatal na regulação da ordem econômica, direcionando-a para os fins traçados pelo art. 170, bem como outros dispositivos constitucionais. Para tal regulação, o Estado pode utilizar-se especialmente de três diferentes funções: a *fiscalização* da economia (função estatal coercitiva); a *indução*, o incentivo ao setor privado (função estatal fomentadora); e o *planejamento* estatal, com a identificação dos objetivos a serem priorizados pelo Estado, e os meios para seu alcance" (Floriano de Azevedo Marques Neto e Aline Lícia Klein, *op. cit.*, p. 409).

[415] "Através do fomento público, o Estado deverá desenvolver uma atuação suasória, não cogente, destinada a estimular as iniciativas privadas que concorram para reestabelecer a igualdade de oportunidades econômicas e sociais ou suprir deficiências da livre empresa no atendimento de certos aspectos de maior interesse coletivo" (MOREIRA NETO, Diogo de Figueiredo. *Ordem econômica e desenvolvimento na Constituição de 1988*. Rio de Janeiro: APEC, 1989, p. 31).

de interesse público para o desenvolvimento integral e harmonioso da sociedade.[416]

Assim, além de *incentivar* a inovação, o Estado também poderá *promovê-la*. Nessa hipótese, pode ser enquadrada a atuação estatal (inclusive empresarial) que gera externalidades positivas e que podem ser aproveitadas pela coletividade.[417] Na promoção do fomento, visualizo especialmente a atuação direta de empresas estatais por meio das quais determinadas atividades ou finalidades podem ser impulsionadas.

A CF delimita alguns instrumentos que poderiam ser enquadrados nas hipóteses de fomento aqui descritas. Podem ser caracterizados como mecanismos de *incentivo* à inovação o remanejamento de recursos públicos (art. 167, §5º), a destinação de subsídios e outros instrumentos financeiros (art. 213, §2º), bem como a criação e manutenção de ambientes cooperativos propícios para a realização de atividades inovadoras (art. 219-A).

Importa-me essencialmente a atividade de fomento como incentivo à atuação de empresas privadas. Há diversas empresas estatais que possuem como objeto social a realização da atividade administrativa de fomento. Nesses casos, é comum que, com o intuito de fomentar a atuação de empresas privadas em setores determinados, empresas estatais participem minoritariamente do capital social de empresas privadas e celebrem instrumentos negociais aptos a lhe

---

[416] *Idem ibidem*, p. 514. Essa mesma noção ampla de fomento parece ser compartilhada por Marçal Justen Filho: "[a] finalidade imediata buscada pelo fomento é o *desenvolvimento econômico e social*. O que se pretende é a *eliminação da pobreza e das desigualdades regionais e sociais*, o aumento do emprego e outras melhorias que propiciarão a elevação dos recursos necessários para o desenvolvimento social. O fomento é o instrumento indireto de *defesa e promoção dos direitos fundamentais*, a partir do reconhecimento de que *a pobreza e as desigualdades atentam contra a dignidade humana*. É essencial ter em vista que o desenvolvimento econômico não é um fim em si mesmo, mas um meio para a realização dos direitos fundamentais de todos" (*idem ibidem*, p. 678).

[417] A atuação empresarial do Estado como forma de suprir carências no campo econômico e social (isto é, de fomentá-los), é destaca, mais uma vez, por Diogo de Figueiredo Moreira Neto. Para o autor, essa atuação se dá, concreta e exemplificativamente, por meio do fomento da CODEVASF: "[a] Codevasf está coordenada a outras entidades públicas, políticas e administrativas, locais e regionais, cabendo-lhe grande número de atividades de fomento público econômico, bem como a prestação conexa de certos serviços públicos, necessários à eficiente realização do seu programa de estímulo, e, até, da execução de algumas funções executoras de ordenamento econômico, relativas à disciplina do uso de águas do Rio São Francisco e de seus afluentes" (*idem ibidem*, p. 519-520).

garantir compartilhamento de controle societário. Constituem empresas semiestatais, portanto.[418]

A ideia de apoio a empreendimentos privados pode ser extraída do estatuto social de empresas estatais que têm como objeto social incentivar empresas privadas, inclusive por meio de investimentos em seu capital social.

O Banco do Nordeste do Brasil tem como objeto social "a promoção do desenvolvimento", estimulando "a pesquisa científica, tecnológica, econômica e social" (art. 3º, §5º, de seu Estatuto Social). O BNDES, como instrumento da execução das políticas de investimento do Governo Federal, "tem por objetivo primordial apoiar programas, projetos, obras e serviços que se relacionem com o desenvolvimento econômico e social do País", com o exercício de "atividades visando a estimular a iniciativa privada" (arts. 3º e 4º de seu Estatuto Social). Em complementação, o BNDESPAR apoiará "empresas que reúnam condições de eficiência econômica, tecnológica e de gestão e, ainda, que apresentem perspectivas adequadas de retorno para o investimento, em condições e prazos compatíveis com o risco e a natureza de sua atividade" (art. 4º, II, de seu Estatuto Social), bem como aquelas que "o desenvolvimento de novos empreendimentos, em cujas atividades se incorporem novas tecnologias" (art. 4º, III, de seu Estatuto Social).

Em arremate, a CODEVASF poderá "estimular e orientar a iniciativa privada" e "promover a organização de empresas de produção, beneficiamento e industrialização de produtos primários" (art. 7º, I, de seu Estatuto Social). A FINEP "tem por finalidade apoiar estudos, projetos e programas de interesse para o desenvolvimento econômico, social, científico e tecnológico do País, tendo em vista as metas e prioridades setoriais estabelecidas nos planos do Governo Federal" (art. 3º de seu Estatuto Social).

Este é claro indicativo de que a participação societária estatal pode ser utilizada como mecanismo de fomento e, assim, de sua diferenciação da realização de investimentos minoritários para intervenção direta no domínio econômico. Nalguns casos, as ideias de incentivo e de promoção por meio de empresas estatais poderão se abraçar: a mesma entidade pode ter como objeto social desenvolver

---

[418] Para Gaspar Ariño Ortiz, no fomento, o Estado influi sobre determinada atividade, mediante estímulos econômicos, para a impulsionar em determinado sentido (*Principios de derecho público económico* (modelo de Estado, Gestión Pública, Regulación Económica). Tercera edición ampliada. Granada: Editorial Comares, 2004, p. 345-346).

algum segmento e poderá fazê-lo com a sua atuação direta e com a destinação de recursos para que empresas privadas o façam.[419] A atuação empresarial estatal poderá ser utilizada para promover determinado segmento, ao mesmo tempo em que empresas com essa atuação poderão canalizar recursos para incentivá-lo. Embora, em ambos os casos, seja possível que empresas semiestatais sejam utilizadas como veículo para alcançar finalidades *promocionais* ou de *incentivo*, o regime funcional aplicável a cada qual impõe diferentes condicionantes para que possam ser exercidas. Ao longo do capítulo anterior, analisei aquelas que se colocam para que, por meio de participação minoritária do Estado em empresa semiestatal, seja realizada intervenção direta na economia. O elemento a que aqui se dedica é o fomento estatal por meio de incentivos a empresas privadas, que poderá ser realizado por meio de aportes de capital para a constituição de empresas semiestatais.

Para aprofundamento do tema, foco-me na constituição dessas empresas como incentivo realizado pelas próprias empresas estatais. Mais especificamente, estudo como o tema vem disciplinado na legislação que autoriza a criação do BNDES e do BNDESPAR. Na sequência, trato da Lei de Inovação, que prevê a possibilidade de a União e suas entidades participarem, minoritariamente, do capital de empresa privada de propósito específico que vise ao desenvolvimento de projetos científicos ou tecnológicos para a obtenção de produtos ou processos inovadores (art. 5º). Em ambos os casos, pode ser realizada participação minoritária em empresas privadas com potencial de concretizar os fins perseguidos pelo Estado.[420]

---

[419] Floriano de Azevedo Marques Neto e Aline Lícia Klein mencionam que "[a] participação do Estado (seja diretamente, seja por meio de suas empresas estatais) como sócio minoritário de empresas privadas é instrumento que vem sendo utilizado pelo Estado como forma de intervenção estatal, com objetivos diversos. [...] esse mecanismo pode ser utilizado também com o objetivo de fomentar um setor ou agente. Isso porque essa participação estatal pode viabilizar o acesso a recursos públicos (humanos, financeiros ou mesmo de bens materiais ou imateriais) que facilitam o exercício de determinada atividade econômica com relevância para os interesses públicos. Nesse caso, o Poder Público atuará como sócio estratégico da sociedade, aportando um diferencial – recursos financeiros, outros bens materiais e imateriais – que propulsionará a viabilidade da sociedade, incentivando-a a executar atividades econômicas de interesse social" (*op. cit.*, p. 406).

[420] SUNDFELD, Carlos Ari; CAMPOS, Rodrigo Pinto de. Incentivo à inovação tecnológica nas contratações governamentais: um panorama realista quanto à segurança jurídica. *Fórum de Contratação e Gestão Pública – FCGP*, Belo Horizonte, ano 5, n. 60, dez. 2006. Disponível em: <http://www.bidforum.com.br/bid/PDI0006.aspx?pdiCntd=38554>. Acesso em: 30 abr. 2013.

6.1.1 Motivação para realização do investimento minoritário: potencialidade

Tanto quanto na intervenção direta do Estado no domínio econômico, a atividade administrativa de fomento deverá ser pautada pela prévia motivação sobre sua realização. Em ambos os casos, o investimento minoritário estatal deverá ser feito com indicação das razões de fato e de direito[421] que justificam a participação acionária estatal. De todo modo, não serão absolutamente idênticas. Entre elas há, em minha visão, diferenças de *grau* e de *finalidade* quanto à intervenção do Estado.

A diferenciação de *grau* se dá porque, na exploração direta de atividade econômica, o Estado compete diretamente com empresas privadas para a execução do objeto social da empresa estatal, mediante autorização com base no art. 173. Há, portanto, uma intervenção forte do Estado para o desenvolvimento de determinada atividade. No capítulo anterior, retratei esta característica da atividade empresarial da Administração Pública como a da *persistência*: o desenvolvimento do objeto social com finalidade empresarial de maneira contínua.

Já na atividade administrativa de fomento, o grau de intervenção (indireta) do Estado deverá obedecer a outra lógica: a da *catálise*.[422] Estimula-se o cumprimento do objetivo, tendo-se como pauta o potencial de sua concretização.[423] O apoio a empreendimentos empresariais privados deveria ser realizado de maneira pontual, ou, em outros termos, bem delimitada: busca-se concretizar determinado objetivo que poderá ser atingido com propulsão estatal à empresa investida. Atendido este objetivo, estaria exaurido o motivo que justificou a realização do investimento minoritário pelo Estado, sendo necessária, portanto, sua retirada do corpo societário da empresa

---

[421] MAZON, Tânia Ishikawa. *Fomento público à inovação tecnológica*. Dissertação (Mestrado), Pontifícia Universidade Católica de São Paulo: São Paulo: 2015, p. 206.

[422] FERRAZ, Sérgio. Intervenção do Estado no domínio econômico geral: anotações. In: BACELLAR FILHO, Roberto Felipe; MOTTA, Paulo Roberto Ferreira; CASTRO, Rodrigo Pironti Aguirre de (Coord.). *Direito administrativo contemporâneo*: estudos em memória do Professor Manoel de Oliveira Franco Sobrinho. Belo Horizonte: Fórum, 2004, p. 329.

[423] Ao realizar diferenciação entre três formas de participação acionária do Estado (integral, majoritária e minoritária), vinculando esta à necessidade de posterior venda, Ary Oswaldo Mattos Filho menciona que "a atividade estatal poderá se dar através da subscrição minoritária no capital votante da sociedade, como o faz, por exemplo, o BNDESPar, atuando como incentivador do crescimento das empresas nas quais faz o investimento, com o objetivo de posterior venda de sua participação" (*idem ibidem*, p. 513).

semiestatal – que, embora possa continuar a existir, perderá tal qualificação.

Quanto à *finalidade*, a intervenção direta terá como objetivo o desenvolvimento da atividade empresarial, com a consecução de todos os objetivos sociais fixados para a atuação da empresa semiestatal. Há a preocupação com a *sobrevivência da empresa*, por assim dizer.

Na exploração indireta de atividade econômica pelo Estado (atividade administrativa de fomento), o objetivo dos aportes de capital realizados é o de *incentivar finalidades que a empresa assim investida e o próprio Estado têm por desígnio*. Sua nota distintiva será a de apoiar empreendimentos econômicos carreados pela iniciativa privada, em vista do potencial de desenvolvimento de objetos empresariais cuja finalidade pública é reconhecida pelo direito. Foca-se não tanto na eficiência imediata da empresa, mas em sua *potencialidade*: a capacidade de desenvolver algo que produza ou que possa produzir externalidade positiva não apenas sob a ótica do investidor privado, mas também sob a ótica estatal.[424] Isso poderá se concretizar por meio de investimentos estatais minoritários em distintos âmbitos, incluindo o de bancos de estatais investimentos e o setor de inovação.

6.2 Empresas semiestatais no âmbito dos bancos públicos de fomento

Bancos públicos de fomento têm sido utilizados para viabilizar apoio financeiro ao desenvolvimento da atividade empresarial no país. A forma mais tradicional de sua atuação nesse campo se dá, em geral, por meio da contratação de operações de crédito em condições mais favoráveis, ou para setores específicos, que não seriam usualmente praticadas ou atendidas por instituições financeiras privadas.

Ao lado dessa vertente, bancos públicos podem se utilizar de aportes de capital em empresas privadas como instrumento de fomento para as atividades por elas realizadas. Nesta segunda vertente

---

[424] "[...] o desenho da seleção pública deve ser tal que, de modo competitivo, selecione aquele agente que tenha condições de *melhor desempenhar a atividade a partir do fomento público*, ainda que, não necessariamente, ele *já seja o melhor* dentro do setor. Trata-se de selecionar o agente privado que comprove, da melhor forma possível dentre todos os outros agentes privados colocados em igualdade formal e material de condições, que vai realizar, dentro dos parâmetros esperados pela Administração, a atividade fomentada" (José Vicente Santos de Mendonça, *idem ibidem*, p. 404).

se emoldura a constituição de empresas semiestatais como hipótese de fomento pelos bancos públicos.

Pela sua representatividade nesse campo, minha análise se foca na atuação do BNDES e do BNDESPAR[425] como indutores das atividades desenvolvidas por empresas privadas, por meio de subscrição e integralização de valores mobiliários, especialmente de ações em minoritárias nas sociedades investidas. Segundo informações do sistema de participações acionárias do BNDES, em junho de 2017, este banco possuía participação minoritária no capital votante de cento e dezesseis empresas. Em cinquenta e quatro delas, o banco possuía acordo de acionistas, enquanto em quarenta e seis possuía assentos no Conselho de Administração.[426]

6.2.1 Instrumentos de fomento no âmbito dos bancos públicos de fomento

A Lei nº 5.662, de 21 de junho de 1971, enquadrou o BNDES na categoria de empresa pública. Nela, foi inserida previsão ampla a respeito de sua atuação como indutor da economia, o que pode se dar por meio da realização de investimentos minoritários no capital social de empresas privadas. Em seus termos, o estatuto social do banco deveria consignar disposição de que exerceria as atividades referentes ao seu objeto social visando a estimular a iniciativa privada, sem prejuízo do apoio a projetos, programas e operações financeiras relativos a empreendimentos que, por seu pioneirismo ou essencialidade, caracterizem-se como de relevante interesse nacional (art. 9º, "c", da Lei nº 5.662).

Mais recentemente, por meio do Decreto nº 4.418, de 11 de outubro de 2002, aprovou-se novo estatuto social do BNDES, no qual foi reprisada sua atuação como indutor da economia nacional. Conforme o ato normativo, ele é o principal instrumento de execução

---

[425] Para explicações sobre aspectos da atual política industrial brasileira, com enfoque para a atuação do BNDES e do BNDESPAR, cf. ALMEIDA, Mansueto. *Desafios da real política industrial brasileira do século XXI*. Brasília: IPEA, 2009, p. 29-45 (disponível em: <http://www.ipea.gov.br/portal/index.php?option=com_content&view=article&id=4988%3Atd-1452-desafios-da-real-politica-industrial-brasileira-do-seculo-xxi&catid=272%3A2009&directory=1&Itemid=1>. Acesso em: 10 jun. 2017.

[426] Disponível em: <https://www.bndes.gov.br/wps/wcm/connect/site/374773fb-20c2-45e-6-b15e-8c0428a0ac0a/Carteira+de+ativos+-+2017JUN.pdf?MOD=AJPERES&CVID=lUafkbw&CVID=lUafkbw&CVID=lNFa8bj&CVID=lNFa8bj&CVID=lNFa8bj&CVID=lJ3ShhO&CVID=lJ3ShhO&CVID=lJ3ShhO&CVID=lBwGV5B&CVID=lB1Cnl0&CVID=lAXL4WL&CVID=lAXL4WL>. Acesso em: 14 out. 2017.

da política de investimento do Governo Federal e tem por objetivo primordial apoiar programas, projetos, obras e serviços que se relacionem com o desenvolvimento econômico e social do País (art. 3º do Decreto nº 4.418).

Para tanto, foi fixada a possibilidade de constituição de subsidiárias, as quais poderão, elas mesmas, realizar investimentos minoritários em outras empresas (de maneira que o BNDES figuraria como seu sócio indireto). Nesse sentido, o Decreto nº 4.418 estatui que o BNDES, diretamente ou por intermédio de empresas subsidiárias, agentes financeiros ou outras entidades, exercerá atividades bancárias e realizará operações financeiras de qualquer gênero, relacionadas com suas finalidades (art. 8º).[427]

Recentemente, o BNDES adotou metodologia de avaliação de empresas que se baseia na definição de capitais intangíveis, que deveria se constituir como referencial para análises das competências das empresas nas quais poderá investir, tanto prévia quanto posteriormente à entrada do BNDES em seu capital.[428] Dentre outros aspectos (capital de relacionamento, capital socioambiental, capital de governança corporativa, capital humano), a avaliação deveria

---

[427] A atuação do BNDES por meio de mecanismos de aporte de capital para apoiar atividades desenvolvidas por empresas privadas não é nova: foi realizada desde a criação das primeiras subsidiárias pelo banco: "Em 1974, [...] foram constituídas três subsidiárias integrais do banco: a Mecânica Brasileira S.A. (Embramec), a Insumos Básicos S.A. (Fibase) e a Investimentos Brasileiros S.A. (Ibrasa). Em comum, as subsidiárias tinham o objetivo de subscrever ações e outros valores mobiliários em empresas nacionais, públicas ou privadas, que se enquadrassem no II PND e necessitassem de capital de giro" (Sarah Marinho, *idem ibidem*, p. 46). Na mesma linha, Luiz Ferreira Xavier Borges, "O Acordo de Acionistas como Instrumento da Política de Fomento do BNDES: o Polo de Camaçari", *op. cit.*, p. 64. Cf., ainda, Mario Gomes Schapiro, "Repensando a relação entre Estado, direito e desenvolvimento: os limites do paradigma *Rule of Law* e a relevância das alternativas institucionais", *op. cit.*, p. 143. O autor ressalta a adoção de instrumentos societários pelo BNDES no âmbito do CONTEC (programa de capitalização de empresas de base tecnológica), em 1991. No programa, o BNDES assumiu papel de *venture capitalist*, para o que estabeleceu "mecanismos diferenciados de participação societária, que garantissem a possibilidade de firmar sociedade com empresas incipientes, atentando, principalmente, para os mecanismos de monitoramento e de desinvestimento". Em acordos de acionistas ou em escritura de emissão das debêntures, incluíam-se cláusulas que garantissem ao banco influência relevante no curso da empresa investida, como: (i) exigência de que as empresas beneficiárias fossem transformadas em sociedades anônimas; (ii) obrigação de publicação dos demonstrativos contábeis; (iii) desembolso paulatino de recursos; (iv) garantia de poder de veto sobre decisões dos administradores e (v) assento no conselho de administração da empresa tomadora (*idem ibidem*, p. 228-229).

[428] BNDES, *idem ibidem*, p. 125-126. Disponível em: <https://web.bndes.gov.br/bib/jspui/handle/1408/9634>. Acesso em: 23 jul. 2017. Aprofundar o tema de análises de mérito de projetos realizados pelo Sistema BNDES em Sebastião Bergamini Júnior e Fabio Giambiagi, "A política de crédito do BNDES: conciliando a função de banco de desenvolvimento e os cuidados com o risco", *Revista do BNDES*, Rio de Janeiro, v. 12, n. 23, p. 29-52, jun. 2005.

se pautar pela potencialidade da empresa apoiada em cumprir os objetivos, incluindo:[429]

(i) capital estratégico: avaliação das competências da empresa para gestão do processo de planejamento estratégico, tendo como premissa o desempenho passado e perspectivas futuras;

(ii) capital de processos e inovação: instrumentos para gestão de processos nas atividades-fim da empresa e nas áreas corporativas;

(iii) capital financeiro: capacidade da empresa para gestão de recursos financeiros de curto e longo prazo, em vista da proteção de riscos e da execução do plano de investimento.

A atuação do BNDES no campo da constituição de parcerias societárias[430] poderá se dar por meio de sua subsidiária: o BNDESPAR, cujo estatuto social prevê expressamente a possibilidade de realização de seus objetivos sociais por meio da participação acionária em empresas privadas.

6.2.2 Instrumentos societários de controle no âmbito dos bancos públicos de fomento

A legislação em vigor admite a celebração de instrumentos de compartilhamento de controle pelo Sistema BNDES. O Decreto nº 4.418/2002 representa exemplo da possibilidade de adoção de instrumentos societários que podem caracterizar poder de controle sobre determinadas empresas investidas. Possui previsão de que quaisquer acordos de acionistas ou o não exercício de direitos nele previstos deverão ser previamente aprovados pelo Ministério da Fazenda, bem como a constituição de quaisquer obrigações referentes a tais instrumentos, nos termos da Lei das S/A.

O BNDES submeterá à prévia anuência do Ministério da Fazenda a realização de atos de natureza societária, incluindo a assinatura de acordos de acionistas ou renúncia de direitos neles previstos, ou, ainda, assunção e quaisquer compromissos de natureza societária referentes ao disposto no art. 118 da Lei das S.A. (art. 30, IV, do Decreto nº 4.418).

---

[429] BNDES, idem ibidem, p. 125-126. Disponível em: <https://web.bndes.gov.br/bib/jspui/handle/1408/9634>. Acesso em: 23 jul. 2017.

[430] Para o tamanho da participação do BNDES e da atuação de sua área de mercado de capitais, cf. Mario Gomes Schapiro, "Repensando a relação entre Estado, direito e desenvolvimento: os limites do paradigma *Rule of Law* e a relevância das alternativas institucionais", *op. cit.*, p. 152-153.

O ponto é complementado pelo estatuto social do BNDESPAR, no qual há previsão de que sua diretoria poderá autorizar a celebração de quaisquer acordos que constituam ônus, obrigações ou compromissos pela empresa (art. 17, XI).[431] Neles, poderão ser enquadrados acordos societários que fixem o controle sobre as empresas investidas, ainda que, sob a perspectiva da estrutura de capital, os investimentos tenham sido realizados de forma minoritária.

Analisando casos de compartilhamento de controle minoritário pelo BNDESPAR, Pedro Alvez Lavacchini Ramunno chega à conclusão de que dezessete empresas haviam sido assim investidas. Em análise dos documentos societários das empresas componentes da amostra, com foco em acordos de acionistas, ter-se-ia verificado a possibilidade de atribuição de prerrogativas relacionadas ao controle empresarial para o Estado:

> [...] a despeito da participação minoritária, a depender das prerrogativas atribuídas para o braço de participação do Estado encerradas pelo *controle societário* e da composição acionária da companhia, resta ainda a possibilidade de esse braço de participação do Estado integrar o bloco de *controle societário* juntamente com os demais acionistas, hipótese a ser verificada em cada caso concreto. Se for esse o caso, tratar-se-ia de hipótese de *controle compartilhado*.[432]

Nalguns casos, o BNDES informa os direitos que lhe são conferidos por meio de acordos de acionistas em empresas nas quais detém participação societária. Num deles, teria direito à indicação de 1 membro do conselho de administração, que seria aumentado para mais 1 quando o BNDESPAR tivesse mais de 20% do capital social da empresa investida; poder de solicitar, a qualquer momento, a criação de comitê financeiro e gestão de riscos e de comitê de sustentabilidade, com direito a 1 membro em cada; 1 assento no conselho fiscal da empresa; direito a manifestação prévia para 15 tipos de ações, incluindo contratação de novas dívidas acima de

---

[431] Para detalhamento sobre os principais direitos conferidos ao BNDESPAR em instrumentos societários que celebra com empresas privadas, cf. Sarah Marinho, *idem ibidem*, p. 107-118.
[432] RAMUNNO, Pedro Alvez Lavacchini. *Controle societário e controle empresarial* (uma análise da influenciação sobre o controle empresarial pelo Estado brasileiro). São Paulo: Almedina, 2017, p. 105-107.

determinado valor, alienação ou aquisição de ativos,[433] fusões, cisões, incorporações e aprovação do orçamento anual.[434]

Noutro, há menção à celebração de acordo de acionistas em que se assegurou presença no Conselho de Administração, bem como a adoção de medidas de governança corporativa, como o estabelecimento de Comitês para Sustentabilidade e para a área financeira e de gestão de riscos.[435]

O BNDESPAR celebra acordos de acionistas nas sociedades investidas, que conferem direitos como: vetos em alterações societárias relevantes, parâmetros de endividamento e alavancagem financeira, reorganizações societárias, pedidos de falência e recuperação judicial ou extrajudicial, operações com partes relacionadas, alienação de ativos relevantes e cancelamento de registro de companhia aberta. Também estabelecem direito à indicação de membros para seus órgãos colegiados estatutários, tais como conselhos de administração, conselhos fiscais, comitês de auditoria.[436]

Em geral, os instrumentos também "preveem eventos de liquidez para as suas participações acionárias, dado o seu caráter transitório, tais como ofertas públicas de ações, direito de venda conjunta (*tag along*), opção de venda (*put*) ou direito de venda forçada (*drag along*)".[437]

---

[433] Em novembro de 2016, a título de exemplo, o BNDES vetou operação em que haveria reorganização societária e transferência de propriedade de ativos que representariam, aproximadamente, 85% da geração do caixa operacional da empresa investida para uma empresa estrangeira, "por não considerá-la como a alternativa que melhor atende[ria] aos interesses da companhia e de seus acionistas, por implicar na desnacionalização da empresa e alterar substancialmente os direitos e deveres conferidos a todos os acionistas e submetê-los a legislação e jurisdição estrangeiras" (BNDES, Banco Nacional de Desenvolvimento Econômico e Social, *Livro verde (nossa história tal como ela é)*, Rio de Janeiro, 2017. Disponível em: <https://web.bndes.gov.br/bib/jspui/handle/1408/12697>. Acesso em: 22 jul. 2017, p. 160).

[434] BNDES, Banco Nacional de Desenvolvimento Econômico e Social, *O crescimento de grandes empresas nacionais e a contribuição do BNDES via renda variável (os casos da JBS, TOTVS e Tupy)*, 2. ed., Rio de Janeiro, 2015. Disponível em: <https://web.bndes.gov.br/bib/jspui/handle/1408/9634>. Acesso em: 23 jul. 2017, p. 46.

[435] BNDES, *idem ibidem*, p. 49. Disponível em: <https://web.bndes.gov.br/bib/jspui/handle/1408/9634>. Acesso em: 23 jul. 2017.

[436] BNDES, *idem ibidem*, p. 153. Disponível em: <https://web.bndes.gov.br/bib/jspui/handle/1408/12697>. Acesso em: 22 jul. 2017.

[437] BNDES, *idem ibidem*, p. 154. Disponível em: <https://web.bndes.gov.br/bib/jspui/handle/1408/12697>. Acesso em: 22 jul. 2017.

6.3 Possibilidade de constituição de empresas semiestatais no setor de inovação

No setor de inovação, empresas semiestatais também podem ser utilizadas como instrumento setorial de fomento. Esse ponto é observado na Lei de Inovação e na legislação que lhe é correlata. O estímulo à construção de ambientes especializados e cooperativos de inovação pode ser realizado por meio de participações estatais minoritárias, concomitantemente à celebração de instrumentos societários de controle sob as empresas assim constituídas.

Atividades inovadoras requerem investigação básica, antes de se traduzirem em procedimentos aplicados. Envolvem, de maneira inerente, algum nível de risco, já que as pesquisas podem simplesmente não lograr os resultados que delas eram esperados e as suas aplicações inexistirão. O empreendedor pode se sentir desmotivado a não a realizar, pelo fato de que, em caso de insucesso, o capital aplicado não poderá ser recuperado. Esse elevado nível de risco pode ser mitigado com a participação estatal minoritária: a Administração Pública, reconhecendo a potencialidade de determinadas ideias ou projetos, poderá destinar recursos a apoiá-la, fomentando a atividade de empresários que, potencialmente, poderão ter êxito no seu desenvolvimento. A semente a ser plantada pela iniciativa privada é subsidiariamente apoiada pelo Estado, que acudirá projetos inovadores que aquela sozinha poderia não estar disposta a acudir.[438]

Há a previsão legal de que a União e os demais entes federativos e suas entidades estão autorizados a, nos termos de regulamento, participar minoritariamente do capital social de empresas, com o propósito de desenvolver produtos ou processos inovadores que estejam de acordo com as diretrizes e prioridades definidas nas políticas de ciência, tecnologia, inovação e de desenvolvimento industrial de cada esfera de governo (art. 5º da Lei de Inovação).

6.3.1 Participação estatal minoritária como instrumento de fomento no setor

A legislação institui ampla gama de instrumentos de incentivo à inovação. A realização de participações societárias minoritárias é um deles. São instrumentos de estímulo à inovação nas empresas, entre

---

[438] Gaspar Ariño Ortiz, *idem ibidem*, p. 498.

outros, a subvenção econômica, o financiamento, os incentivos fiscais, o uso do poder de compra do Estado, os fundos de investimentos, os fundos de participação e a participação societária (art. 19, §2º, da Lei de Inovação).

As participações minoritárias poderão se dar por meio de aportes de capital pelo Estado com contribuições financeiras ou não financeiras, desde que economicamente mensurável (art. 5º, §6º, da Lei de Inovação).[439]

A União e suas entidades poderão participar minoritariamente do capital de empresa privada de propósito específico que vise ao desenvolvimento de projetos científicos ou tecnológicos para obtenção de produto ou processo inovadores, desde que haja previsão orçamentária e autorização do Presidente da República (art. 5º do Decreto nº 5.563).

6.3.2 Possibilidade de adoção de instrumentos societários de compartilhamento de controle no setor

No setor de inovação, há previsão legal expressa a respeito da possibilidade de configuração de controle estatal minoritário sobre as empresas apoiadas por meio de participações societárias. A Lei de Inovação é exemplo concreto a respeito da normatização das empresas semiestatais no Direito brasileiro.

De um lado, autoriza a realização de participações estatais minoritárias no capital social de empresas cujas características se subsumam à disciplina legal. Doutro, prevê que documentos societários (especialmente os de constituição da empresa) poderão estabelecer poderes especiais relativamente às participações estatais. Isso faz com que o Estado não figure como mero sócio minoritário, mas sócio minoritário com poderes especiais, inclusive para dirigir determinadas matérias no bojo da vida empresarial.

Esses pontos decorrem de seu art. 5º, §5º, o qual prevê que, nas empresas investidas, o estatuto ou contrato social poderá conferir às ações ou quotas detidas pela União ou por suas entidades *poderes especiais*, inclusive de veto às deliberações dos demais sócios nas matérias que especificar.

---

[439] Tânia Ishikawa Mazon, *idem ibidem*, p. 181.

6.4 Fechamento

O ordenamento jurídico admite que investimentos estatais minoritários sejam realizados para execução da atividade administrativa de fomento. A razão para sua realização será a de catalisar atividades desenvolvidas pela iniciativa privada, com foco em sua potencialidade em materializar algo que seja juridicamente relevante para o próprio Estado. Há vinculação estreita entre o desígnio estatal e o objetivo que a empresa privada, com suporte do Estado, poderá concretizar.

A legislação que autoriza a criação de bancos estatais e seus respectivos estatutos sociais tem reconhecido a possibilidade. Essas empresas estatais poderão realizar investimentos minoritários como própria forma de execução de atividades para as quais foram constituídas. A possibilidade de celebração de acordos de sócios em que haja o compartilhamento de controle com a iniciativa privada é consequência quase que natural desta possibilidade. Isso porque a atividade administrativa de fomento visa possibilitar a realização de algo, incentivar a iniciativa privada. Cumprido o objetivo fomentado (ou verificado que não haverá condições concretas razoáveis para que seja atingido), a ação estatal deverá cessar. Os acordos de sócios, neste contexto, deverão veicular hipóteses e formas de desinvestimento estatal.

Esses aspectos são reconhecidos não apenas na legislação que estrutura a atuação de bancos estatais de fomento, mas também na legislação do setor de inovação. Os investimentos minoritários e a celebração de acordos de sócios estão à disposição da Administração Pública para que sejam manejados em prol da consecução de finalidades públicas prospectivamente reconhecidas e devidamente justificadas.

A adoção das medidas de fomento levará em conta não apenas a competência para sua realização, mas – e especialmente – intenções e riscos envolvidos.

Vejamos novamente o estatuto social do Banco do Nordeste do Brasil. Em seus termos, "[a] concessão de financiamentos ficará subordinada às normas de operações aprovadas pela Diretoria Executiva [...]" (art. 50). Há aí primeira condicionante para a atividade financeira do banco: aprovação por órgão interno competente (sua diretoria), que ficará responsável por divulgar os requisitos a serem observados para que seja realizada. A motivação deverá estar alinhada com ela e o controle deverá ser feito tanto em relação à aderência ao que for aprovado quanto aos resultados obtidos.

Mas há outra. O estudo de perdas e ganhos que podem ser esperados em caso de realização de atividade financeira:

[n]o exame de cada operação, além da idoneidade dos proponentes, levar-se-ão em conta o mérito social e econômico do empreendimento, a exequibilidade técnica, financeira e administrativa, o prazo de maturação, a capacidade de pagamento, as garantias oferecidas e, quando for o caso, as normas vigentes sobre a preservação do meio ambiente (art. 50, §1º, do Estatuto Social do BNB).

Fica clara a necessidade de análise dos benefícios (e riscos) decorrentes da atividade de fomento, que devem ser utilizados para seleção do empreendimento apoiado e para controle da atuação da empresa.

No caso mencionado, estamos tratando de instrumento de renda fixa, mas o entendimento também poderia ser replicado para eventuais operações de renda variáveis realizadas (e mesmo na intervenção direta no domínio econômico): *a empresa poderá ser catalisada? Atingirá maturidade? Em quanto tempo? O que fazer quando (e para) se atingir maturação? Eventuais proveitos decorrentes de sua atividade superam possíveis riscos? Quando o Estado se desfará do investimento estatal minoritário? Como desenhar acordo de sócios apto a garantir a saída?*

Em vista disso, coloco, como fechamento, que a constituição de empresas semiestatais, seja para intervenção no domínio econômico, seja na atividade administrativa de fomento, deverá ser racionalmente estruturada. A legislação em vigor admite amplamente a realização de investimentos estatais minoritários, acompanhada da celebração de instrumentos societários que garanta o compartilhamento de controle sobre empresas assim desenhadas. Mas deve haver incremento: do ponto de vista jurídico, a mera previsão legal que possibilita o investimento minoritário será insuficiente para amparar a atividade estatal.

A escolha deve ser feita de forma deliberada, no âmbito do arranjo institucional no qual a decisão de investimento estatal está inserida. Nele, será verificada a instrumentalidade da empresa semiestatal, ou seja, como a sua constituição se mostra apta a atingir objetivo estatal juridicamente reconhecido. Ainda, será esboçado o norte de atuação da empresa, estritamente em linha com a finalidade perseguida pelo Estado-acionista, o qual deverá andar de mãos dados com o Estado-planejador para definir os caminhados que a empresa semiestatal percorrerá.

Em suma: deverá haver clara motivação sobre os objetivos perseguidos com a constituição da empresa semiestatal, como ela atuará para cumpri-los, quais impactos causará e em quais hipóteses o Estado se desfaria de sua parcela no capital social.

A motivação deve ser balizada por esses parâmetros, que serão utilizados para fiscalizar o desenrolar da vida da empresa. O controle, realizado de maneira clara, dar-se-á apenas a partir daí. Ele se pautará, essencialmente, pelo cumprimento de resultados de Estado buscados com a constituição da empresa semiestatal. Foco-me nesses aspectos (*controle de atuação, motivação em âmbito de processo e busca de resultados*) na próxima parte do trabalho.

PARTE III

CONTROLE SOBRE A EMPRESA SEMIESTATAL

CAPÍTULO 7

CONTROLE SOBRE A FUNÇÃO DA EMPRESA SEMIESTATAL

As empresas semiestatais podem ser constituídas para intervenções direta e indireta no domínio econômico. Embora contenham nuances entre si, a serem consideradas nos momentos de sua constituição e atuação, entre elas há pontos em comum. Exemplificativamente, deve haver adequada estimativa de recursos públicos que serão destinados como aporte de capital inicial e, eventualmente, complementados ao longo da vida da empresa semiestatal.

Há, portanto, necessidade de controle sobre a forma de constituição e sobre a função por elas exercida, independentemente do emprego que lhes será dado. Eis o objeto do presente capítulo.

Primeiro, analiso o controle pela perspectiva de agente de relevo em estudos sobre controle da Administração Pública: o realizado por Tribunais de Contas,[440] com foco, aqui, na empresa semiestatal (*item 7.1*). Tendo em vista que recursos públicos são destinados para constituição dessas empresas e que a Administração Pública participará ativamente de sua gestão, poder-se-á cogitar sobre a incidência do controle de Tribunais de Contas sobre tais empresas.

Paralelamente a essa discussão, outras poderão se colocar. Foco-me na necessidade de estabelecimento claro dos objetivos perseguidos pelo Estado quando constitui empresas semiestatais. Apenas assim poderá haver controle sobre sua atuação. O ponto

---

[440] O panorama geral sobre o controle da Administração Pública pelo Tribunal de Contas é realizado por Odete Medauar, *Controle da administração pública*. 3. ed., rev., atual. e ampl. São Paulo: Revista dos Tribunais, 2014, p. 123-156, enquanto suas possibilidades e limites são abordados por André Janjácomo Rosilho, *Controle da Administração Pública pelo Tribunal de Contas*, Tese (Doutorado), Faculdade de Direito da Universidade de São Paulo: São Paulo: 2016.

passa pelo planejamento das atividades que serão por elas realizadas (*item 7.2*) e dos resultados empresariais esperados ao longo do empreendimento econômico (*item 7.3*).

7.1 Controle por Tribunais de Contas

No que toca especialmente à participação do Estado na empresa semiestatal, dúvida que se coloca com frequência diz respeito à possibilidade, ou não, de controle por Tribunais de Contas em certos casos. Nos termos da CF, a fiscalização contábil, financeira, orçamentária, operacional e patrimonial da União e das entidades da Administração direta e indireta será exercida pelo Congresso Nacional, mediante controle externo (art. 70), com auxílio do Tribunal de Contas da União (art. 71).

A Lei nº 6.223 determina que os entes federados e as entidades de suas Administrações indiretas que participem do capital de empresas privadas "detendo apenas a metade ou a minoria das ações ordinárias exercer[ão] o direito de fiscalização assegurado ao acionista minoritário pela Lei das Sociedades por Ações, não constituindo aquela participação motivo da fiscalização" (art. 7º, §3º). A razão subjacente ao dispositivo diz respeito ao controle (como fiscalização) apenas em relação às empresas públicas e sociedades de economia mista, caracterizadas como aquelas em que há a propriedade estatal de ao menos 50% do capital votante.

Tanto é assim que a Lei nº 6.223 prevê a incidência do controle pelo TCU e pelo próprio Poder Executivo relativamente às empresas estatais, assim qualificadas apenas aquelas em que os entes da Administração Pública direta detenham ao menos a maioria do capital social votante. A redação legal é a seguinte (art. 7º da Lei nº 6.223):

> [a]s entidades com personalidade jurídica de direito privado, de cujo capital a União, o Estado, o Distrito Federal, o Município ou qualquer entidade da respectiva administração indireta seja detentor da totalidade ou da maioria das ações ordinárias, ficam submetidas à fiscalização financeira do Tribunal de Contas competente, sem prejuízo do controle exercido pelo Poder Executivo.[441]

---

[441] Art. 7º, §1º, da Lei nº 6.223: "[a] fiscalização prevista neste artigo respeitará as peculiaridades de funcionamento da entidade, limitando-se a verificar a exatidão das contas e a legitimidade dos atos, e levará em conta os seus objetivos, natureza empresarial e operação segundo os métodos do setor privado da economia".

Na mesma linha foi o Decreto nº 8.945, ao especificar, em seu art. 2º, VI, já mencionado, que será "sociedade privada" a entidade cuja maioria do capital votante não pertença direta ou indiretamente à União, a Estado, ao Distrito Federal ou a Município. De todo modo, também poderia haver dúvida sobre a incidência do controle do TCU sobre as empresas semiestatais como decorrência de sua Súmula 231, a qual prevê que:

> [a] exigência de concurso público para admissão de pessoal se estende a toda a Administração Indireta, nela compreendidas as Autarquias, as Fundações instituídas e mantidas pelo Poder Público, as Sociedades de Economia Mista, as Empresas Públicas e, ainda, as demais entidades controladas direta ou indiretamente pela União, mesmo que visem a objetivos estritamente econômicos, em regime de competitividade com a iniciativa privada.

Contudo, as "entidades controladas direta ou indiretamente pela União", ali mencionadas, parecem-me compreender as empresas que passaram a ter seu capital votante majoritário detido pelo Estado por razões transitórias ou acidentais, e não as empresas que aqui caracterizei como semiestatais.[442] Nesse sentido, a Instrução Normativa TCU 12, de 24 de abril de 1996, que estabelece normas de organização e apresentação de tomadas e prestações de contas, é aplicável a "sociedades instituídas e mantidas pelo Poder Público Federal e as demais empresas controladas direta ou indiretamente pela União, englobando as encampadas ou sob intervenção federal" (art. 2º), "ou que, de qualquer modo, venham a integrar, provisória ou permanentemente, o patrimônio da União ou de outra entidade pública federal" (art. 17, parágrafo único).

Veja-se, ainda, que a Lei das Empresas Estatais e o Decreto nº 8.945 estabelecem que ações e deliberações de órgãos de controle não podem implicar interferência na gestão de empresas públicas e sociedades de economia mista, tampouco ingerência no exercício de atribuições ou na definição da forma de execução de políticas públicas setoriais (art. 90 e art. 50, respectivamente). Tendo a lei excluído a competência fiscalizatória dos atos de gestão e de execução de políticas

---

[442] Sobre o tema, cf. Claudia Elena Bonelli, Carolina Caiado Lima Rodrigues e Thaísa Toledo Longo, "O regime jurídico de direito público e as joint ventures estabelecidas entre empresas estatais e a iniciativa privada", *Revista de Contratos Públicos*, Belo Horizonte, v. 3, n. 4, set. 2013/fev. 2014.

públicas por tais empresas, também estará excluída a fiscalização sobre atuação das empresas semiestatais.[443] Em vista de tais atos normativos, o controle exercido por Tribunais de Contas não recairá sobre as empresas semiestatais. Este controle incidirá sobre as empresas estatais que as constituem, incluindo as razões que justificaram a criação das empresas semiestatais.

De todo modo, estas empresas não poderão atuar livremente, por assim dizer. A legislação determina a necessidade de estabelecimento de objetivos para atuação de empresas públicas e sociedades de economia mista, de forma que a atuação de empresas semiestatais, em termos legais, deve ser aí enquadrada. *O que se busca com a constituição da empresa semiestatal?* A resposta está atrelada ao plano de atuação da empresa, vinculada ao planejamento da empresa estatal que dela participa minoritariamente.

7.2 Controle por meio do planejamento na constituição de empresas semiestatais

A constituição de empresas semiestatais envolverá uma série de decisões: *qual o objeto social da empresa? Quais objetivos cumprirá? Em que medida se alinham com os objetivos da empresa estatal investidora? Quanto será gasto em cada projeto? Em quanto tempo haverá retorno sobre investimentos? Em quanto tempo a atividade fomentada poderá se ver concretizada?* Isso faz com que alguns aspectos importantes sejam levados em consideração.

Fiquemos apenas com as duas últimas considerações (gastos necessários e retornos esperados): o volume de recursos utilizados e a diversidade de empresas a serem constituídas devem fazer com que haja o estabelecimento de prioridades para a realização dos desembolsos estatais. Nem todos os projetos poderão ser apoiados; nem todas as intervenções diretas poderão ser feitas. Haverá projetos apoiados e projetos não apoiados (mas sempre com a necessária motivação). A criação de empresas semiestatais deve passar por rigorosa análise, para se fixar quais os objetivos pretendidos com sua atuação e a forma de avaliá-los.

---

[443] "[...] a Corte de Contas não possui competência para formular determinações e recomendações às empresas semiestatais. Essas medidas podem/devem ser dirigidas às empresas estatais associadas às empresas semiestatais, a fim de que aprimorem o vínculo mantido com elas ou mesmo que venham a extingui-lo" (Murillo Giordan, "Controle das empresas semiestatais", em Marcos Augusto Perez e Rodrigo Pagani de Souza (Coord.). *op. cit.*, p. 350).

Deve existir planejamento estatal para que empresas semiestatais sejam constituídas e planos (ainda que de negócios – afinal, "[q]uem não sabe que o planejamento é uma técnica corrente de administração empresarial?")[444] para nortear sua atuação. Eles servirão para evitar futuras dificuldades e para antecipar alternativas caso eles se materializem, com estratégias que não sejam imediatistas e casuísticas e que se pautem por boas práticas de gestão.[445] Não falo aqui em amplo planejamento da economia, com centralização estatal sobre o processo econômico, mas na utilização de arranjos institucionais e técnicas empresariais para pautar a atuação de empresas.

Estes pontos decorrem da própria legislação. Conforme a Lei das Estatais, a participação detida por empresas estatais em sociedades empresarias deve ser pautada por planejamento prévio, com a existência de "documentos e informações estratégicos do negócio" (art. 1º, §7º, I), "relatório de execução do orçamento e de realização de investimentos programados pela sociedade, inclusive quanto ao alinhamento dos custos orçados e dos realizados com os custos de mercado" (art. 1º, §7º, II), "informe sobre execução de projetos relevantes para os interesses da investidora" (art. 1º, §7º, VII) e "avaliação das necessidades de novos aportes na sociedade e dos possíveis riscos de redução da rentabilidade esperada do negócio" (art. 1º, §7º, IX). Estas condicionantes legais apenas estarão plenamente atendidas com a existência de planejamento da atuação da empresa estatal e do que se busca com a criação da empresa semiestatal.

Em complementação, o Decreto nº 8.945 estabelece que a empresa estatal que possuir autorização legislativa para criar subsidiária e para participar de outras empresas "poderá constituir subsidiária cujo objeto social seja participar de outras sociedades, inclusive minoritariamente, desde que o estatuto social autorize expressamente a constituição de subsidiária como empresa de participações e que cada investimento esteja vinculado ao plano de negócios" (art. 8º, §2º).[446] Assim, deverá

---

[444] Eros Roberto Grau, *idem ibidem*, p. 303.
[445] Guilherme Dias Reisdorfer, "Instrumentos para gestão das empresas estatais: planos de negócios e estratégias de longo prazo", em Marçal Justen Filho (Org.). *op. cit.*, p. 219.
[446] Adicionalmente, conforme a Lei das Empresas Estatais, a lei que autorizar a criação de empresa pública e de sociedade de economia mista deve prever diretrizes e restrições a serem consideradas na elaboração do estatuto da companhia, incluindo a necessidade de avaliação de desempenho, individual e coletiva, de periodicidade anual, dos administradores e dos membros de comitês, que poderá ser feita por meio da avaliação dos objetivos estabelecidos no plano de negócios e atendimento à estratégia de longo prazo (art. 13, III, "c").
Na mesma lei, a obrigatoriedade de adoção de estratégia de longo prazo também se apresenta tanto como parâmetro de atuação (especialmente de diretoria e de conselho de administração)

haver alinhamento entre os objetivos da empresa estatal investidora e os da empresa semiestatal investida, que poderá ser feito por meio de avaliação de desempenho e cumprimento de objetivos, conforme planos previamente estabelecidos.

Se isso já é relevante, por exemplo, quando se trata da atividade administrativa de fomento, indistintamente, pois o ordenamento jurídico não estabelece parâmetros gerais que deveriam ser observados para sua realização, o caso será ainda mais incisivo quando se trata de fomento por meio de investimentos minoritários, nos quais o desembolso financeiro é acompanhado pela assunção dos riscos decorrentes da atuação da empresa assim constituída, ao mesmo tempo em que a escolha por certa opção faz com que outras soluções (ou empresas), que também poderiam se beneficiar dos mesmos recursos, sejam deixadas de lado.[447]

O planejamento pode se dar por meio da instituição de planos e consequentes programas, projetos e atividades (especificação de ação, de planos macro para atuação micro, em cadeia organizada), incluindo (i) alinhamento com a política federal, (ii) casamento de projetos e

---

e de transparência (especialmente com a divulgação prospectiva de resultados alcançados: "[é] condição para investidura em cargo de diretoria da empresa pública e da sociedade de economia mista a assunção de compromisso com metas e resultados específicos a serem alcançados, que deverá ser aprovado pelo Conselho de Administração, a quem incumbe fiscalizar seu cumprimento" (art. 23). Anualmente, a diretoria deverá apresentar ao conselho de administração (art. 23, §1º): (i) plano de negócios para o exercício anual seguinte; (ii) estratégia de longo prazo atualizada com análise de riscos e oportunidades para, no mínimo, os próximos 5 anos.

Competirá ao conselho de administração realizar análise anual de metas e resultados na execução do plano de negócios e de estratégia de longo prazo, publicando suas conclusões e informando-as ao Congresso Nacional, às Assembleias Legislativas, à Câmara Legislativa do Distrito Federal ou às Câmaras Municipais e aos respectivos tribunais de contas, quando houver (art. 23, §2º).

[447] Essa discussão é, em boa medida, realizada por Sérgio Lazzarini ao tratar da política de financiamento do BNDES de determinados grupos empresariais no Brasil. O autor argumenta que o acesso a financiamentos públicos por determinados agentes faz com que, a um só tempo, eles sejam privilegiados e haja diminuição na possibilidade de sua utilização: "[e]ssa combinação de crédito relativamente escasso, concentrado em bancos públicos e 'carimbado' para usos preestabelecidos, traz implicações importantes para a nossa discussão. Havendo restrição de financiamento e melhores condições de empréstimo em segmentos escolhidos, apenas uma fração dos empreendimentos privados verá a luz do dia. Isso afetará principalmente empresas de menor porte e sem acesso aos recursos direcionados" (*Capitalismo de laços: os donos do Brasil e suas conexões*. Rio de Janeiro: Elsevier, 2011, p. 49). Ampliar a discussão em Alice A. Amsdem, *A ascensão do "resto": os desafios ao Ocidente de economias com industrialização tardia*, tradução de Roger Maioli dos Santos, São Paulo: Editora UNESP, 2009, p. 335-430. Cf., ainda, Carlos Eduardo Reis Fortes do Rego, "A eficiência da camaradagem (os laços como requisitos da 'eficiência' no capitalismo brasileiro)" em Ana Frazão (Coord.). *Constituição, empresa e mercado*, Universidade de Brasília (Faculdade de Direito), Brasília, 2017, p. 48-68.

atividades a programas, (iii) revisão de ação em face de avaliações periódicas, o que apenas pode se dar mediante e (iv) visualização e análise crítica sobre o que se fez, a fim de aprimoramento.

Esta ideia está caracterizada, exemplificativamente, no Estatuto Social da EMBRAPA, cuja atuação é pautada pela elaboração de planos, programas, projetos e atividades, especialmente na programação de pesquisa e na elaboração do orçamento, com observância das seguintes diretrizes (art. 9º):

(i) atendimento às políticas estabelecidas nos planos nacionais de desenvolvimento e de ciência e tecnologia, compatíveis com as prioridades estabelecidas nos planos setoriais da agricultura e do abastecimento;

(ii) adequação dos projetos e atividades aos programas de pesquisa do Governo Federal;

(iii) revisão da programação de suas atividades em face da avaliação de programas anteriores e daqueles em andamento;

(iv) observância das diferenças regionais e sociais na elaboração de planos, programas, projetos e atividades;

(v) participação das unidades de pesquisa e desenvolvimento na elaboração dos projetos e atividades;

(vi) acompanhamento e avaliação da execução dos programas em vários níveis, do montante dos custos reais incorridos e da eficácia dos processos adotados;

(vii) participação das organizações públicas e privadas de caráter nacional, regional, estadual e municipal na definição de prioridades e avaliações de resultados.

Pode-se dizer que a constituição de empresas semiestatais deve ser antecedida pela explicitação das razões em função das quais a participação estatal é necessária, o montante de recursos que se fará necessário, definição dos meios de ação e resultados esperados.[448]

Em termos práticos, deveria ser instaurado processo administrativo pela empresa estatal que pretende realizar o investimento estatal minoritário. Nele, deveriam ser apresentadas as razões consideradas para a criação da empresa semiestatal, com pareceres e análises sobre o tema, e cotejando-as com outras eventuais soluções que pudessem ser adotadas.

A criação da empresa semiestatal, consubstanciada no mencionado processo administrativo, também deveria andar alinhada com objetivos

---

[448] Célia Cunha Mello, *idem ibidem*, p. 75-76.

maiores, definidos no bojo do arranjo institucional no qual a empresa estatal está inserida e em linha com a política pública que ampara a atuação desta em determinado contexto. A empresa semiestatal, assim, será instrumento para a concretização da finalidade buscada com o investimento realizado pela empresa estatal criadora.

Haverá íntima relação entre o planejamento e a participação estatal, de maneira que aquele será condição jurídica para a instituição desta. "Só se vai fomentar atividade ou setor se isso fizer sentido dentro de programação prévia – e essa programação é o planejamento".[449] A escolha precisa ser motivada, meritória e impessoal,[450] e não simplesmente privilegiar fulano ou sicrano.[451] Investimento estatal e planejamento andam de mãos dadas.

Para demonstrar a importância do cuidado que se deve ter ao realizar investimentos estatais minoritários, podem ser tomados como paralelo os critérios previstos na LRF sobre as contrapartidas esperadas no caso de benefícios tributários cumulados com renúncia de receita. Há a previsão de que a concessão de incentivo ou benefício de natureza tributária, da qual decorra renúncia de receita, deverá ser acompanhada de estimativa do impacto orçamentário-financeiro e atender a uma das seguintes condições (art. 14): (i) demonstração de que a renúncia foi considerada na estimativa de receita da lei orçamentária e que não afetará as metas de resultados fiscais; (ii) estar acompanhada de medidas de compensação, por meio do aumento de receita.

Não afirmo que o foco da atividade administrativa de fomento que aqui abordo se subsuma à hipótese de benefício tributário cumulada com renúncia de receita. A própria lei indica que a "renúncia compreende anistia, remissão, subsídio, crédito presumido, concessão de isenção em caráter não geral, alteração de alíquota ou modificação de base de cálculo que implique redução discriminada de tributos ou contribuições, e outros benefícios que correspondam a tratamento diferenciado" (art. 14, §1º, da LRF). Apenas chamo atenção para o fato de que, na falta de parâmetros jurídicos para justificar o investimento estatal minoritário, delimitar seus efeitos e indicar os benefícios que dele se espera (para intervenção direta ou indireta

---

[449] José Vicente Santos de Mendonça, *idem ibidem*, p. 366.
[450] Marcos Juruena Villela Souto, *idem ibidem*, p. 54.
[451] "A questão é haver justificativa razoável para a seletividade proposta; é a abrangência dessa seletividade (a seletividade é legítima ou é escolha de alguns apaniguados?)" (José Vicente Santos de Mendonça, *idem ibidem*, p. 390).

no domínio econômico), os parâmetros fixados na LRF podem ser usados como norte.

No planejamento dos investimentos estatais minoritários, deveriam ser rejeitadas iniciativas com fins supérfluos (como verdadeira medida de austeridade fiscal e administrativa), bem como feitas análises jurídicas e econômico-financeiras rigorosas, que fundamentem[452] a necessidade do incentivo estatal e de seu potencial impacto em termos de eficiência.[453]

Os dispêndios para constituição de empresas semiestatais podem ser grandes, a depender do que se pretende fazer. A aplicação desmesurada de recursos públicos pode trazer impactos relevantes em termos orçamentários, além de poder prejudicar outras iniciativas econômicas que não contem com o mesmo benefício. Nesse sentido, "a necessidade de prudência fiscal e a importância dos incentivos"[454] merecem cada vez mais atenção.[455]

Parece ser esta a razão subjacente à LRF ao prever que benefícios tributários deverão estar pautados em estimativas de impacto orçamentário-financeiro (art. 14, *caput*) e que resultarão em aumento de receita, ou, em outros termos, em incremento de eficiência após sua adoção (art. 14, II).

Além dos parâmetros previstos na LRF, outro paralelo pode ser utilizado como método de planejamento para constituição de empresas semiestatais: estudos de alternativas para contratação de

---

[452] Há quem defenda, inclusive, a possibilidade de responsabilização do Estado caso a atividade administrativa de fomento não seja bem fundamentada e privilegie determinado agente sem justificativa. É o caso de Fernando Facury Scaff, que invoca o princípio da igualdade como fundamento para responsabilização do Estado em caso de concessão de incentivos a determinada empresa de maneira injustificada: "[e]ste Princípio [...] viabiliza responsabilizar-se o Estado quando este incentive, desincentive ou vede uma atividade, sem que tal atitude seja justificada. Antes de se tratar especificamente de uma forma de intervenção – através de normas diretivas, indutivas ou de promessas governamentais –, deve-se observar a correção deste *prius* acerca de onde intervir. Caso esteja em desacordo com o Princípio da Igualdade, deverá ser entendido como seu defraudador, e consequentemente como inconstitucional" (*Responsabilidade do Estado intervencionista*. São Paulo: Saraiva, 1990, p. 114).

[453] Gaspar Ariño Ortiz, *idem ibidem*, p. 354.

[454] SEN, Amartya. *Desenvolvimento como liberdade*. São Paulo: Companhia das Letras, 2010, p. 173.

[455] "A atividade administrativa de fomento exercida de forma descompromissada pode constituir um verdadeiro atentado ao princípio da igualdade, da livre concorrência e dos demais princípios informadores da Administração Pública, notadamente o da impessoalidade e da moralidade. Indivíduos que possuem certo grau de proximidade com os governantes podem obter, com maior facilidade do que outros, determinados incentivos indisponíveis àqueles que, eventualmente, necessitem deles ainda mais, forjando, com isso, uma concorrência desleal" (ALENCAR, Leticia Oliveira Lins de. A atividade administrativa de fomento e a importância do planejamento. *Fórum Administrativo*, v. 182, p. 29, 2016).

parcerias público-privadas (conforme o art. 10, I, da Lei de PPPs), que, diga-se, passam por rigorosas análises financeiro-orçamentárias para sua contratação e são executadas por meio de sociedades de propósito específico.

A análise imposta pela Lei de PPPs para contratação de concessões patrocinadas e administrativas envolve verificação orçamentária, pela impossibilidade de comprometimento de recursos de longo prazo e pela demonstração dos benefícios decorrentes da execução contratual, com abertura de licitação condicionada a:

(i) autorização da autoridade competente, fundamentada em estudo técnico que demonstre a conveniência e a oportunidade da contratação, mediante identificação das razões que justifiquem a opção pela forma de parceria público-privada (art. 10, I, "a", da Lei de PPPs);

(ii) demonstração de que as despesas criadas ou aumentadas não afetarão as metas de resultados fiscais, devendo seus efeitos financeiros, nos períodos seguintes, ser compensados pelo aumento permanente de receita ou pela redução permanente de despesa (art. 10, I, "b", da Lei de PPPs).

Há análise de custo-benefício para a contratação de parcerias público-privadas, que deverá estar amparada em motivação na qual sejam demonstrados os impactos que o empreendimento causará e as vantagens dele decorrentes. Veicula-se preocupação com o comprometimento de recursos e com o planejamento da contratação em perspectiva de longo prazo.[456] Isso deveria ser enxergado não apenas na perspectiva de contratos de PPP considerados isoladamente, mas em impactos mais gerais (de novo, especialmente em termos de comprometimento de recursos de longo prazo, vis-à-vis resultados esperados), ocasionados por contratações variadas e potencialmente cumulativas em horizontes temporais mais largos.[457]

A fixação de objetivos poderia passar pela elaboração de espécie de caderno de encargos, que pautaria a atuação da empresa. Nele estariam suas principais obrigações, prazo para cumprimento e recursos necessário. Veja-se que algo semelhante ocorre em concessões de serviços à iniciativa privada que eram explorados por empresas

---

[456] SUNDFELD, Carlos Ari. Guia jurídico das parcerias público-privadas. In: SUNDFELD, Carlos Ari (Coord.). *Parcerias público-privadas*, São Paulo: Malheiros, 2007, p. 25.

[457] Neste sentido, cf. SCHIRATO, Vitor Rhein. As parcerias público-privadas e políticas públicas de infraestrutura. In: JUSTEN FILHO, Marçal; SCHWIND, Rafael Wallbach (Org.). *op. cit.*, p. 73-97; GUIMARÃES, Fernando Vernalha. *Parceria público-privada*. 2. ed. São Paulo: Saraiva, 2013, p. 106-107.

estatais. A outorga passa por amplo processo de planejamento (definição de objeto, prazo, remuneração, investimento e retorno sobre ele), de revisão constante (ordinária, periódica e extraordinária). Por que o mesmo não poderia ocorrer com a atuação de empresas estatais e semiestatais? Em realidade, concessões são exploradas por meio de sociedades de propósito específico, que possuem exatamente a mesma característica: *a natureza de empresa*. Em ambos os casos, seu sucesso estará diretamente vinculado à capacidade de executar adequadamente o objeto que lhe foi atribuído.

A mesma lógica pode ser utilizada para a realização de investimentos estatais minoritários por meio dos quais haverá intervenção direta no domínio econômico[458] e para evidenciação dos aspectos que se pretende ver implementados por meio da atividade administrativa de fomento. Isso especialmente porque a própria sociedade de propósito específico criada para execução do contrato de PPP poderá contar com participação estatal (art. 9º, §4º, da Lei de PPPs).

O Decreto nº 9.190, de 1º de novembro de 2017, que criou o Programa Nacional de Publicização, também veicula aspectos semelhantes. Prevê que a qualificação de entidades privadas sem fins

---

[458] Análise semelhante foi realizada pela equipe técnica do TCU no bojo do Acórdão 3.052/2016, a respeito do projeto de investimento para construção da Refinaria de Abreu e Lima. Para sua construção, a Petrobras realizou parceria com a PDVSA, mas que, para a equipe de auditoria do TCU, não havia sido acompanhada de cenários alternativos, para definição daquele que seria mais vantajoso para a empresa: "[a] parceria não deveria ter sido tratada como uma condição de projeto, mas uma alternativa. Por mais que a parceria se inserisse no contexto de acordos bilaterais entre os governos do Brasil e da Venezuela, tal fato de maneira alguma justificava que o ajuste tivesse obrigatoriamente de ser feito em prejuízo da Petrobras. Cabia aos gestores responsáveis perseguir o desenvolvimento do ajuste a partir dos objetivos mútuos estabelecidos no acordo bilateral. Eventual desvantagem nas tratativas relacionadas à Rnest só seria aceitável a partir da captura de vantagens compensatórias relacionadas a outros aspectos da concertação, como, *v.g.*, a exploração do campo de Carabobo.
A solução mais adequada [...] seria o desenvolvimento, em paralelo, das alternativas com e sem a parceria com a PDVSA, antes da definição do projeto conceitual, para que se permitisse a seleção da melhor alternativa técnico-econômica para a Petrobras. Outrossim, o desenvolvimento da alternativa sem a participação da PDVSA consubstanciaria um parâmetro de custo e viabilidade econômica para nortear a negociação dos termos e contrapartidas de uma eventual parceria, além de uma saída mais consolidada no caso de frustração da parceria. [...] Avançar com a implantação do projeto sem a definição da parceria significou violação da Sistemática, assunção de riscos para além do apetite da Companhia, sem garantia de contrapartida, na contramão do caminho diligente propugnado, resultando em medida temerária" (Acórdão 3.052/2016, relatório, fl. 51).
E conclui a equipe técnica do TCU: "[...] Grande parte do escopo do projeto foi deixado em aberto em função da indefinição da parceria societária entre a Petrobras e a PDVSA para construção da Rnest. A parceria com a PDVSA não deveria ter sido tratada como uma condição de projeto, mas uma alternativa. Entretanto, por razões não esclarecidas, a Petrobras insistiu com a parceria mesmo quando se tornou evidente que esta não mais se mostrava vantajosa à estatal" (Acórdão 3.052/2016, relatório, fl. 100).

lucrativos como organizações sociais tem por objetivo o estabelecimento de parcerias de longo prazo (art. 1º, parágrafo único), devendo levar em consideração, dentre outros aspectos (art. 7º, §1º): "a demonstração, em termos do custo-benefício esperado, da absorção da atividade por organização social, em substituição à atuação direta do Estado, considerados os impactos esperados a curto, médio e longo prazo" (*inciso IV*), bem como "a estimativa de recursos financeiros para o desenvolvimento da atividade durante o primeiro exercício de vigência do contrato de gestão e para os três exercícios subsequentes" (*inciso VIII*).

A solução tomada como paralelo da Lei de PPPs e do Decreto nº 9.190/2017 para constituição de empresa semiestatal é, obviamente, *de lege ferenda*. De toda forma, evidencia a necessidade de adoção de processo administrativo para sua implantação, no qual sejam estudadas alternativas e apresentadas justificativas que amparem, de forma clara e prospectiva, a medida adotada.[459] Nesse sentido, não foge, em grandes linhas, das disposições da Lei de Processo Administrativo no que tange à necessidade de instauração de processo e de motivação para decisão em processos administrativos em geral.

Em seus termos, o processo administrativo terá como objetivo, essencialmente, proteger os direitos dos administrados e garantir o melhor cumprimento dos fins da Administração Pública (art. 1º). Para determinação do fim, poderia existir estudo de viabilidade de constituição da empresa semiestatal e de sua pertinência para concretizar o que concretamente se pretende. Tanto é assim que, no âmbito do processo, a decisão deverá ser pautada pelos princípios da finalidade, da motivação e da eficiência (art. 2º), com obediência à adequação entre meios e fins à indicação dos pressupostos de fato e de direito que determinarem a decisão (art. 2º, parágrafo único, VI e VII).

Os atos administrativos deverão ser motivados, com indicação de fatos e fundamentos jurídicos, quando afetarem direitos ou interesses (art. 50, I). A decisão de investimento estatal em empresa privada afetará a própria empresa assim investida, que receberá os recursos em linha com a deliberação estatal, bem como as que forem

---

[459] Gaspar Ariño Ortiz segue a mesma linha, apontando que devem existir critérios para a instituição de medidas de fomento, incluindo motivação em processo administrativo no qual se demonstre a conformidade de sua utilização, incluindo regras de transparência, objetividade e, se possível, mecanismos competitivos para sua obtenção (*idem ibidem*, p. 351).

preteridas na adoção da medida. A escolha pública entre beneficiados e preteridos (especialmente porque recursos são escassos e nem todas as empresas serão contempladas pela ação estatal) deverá ser motivada de forma explícita, clara e congruente (art. 50, §1º). Nestes termos, a participação acionária estatal não pode ser meramente benevolente:[460] antes, deverá ser informada.[461] [462]

Por meio da procedimentalização e da "prática de atos dotados de maior racionalidade e qualidade",[463] os investimentos estatais minoritários para constituição de empresas semiestatais podem ganhar nova roupagem. Finalidades perseguidas podem ser publicadas e debatidas democraticamente. Podem ser levantadas críticas, sugestões e contra-argumentos, inclusive por meio de audiências e consultas públicas.[464] Pode haver desenho de cenários, levantamento de riscos

---

[460] Célia Cunha Mello, *idem ibidem*, p. 36.

[461] Para discussões sobre a necessidade de motivação, transparência e controle do fomento público com foco em inovação tecnológica, cf. Tânia Ishikawa Mazon, *idem ibidem*, p. 206-214; Maria Hermínia Penteado Pacheco e Silva Moccia, *idem ibidem*, p. 174-194.

[462] Na Espanha, solução semelhante foi adotada por meio da edição da lei sobre procedimento administrativo para realização da atividade administrativa de fomento. Trata-se da Ley 38, de 17 de novembro de 2003 – a Lei de Subvenções Espanhola. Há forte preocupação com a seleção de empreendimentos fomentados, transparência na aplicação de recursos e controle de resultados.
Entende-se por subvenção a destinação de recursos em favor de pessoas públicas ou privadas e que cumpra com os seguintes requisitos (art. 2º, 1, da Lei de Subvenções Espanhola): (i) a destinação dos recursos seja feita sem contraprestação direta de seu beneficiário; (ii) o desembolso dos recursos esteja sujeito a cumprimento de determinado objetivo, a execução de algum projeto, a realização de certa atividade, a adoção de comportamento singular, já iniciados ou a se desenrolar, devendo o beneficiário cumprir com obrigações materiais e formais estabelecidas; (iii) a ação apoiada tenha por objeto fomentar atividade de utilidade pública ou de interesse social.
Como condição prévia à concessão de subvenções, as entidades da Administração Pública deverão elaborar plano estratégico, no qual serão fixados os objetivos e os efeitos que se pretendem concretizar com a aplicação dos recursos, o prazo necessário para sua consecução, os custos previsíveis e suas fontes de custeio, os quais estarão subordinados à estabilidade orçamentária (art. 8º, 1, da Lei de Subvenções Espanhola). Quando os objetivos que se pretende realizar com a subvenção afetarem o mercado, requisito adicional deverá ser observado: sua orientação deve dirigir-se à correção de falhas claramente identificadas e seus efeitos devem ser minimamente distorcivos (disponível em: <https://www.boe.es/buscar/act.php?id=BOE-A-2003-20977>. Acesso em: 19 jul. 2017).

[463] Leticia Oliveira Lins de Alencar, "A Constitucionalização do Direito Administrativo: uma análise da crescente procedimentalização da atividade administrativa" CONPEDI; UFMG; FUMEC; Dom Helder Câmara (Org.). *Direito Administrativo e Gestão Pública*, CONPEDI, 2015, v. II, p. 17.

[464] Art. 31 da Lei de Processo Administrativo: "[q]uando a matéria do processo envolver assunto de interesse geral, o órgão competente poderá, mediante despacho motivado, abrir período de consulta pública para manifestação de terceiros, antes da decisão do pedido, se não houver prejuízo para a parte interessada".

e de alternativas;[465] previsão de resultados, expectativas, problemas a serem enfrentados e alcance de objetivos em políticas públicas;[466] discussão qualificada, sistematizada, e não aleatória, pontual, *ad hoc*.[467] Esses aspectos podem – e devem ser – utilizados nas discussões sobre o planejamento de investimentos estatais minoritários no Brasil.

7.2.1 Discussões sobre planejamento de investimentos estatais minoritários

A necessidade de adequado planejamento para a realização de investimentos minoritários por empresas estatais pode ser extraída de dois casos analisados pelo TCU: a participação da Valec na concessão da ferrovia Transnordestina (Acórdão TCU 1.659/2017)[468] e da Infraero em concessões de aeroportos federais (Acórdão TCU 548/2014).[469]

Art. 32 da Lei de Processo Administrativo: "[a]ntes da tomada de decisão, a juízo da autoridade, diante da relevância da questão, poderá ser realizada audiência pública para debates sobre a matéria do processo".

[465] Tânia Ishikawa Mazon, *idem ibidem*, p. 207. "O tema assume especial relevância quando são analisados os riscos decorrentes da utilização de mecanismos de fomento sem a concepção de um planejamento prévio. Entre eles, podemos fazer menção à possibilidade de o fomento ser adotado de forma casuística e sem o compromisso de alcançar finalidades maiores, que deveriam constituir o objetivo mediato a ser alcançado pelos mecanismos de fomento. Além deste, também o de que sejam beneficiados apenas indivíduos que detêm algum grau de proximidade com os governantes, pois, diante da inexistência de um planejamento prévio que estabeleça os requisitos para a concessão do incentivo, seria conferida uma ampla – e talvez temerária – margem de discricionariedade ao administrador público. Por fim, também destacamos a possibilidade de eventual prejuízo à segurança jurídica, uma vez que, sem a existência de um planejamento estipulando as metas, prazo e condições para a consecução dos objetivos maiores da política pública na qual se insere o mecanismo de fomento, os seus beneficiários e a própria sociedade ficariam à mercê da vontade política de diferentes governantes para que possam obter ou continuar obtendo determinado incentivo" (Leticia Oliveira Lins de Alencar, "A atividade administrativa de fomento e a importância do planejamento", *op. cit.*, p. 25).

[466] Carlos Ari Sundfeld e Egon Bockmann Moreira, "PPP Mais: um caminho para práticas avançadas nas parcerias estatais com a iniciativa privada", *op. cit.*, p. 23.

[467] Eros Roberto Grau, *idem ibidem*, p. 146.

[468] Plenário, Processo 021.577/2016-1, Rel. Min. Walton Alencar Rodrigues, j. 02 ago. 2017. Informações adicionais sobre a participação da Valec na ferrovia Transnordestina podem ser encontradas em: <http://www.valec.gov.br/ferrovias/ferrovia-transnordestina> e em: <http://www.antt.gov.br/ferrovias/Ferrovia_Transnordestina_Logistica_SA.html>. Acesso em: 03 out. 2017.

[469] Plenário, Processo 009.780/2013-0, Rel. Min. Aroldo Cedraz, j. 12 mar. 2014. O acompanhamento das medidas determinadas está consubstanciado no Acórdão TCU 1.865/2016, Plenário, Processo 030.165/2014-8, Rel. Min. Augusto Nardes, j. 20 jul. 2016. Informações adicionais sobre a participação da Infraero nas concessões de aeroportos federais podem ser encontradas em: <http://www4.infraero.gov.br/acesso-a-informacao/institucional/sobre-a-infraero/historia/> e em <http://www.anac.gov.br/assuntos/paginas-tematicas/concessoes>. Acesso em: 03 out. 2017.

A Valec ingressou no projeto da Transnordestina como acionista minoritária da empresa Ferrovia Transnordestina Logística S/A – TLSA, concessionária que explora economicamente a ferrovia. A participação acionária encontra-se regida por acordo de acionistas e por acordo de investimentos.[470] A participação da Valec na Transnordestina ocorreu a partir de 2011, quando realizou aporte de capital de R$ 164 milhões para adquirir ações preferenciais classe "A", sem direito a voto. Com o aporte, a estatal passou a deter 10,6% do capital total da empresa concessionária. A partir de 2012, o MTPA, a ANTT e a TLSA realizaram tratativas para realizar o investimento de R$ 7 bilhões na Transnordestina.

A evolução das tratativas culminou em reuniões para a discussão de instrumentos contratuais específicos (acordo de acionistas e acordo de investimentos), fixando direitos e obrigações das partes. Como decorrência, em setembro de 2013,[471] formalizou-se a participação da Valec no empreendimento, pela assinatura dos referidos instrumentos.[472]

A preocupação da fiscalização da equipe técnica da Corte Federal de Contas esteve centrada na entrada da Valec no empreendimento. A SeinfraPor avaliou as análises realizadas pela empresa para embasar a decisão de entrar no empreendimento, a forma de execução dos aportes financeiros e as ações da empresa para controlar o investimento conforme sua finalidade.[473]

O foco esteve no projeto de investimento da Valec, com avaliação se os estudos prévios ao investimento teriam ocorrido de acordo com normativos e metodologias consolidadas.[474] Com isso, foram analisados aspectos relativos ao planejamento da empresa para entrada como sócia minoritária no empreendimento da TLSA (concomitantemente à celebração de acordo de acionistas), "à execução dos aportes, ao

---

[470] Acórdão TCU 1.659/2017, relatório, fl. 02.
[471] "Em 2013, após requerimento da TLSA, a ANTT promoveu ajustes significativos no contrato de concessão da Malha Nordeste, autorizando: a) a celebração de termo aditivo ao contrato de concessão para prorrogar o contrato até 2057 e incluir obrigações assumidas pela concessionária, relativas à construção do conjunto de linhas e ramais complementares à Malha Nordeste, excluindo os trechos com superposição na referida malha (Resolução-ANTT 4.041/2013, e; b) a cisão da concessão criando a Malha I (antiga Malha Nordeste) e a Malha II (projeto Nova Transnordestina), assim como definiu os grupos controladores de cada malha. Para a Malha I, permaneceu a Companhia Siderúrgica Nacional (CSN) e a Taquari Participações como controladores, e a Malha II tem os seguintes controladores: CSN, Fundo de Desenvolvimento do Nordeste (FDNE), Valec e BNDES (Resolução-ANTT 4.042/2013)" (Acórdão TCU 1.659/2017, relatório, fl. 08).
[472] Acórdão TCU 1.659/2017, relatório, fls. 09-11.
[473] Acórdão TCU 1.659/2017, relatório, fl. 01.
[474] Acórdão TCU 1.659/2017, relatório, fl. 02.

controle exercido sobre o investimento e às ações realizadas conforme as prerrogativas para direcionar o empreendimento de acordo com os interesses da empresa".[475]

Fixadas estas premissas, a análise realizada pela equipe técnica do TCU foi semelhante à que traço sobre a necessidade de planejamento prévio para que investimentos estatais minoritários sejam realizados. Devem ser demonstrados os objetivos que com ele se persegue, a forma de realizá-los e benefícios correspondentes. Em outros termos: são necessárias análises consistentes previamente à adoção das medidas relativas ao investimento estatal minoritário, em termos de custo-benefício, de custos, de riscos, de retorno e de governança (inclusive para que direitos correlatos sejam adotados em acordos de sócios).[476] "Com esse direcionamento, buscou-se averiguar

---

[475] Acórdão TCU 1.659/2017, relatório, fl. 04.
[476] "O Acordo de Acionistas, assinado conforme o artigo 18 da Lei 6.404/1976 tem como objeto estabelecer os direitos e obrigações recíprocas dos acionistas em relação à Companhia (TLSA), bem como tratar das ações da empresa". É importante destacar que o acordo estabeleceu prerrogativas para a Valec, como a de veto em 'Matérias Sujeitas a Procedimento Especial de Aprovação' da TLSA:
3.2.1. As matérias listadas abaixo não poderão ser aprovadas pela Companhia se as mesmas não forem previamente aprovadas pela Valec conforme previsto na Cláusula 3.3 abaixo, observado que tal direito da Valec deixará de existir caso (i) após a Capitalização FDNE prevista no Acordo de Investimentos, a Valec e o FDNE deixarem de deter, em conjunto, pelo menos 35% (trinta e cinco por cento) do capital social total da Companhia; e/ou (ii) a Capitalização FDNE não ocorra dentro dos prazos e condições previstos no Acordo de Investimentos: [...]
3.2.2. Adicionalmente às matérias previstas na Cláusula 3.2.1 acima, durante os 3 (três) primeiros anos de vigência deste Acordo, prazo este que as Partes estimam adequado para uma amortização parcial das dívidas da Companhia, as matérias listadas abaixo não poderão ser aprovadas pela Companhia se as mesmas não forem previamente aprovadas pela Valec conforme previsto na Cláusula 3.3 abaixo ("Aprovações Adicionais"), observado que as Aprovações Adicionais deixarão de existir caso (i) após a Capitalização FDNE prevista no Acordo de investimentos, a Valec e o FDNE deixarem de deter, em conjunto, pelo menos 35% (trinta e cinco por cento) do capital social total da Companhia; e/ou (ii) a Capitalização FDNE não ocorra dentro dos prazos e condições previstos no Acordo de Investimentos.
A seguir, listam-se de forma sucinta algumas dessas matérias sujeitas a aprovação especial: a) a aprovação do orçamento anual da Companhia; b) a escolha ou substituição de auditores independentes; c) aprovação das seguintes políticas a serem formuladas pela Diretoria: política comercial, para vendas de serviços ferroviários e/ou portuários; política de fornecedores, para a contratação de serviços e/ou insumos (incluindo procedimentos de concorrência); política de clientes, para avaliação e aprovação de limites de crédito; política para investimentos em Capex e/ou participações societárias; e política de gestão de caixa, para definição dos bancos, instituições financeiras, tipos de aplicações e/ou ativos financeiros em que a Companhia aplicará seu caixa; d) alienação, venda, cessão, transferência, doação de ativos da Companhia em valor superior a R$ 1.000.000,00; e) realização de investimentos recorrentes (Capex) e/ou participações societárias em valor superior a R$ 20.000.000,00; f) a celebração de qualquer contrato no qual a contraparte seja uma parte relacionada de qualquer dos Acionistas Privados em valor superior a R$ 2.000.000,00; g) contratação de qualquer endividamento ou refinanciamento que acarrete endividamento adicional em valor

o planejamento realizado pela estatal para fomentar a construção da Ferrovia Transnordestina por meio da participação societária minoritária na concessionária".[477] [478]

---

superior a R$ 40.000.000,00; h) contratação, pela TLSA, de serviços em valor superior a R$ 20.000.000,00; i) venda, pela TLSA, de serviços ferroviários e portuários em valor superior a R$ 40.000.000,00. Portanto, a Valec detém diversas prerrogativas que permitem a governança do investimento realizado por ela" (Acórdão TCU 1.659/2017, relatório, fls. 09-11).

[477] Acórdão TCU 1.659/2017, relatório, fl. 15.

[478] Críticas mais amplas ao planejamento do setor ferroviário brasileiro, incluindo à Valec – mas não só a ela – foram traçadas pelo TCU no âmbito do Acórdão 1.205/2015 (Plenário, Processo 019.059/2014-0, Rel. Min. Augusto Nardes, j. 20 maio 2015). Ele tratou de auditoria operacional destinada a examinar aspectos de governança do Programa de Investimentos em Logística – Ferrovias (PIL Ferrovias), lançado em 2012 pelo Governo Federal. Ela foi realizada entre os anos de 2014 e 2015 e o Ministério dos Transportes, a ANTT, e a EPL, além da Valec (Acórdão TCU 1.205/2015, relatório, fl. 01).
Conforme apontado no documento, o PIL Ferrovias seria política pública de infraestrutura de transportes para o aumento da participação do modo ferroviário na matriz de transportes brasileira, por meio da expansão da malha de ferrovias no país. Em função da relevância do tema para o desenvolvimento nacional e a importância da melhoria da governança de políticas públicas para o crescimento econômico, aliados à qualidade do serviço público prestado, a auditoria focou-se em 2 pontos: seu grau de institucionalização e seus planos e objetivos, para verificar o contexto e a forma pela qual a política pública vinha sendo formulada, implementada e avaliada" (Acórdão TCU 1.205/2015, relatório, fl. 03).
As críticas levantadas pela equipe técnica do TCU a cargo da auditoria estão assim sintetizadas: "[no que tange à institucionalização, verificou-se que o PIL Ferrovias e o seu modelo de operação apresentam baixo grau de institucionalização formal dos atos.
Quanto aos aspectos de planejamento, observou-se que o programa não possui metas e indicadores que permitam avaliar sua eficiência e efetividade. A auditoria também identificou precariedade no planejamento do programa, especialmente no que se refere à ausência de critérios objetivos que justifiquem a escolha do modelo de operação e a seleção e priorização dos trechos a serem concedidos e à fragilidade no planejamento integrado do PIL Ferrovias com a malha ferroviária existente e com os demais modos de transporte" (Acórdão TCU 1.205/2015, relatório, fl. 18).
Quanto ao 1º achado, referente à ausência de institucionalidade para implantação e acompanhamento do programa, destacou-se a ausência de formalização no processo de tomada de decisões e na distribuição de responsabilidades entre as entidades federais envolvidas, o que denotaria baixa institucionalização do PIL Ferrovias. "Foi constatado que não há registro das principais decisões relativas ao PIL Ferrovias. Os fundamentos técnicos e discussões que subsidiaram alguns dos processos decisórios mais relevantes do Programa não foram explicitados em registros, estudos técnicos, pareceres, atas de reuniões ou quaisquer outros instrumentos formais. [...] Além disso, a política não apresenta nenhum documento formal que contenha a definição das competências e atribuições dos órgãos envolvidos, bem como as fases para sua implantação, com a sequência e delimitação de ações ao longo do tempo. [...] Considerando que o PIL Ferrovias não possui um marco regulatório constituído, mas tão somente diretrizes legais esparsas que dispõem sobre as competências genéricas de cada um dos atores envolvidos, seria uma boa prática gerencial e de governança a existência de um documento contendo a descrição das atribuições de cada um dos atores envolvidos, considerando a grande quantidade de players relacionados ao PIL Ferrovias" (Acórdão TCU 1.205/2015, relatório, fls. 18-19).
Em relação ao 2º achado, que diz respeito à ausência de métricas para aferição de resultados no âmbito do programa, pontua-se que, embora o PIL Ferrovias tivesse como mote o resgate das ferrovias como alternativa logística, "os objetivos declarados não demonstram precisamente o que o governo pretende alcançar, e que não há metas instituídas no âmbito

O primeiro achado da equipe técnica do TCU foi a inexistência de análises técnicas, econômicas ou financeiras e de ponderação de possíveis resultados para embasar a participação da Valec como acionista minoritária da TLSA. Conforme apontado, "[a] participação da Valec como acionista minoritária da TLSA não se embasou em análises técnicas, econômicas ou financeiras. Consequentemente, não se ponderaram possíveis resultados econômicos e financeiros para a Estatal quando foi tomada a decisão da entrada desta no empreendimento".[479]

Já que a Valec participa do empreendimento como sócia minoritária, para fornecer parte do capital necessário para construção e operação da ferrovia, deverá, nalgum momento, receber retorno ou arcar com prejuízos decorrentes do investimento realizado. Bem por isso, análises técnicas de cenários sobre montantes a serem investidos, expectativa de retorno e de resultados, eventuais impactos de prejuízos e necessidade de saída do empreendimento (por atingimento de resultados ou por inviabilidade prática de concretizá-los) deveriam ter sido realizadas.

Isto também decorre do Decreto nº 8.134, de 28 de outubro de 2013, que estrutura a Valec para a execução das atividades de desenvolvimento dos sistemas de transporte ferroviário e aprova o Estatuto Social da empresa. Prevê que deve se pautar por compromisso de desempenho empresarial, incluindo objetivos e resultados a serem atingidos com indicadores, metas e prazos a serem cumpridos e critérios para sua avaliação (art. 2º, I e II).

---

do programa. Destaca-se, também, a ausência de indicadores de eficiência e efetividade que permitam avaliar os resultados obtidos, e a existência de apenas dois indicadores de eficácia que se referem a quilômetros de ferrovias concedidas e ao valor do investimento privado realizado" (Acórdão TCU 1.205/2015, relatório, fl. 20).

As críticas são corroboradas pelo Rel. Min. Augusto Nardes, que assim as resumiu: "[...] a falta de formalização e institucionalização dos atos relativos ao PIL Ferrovias foi um dos achados da auditoria. Mais uma vez, é tecnicamente reprovável que um programa tão expressivo tenha se embasado em 'estudos' desacompanhados de qualquer tipo de registro formal.

De tudo isso, devo presumir que algum estudo houve, ainda que de forma superficial e em caráter preliminar, ao menos para embasar apresentações sucintas como as relatadas pelo gestor (em computador, por meio do software *power point*), visto ser pouco provável que algo tão complexo e relevante pudesse simplesmente passar sem qualquer avaliação técnica prévia. Contudo, nem mesmo levantamentos técnicos preliminares que possam ter viabilizado tais apresentações foram entregues à equipe de auditoria" (Acórdão TCU 1.205/2015, voto do Rel. Min. Augusto Nardes, fl. 52).

[479] Acórdão TCU 1.659/2017, relatório, fl. 16.

O segundo achado foi a ausência de planejamento técnico e econômico-financeiro para entrada no empreendimento. A equipe técnica do TCU indica que:

> [a]o serem questionados sobre a decisão de entrar no empreendimento, bem como sobre motivação e objetivos pretendidos, tanto a Valec quanto o Ministério dos Transportes, Portos e Aviação Civil manifestaram entendimento de que a realização dos aportes se tratava de cumprimento de exigência da Lei 11.772/2008.[480]

Do estudo da documentação enviada pela Valec à equipe técnica do TCU, verificou-se que foram apresentados apenas "análises jurídicas, pareceres legais de diversos órgãos, bem como decreto presidencial de abertura de crédito. Em momento algum foi apresentada qualquer análise técnica, financeira ou econômica que justificasse a participação da Valec como acionista da TLSA".[481]

Destas afirmações, verifica-se que a análise para o investimento minoritário teria sido realizada de maneira incompleta. Por certo que análises jurídicas, com estudo sobre a legalidade do investimento minoritário e a motivação para sua realização, faziam-se necessárias. Mas não só elas. Apreciações holísticas sobre o investimento deveriam ter sido feitas (incluindo aspectos técnicos e econômico-financeiros, exemplificativamente), de forma a apontar a viabilidade da participação e benefícios e riscos a ela inerentes.

Ademais, por certo que a legislação em vigor permitia a participação minoritária da Valec no empreendimento. A Lei nº 11.772/2008[482] e o Decreto nº 8.134[483] permitiam sua inserção na concessionária. Contudo, a autorização legal se constitui como mero pressuposto para a participação minoritária (e não obrigatoriedade de sua realização, como indicado no relatório do Acórdão TCU 1.659/2017 pela própria

---

[480] Acórdão TCU 1.659/2017, relatório, fl. 18.
[481] Acórdão TCU 1.659/2017, relatório, fl. 18.
[482] Art. 9º da Lei nº 11.772/2008: "[c]ompete à Valec, em conformidade com as diretrizes do Ministério dos Transportes: [...] IX – participar minoritariamente do capital de empresas que tenham por objeto construir e operar a EF 232, de que trata o item 3.2.2 – Relação Descritiva das Ferrovias do Plano Nacional de Viação, do Anexo da Lei nº 5.917, de 10 de setembro de 1973, com as alterações introduzidas por esta Lei".
[483] Art. 6º do Decreto nº 8.134/2013: "[c]ompete à Valec, em conformidade com as diretrizes do Ministério dos Transportes: [...] IX – participar minoritariamente do capital de empresas que tenham por objeto construir e operar a Estrada de Ferro – EF – 232, em conformidade com o art. 9º, caput, inciso IX da Lei 11.772, de 17 de setembro de 2008".

Valec). A efetivação do investimento minoritário, atrelado à celebração do acordo de acionistas, deveria ter sido adequadamente planejada. Tanto é assim que a Lei nº 11.772/2008 e o Decreto nº 8.134/2013 demandavam prévia aprovação da assembleia geral de acionistas, especialmente convocada com esta finalidade,[484] e do conselho de administração da Valec para que o investimento minoritário na TLSA fosse realizado.[485] Havia necessidade de estudo e deliberação sobre o tema, para que a decisão de tomada de investimento fosse informada, com análise de eventuais consequências (positivas e negativas) para a própria Valec.

O dever de planejamento da Valec é destacado na conclusão dos trabalhos da equipe técnica do TCU. Para ela, deveria ter havido a demonstração da boa aplicação dos recursos na TLSA, o que poderia ter sido realizado por meio de estudos técnicos e financeiros. Diante de seu dever de planejamento, a empresa deveria ter procedido com análises e critérios próprios de financiamentos de projeto, o que passaria por verificações de projetos técnicos e de análises de rentabilidade e de riscos.

A ausência de informações prejudicaria "o devido planejamento da participação da Estatal no empreendimento e deu causa à não realização de análises técnicas, econômicas e financeiras para embasar a entrada da empresa pública na TLSA".[486] [487] Em razão da não

---

[484] Art. 9º, §3º, da Lei nº 11.772/2008: "[a] autorização será deliberada por assembleia geral de acionistas especialmente convocada para esse fim".

[485] Art. 6º do Decreto nº 8.134/2013: "[c]ompete à Valec, em conformidade com as diretrizes do Ministério dos Transportes: [...] IX – participar minoritariamente do capital de empresas que tenham por objeto construir e operar a Estrada de Ferro – EF – 232, em conformidade com o art. 9º, *caput*, inciso IX da Lei no 11.772, de 17 de setembro de 2008".
Art. 18 do Decreto nº 8.134/2013: "[c]ompete ao Conselho de Administração, sem exclusão de outras competências previstas em lei: [...] XXVII – autorizar a participação da Valec na celebração de acordos de acionistas ou renúncia a direito neles previstos ou ainda a assunção de compromissos de natureza societária, mediante prévia anuência do Ministro de Estado da Fazenda, na hipótese prevista no inciso IX do caput do art. 6º".

[486] Acórdão TCU 1.659/2017, relatório, fl. 20.

[487] A equipe técnica do TCU chega a apontar a suposta existência do princípio do planejamento, que teria sido descumprido pela Valec no caso em apreço e que decorreria do art. 1º, §1º, da LRF, conforme segue: "[a] responsabilidade na gestão fiscal pressupõe a ação planejada e transparente, em que se previnem riscos e corrigem desvios capazes de afetar o equilíbrio das contas públicas, mediante o cumprimento de metas de resultados entre receitas e despesas e a obediência a limites e condições no que tange a renúncia de receita, geração de despesas com pessoal, da seguridade social e outras, dívidas consolidadas e mobiliária, operações de crédito, inclusive por antecipação de receita, concessão de garantia e inscrição em Restos a Pagar".
Com base no princípio que visualizou, a equipe técnica aponta "que a Valec é uma empresa pública dependente do Tesouro Nacional e, portanto, deve observar os princípios aplicá-

realização dos devidos estudos e análises prévios e da consequente não ponderação de possíveis resultados, a Valec teria ficado "desprovida de parâmetros para avaliar o desempenho do investimento, bem como para identificar desvios dos resultados esperados, o que impossibilita o controle dos resultados".[488]

O Rel. Min. Walton Alencar Rodrigues alinhou-se aos entendimentos da equipe técnica, concluindo que a ausência de estudos técnicos e econômico-financeiros para tomada de decisão contrariaria o que poderia se esperar do administrador médio. "Além de constituir prática habitual e consolidada de gestão financeira de projetos, tal prática alinha-se com o dever de diligência dos gestores de empresas, positivado no art. 153 da Lei nº 6.404/1976. Esse dever decorre também dos princípios constitucionais da eficiência e da prestação de contas, conforme registrado nos artigos 37 e 70 da Carta Magna".[489] [490]

---

veis ao planejamento e controle de gastos públicos. Nesse ponto, destaca-se o princípio do planejamento imposto pela LRF [...]. Assim, quando se lida com recursos públicos, deve-se proceder a um planejamento que permita a previsibilidade dos impactos de determinadas ações sobre as contas públicas. Essa previsão permite a aplicação de medidas corretivas ou preventivas caso o desempenho demonstrado não permita alcançar o resultado pretendido" (Acórdão TCU 1.659/2017, relatório, fl. 17).
Para críticas à utilização indiscriminada de princípios para a solução de questões jurídicas, cf. NEVES, Marcelo. *Entre Hidra e Hércules*: princípios e regras constitucionais como diferença paradoxal do sistema jurídico. São Paulo: Editora WMF, 2013, cap. IV, p. 171-220; SUNDFELD, Carlos Ari. *Direito administrativo para céticos*. 2. ed. São Paulo: Malheiros, 2014, cap. 8, p. 205-229.

[488] Acórdão TCU 1.659/2017, relatório, fl. 20.
[489] Acórdão TCU 1.659/2017, voto do Rel. Min. Walton Alencar Rodrigues, fl. 59.
[490] O Rel. Min. Walton Alencar Rodrigues também chama a atenção para o desalinhamento que teria havido no arranjo institucional da Valec para tomada de decisão de entrada minoritária no empreendimento: "[e]m sede de oitiva, a Valec alega que a decisão de participar da TLSA não foi sua, que vários órgãos envolvidos foram favoráveis à sua participação no empreendimento e que os acordos foram negociados em âmbito externo à empresa, sendo que a aprovação final destes ficou a cargo da sua Assembleia Geral. Além disso, segundo ela, o acionista único da Valec, a União, representada pelo Ministério da Fazenda, foi o responsável pela aprovação dos dois acordos em última instância.
A despeito de quem foi a decisão da participação da Valec na TLSA, de acordo com a Lei 11.772/2008, tal participação deve ocorrer de acordo com as diretrizes do MTPA [...]. Portanto, coube a Valec a decisão sobre em que termos deveria participar do empreendimento. Quanto às alegações da empresa sobre a decisão por aprovar os acordos de Investimentos e de Acionistas, bem como a participação da empresa na TLSA, é de se destacar que por força do art. 2º do Decreto nº 1.091/1994, o Ministério da Fazenda deve anuir com a aprovação do Acordo de Acionistas, mas não pode atuar no lugar da Assembleia Geral da Valec.
Aliás, a aprovação do Acordo de Acionistas pelo Ministro da Fazenda ocorreu em 31 de julho de 2013, ou seja, após a aprovação dos dois acordos pela diretoria executiva e pelo conselho de administração da Valec.
Por estas razões, proponho a autuação de processo apartado no âmbito deste Tribunal para apurar a responsabilidade pela aprovação do Acordo de Acionistas e do Acordo de Investimentos sem realização de análises de viabilidade técnica e econômica que justificassem

No Acórdão TCU 548/2014, foram realizadas análises sobre participações societárias minoritárias da Infraero no capital social de sociedades de propósito específico concessionárias de aeroportos concedidos pelo Governo Federal.[491] Em grandes linhas, a conclusão foi a de que a empresa não havia se preparado de maneira adequada para assumir sua função de acionista minoritária, cumulada com direitos decorrentes de acordos de acionistas, nos novos empreendimentos.

O caso tratou de auditoria de natureza operacional realizada na ANAC e na Infraero para examinar sua atuação no acompanhamento dos contratos de concessões aeroportuárias.[492] Os principais objetivos da manutenção de participações da Infraero nas concessionárias criadas pela exploração das concessões seriam o recebimento de dividendos para compensar a perda de receitas com a concessão dos aeroportos mais lucrativos da sua rede e o fortalecimento de sua gestão por meio da assimilação das melhores práticas das concessionárias privadas.[493] O propósito da auditoria técnica foi o de verificar se estavam sendo alcançados com foco na atuação da Infraero como sócia relevante das concessionárias e consequente recebimento de dividendos (ou retorno financeiro) decorrente da exploração das concessões.

A equipe técnica do TCU avaliou se a maneira pela qual a Infraero estava estruturada propiciaria o alcance dos objetivos que

---

os aportes financeiros na TLSA, e sem levar em consideração as advertências apontadas em pareceres técnicos e jurídicos.

Além disso, decido determinar à Valec que, no prazo de 180 dias, encaminhe ao TCU a avaliação dos resultados dos aportes já realizados na concessionária e as projeções quanto ao retorno esperado dos valores investidos" (Acórdão TCU 1.659/2017, voto do Rel. Min. Walton Alencar Rodrigues, fls. 61-62).

[491] As razões para adoção do modelo de participação minoritária da Infraero são mais bem explanadas no Acórdão TCU 1.865/2016: "A Infraero, antiga operadora dos aeroportos concedidos, passou a ser sócia das concessionárias [...] a fim de que ficasse assegurado à empresa pública o recebimento de dividendos – em substituição às receitas até então auferidas com os aeroportos – visando estabelecer compensações baseadas em sistema de subsídio cruzado entre aeroportos superavitários e deficitários ainda operados por essa empresa pública, com vistas a promover a universalização do sistema.

Também conta como motivação para a inserção da Infraero nessas SPE a intenção do fortalecimento da gestão da empresa estatal, permitindo-lhe extrair das SPE em que participa novas formas de maximizar resultados de maneira mais eficiente e, consequentemente, aplicar tais conhecimentos assimilados na operação dos demais aeroportos de sua rede. Por último, foi justificada a existência de interesse público da presença da União nesses aeroportos, identificados como estratégicos ou de especial relevância para o interesse público. Ainda lhe coube o papel de sócia relevante em termos de participação acionária, com o estabelecimento da responsabilidade de a Infraero integralizar 49% do capital social das SPE criadas para cada concessão" (Acórdão TCU 1.865/2016, relatório fl. 07).

[492] Acórdão TCU 548/2014, relatório, fl. 01.

[493] Acórdão TCU 548/2014, relatório, fl. 02.

teriam motivado sua participação minoritária: receber dividendos e assimilar as melhores práticas de gestão. O recebimento de dividendos favoreceria a manutenção do modelo de administração vigente, baseado no sistema de subsídio cruzado entre aeroportos superavitários e deficitários – concebido com vistas a promover a universalização do sistema. A assimilação das melhores práticas permitiria o fortalecimento de gestão, pois possibilitaria a aquisição de novos conhecimentos e sua posterior aplicação na operação dos demais aeroportos de sua rede.[494]

Contudo, problemas identificados na atuação da Infraero como sócia relevante das concessionárias teriam comprometido o alcance dos objetivos propostos, incluindo: estruturação ainda em estágio inicial para o alcance dos objetivos; procedimentos ainda não definidos com vistas a avaliar o retorno financeiro dos aportes de capital; ações ainda não definidas com vistas à assimilação das melhores práticas; limitações para verificar se os contratos assinados com partes relacionadas às concessionárias atendem a termos e condições de mercado.[495]

A questão do retorno financeiro dos empreendimentos seria notadamente relevante porque a equipe técnica do TCU teria constatado que a Infraero não possuiria ações e procedimentos definidos para avaliar o retorno financeiro com o recebimento dos dividendos previstos no plano de negócio das concessionárias. A análise das atividades desenvolvidas no acompanhamento econômico-financeiro do investimento revelaria que a Infraero ainda não teria realizado estudos por meio dos quais, dentre outros aspectos, poderia ter avaliado premissas consideradas nos atuais planos de negócios, seus resultados em termos de geração de riqueza e a taxa de retorno projetada, com vistas a verificar a adequação operacional, comercial e financeira dos planos de negócios.[496]

Adicionalmente, a Infraero estaria realizando todos os aportes de capital solicitados pelas concessionárias, mesmo além do mínimo

---

[494] Acórdão TCU 548/2014, relatório, fl. 30.
[495] Acórdão TCU 548/2014, relatório, fl. 30. "Esse estágio inicial de estruturação pode ocasionar fragilidade na atuação como sócia e na coordenação interna da Infraero, devido à falta de estrutura específica, atribuições formalizadas e atividades definidas para tratar de participações acionárias. Por esses mesmos motivos, corre-se o risco de os objetivos previstos pelo governo para a participação da Infraero no capital das concessionárias sejam comprometidos, bem como que ocorram prejuízos ao processo decisório da Infraero em relação às participações acionárias e no apoio aos conselheiros no exercício de suas atribuições" (Acórdão TCU 548/2014, relatório, fl. 31).
[496] Acórdão TCU 548/2014, relatório, fl. 32.

previsto nos contratos de concessão, observando orientação do Governo Federal para que não houvesse diluição de sua participação acionária. Os aportes realizados, no entanto, eram desacompanhados de análises econômicas e financeiras abrangentes, que estabelecessem taxas de retorno do capital investido.[497]

Noutros termos: a ausência de procedimentos definidos para avaliar o retorno do investimento (ou seja, como decorrência da ausência de planejamento) traz o risco de que os objetivos buscados com a participação minoritária sejam comprometidos. Sem análises e fixação de cenários, o resultado financeiro do investimento pode ser satisfatório (ou insatisfatório) para os aportes realizados.[498] A verificação sobre a concretização do resultado buscado apenas será possível caso seja objetivamente determinado e caso haja parâmetro de avaliação, o que parece não ter ocorrido no caso em questão.[499]

Ações de correção de curso para o saneamento de pontos identificados em relação a tais empreendimentos, bem como para o planejamento mais adequado de parcerias estruturadas em termos semelhantes, podem ser tomadas em âmbito federal pelo PPI. Ele foi instituído pela Lei nº 13.334/2016 com o objetivo de ampliar e fortalecer a interação entre Estado e iniciativa privada por meio da celebração de contratos de parceria para a execução de empreendimentos públicos de infraestrutura (art. 1º).

---

[497] Acórdão TCU 548/2014, relatório, fl. 32.

[498] "[...] pode-se afirmar que um dos principais elementos do conceito de planejamento é ser uma atividade preordenada para conseguir determinados fins. Trata-se de uma noção eminentemente finalista ou teleológica, pois os resultados constituem a razão essencial das disposições do plano, por ser certo que a indicação dos seus fins deve ser precisa, e não vaga ou genérica. [...] verdadeiro pressuposto de um plano eficaz a completa e clara especificação de seus objetivos. Sobre o desconhecido, nada se pode projetar. O que não se compreende com clareza não pode ser planejado. A eficácia do planejamento, destarte, pressupõe a completa e clara compreensão da meta proposta" (Célia Cunha Mello, *idem ibidem*, p. 60).

[499] "Considerando que a Infraero não participou da elaboração dos planos de negócios que deram suporte aos lances vencedores, possível causa para a ausência de ações e procedimentos definidos para avaliar o retorno financeiro do investimento reside na pouca participação que a empresa teve no processo de concessões. A empresa tornou-se sócia das concessionárias, independente da adequação operacional, comercial e financeira dos planos de negócios elaborados pelo Acionista Privado. Assim, teve como obrigação compulsória integralizar o capital social até o mínimo inicialmente subscrito, proporcionalmente a sua participação. Outrossim, a inexistência de processo de gerenciamento de risco, que estabeleça avaliação de riscos e atividades de controle, também pode ser causa para ausência de avaliação consistente do retorno financeiro do investimento. O gerenciamento de riscos ajuda as organizações a atingirem metas de desempenho e lucratividade e evita a perda de recursos. Com o processo implementado, provavelmente as taxas de retorno já teriam sido avaliadas" (Acórdão TCU 548/2014, relatório, fl. 33).

Podem fazer parte do PPI "empreendimentos públicos de infraestrutura em execução ou a serem executados por meio de contratos de parceria celebrados pela administração pública direta e indireta da União" (art. 1º, §1º, da Lei nº 13.334).[500] Aí estão incluídos empreendimentos atualmente executados pela União por meio de parcerias societárias (ou, nos termos da Lei nº 13.334, contratos de parceria)[501] com a iniciativa privada (caso das concessões aeroportuárias que contam com a participação minoritária da Infraero), bem como outros empreendimentos a serem constituídos (ou a serem desconstituídos) pautados em estruturas semelhantes.

Além de definir as modalidades de contratos de parceria que podem compor o PPI, a Lei nº 13.334 parece-me veicular duas outras preocupações: (i) garantia de estabilidade e segurança jurídicas para os empreendimentos inseridos no programa, que apenas virão com o concomitante (ii) estabelecimento de política pública de longo prazo para a implantação de ações por meio de contratos de parceria.[502]

Em termos legais, estes pontos constam na Lei nº 13.334. Um dos objetivos do PPI é o de "assegurar a estabilidade e a segurança jurídica, com a garantia da mínima intervenção nos negócios e investimentos" (art. 2º, IV). Adiante, são entrelaçados dois princípios da implementação do PPI que ratificam o tema: estabilidade das

---

[500] Além deles, podem integrar o PPI "empreendimentos públicos de infraestrutura que, por delegação ou com o fomento da União, sejam executados por meio de contratos de parceria celebrados pela administração pública direta ou indireta dos Estados, do Distrito Federal ou dos Municípios" e "demais medidas do Programa Nacional de Desestatização a que se refere a Lei nº 9.491, de 9 de setembro de 1997" (art. 1º, §1º, II e III).

[501] Art. 1º, §2º, da Lei nº 13.334: "[p]ara os fins desta Lei, consideram-se contratos de parceria a concessão comum, a concessão patrocinada, a concessão administrativa, a concessão regida por legislação setorial, a permissão de serviço público, o arrendamento de bem público, a concessão de direito real e os outros negócios público-privados que, em função de seu caráter estratégico e de sua complexidade, especificidade, volume de investimentos, longo prazo, riscos ou incertezas envolvidos, adotem estrutura jurídica semelhante".

[502] A preocupação com o estabelecimento de planejamento nacional e de longo prazo para empreendimentos públicos em setores de infraestrutura foi veiculada na exposição de motivos da Medida Provisória nº 727, de 12 de maio de 2016, cuja conversão deu origem à Lei nº 13.334: "Considerando a relevância estratégica e econômica para o País, a proposta cria o Conselho do Programa de Parcerias de Investimentos da Presidência da República, que terá como principal objetivo coordenar e integrar as ações de Governo referentes aos empreendimentos públicos de infraestrutura com participação privada. O Conselho terá a competência de aprovar o planejamento estratégico nacional de longo prazo para concessões e parcerias público-privadas, inclusive auxiliando os entes subnacionais no planejamento regional, de modo que a infraestrutura seja tratada como rede e não apenas por meio da análise de cada projeto separadamente, sem uma perspectiva global. O conselho contará com uma Secretaria-Executiva, que terá a finalidade de coordenar, monitorar, avaliar e supervisionar as ações do PPI e de apoiar as ações setoriais necessárias à sua execução".

políticas públicas de infraestrutura (art. 3º, I), atrelada à garantia de segurança jurídica aos agentes públicos, às entidades estatais e aos particulares envolvidos (art. 3º, III). Finalmente, a regulamentação do PPI será responsável pela definição de "políticas federais de longo prazo para o investimento por meio de parcerias em empreendimentos públicos federais de infraestrutura e para a desestatização" (art. 4º, I).[503]

A estabilidade que deve ser proporcionada às medidas, pautada por planejamento de longo prazo, deverá ser acompanhada pela ampla fiscalização sobre o próprio PPI, especialmente com a veiculação de resultados que se espera alcançar e efetivamente alcançados. Nesse sentido, a Lei nº 13.334 prevê que sua Secretaria deverá dar amplo acesso ao Congresso Nacional sobre documentos e informações dos empreendimentos em execução, fornecendo, em até 30 dias, dados solicitados (art. 9º). Adicionalmente, como medida de controle de resultados, deverá enviar ao Congresso Nacional, até 30 de março do ano subsequente, relatório contendo dados sobre o andamento dos empreendimentos e demais ações no âmbito do PPI, ocorridos no ano anterior (art. 9º, §2º).

Com o PPI, tenta-se instituir visão de longo prazo para a execução de projetos de parceria, o que exige estruturação clara e firme de política pública setorial. Há ensaio de formalização de política setorial de empreendimentos nos setores federais de infraestrutura, de forma a mantê-la em bases consistentes e viabilizar ajustes de curso, quando necessários.[504]

Um dos pontos de mudança na constituição (ou, melhor, desconstituição) de parcerias societárias pelo Estado está sendo carreada pelo PPI. A alteração no planejamento do modelo para exploração de aeroportos federais com participação acionária da

---

[503] Para tanto, "órgãos, entidades e autoridades da administração pública da União com competências relacionadas aos empreendimentos do PPI formularão programas próprios visando à adoção, na regulação administrativa, independentemente de exigência legal, das práticas avançadas recomendadas pelas melhores experiências nacionais e internacionais, inclusive: I – edição de planos, regulamentos e atos que formalizem e tornem estáveis as políticas de Estado fixadas pelo Poder Executivo para cada setor regulado, de forma a tornar segura sua execução no âmbito da regulação administrativa, observadas as competências da legislação específica, e mediante consulta pública prévia" (art. 6º da Lei nº 13.334).

[504] 'Portanto, quer-se planejamento amplo, juridicamente vinculante, o que supõe avaliação profunda e constante de sua execução, com discussão pública. Não se deve ter ilusões: tornar realidade esses comandos será um grande desafio. Vivemos até hoje a cultura do improviso nas parcerias. Planejamento de longo prazo e acompanhamento global constante de programas são novidade para nós" (SUNDFELD, Carlos Ari. Parcerias de investimento em empreendimentos públicos: qual reforma jurídica pode fazer a diferença? In: PASTORE, Affonso Celso (Org.). *Infraestrutura*: eficiência e ética. São Paulo: Elsevier, 2017, p. 89-90).

Infraero está sendo conduzida nos termos da Resolução 14, de 23 de agosto de 2017, por meio da qual se recomendou à Presidência da República a alienação das participações acionárias da Infraero detidas nas sociedades de propósito específico concessionárias do Aeroporto Internacional Antônio Carlos Jobim – Galeão, localizado no Município do Rio de Janeiro, Estado do Rio de Janeiro; do Aeroporto Internacional Tancredo Neves, localizado nos Municípios de Confins e de Lagoa Santa, Estado de Minas Gerais; do Aeroporto Internacional Presidente Juscelino Kubitschek, no Distrito Federal; e do Aeroporto Internacional André Franco Montoro, no Município de Guarulhos, Estado de São Paulo (art. 9º).[505]

Os exemplos de críticas traçadas pelo TCU nos acórdãos mencionados e a criação do PPI como meio de viabilização de políticas públicas de longo prazo para o desenvolvimento de empreendimentos entre Estado e iniciativa privada, o que pode incluir constituição e desconstituição de empresas semiestatais, evidenciam ao menos duas importantes questões: a existência de decisão política para a realização de investimentos e a necessidade de existência de estudos técnicos adequados para que a decisão seja adequadamente motivada. Ambas devem caminhar juntas, com demonstração das intenções perseguidas e quais percalços e resultados, sob visões planejadas, podem ser esperados. Com isso, poderia ser esperada a diminuição na instabilidade de decisões tomadas sobre investimentos estatais minoritários.

Essa instabilidade pode ser verificada quando se contrasta a atual decisão do Governo Federal, de que a Infraero se desfaça das participações minoritárias que detém nas concessionárias que exploram aeroportos federais concedidos, com discurso veiculado até pouco tempo atrás, com a defesa pública das participações minoritárias da empresa e com a possível criação de nova empresa (Infraero Participações) para o seu gerenciamento.[506]

---

[505] As transformação, incorporação, fusão ou cisão de sociedades e criação de subsidiárias integrais poderão ser utilizadas para viabilizar a implementação da modalidade operacional para alienação das participações acionárias da Infraero nas mencionadas concessionárias (art. 9º, parágrafo único, da Resolução PPI 14/2017). Informações adicionais disponíveis em: <http://www.projetocrescer.gov.br/venda-de-participacoes-acionarias-da-infraero>. Acesso em: 03 out. 2017.

[506] "A Infraero Participações funcionará como uma poupança. [O então Ministro da Aviação Civil] informa que a partir de 2018 a empresa, que num primeiro momento foi indutora dos investimentos em concessões, vai colher dividendos de sua participação – 49% em cada de cinco dos seis aeroportos, fora São Gonçalo do Amarante, em Natal (RN), 100% concedido. 'Esse é um ativo valioso', afirma o ministro" (Disponível em: <http://www.aviacao.gov.br/

A necessidade de planejamento é destacada por Leticia Lins de Alencar, ao tratar especificamente da atividade administrativa de fomento, mas com explicações que se aplicam ao caso em questão. Para a autora, o marco inicial da atividade seria corolário da externalização de manifestação política da Administração Pública, à qual cabe a definição sobre diretrizes gerais da política pública a ser implantada para concretização de direitos especificados em seu bojo. Ato contínuo, seriam traçados, com base em diagnóstico da realidade, planos de ação e metas, capazes de trazer efetividade à política previamente desenhada.[507] "A formulação das políticas públicas e a atividade de planejamento, voltada à sua efetiva implementação, não dependem, portanto, apenas da prática de atos políticos ou, do contrário, de estudos técnicos. O resultado dessa atividade deve combinar ambos os elementos".[508] Os benefícios decorrentes de atividades bem planejadas incluiriam *previsibilidade, segurança jurídica, continuidade* e *controle de resultados*.

A *previsibilidade* é propiciada a todos os administrados potencialmente atingidos pela política pública, incluindo sua forma de implementação, o que permite que ações não sejam tomadas "de forma casuística para beneficiar indivíduos que possuam maior influência política".[509]

Seria conferida a necessária *segurança jurídica* para quem se dispusesse a orientar suas atividades com propósito de receber determinado incentivo. "Sem a instituição de um documento com suficiente grau de densidade normativa que condense as condições gerais para obtenção do fomento, é praticamente impossível prever quais requisitos devem ser atendidos para que seja conferido determinado incentivo".[510]

A terceira vantagem seria a garantia de que ações adotadas para executar determinada política pública não fossem improvisadas e, na medida do possível, ganhassem *continuidade*.[511] Finalmente, a

---

noticias/2015/03/novas-concessoes-de-aeroportos-so-sairao-apos-reestruturacao-da-infraero>. Acesso em: 12 out. 2017). A criação da Infraero Participações como medida proposta pela Secretaria de Aviação Civil para a sustentabilidade econômico-financeira da Infraero diante das novas concessões de aeroportos foi abordada no Acórdão TCU 2.915/2016, Plenário, Processo 025.043/2015-3, Rel. Min. Walton Alencar Rodrigues, j. 16 nov. 2016.

[507] "A atividade administrativa de fomento e a importância do planejamento", *op. cit.*, p. 30.
[508] Leticia Oliveira Lins de Alencar, "A atividade administrativa de fomento e a importância do planejamento", *op. cit., loc. cit.*
[509] "A atividade administrativa de fomento e a importância do planejamento", *op. cit.*, p. 31.
[510] "A atividade administrativa de fomento e a importância do planejamento", *op. cit.*, p. 31.
[511] "A atividade administrativa de fomento e a importância do planejamento", *op. cit., loc. cit.*

fixação de metas permitiria o "controle de resultados sobre a execução efetiva da política pública pela Administração".[512]

Tais benefícios podem ser aplicados para o planejamento das constituição, atuação e desconstituição de empresas semiestatais:

(i) haveria efetiva deliberação sobre e cotejo de alternativas à constituição de empresas semiestatais (*a empresa estatal pode continuar a atuar diretamente? Há possibilidade de outorga de concessão? Pode-se lançar procedimento de manifestação de interesse para estudo do tema? A iniciativa privada já atua suficientemente bem no setor?*). Com isso, aumenta-se a previsibilidade sobre a atuação da empresa;

(ii) existiria explicitação dos motivos que ensejaram a constituição da empresa estatal (*qual a razão de constituição da empresa tal ou qual? Quais os benefícios da parceria? O que se espera dela e como os resultados podem ser atingidos?*). Incrementa-se a segurança jurídica;

(iii) seria possível fixar nortes de atuação, em linha com soluções pensadas holisticamente dentro do arranjo institucional que pauta a política pública (*o que se espera que a empresa semiestatal concretize? Ela já tem condições para tanto? Há necessidade de novos aportes de capital? Quais direitos devem ser garantidos em acordo de acionistas? Como o Estado pode se desfazer da empresa?*). Com isso, chega-se à diminuição de improviso.

Com todos esses pontos considerados em conjunto, chegar-se-ia à aferição de cumprimento (ou não) de resultados relativamente aos investimentos realizados pelo Estado em empresas semiestatais, o que dialogaria com a manutenção (ou não) do capital por ele investido.

7.3 Controle pela possibilidade de execução de atividades exclusivamente pela iniciativa privada

Deve haver claro objetivo para a constituição de empresas semiestatais. Qual finalidade será imposta à empresa? Ela está alinhada com os objetivos da empresa estatal que nela aporta capital? O objetivo não é, ou não pode ser, atendido pela iniciativa privada exclusivamente?

O controle sobre a necessidade de criação de empresas semiestatais poderia ser realizado por meio de verificação da possibilidade de execução das mesmas atividades que seriam por ela desenvolvidas exclusivamente pela iniciativa privada, sem participação direta do Estado-acionista em sua execução. Caso positivo, o investimento estatal

---
[512] "A atividade administrativa de fomento e a importância do planejamento", *op. cit., loc. cit.*

não deveria ser realizado ou, caso já feito e com objetivo previamente estabelecido cumprido, o desinvestimento poderia ser realizado.

Essa preocupação com a realização de desinvestimentos pelo do Estado não é exatamente nova.[513] Havia sido fixada no Decreto nº 83.740, de 18 de julho de 1979, que instituiu o Programa Nacional de Desburocratização, destinado a dinamizar e a simplificar o funcionamento da Administração Pública Federal.

Dentre outros, seus objetivos incluíam os de "impedir o crescimento desnecessário da máquina administrativa federal, mediante o estímulo à execução indireta, utilizando-se, sempre que praticável, o contrato com empresas privadas capacitadas e o convênio com órgãos estaduais e municipais", e de "velar pelo cumprimento da política de contenção da criação indiscriminada de empresas públicas, promovendo o equacionamento dos casos em que for possível e recomendável a transferência do controle para o setor privado, respeitada a orientação do Governo na matéria" (art. 3º, "g" e "h" do Decreto nº 83.740/1979).

A matéria foi complementada pelo Decreto nº 86.215,[514] publicado com base no art. 170 da CF/1969 e que estabelecia forte diretriz de subsidiariedade de atuação empresarial estatal: "[à]s empresa privadas compet[ia], preferencialmente, com o estímulo e o apoio do Estado, organizar e explorar as atividades econômicas", de maneira

---

[513] Adilson Abreu Dallari também ressalta que a ausência de obtenção de resultados por empresa estatal deveria ser acompanhada de meios jurídicos de correção, com eventual extinção da entidade. Ao mesmo tempo, reconhece a dificuldade de implantação da medida: "Nós não temos, entre nós, instrumento algum, de extinção de uma empresa. Eu não precisaria citar nomes, mas qualquer pessoa que tenha uma certa vivência na administração pública certamente conhece um bom número de empresas por aí completamente inúteis, empresas que não realizam absolutamente nada, empresas que existem como meros cabides de emprego. [...] Essas empresas são criadas por autorização legislativa. Uma vez autorizado, o Executivo cria essas empresas. Elas são criadas por ato do Executivo mediante autorização legislativa. Mas, a autorização, uma vez expedida (autorização para criar empresa) ela já se exaure com a produção do seu resultado. Autorizada a criação, essa empresa é criada e pronto. O ato de autorização se extingue naquele momento. Revogar a lei autorizadora, a meu ver, não é suficiente para extinguir a empresa. Nós deveríamos ter meios mais expeditos" ("Controle das Empresas Estatais", *op. cit.*, p. 11).

[514] A respeito das desestatizações realizadas a partir da publicação do Decreto nº 86.215, cf. Almiro do Couto e Silva, "Privatização no Brasil e novo exercício de funções públicas por particulares", *op. cit.*, p. 11-12; Beatriz Wahrlich, "Desburocratização e desestatização: novas considerações sobre as prioridades brasileiras de reforma administrativa na década de 80", *Revista de Administração Pública*, Rio de Janeiro, p. 72-87, out./dez. 1984; Marcia Carla Pereira Ribeiro e Rosângela do Socorro Alves, "Sociedades Estatais, controle e lucro", *op. cit.*, p. 169-170.

que "[a]penas em caráter suplementar da iniciativa privada o Estado organizar[ia] e explorar[ia] diretamente a atividade econômica".[515]

Duas medidas de austeridade administrativa foram veiculadas pelo Decreto nº 86.215:

(i) ampla retirada da intervenção direta do Estado na economia, com "firme propósito [...] de promover a privatização do controle de empresas estatais, nos casos em que a manutenção desse controle se tenha tornado desnecessária ou injustificável" (considerando "c");

(ii) celeridade na adoção de medidas de privatização, pois a transferência de empresas estatais à iniciativa privada não estaria se "operando com a rapidez desejada, pela ausência de uma clara definição das empresas enquadráveis e de normas que definam os mecanismos e procedimentos de transferência, transformação ou desativação" (considerando "d").

Seriam enquadráveis no Decreto nº 86.215, para transferência de controle para o setor privado ou desativação, dentre outras (art. 3º): empresas instituídas pela Administração Pública que não deveriam permanecer sob controle e direção governamental, em função da existência de setor privado suficientemente desenvolvido e em condições de exercer as atividades que lhes foram atribuídas (inciso II); subsidiárias das empresas instituídas ou controladas direta ou indiretamente pela União, cuja existência não fosse indispensável à execução dos objetivos essenciais da empresa controladora e importasse em desnecessária ou injusta competição com empresas privadas nacionais (inciso III).[516]

---

[515] Analisando o dispositivo, Geraldo Vidigal critica o crescimento da atuação empresarial estatal fora do quadro constitucional, que lhe moldaria os contornos de ação: "[m]ultiplicam-se, no ordenamento constitucional brasileiro, as áreas de investimento reservadas ao Estado, em suas diversas esferas. Tende, porém, o Estado, pela mecânica das ambições de realização política, a exceder nos quadros que a si mesmo se traça – e não só a autocrítica dos responsáveis pela ação econômica do Estado como a vigilância privada dos excessos do investimento público se impõe, para devolver os responsáveis ao equilíbrio, cada vez que tenha sido abandonado. As limitações típicas da ação individual, de um lado, e da ação pública, de outro, reclamam a persistente perseguição das soluções de equilibrado dualismo de iniciativa" (*Teoria geral do Direito Econômico*, São Paulo: Revista dos Tribunais, 1977, p. 167).

[516] A execução de medidas previstas no Decreto nº 86.215 foi então atribuída ao Ministro Chefe da Secretaria de Planejamento da Presidência da República, ao Ministro da Fazenda e ao Ministro Extraordinário para a Desburocratização. Em conjunto, eles deveriam encaminhar à aprovação da Presidência da República a relação das empresas sob controle direto ou indireto da União que pudessem: (i) ser transferidas para o setor privado, mediante cessão do respectivo controle acionário; (ii) ter suas operações assumidas, no todo ou em parte, por outros órgãos ou entidades da Administração Federal; (iii) ser desativadas total ou parcialmente; (iv) ser transferidas, mediante prévio entendimento, para o controle dos Estados e Municípios; (v) possam ter suas atividades revertidas ou incorporadas à Administração Direta.

As duas hipóteses dizem respeito a empresas constituídas pela Administração Pública, mas que, por razões distintas, devem ter suas atividades interrompidas.

O primeiro caso contém a ideia de subsidiariedade da intervenção do Estado na economia. Com a constatação de que a atuação do setor privado é apta a garantir o desenvolvimento de objetos anteriormente cobertos por empresas criadas pela Administração Pública para a mesma finalidade, a atuação empresarial estatal deve cessar. Demonstra-se a ideia de que as razões para autorização de criação de empresas estatais e semiestatais escapam o momento de sua criação: elas devem ser periodicamente avaliadas e revistas, para, em linha com o art. 170 da CF/1969 (e, em minha visão, também com o racional subjacente ao art. 173 da CF/1988), garantir sua atuação em bases juridicamente adequadas.

O segundo trata da hipótese de descentralização de atividades que tenha sido realizada por empresa estatal para que outra empresa passe a realizá-la de maneira mais eficiente. Mais uma vez, veicula-se a ideia de que essa forma de atuação deve ser constantemente revisitada, para garantir o alinhamento entre a atuação da empresa estatal e o cumprimento de objetivos pela empresa descentralizada.

Assim, garantir-se-ia a existência de motivação jurídica para a existência desta, bem como se colocaria em pauta a preocupação com a atuação empresarial estatal agigantada, com a limitação das empresas que poderiam ser (majoritária ou minoritariamente) investidas. O ponto era ratificado pelo art. 8º do decreto, o qual previa que empresas que desempenhassem funções concorrenciais com o setor privado e cuja privatização não se conseguisse realizar não poderiam expandir atividades e limitariam investimentos às estritas necessidades de sua viabilização econômica, até sua desativação.

Além da limitação da atuação empresarial, o Decreto nº 86.215 possuía preocupação adicional: a eficiência de empresas nas quais a Administração Pública detivesse participação acionária. Prescrevia o dever de desativação, total ou parcialmente, de empresas cuja manutenção sob o controle do Governo não mais se justificasse do ponto de vista legal, econômico e administrativo e em relação às quais não houvesse, por parte do setor privado, interesse na aquisição (art. 7º). Assim, aquelas que não estivessem cumprindo com seus objetivos deveriam ser extintas.[517]

---

[517] O Decreto nº 86.215 também estabelecia necessidade de veiculação das condições operacionais da empresa e de quais seriam seus resultados (o que poderia impactar na atratividade privada em caso de eventual desestatização). Isso porque, em caso de operação de transferência

Embora revogado, medidas como as instituídas pelo Decreto nº 86.215 poderiam ser utilizadas em foros que tenham como objetivo desenhar e debater institucionalmente a atuação de empresas estatais e semiestatais, otimizando a aplicação de recursos na atuação estatal, com a especificação de distintos meios disponíveis para que, finalmente, objetivos traçados fossem obtidos. Ainda que de maneira inicialmente experimental, tais medidas poderiam gerar incremento da capacidade de formulação, implementação e avaliação das políticas públicas, bem como o incremento na eficiência, com melhor aproveitamento dos recursos relativamente aos resultados da ação pública, eficácia e efetividade da ação governamental e adequação entre meios, ações, impactos e resultados.

7.4 Conclusão

A regularidade da constituição de empresas semiestatais não é evidenciada apenas no momento de sua constituição. Talvez mais importante do que isso: há necessidade de controle, paulatino e constante, sobre a atuação concreta da empresa. Embora determinadas vertentes do controle não incidam especificamente sobre elas, como o exercido pelos Tribunais de Contas, outros o serão.

O controle pelo próprio Estado-acionista quiçá seja o mais relevante. Ele pressupõe o planejamento adequado na constituição da empresa, em âmbito de procedimento administrativo e em linha com o arranjo institucional setorial. O processo administrativo seria responsável por evidenciar objetivos perseguidos e a real necessidade do investimento estatal minoritário cumulado com a adoção de instrumentos de compartilhamento de controle societário no empreendimento. Com isso, poder-se-ia verificar se finalidades estão sendo cumpridas e, a depender dos resultados, veicular-se dados concretos sobre a necessidade de retirada de participação estatal participação na semiestatal – que deixaria de possuir esta qualificação jurídica.

Bem por isso, deve haver firme planejamento para a criação da empresa, demonstrado à época de sua constituição e reavaliado periodicamente, com base no que ela desenvolveu e no que dela se espera em próximos horizontes. A afirmação não me parece meramente

---

da empresa, deveria haver "ampla divulgação, como forma de assegurar o conhecimento público das condições em que se processar[ia], bem como da situação econômica, financeira e operacional das empresas cujo controle se pretend[esse] transferir" (art. 5º, I).

teórica: dialoga com o art. 174 da CF. Com base nele, os motivos que ensejaram a criação da empresa precisam ser pensados e repensados, sob pena de ineficácia no alcance de resultados, ineficiência no desenvolvimento de seu objeto e acúmulo de perdas (ou limitação de novos investimentos) pelo próprio Estado.[518]

A decisão não só pela criação da empresa semiestatal, mas também pela sua manutenção, também passará pela avaliação e reavaliação dos aspectos contidos no art. 173 da CF, que deverão ser utilizados como parâmetro geral (e especificados na atuação da empresa estatal) para a continuidade ou não da existência da própria empresa semiestatal.

Planejamento e fixação de objetivos são pontos essenciais para que investimentos estatais minoritários sejam eficientes, para que sua relevância seja demonstrada de forma transparente e (*por que não?*) para que perdas empresariais sejam evitadas. O tema dialoga com a necessidade de alcance de resultados como justificativa para a manutenção do investimento estatal minoritário, na qual me aprofundo no capítulo seguinte.

---

[518] Este argumento é desenvolvimento por Luiz Carlos Bresser-Pereira ao tratar dos ciclos do Estado e da crise brasileira das décadas de 1980 e início dos anos 1990. O autor menciona a necessidade de se pensar a respeito não apenas do início da intervenção estatal, mas também de sua cessação. Como todo processo cíclico, o grau de intervenção do Estado na economia tem caráter endógeno e pendular. A fase de crescimento relativo do Estado tem sua origem na verificação que a sociedade faz da incapacidade do mercado de produzir a estabilidade, o desenvolvimento e a distribuição de renda por ela desejados. Em outras palavras: reconhece-se que o mercado está falhando na coordenação ótima da economia. Para realizar uma coordenação complementar e corretiva, o Estado é chamado a intervir: "[e]m um primeiro momento a intervenção é bem-sucedida. Se o objetivo é aumentar os investimentos e a produção, eles aumentam. Se é distribuir renda, esta distribuição é alcançada. Se deseja proteger os consumidores ou amentar a oferta de serviços públicos, no início, tudo funciona relativamente bem. Por conseguinte, continua-se a aumentar a intervenção do Estado. Entretanto, depois de um certo tempo de contínua e crescente intervenção, começam a surgir disfunções e distorções inerentes à administração estatal. Essas distorções têm várias origens. A causa mais geral da intervenção do Estado é o interesse ou a necessidade de proteger determinado setor ou atividade econômica. Suponhamos que esta necessidade seja real, que os interesses daquele setor coincidam com os interesses gerais. Entretanto é muito difícil determinar o momento em que a intervenção deve cessar. Em princípio, todas as intervenções estatais deveriam ser limitadas no tempo, mas, normalmente, isso não ocorre. É comum vermos formas de intervenção e suas respectivas burocracias continuarem a existir muito tempo depois de terem perdido a sua razão de ser" (*A crise do Estado*: ensaios sobre a economia brasileira. São Paulo: Nobel, 1992, p. 116).

CAPÍTULO 8

EM BUSCA DE RESULTADOS DAS EMPRESAS SEMIESTATAIS

O desenvolvimento de atividades empresariais requer: (i) o detalhamento dos serviços que serão prestados ou dos bens que serão produzidos; (ii) a estimativa de desembolsos e demais aportes que serão feitos pelos sócios; (iii) a mensuração de recursos que deverão ser captados junto a terceiros (por meio da contratação de financiamentos ou de acesso aos mercados de capitais); (iv) o cronograma do retorno sobre o investimento e os resultados (econômicos ou de outra natureza) que se pretende experimentar, dentre outros aspectos.

Um dos principais pontos relativamente à constituição de empresas semiestatais deve ser o planejamento empresarial que pautará as ações que serão levadas a cabo. Deve estar lastreado em planos de negócios e de trabalho, por meio dos quais ações de curto, médio e longo prazos serão adotadas (em linha com os arts. 1º, §7º; 13, III, "c"; 23, §1º, I; art. 23, §2º; 71, I, todos da Lei das Empresas Estatais).[519] A partir daí, poderá ser feito o acompanhamento do efetivo cumprimento das ações e dos objetivos almejados, com controle paulatino e constante dos frutos que se esperava, e, se necessário,

---

[519] "A baixa institucionalidade dos mecanismos de delegação pode favorecer uma atuação financeira mais conservadora e de curto alcance. Isso porque governos vivenciam um dilema entre obter resultados de curto e de longo prazo e, na ausência de constrangimentos institucionais para a tomada de decisão política e para a justificativa das escolhas, são maiores as possibilidades para que esse dilema seja arbitrado em favor do curto prazo" (Mario Gomes Schapiro, "Legalidade ou discricionariedade na governança de bancos públicos: uma análise aplicada ao caso do BNDES", *op. cit.*, p. 120).

a readaptação,[520] a readequação de metas, de meios[521] e de cenários esperados, com base em resultados alcançados até ali, ou a alienação da participação estatal. Este é exatamente um dos objetivos do Decreto nº 9.188/2017: "estimular a eficiência, a produtividade e o planejamento de longo prazo das atividades e dos negócios afetos à sociedade de economia mista" (art. 2º, VII). A participação acionária de empresas estatais deverá ser bem planejada, o que afetará sua gestão sobre empresas semiestatais.

Mais importante: sob a perspectiva constitucional, a indicação do que se espera e do que efetivamente se realiza possui tripla importância: (i) o cumprimento dos requisitos previstos no art. 173; (ii) a necessidade de premeditação, formulação explícita de meios e fins, prevista no art. 174[522] e em linha com a subsidiariedade da intervenção do Estado na economia; (iii) a justificativa para continuidade ou não da existência da empresa. Planejamento racional[523] e vinculante, afinal.[524]

Os requisitos para intervenção do Estado na economia devem passar não apenas por crivo estático (criação da empresa, estatal ou semiestatal, sob a perspectiva do regime estrutural), mas por dinâmico, periódico (cumprimento das funções que se imaginava desenvolver). Não bastará que haja lei a permitir a constituição da empresa (ou

---

[520] WALD, Arnoldo. O direito da privatização. *Revista de Direito Mercantil, Industrial, Econômico e Financeiro*, São Paulo, v. 115, p. 36, jul./set. 1999.

[521] Gilberto Bercovici, *idem ibidem*, p. 191.

[522] Eros Roberto Grau, *idem ibidem*, p. 302.

[523] Conforme sugestão realizada no Anteprojeto de Reforma da Administração, "[a]rt. 34. O planejamento da ação governamental deve propiciar a racionalidade administrativa, a coordenação das políticas públicas e a realização dos direitos fundamentais, mediante planos e programas elaborados nos termos da Constituição, desta Lei e da legislação específica. Parágrafo único. São instrumentos de planejamento, sem prejuízo de outros, legais ou infralegais: I – plano geral de governo; II – programas gerais, setoriais e regionais de duração plurianual; III – plano plurianual; IV – diretrizes orçamentárias e metas fiscais; V – orçamento anual e seus anexos, inclusive demonstrativo de compatibilidade com objetivos e metas fiscais; VI – programação financeira de desembolso e quadro de quotas trimestral de despesas por unidade orçamentária; VII – quadro de recursos de aplicações de capital de duração mínima trianual" (Disponível em: <http://www.direitodoestado.com.br/leiorganica/anteprojeto.pdf>. Acesso em: 27 out. 2017, p. 33).

[524] Para Ricardo Marcondes Martins, "[a] CF de 1988 exigiu, à exaustão, o planejamento. A natureza jurídica afasta um equívoco comum de parte da doutrina: é evidente que o planejamento é juridicamente vinculante para o Estado. O exercício futuro da discricionariedade deve atentar para a antecipação efetuada, para o que consta do plano. Ao antecipar as escolhas discricionárias do futuro, estas se tornam mais eficientes: não são tomadas no calor do momento, mas ponderadas com calma e isenção de ânimo. Ademais, concretiza-se a segurança jurídica: os particulares sabem de antemão como serão as decisões discricionárias do porvir" (*Regulação administrativa à luz da Constituição Federal*. São Paulo: Malheiros, 2011, p. 131-132).

meras explicações sobre a criação de empresas semiestatais): haverá necessidade de justificativa da manutenção da existência da empresa em vista dos objetivos que justificam (ou justificariam sua existência).

Isso poderá se dar tanto em função da variação material e temporal da necessidade de sua existência quanto de sua incapacidade de atingir os resultados que dela se espera. Imperativos de *relevante interesse coletivo* poderão mudar e, como consequência, poderão implicar a não subsunção da hipótese de criação da empresa às razões que lhe foram atribuídas, em determinado período de tempo. Nesse caso, os requisitos constitucionais de sua existência também deixariam de existir.

Mas não é só. A irrelevância prática da empresa poderá se dar em vista dos resultados que ela auferir, que poderão estar abaixo ou desalinhados com o que dela se esperava. Nesse caso, também não me parece haver razão suficiente para que a empresa semiestatal continue a existir: o desinvestimento deveria ser realizado.[525]

Abordo o tema no presente capítulo, no qual desenho espécie de plano de ação relativamente às criação, atuação e desconstituição de empresas semiestatais.

Primeiro, traço o argumento de que há discussão corrente sobre a necessidade de alcance de resultados por empresas estatais, o que passa pelo debate sobre como serão buscados. Uma das medidas pode ser exatamente a discussão sobre constituição, desconstituição e atuação por meio de empresas semiestatais (*item 8.1*). Para além de retórica e de previsões legais, devem ser viabilizados meios para que

---

[525] Na ADI 234-1/600/RJ, o STF reconheceu a necessidade de (re)análise dos requisitos de "relevante interesse coletivo" e de "segurança nacional" que justificaram a criação das empresas, constando-se mantém-se ou não. Entendeu ser "[...] inconstitucional o parágrafo único do art. 69 da Constituição do Estado do Rio de Janeiro, ao estipular que 'as ações com direito a voto das sociedades de economia mista só poderão ser alienadas, desde que mantido o controle acionário representado por 51% (cinquenta e um por cento) das ações'. Constituição Federal, arts. 170, 173 e parágrafos, e art. 174. Não é possível deixar de interpretar o sistema da Constituição Federal sobre a matéria em exame em conformidade com a natureza das atividades econômicas e, assim, com o dinamismo que lhes é inerente e a possibilidade de aconselhar periódicas mudanças nas formas de sua execução, notadamente quando revelam intervenção do Estado. O juízo de conveniência, quanto a permanecer o Estado na exploração de certa atividade econômica, com a utilização da forma de empresa pública ou de sociedade de economia mista, há de concretizar-se em cada tempo e à vista do relevante interesse coletivo ou de imperativos de segurança nacional. Não será, destarte, admissível, no sistema da Constituição Federal, que norma de Constituição estadual proíba, no Estado-membro, possa este reordenar, no âmbito da própria competência, sua posição na economia, transferindo à iniciativa privada atividades indevida ou desnecessariamente exploradas pelo setor público" (STF, ADI 234-1/600/RJ, ementa, fl. 24. Cf., no mesmo sentido, o voto do Rel. Min. Néri da Silveira, fl. 40). Cf. também Fernando Borges Mânica e Fernando Menegat, *idem ibidem*, p. 86.

objetivos sejam alcançados. Eles podem se dar por meio da inserção das empresas estatais, e consequentemente, das empresas semiestatais, em políticas públicas (*item 8.2*), bem como relacioná-las a ciclos mais exatos sobre a vida dos fins que buscam viabilizar (*item 8.3*).

8.1 Discurso de busca de resultados nas empresas estatais

Não há dúvidas de que "obter uma administração pública de resultados é uma aspiração motriz da sociedade brasileira, compartilhada, certamente, com outros povos".[526] A busca por resultados serviria como mecanismo de gestão pública, pautada por diagnóstico da realidade, definição de objetivos e indicadores de performance para apuração do efetivo sucesso da ação do Estado.[527]

Conforme o Decreto nº 9.203, de 22 de novembro de 2017, que dispõe sobre a política de governança da Administração Pública Federal Direta, autárquica e fundacional, é diretriz da governança pública[528] "direcionar ações para a busca de resultados para a sociedade, encontrando soluções tempestivas e inovadoras para lidar com a limitação de recursos e com as mudanças de prioridades" (art. 4º, I). São mecanismos para o exercício da governança pública (art. 5º do Decreto nº 9.203) a *estratégia*, "que compreende a definição de diretrizes, objetivos, planos e ações, além de critérios de priorização e alinhamento entre organizações e partes interessadas, para que os serviços e produtos de responsabilidade da organização alcancem o resultado pretendido" (*inciso II*) e o *controle*, "que compreende processos estruturados para mitigar os possíveis riscos com vistas ao alcance dos objetivos institucionais e para garantir a execução ordenada, ética, econômica, eficiente e eficaz das atividades da

---

[526] Rodrigo Pagani de Souza, "Em busca de uma administração pública de resultados", em Marcos Augusto Perez e Rodrigo Pagani de Souza (Coord.). *op. cit.* p. 39. Ampliar o argumento sobre a Administração de resultados em MOREIRA NETO, Diogo de Figueiredo. *Quatro Paradigmas do Direito Administrativo Pós-Moderno* (Legitimidade – Finalidade – Eficiência – Resultados). Belo Horizonte: Fórum, 2008, p. 133-143.
[527] OSBORNE, David; GAEBLER, Ted. *Reinventing government*: how the entrepreneurial spirit is transforming the public sector. New York: Plume, 1993, p. 143-144.
[528] Art. 2º do Decreto nº 9.203: "[p]ara os efeitos do disposto neste Decreto, considera-se: I – governança pública – conjunto de mecanismos de liderança, estratégia e controle postos em prática para avaliar, direcionar e monitorar a gestão, com vistas à condução de políticas públicas e à prestação de serviços de interesse da sociedade".

organização, com preservação da legalidade e da economicidade no dispêndio de recursos públicos".

A preocupação com resultados não aparece somente ali. Ela permeia a própria vida de empresas estatais (que é, indubitavelmente, pautada pelos requisitos veiculados no Decreto nº 9.203, de 22 de novembro de 2017, ainda que ele não seja diretamente aplicável a elas). Em seu meio, há discurso corrente sobre a procura por novos frutos, novos rumos. Suas atuações correntes passam por distintos cenários, a depender da empresa que se tem em pauta. Há aquelas mais endividadas. Há as que pretendem se desfazer de investimentos como forma de se reordenar. Há as que podem ser desestatizadas. Há as que tentam encontrar novos parceiros, desenvolver negócios. Há verdadeira busca de identidade. Em resumo, denominador comum: a necessidade de concretização de resultados positivos. Empresas públicas e as sociedades de economia mista definirão claramente os recursos a serem empregados para o cumprimento de suas finalidades, bem como os "impactos econômico-financeiros da consecução desses objetivos, mensuráveis por meio de indicadores objetivos" (art. 8º, I, da Lei das Empresas Estatais).

Em seu Plano de Negócios e Gestão para o período 2017-2021, a Petrobras indica como seus valores o respeito à vida, às pessoas e ao meio ambiente; a ética e a transparência; a orientação ao mercado; a superação e a confiança; finalmente, os resultados.[529] A principal métrica para sua avaliação, sob a ótica financeira, é a redução de alavancagem (Dívida Líquida/EBITDA), que deveria passar de 5,3, em 2015, para 2,5, até 2018.[530] Os resultados seriam atingidos por meio de estratégias diversas, incluindo parcerias e desinvestimentos, que trariam os benefícios do compartilhamento de riscos, da desoneração de investimentos, do aumento da capacidade de investimento na cadeia, do intercâmbio tecnológico e do fortalecimento da governança corporativa. Por meio do programa de parcerias e desinvestimentos, a Petrobras esperaria alavancar "investimentos adicionais que podem superar US$ 40 bilhões nos próximos 10 anos".[531]

---

[529] Disponível em: <http://www.petrobras.com.br/pt/quem-somos/estrategia/plano-de-negocios-e-gestao/>. Acesso em: 13 out. 2017. Slide 15.
[530] *Idem ibidem*, slide 16.
[531] *Idem ibidem*, slide 24.

O BNDES tem se preocupado em divulgar a eficácia e a efetividade de suas ações,[532] inclusive em visão retrospectiva, uma espécie de "contabilidade escancarada"[533] (ou tentando passar o seu passado a limpo, por assim dizer), a justificar a realização de certas decisões de investimento.[534]

Na agenda da Caixa Seguridade Participações S/A está a ampliação de seus negócios, por meio de potenciais transações envolvendo acordos de exclusividade para distribuir produtos de seguridade.[535] Ambiciona recrutar parceiros para a constituição de uma ou mais companhias,[536] em que deteria "100% das ações sem direito a voto e 50% menos uma ação com direito a voto da entidade de seguro habitacional e consórcios. Na entidade de seguro de automóvel e ramos elementares, a Caixa Seguridade pretende deter uma participação minoritária das ações com direito a voto".[537]

A dialética sobre a ampliação de atuação, diminuição de atuação, criação de empresas e sua posterior desconstituição, realização de novos investimentos e desfazimento daqueles já existentes, sempre na

---

[532] BNDES, Banco Nacional de Desenvolvimento Econômico e Social, *Relatório de Efetividade 2007-2014 (a contribuição do BNDES para o desenvolvimento nacional)*, 2. ed. Rio de Janeiro, 2015 (disponível em: <https://web.bndes.gov.br/bib/jspui/handle/1408/6523>. Acesso em: 23 jul. 2017).

[533] BNDES, *idem ibidem* (disponível em: <https://web.bndes.gov.br/bib/jspui/handle/1408/12697>. Acesso em: 22 jul. 2017).

[534] "Era lugar-comum no debate sobre o Banco a falta de transparência da instituição. Como resposta, o BNDES decidiu trilhar um novo caminho, criando novos canais de comunicação e disponibilizando dados relevantes. Hoje já é possível acessar no site do BNDES dados sobre financiamentos, investimentos em fundos, participações societárias e debêntures do banco, com informações detalhadas sobre taxas, prazos e garantias. [...] Desde 2008, o BNDES disponibiliza em seu portal na internet todo um conjunto de informações sobre as suas operações de crédito: nome do cliente, setor de atividade, objetivos do projeto e valor contratado de financiamento. Mais recentemente, a seção Transparência passou a disponibilizar informações com maior detalhamento sobre os contratos de financiamento do Banco, como taxas de juros, prazos de pagamento e garantias das operações" (BNDES, *idem ibidem*, p. 48 (disponível em: <https://web.bndes.gov.br/bib/jspui/handle/1408/12697>. Acesso em: 22 jul. 2017). Contudo, não há menção à disponibilização de informações sobre a motivação adotada em cada decisão de investimento e os resultados que dela poderiam ser esperados e em quais horizontes.

[535] Disponível em: <http://www.caixaseguridade.com.br/Downloads/Projeto_Rise_Teaser_v4.pdf>. Acesso em: 13 out. 2017. Slide 4. Fatos relevantes sobre os interesses da empresa estão disponíveis em <http://caixaseguridade.com.br/Downloads/2017-09-28_FATO_RELEVANTE_MEMORANDO_DE_ENTENDIMENTOS.pdf> e <http://caixaseguridade.com.br/Downloads/2017-10-02_FATO_RELEVANTE_PROCESSO_NEGOCIAL.pdf>. Acessos em: 13 out. 2017.

[536] Disponível em: <http://www.caixaseguridade.com.br/Downloads/Projeto_Rise_Teaser_v4.pdf>. Acesso em: 13 out. 2017. Slide 4.

[537] *Idem ibidem*, slide 6.

tal busca por resultados, é sumarizada na possibilidade, recentemente veiculada, de desestatização da Eletrobras. Em documento datado de 21 de agosto de 2017, a companhia informou que o MME havia feito a proposta ao Conselho do PPI,[538] conduzido pelas seguintes razões:

(i) fazer com que a empresa se foque em sua atividade-fim: a desestatização permitiria que a Administração Pública Federal concentrasse seus esforços nas atividades em que a presença do Estado seria fundamental para a consecução das prioridades nacionais;[539]

(ii) implementar ciclos de vida e dar continuidade a políticas públicas: a desestatização ampliaria oportunidades de investimento, emprego e renda e estimularia o desenvolvimento tecnológico e industrial nacional. Esses fatos se atrelariam à necessidade de garantir mais recursos para financiar políticas públicas federais, estaduais e municipais.[540]

A desestatização da Eletrobras seria realizada com as seguintes condições:[541]

(i) revisitar a atuação da empresa: a desestatização ajudaria em sua recuperação. Seria pautada por elevados requisitos de governança corporativa e incluiria limitação do poder de voto dos acionistas com maior participação acionária e a criação de classe especial do capital social em favor da União, que lhe confira poderes especiais em relação a alterações da razão social, objetos sociais ou sedes da Eletrobras ou empresas por ela controladas (ponto inerente à constituição de empresas semiestatais);[542]

(ii) buscar resultados: a desestatização garantiria retorno financeiro à União. Ao mesmo tempo, haveria redução de encargos do setor de energia elétrica, a comercialização de energia elétrica em regime de produção independente e o desenvolvimento de programa de revitalização dos recursos hídricos da Bacia do São Francisco.[543]

---

[538] Disponível em: <http://eletrobras.com/pt/ri/ComunidadoseFatos/Fato%20Relevante%20-%20Eletrobras%20PPI.pdf>. Acesso em: 13 out. 2017.
[539] *Idem ibidem*.
[540] *Idem ibidem*.
[541] *Idem ibidem*.
[542] *Idem ibidem*.
[543] *Idem ibidem*. Os problemas recentemente experimentados pela Eletrobras, que demandariam a reorganização de seus rumos, incluiriam: (i) acúmulo de prejuízo de R$ 30,7 bilhões entre 2012 e 2015; (ii) pagamento de dividendos de apenas R$ 231 milhões em 2014, sem qualquer pagamento nos anos de 2015 e 2016; (iii) necessidade de recursos públicos para honrar suas obrigações financeiras, como adiantamento para futuro de aumento de capital pela União da ordem de R$ 3 bilhões em 2016, o que reduziria a disponibilidade de orçamento geral para outras iniciativas do Governo Federal.

Neste contexto, também está incluída a potencial venda de participações detidas pela Eletrobras em SPEs e outros desinvestimentos. O seu Plano Diretor de Negócios e Gestão para o período 2018-2022, datado de 17 de dezembro de 2017,[544] prevê que desinvestimentos poderiam ocorrer por meio de venda de ativos, pela Eletrobras ou diretamente por empresas por ela controladas, para terceiros. Dentre os benefícios esperados está a redução de endividamento, por meio do pagamento de dívidas com o valor obtido com a venda das participações acionárias e ativos corporativos, incluindo 77 SPEs.[545]

Em termos mais amplos, a CGPAR impôs a necessidade de buscas de resultados a todas as empresas estatais federais. Sua Resolução nº 16, de 10 de maio de 2016, determinou que compete ao conselho de administração das empresas estatais federais aprovar políticas gerais da empresa, inclusive de governança corporativa, bem como aprovar e acompanhar o plano estratégico, de investimentos e as metas de desempenho, que deverão ser apresentados pela diretoria (art. 1º, I e II).[546] Já a Resolução nº 17, publicada na mesma data, previu que as empresas estatais federais deverão possuir metas de desempenho empresarial vinculadas a planejamentos estratégicos, os quais deverão ser aprovados e acompanhados periodicamente pelos respectivos conselhos de administração (art. 1º).[547] O planejamento estratégico deverá contemplar período não inferior a 3 anos, podendo ser ajustado anualmente (art. 2º).[548]

Os pontos citados, colocados em perspectiva, levam a indagações sobre como as empresas estatais devem atuar, inclusive por meio da constituição de empresas semiestatais. E outras vêm a reboque: *o que fazer com investimentos minoritários? Qual o planejamento para que sejam realizados? Quais os resultados esperados da atuação de empresas*

---

[544] Disponível em: <http://eletrobras.com/pt/Imprensa/Fato-Relevante-Eletrobras-17122017-PDNG-2018-2022.pdf>. Acesso em: 22 dez. 2017.
[545] Fato Relevante concernente ao Plano Diretor de Negócios e Gestão o período 2018-2022, fl. 06.
[546] As empresas estatais promoverão os ajustes necessários em seus estatutos sociais, preferencialmente na primeira assembleia geral de acionistas a ser convocada, ou no prazo máximo de 12 meses, a contar da publicação da resolução (art. 12).
[547] No caso de subsidiárias que não tenham conselho de administração, o planejamento estratégico deverá ser aprovado e acompanhado pela empresa controladora (art. 1º, parágrafo único).
[548] Para críticas quanto ao nível de maturidade do Estado brasileiro para executar programas de longo prazo, com foco na experiência do setor rodoviário, cf. Carlos Ari Sundfeld e Guilherme Jardim Jurksaitis, "Concessão de rodovias e desenvolvimento – a inconsistência jurídica dos programas", em Leonardo Coelho Ribeiro, Bruno Feigelson, Rafael Véras de Freitas (Coord.). *op. cit.*, p. 413.

semiestatais? Qual é a identidade entre elas? O que buscamos e qual o nosso alinhamento, afinal? Qual a caixa de ferramentas jurídicas[549] *para manejá-las e qual a importância do Direito nessa discussão?*

Os resultados apenas serão atingidos caso haja compromisso, em termos jurídicos, com a sua concretização. Isso se deve aplicar à constituição e à atuação de empresas semiestatais: deverão estar inseridas em contexto de busca de resultados pela entidade que faz o investimento minoritário. A identificação entre objetivos perseguidos pela empresa investidora e a utilidade da empresa semiestatal darão identidade à atuação de ambas. Poderão fazer com que os investimentos estatais minoritários sejam mais bem pensados, e não adotados casuisticamente.[550]

8.2 Alcance de resultados na intervenção direta na economia: políticas públicas

A necessidade de fixação dos objetivos perseguidos com a constituição de empresas semiestatais e de controles de resultado se faz ainda mais premente em função de, no âmbito da realização de atividades econômicas, o protagonismo ser privado. Nas empresas semiestatais, o ponto fica ainda mais claro: investimentos estatais minoritários são analisados e, posteriormente, realizados em vista das peculiaridades do sócio privado e de sua possibilidade de concretizar finalidade perseguida pelo Estado. Ou, noutros termos, investimentos minoritários são realizados pelas empresas estatais exatamente para exercer seu objeto social.

Dessa forma, devem existir firmes planejamento e justificativa para o ingresso estatal em sociedades privadas. Requer-se "eleição de prioridades e zelo para que os objetivos, metas ou resultados prioritários, uma vez eleitos, sejam atendidos razoavelmente pela administração pública".[551] Também devem ser consideradas as hipóteses de saída dos sócios do empreendimento. A atuação da empresa semiestatal (ou, antes disso, a realização de investimentos minoritários pelo Estado) não se justifica, do ponto de vista do próprio Estado, por si só. Há finalidade específica que se deve buscar, que não se

---

[549] Carlos Ari Sundfeld, *idem ibidem*, p. 45.
[550] Carlos Ari Sundfeld e Egon Bockmann Moreira, "PPP Mais: um caminho para práticas avançadas nas parcerias estatais com a iniciativa privada", *op. cit.*, p. 15-16.
[551] Rodrigo Pagani de Souza, "Em busca de uma administração pública de resultados", em Marcos Augusto Perez e Rodrigo Pagani de Souza (Coord.). *op. cit.*, p. 45.

confunde com a mera lucratividade da empresa ou com o simples exercício de atividades inseridas em seu objeto.

Por óbvio que a rentabilidade do negócio é um de seus aspectos e em boa medida, é o que justifica a atuação empresarial de quem quer que seja. Essa discussão não está em jogo. Contudo, o que se quer indicar é que o lucro é mera consequência da busca da finalidade pretendida. O seu atingimento poderá ser acompanhado do lucro, que favorecerá o Estado, especialmente na hipótese de intervenção direta no domínio econômico, e o sócio privado, que em grande medida buscará exatamente essa finalidade na ação empresarial.

Se essa discussão é incisiva em relação a sociedades de economia mista, em geral,[552] será ainda maior no caso de empresas semiestatais. Isso por uma simples razão: diferentemente das sociedades de economia mista, nas empresas semiestatais a maioria do capital votante será privado. A execução do empreendimento pela iniciativa privada pressuporá, como regra, a sua lucratividade.

Bem por isso, para a realização do investimento minoritário, o Estado precisará realizar a adequada motivação, com definição da finalidade pretendida e adoção de critérios a respeito da manutenção ou da retirada do capital investido.[553] Na motivação, deveria indicar não apenas a questão da lucratividade, mas especialmente dos retornos que são esperados com a atuação da empresa. Qual impacto, econômico ou não, espera-se causar? Por que não declarar publicamente, de maneira transparente, qual seria ele?[554] Qual o retorno esperado e em quais condições? Ele se alinha com o retorno esperado pelo sócio privado? Essas questões devem ser levadas em consideração no planejamento da constituição de empresas semiestatais e traduzidas em seus planos de negócios.

Nesses termos, a atuação empresarial do Estado poderá ganhar maior aderência constitucional, inclusive. A fixação de conceitos abertos pela CF para determinar hipóteses de atuação do Estado no domínio econômico determina a elaboração de planejamento ulterior, fixado por atos normativos infraconstitucionais, e que estabeleçam os

---

[552] Para discussões a respeito da lucratividade em empresas estatais, cf. Jacinto Arruda Câmara, "Entes estatais: o lucro é incompatível com a missão social?", em Carlos Ari Sundfeld e André Rosilho (Org.). *op. cit.*, p. 256-269; Ricardo Marcondes Martins, *idem ibidem*, p. 279.

[553] Nesse sentido, um dos destaques do Plano de Negócios e Gestão da Petrobras para o período 2017- 2021 é a disciplina na sua execução, com "acompanhamento sistemático de metas e correção de desvios" (disponível em: <http://www.petrobras.com.br/pt/quem-somos/estrategia/plano-de-negocios-e-gestao/>. Acesso em: 13 out. 2017. Slide 18).

[554] David Osborne e Ted Gaebler, *idem ibidem*, p. 207.

pormenores da atuação estatal, voltada ao atingimento de finalidades públicas específicas.

Ao invés da criação agigantada de empresas semiestatais, há necessidade de se debruçar cuidadosamente, de maneira sensata,[555] sobre sua pertinência para se atingir finalidades públicas assim reconhecidas pelo ordenamento jurídico. O que delas se espera? A minha proposição é a de que a atuação das empresas estatais, pautada apenas pelos critérios indeterminados previstos no art. 173 da CF, é insuficiente. Há necessidade de inflexão: a lei *que autoriza a sua criação deve visar ao atendimento de objetivos maiores, fixados em políticas públicas.*[556] O mesmo entendimento parece-me ser adotado por Vitor Rhein Schirato, ao defender que:

> [...] qualquer atuação de uma empresa estatal que ocorra com excesso ao necessário para a realização do interesse público perseguido ou com restrição excessiva de outros direitos fundamentais existentes será uma atuação ilegal.
> Tal afirmação é fundamental para o caso em análise, posto que, muita vez, o agigantamento excessivo das empresas estatais dá-se na perseguição de interesses privados da Administração Pública, sobretudo considerando-se a alta rentabilidade que podem ter as empresas estatais em seus respectivos campos de atuação. Trata-se de claro e evidente desvio de finalidade, que, como tal deve ser corrigido pelo Direito. [...] Assim, o que se tem é que as empresas estatais devem sempre atuar visando à realização das finalidades para as quais tenham sido criadas, em conformidade com a legislação que autorizou sua criação, e, mais ainda, com os preceitos constitucionais que regem a atuação do Estado no domínio econômico. Procurar ampliar o rol de atuação das empresas estatais com intuito de maximização de seus lucros para finalidades

---

[555] Egon Bockmann Moreira, "O direito administrativo da economia, a ponderação de interesses e o paradigma da intervenção sensata", em MOREIRA, Egon Bockmann; CUÉLLAR, Leila. *Estudos de direito econômico.* Belo Horizonte: Fórum, 2004, p. 80. Ampliar o argumento em MOREIRA, Egon Bockmann. *O direito administrativo contemporâneo e suas relações com a economia.* Curitiba: Editora Virtual Gratuita – EVG, 2016, p. 245-258.

[556] "As políticas públicas devem ser vistas também como processo ou conjunto de processos que culmina na escolha racional e coletiva de prioridades, para a definição dos interesses públicos reconhecidos pelo direito" (BUCCI, Maria Paula Dallari. *Direito administrativo e políticas públicas.* São Paulo: Saraiva, 2002, p. 264). Cf., ainda, SOUZA, Washington Peluso Albino de; CLARK, Giovani. *Questões polêmicas de direito econômico.* São Paulo: LTr, 2008, p. 68; Brasil, Tribunal de Contas da União, *Referencial para avaliação de governança em políticas públicas*, Brasília, TCU, 2014, Fernando Borges Mânica e Fernando Menegat, *op. cit.*, p. 53-55; SMANIO, Gianpaolo Poggio; NUNES, Andréia Regina Schneider. Transparência e controle social de políticas públicas: efetivação da cidadania e contribuição ao desenvolvimento. *Revista Interfaces Científicas Humanas e Sociais*, v. 4, p. 83-96, 2016.

outras não relacionadas com as finalidades das empresas estatais implica perseguição de interesses privados da Administração Pública e, portanto, ilegalidade de atuação da empresa estatal em questão.[557]

Para tanto, a atuação empresarial do Estado, em geral, e a criação de empresas semiestatais, em específico, deverá ser incluída em políticas públicas. O ponto está longe de ser trivial: há necessidade premente de discussão sobre a utilização qualitativa de empresas estatais no Brasil para o cumprimento de finalidades públicas,[558] notadamente à luz dos requisitos constitucionais que amparam sua criação.

Contudo, e especialmente nos últimos anos no país, parece ter havido utilização mais quantitativa (em termos de constituição de um sem-número de empresas estatais e de suas subsidiárias e controladas) do que seletiva com a análise cuidadosa dos casos em que elas necessariamente deveriam ser adotadas para se atingir determinado fim.[559]

Embora se possa dizer que, genericamente, a criação e atuação quantitativa dessas empresas (e, mais uma vez, a constituição de empresas semiestatais) seriam adequadas, à luz do art. 173 da CF e

---

[557] *Idem ibidem*, p. 178-179.
[558] Floriano de Azevedo Marques Neto e Marina Zago argumentam pela necessidade de conjugação entre a finalidade lucrativa e o cumprimento de objetivos fixados em políticas públicas nas quais sociedades de economia mista se inserem: "[...] a busca pelo lucro é inerente à escolha da forma empresarial, independentemente da existência de capital privado (que apenas advirá no caso da escolha da forma de sociedade de economia mista). É ele, afinal – o lucro –, que conferirá à empresa estatal a capacidade financeira necessária para que ela continue existindo e perseguindo o interesse público para o qual ela foi criada. [...] não se pode defender que as empresas estatais não devam auferir resultado econômico da atividade que exploram. Essa conclusão certamente não pode ser extraída de maneira alguma do texto constitucional, que apenas condiciona a atuação estatal às hipóteses previstas no caput de seu art. 173. De outro lado, contudo, tampouco se pode ignorar que a condição de entidades administrativas acaba por submeter as empresas estatais aos desígnios instituídos por políticas públicas próprias do ente federativo a que se vinculam" ("Limites da atuação do acionista controlador nas empresas estatais: entre a busca do resultado econômico e a consagração das suas finalidades públicas", *op. cit.*, p. 83-84).
Marcos Juruena Villela Souto ressalta a necessidade de interrupção da intervenção estatal direta na economia quando as razões que embasaram o investimento estatal deixarem de fazer sentido (jurídico), mesmo em casos em que a atividade permaneça (economicamente) lucrativa "Cumpre, pois, que se faça a retirada do Estado de setores que ocupa sem amparo na Constituição. A presença estatal em setores que não se refiram a imperativos de segurança nacional, relevante interesse coletivo ou prestação de serviços públicos deve cessar, ainda que o seu desempenho seja eficiente e rentável. Afinal, não é o lucro que está em jogo mas um limite constitucional traçado para a atuação interventiva estatal. O desrespeito a esses limites é a negação do próprio Estado de Direito" (*idem ibidem*, p. 49).
[559] Em sentido semelhante, Gaspar Ariño Ortiz chama a atenção para a possibilidade de utilização política de empresas caso não existam critérios jurídicos para especificar concretamente como se dará sua atuação (*idem ibidem*, p. 461).

da legislação que autoriza sua criação, falta-lhes análise crítica sobre se, efetivamente, o papel que lhes foi atribuído ao longo do tempo (especialmente em termos de eficácia de suas atividades) realmente pode ser considerado como juridicamente escorreito.

O mencionado dispositivo constitucional veicula as hipóteses de exploração direta de atividade econômica pelo Estado: ressalvados os casos previstos na própria CF, ela somente "será permitida quando necessária aos imperativos da segurança nacional ou a relevante interesse coletivo, conforme definidos em lei".

As noções de "imperativos de segurança nacional" e de "relevante interesse coletivo" são altamente imprecisas, o que torna possível a existência de discricionariedade pelo legislador (ao delinear os critérios que deverão ser observados na atuação das empresas estatais) e pelo administrador (ao efetivar a sua atuação e guiar os parâmetros de consecução de seu objetivo social) e, consequentemente, o controle sobre a razoabilidade da existência dessas entidades.[560]

Com a inserção em políticas públicas, a conformidade da atuação das empresas semiestatais estará guiada por objetivos[561] mais bem delimitados: deverão prestar-se à efetiva consecução das finalidades almejadas, como verdadeiros instrumentos de ação do Estado no arranjo institucional em que se inserir. A eficácia dos seus resultados estará balizada, portanto, pela própria efetividade dos objetivos que se pretende alcançar.[562]

Levantada a hipótese de que a inserção da atuação de empresas estatais no âmbito de políticas públicas pode prestar-se à delimitação de critérios para sua conformação, deve-se estabelecer, em termos normativos, o que pode ser considerado como tal. Sem isso, duplo

---

[560] "Juntamente com as *políticas de estado* (e em respeito a estas), as políticas governamentais compõem as *políticas públicas* do setor. As *políticas públicas* são compostas por normas, princípios e atos voltados a um objetivo determinado de interesse geral. As políticas públicas hão de ser estabelecidas no espaço governamental, conjugando os objetivos e princípios das *políticas de estado* – previstas em lei ou na Constituição – com as metas e orientações de políticas governamentais" (MARQUES NETO, Floriano de Azevedo. *Agências reguladoras independentes: fundamentos e seu regime jurídico*. Belo Horizonte: Fórum, 2005, p. 86-87). As políticas públicas podem se prestar à redução da discricionariedade do Poder Executivo para formular políticas de governo: em algumas situações, é possível que haja uma redução do grau de discricionariedade política. Isso se dá, como explica Floriano de Azevedo Marques Neto, nos casos em que houver disposições que "estabelecem políticas de estado que, malgrado dependerem de políticas de governo para serem implementadas, vinculam a liberdade do governo na definição das políticas governamentais na medida em que impõem que estas sejam formuladas obrigatoriamente com vistas à consecução daquelas" (*idem ibidem*, p. 89).
[561] Hartmut Maurer, *idem ibidem*, p. 479.
[562] Vitor Rhein Schirato, *idem ibidem*, p. 192-193.

problema se colocará: (i) o primeiro deles, por óbvio, será o de se almejar tatear algo tão impreciso quanto os próprios critérios para a constituição de empresas estatais veiculados no art. 173 da CF; (ii) ao invés de haver solução a questão relativa à conformação da atuação de empresas estatais, o problema aumentará, pois nem os critérios do art. 173 da CF, tampouco uma noção vaga de política pública, prestar-se-ão a qualquer propósito.

Em termos normativos, os principais aspectos normativos para caracterização de política pública (e para que empresa estatal e, ato contínuo, semiestatal possam ser inseridas em seu seio) são:

(i) verificação de diretriz, dada por uma norma jurídica e imposta ao Estado, relativa à necessidade de concretização de alguma finalidade pública relevante (por exemplo, *garantir o desenvolvimento nacional*, conforme o art. 3º, II, da CF);

(ii) existência de norma que preveja a instituição da política pública em termos gerais, fluidos (ausência de utilização de um esquema normativo *"se-então"*, tais como as normas de polícia administrativa e as que impõem a aplicação de sanções), de maneira que ela poderá ser concretizada por decisões diversas, multiformes (num esquema normativo *"fim-meio"*, como, por exemplo, *planejamento da política agrícola*, conforme o art. 187 da CF);[563]

(iii) previsão de arranjos institucionais relativos a instrumentos (públicos e privados) para a concretização da mencionada diretriz imposta ao Estado (por exemplo, participação do setor de produção, de comercialização, de armazenamento, de transportes, conjugada com instrumentos públicos de apoio ao desenvolvimento da atividade, como a adoção de instrumentos creditícios e fiscais, de preços compatíveis com os custos de produção, e a garantia de comercialização e do incentivo à pesquisa e à tecnologia, conforme o já mencionado art. 187 da CF).

Empresas estatais e semiestatais podem ser utilizadas como instrumentos no âmbito de políticas públicas, as quais darão norte para sua atuação. Deixarão de ser fins nelas mesmas e passarão a integrar a política pública subjacente à sua própria criação. Servirão para concretização de direitos e objetivos perseguidos na política

---

[563] "[...] a exteriorização da política pública está muito distante de um padrão jurídico uniforme e claramente apreensível pelo sistema jurídico. Isso se reflete em dúvidas quanto à vinculatividade dos instrumentos de expressão das políticas – o seu caráter cogente em face de governos e condições políticas que mudam – e quanto à justiciabilidade dessas mesmas políticas, isto é, a possibilidade de exigir o seu cumprimento em juízo" (Maria Paula Dallari Bucci, *idem ibidem*, p. 257).

pública.[564] Sua utilização deve ser deliberada, contrastando-a com outras medidas jurídicas que poderiam ser utilizadas para o atingimento de fins semelhantes ou idênticos aos que serão buscados com a sua constituição. Nas palavras de Diogo R. Coutinho:

> [d]escrever o Direito como caixa de ferramentas de políticas públicas como categoria de análise serve para enfatizar que a seleção e a formatação dos meios a serem empregados para perseguir os objetivos predefinidos é trabalho jurídico. O estudo das diferentes possibilidades de modelagem jurídica de políticas públicas, a escolha dos instrumentos de direito administrativo mais adequados (dados os fins perseguidos), o desenho de mecanismos de indução ou recompensa para certos comportamentos, o desenho de sanções, a seleção do tipo de norma a ser utilizada (mais ou menos flexível, mais ou menos estável, mais ou menos genérica), são exemplos de tópicos que surgem quando o Direito é instrumentalizado para pôr dada estratégia de ação em marcha. Desde este ponto de vista, o Direito poderia ser metaforicamente descrito como uma caixa de ferramentas, que executa tarefas-meio conectadas a certos fins de forma mais ou menos eficaz, sendo o grau de eficácia, em parte, dependente da adequação do meio escolhido.[565]

Nesse contexto, a atuação de empresas estatais (e a constituição de empresas semiestatais) deve deixar de ser enxergada apenas sob o *prisma estático*, mas também o deve sê-lo sob a *ótica dinâmica*.

Na estática, considero o momento de criação da empresa. À luz dos requisitos insculpidos no art. 173 da CF, a criação da empresa se justifica? Seu objeto é adequado para se concretizar os objetivos que se persegue na política pública? A resposta a tais questões funcionará

---

[564] Gilberto Bercovici, *idem ibidem*, p. 42.
[565] Diogo R. Coutinho, "O Direito nas Políticas Públicas", em Carlos Ari Sundfeld e Guilherme Jardim Jurksaitis (Org.). *op. cit.*, p. 469. Em sentido semelhante, Susan Rose-Ackerman considera que o direito administrativo deve estar mais atento ao modo pelo qual políticas públicas são realizadas, com enfoque sobre resultados alcançados: "[s]e a análise de políticas públicas e a *public choice* devem ser forças construtivas, aqueles que importam análise econômica para o direito público devem estar preparados para redirecionar as áreas que estudam e ensinam. O direito administrativo deveria torna-se mais preocupado com o modo como políticas substantivas são feitas e com a revisão dos paradoxos e inconsistências dos processos de escolha coletiva. Apesar de esta mudança de ênfase já ter começado, ela deve ir muito além. O foco deveria estar menos em se todos os interesses afetados foram ouvidos ou se o Estado está prejudicando indivíduos específicos, e mais nas características estruturais do processo político e de políticas públicas e na avaliação de resultados substantivos em termos de equidade e eficiência" ("Análise econômica progressista do Direito – e o novo Direito Administrativo", tradução de Mariana Mota Prado, em Paulo Mattos (Coord.). *Regulação econômica e democracia*: o debate norte-americano. São Paulo: Editora 34, 2004, p. 249).

como primeiro filtro, que ampara sua constituição. Mas ele não é o bastante. Como aponta Alécia Paolucci Nogueira Bicalho:

> [...] tanto a iniciativa privada quanto o Estado estão constantemente expostos a aspectos exógenos, oscilações sazonais ditadas pelas novas conformações de mercado, pelo ritmo de atualização das demandas sociais, e também pela capacidade de autogestão estatal, enfim, por variadas e dinâmicas contingências que afetam ambos os setores, público e privado, cada qual a seu modo, operando-se ora em falha de mercado, ora aquela de Estado.
> Trata-se de um movimento intermitente, que enseja replanejamentos periódicos da modulação da presença do Estado na economia.[566]

Criada a empresa, a continuidade de sua existência deve ser vista sob a ótica dinâmica. Passado o momento de sua criação e com a atuação da empresa em mercado, em bases concorrenciais, a sua continuidade ainda se justificará? Os objetivos perseguidos foram atingidos? Os motivos de relevante interesse coletivo e de segurança nacional, outrora juridicamente relevantes, continuam a sê-lo? Há iniciativa privada suficientemente desenvolvida para prestar a mesma atividade, em bases concorrenciais, mas com efeitos mais positivos para usuários e consumidores?

As respostas a tais perguntas, se não são fáceis, são absolutamente necessárias. Justificarão a continuidade da empresa semiestatal de maneira dinâmica, ao longo do tempo de sua atuação. Caso, exemplificativamente, o motivo de "relevante interesse coletivo" que justificou a criação da empresa estatal ou a participação do Estado em empresa privada tenha desaparecido, a *desintervenção* deverá ser realizada.[567]

Embora tratando da necessidade de desconstituição de empresas estatais em caso de atuação fora do quadro constitucional, Dinorá Adelaide Musetti Grotti lança argumento que me parece extensível à constituição (e eventual desconstituição) de empresas semiestatais:

> Urge que se corrija a anomalia de gigantismo do Estado e este é o objetivo primordial da privatização: devolver à iniciativa privada um espaço que, em situação de normalidade, lhe compete, retornando o Estado aos limites constitucionalmente aceitos, a fim de que possa exercer mais

---
[566] "A ressignificação da eficiência nas empresas estatais à luz da Lei nº 13.303/2016", em Arnoldo Wald, Marçal Justen Filho e Cesar Augusto Guimarães Pereira (Org.). *op. cit.*, p. 82.
[567] Paulo Otero, *idem ibidem*, p. 130.

adequada e eficientemente as suas funções essenciais e precípuas. Se as empresas estatais estão fora dos pressupostos constitucionalmente fixados, devem ser privatizadas, ainda que seu desempenho seja eficiente e rentável. Afinal, não é o lucro o que está em jogo, mas uma restrição constitucional traçada para atuação estatal interventiva. O desrespeito a esses limites é a negação do próprio Estado de Direito.[568]

Esses pontos imporão ao Legislador-criador, ao Estado-planejador e ao Estado-acionista ônus argumentativo grande sobre a pertinência de criação e sobre a necessidade de continuidade de existência concreta da empresa semiestatal, especialmente quando comparada com outros instrumentos que pudessem ser adotados para a concretização das finalidades veiculadas na política pública.[569]

O controle da atuação estará mais claro, nessa perspectiva. No âmbito da política pública, poderão ser estabelecidos os fins buscados por meio da atuação da empresa semiestatal. O atingimento dos resultados será o parâmetro objetivo de avaliação sobre a eficiência da atuação da empresa, sobre a razão de sua existência e sobre a possibilidade de que ela efetivamente continue a existir (especialmente quando a solução objetivada por meio dela puder ser buscada por meio de outros instrumentos de ação do Estado).

Finalmente, os parâmetros de atuação, de verificação de resultados e de eficiência não seriam balizados apenas em termos econômicos, o que ocorre quando a empresa é analisada nela mesma e à luz dos objetos sociais previstos na lei que autoriza a sua criação e em seu estatuto social, mas também com base na concretização da política pública. Nesta, poderão ser estabelecidas medidas de proatividade para o alcance de resultados, corolário da eficiência,[570]

---

[568] "Intervenção do Estado na economia", *RT – Cadernos de Direito Constitucional e Ciência Política*, São Paulo, v. 15, p. 81-82, abr./jun. 1996. Continua a autora: ("Pode-se afirmar que, na atual conjuntura, a privatização é uma medição da aplicação da nossa Constituição. O intruso envolvimento do Estado em setores estranhos às suas atividades gera seu próprio imobilismo, burocratiza, cria privilégios e distorções econômicas difíceis de ser corrigidas a curto prazo". *Idem ibidem*, p. 82).

[569] "As políticas públicas podem ser entendidas como forma de controle prévio de discricionariedade na medida em que exigem a apresentação dos pressupostos materiais que informam a decisão, em consequência da qual se desencadeia a ação administrativa. O processo de elaboração da política seria propício a explicitar e documentar os pressupostos da atividade administrativa e, dessa forma, tornar viável o controle posterior dos motivos" (Maria Paula Dallari Bucci, *idem ibidem*, p. 265).

[570] Egon Bockmann Moreira, *Crescimento econômico, discricionariedade e o princípio da deferência* (Disponível em: <http://www.direitodoestado.com.br/colunistas/egon-bockmann-moreira/crescimento-economico-discricionariedade-e-o-principio-da-deferencia>. Acesso em: 30 ago. 2017).

com "mecanismos públicos de prestação de contas dos impactos alcançados e da previsão de consequências para o não atendimento dos objetivos estabelecidos".[571]

Deixa-se de enxergar a empresa semiestatal apenas de maneira estática (criação conforme o art. 173 da CF/1988 e condizente com o objeto da empresa estatal mãe) e passa-se a fazê-lo de maneira dinâmica (avaliação de resultados e do objeto da empresa, para que haja avaliação e reavaliação sobre a pertinência jurídica da manutenção de sua existência).

Argumento semelhante é apresentado por Floriano de Azevedo Marques Neto e Marina Zago em análise sobre o papel do Estado como acionista controlador, sendo responsável pela manutenção da atuação da empresa em linha com a política pública na qual inserida. Para eles, mesmo fato de se tratar de sociedade de economia mista (na qual, tal como nas empresas semiestatais, convivem sócios público e privado) não autorizaria que o ente público controlador lhe imputasse objetivos distintos de seus fins sociais. Ela deve "ser um braço do ente público para a execução da política pública concernente aos seus fins sociais; para isso que a estatal foi criada, conforme deverá estar expressamente previsto na sua lei autorizativa e em seu estatuto".[572]

---

[571] Mario Gomes Schapiro, "Legalidade ou discricionariedade na governança de bancos públicos: uma análise aplicada ao caso do BNDES", *op. cit.*, p. 120.

[572] "Limites da atuação do acionista controlador nas empresas estatais: entre a busca do resultado econômico e a consagração das suas finalidades públicas", *op. cit.*, p. 89-90. Os autores completam argumento com análise sobre desvio de finalidade: a empresa não poderia ser utilizada, por exemplo, para a implementação de políticas públicas que não se relacionassem diretamente a seu objeto social, uma vez que isso implicará o desvio da função legal e social da companhia e o abuso do poder do controlador. "A título exemplificativo, tomemos uma empresa estatal municipal com o objeto social de prestar serviços de saneamento básico, incluindo atividades de abastecimento de água, esgotamento, limpeza urbana, manejo de resíduos sólidos, entre outras correlatas. O interesse público relevante que justificou a criação dessa empresa relaciona-se com a garantia de disponibilização desses serviços para a população municipal. Dessa forma, natural que a empresa seja utilizada, dentro de certos limites (referentes especialmente à preservação da forma empresarial híbrida adotada pela lei autorizativa), para uma política pública de universalização do acesso ao serviço que constitui seu objeto. Nesse caso, o controlador – Município – poderá direcionar os negócios da companhia de modo a que ela tenha metas de expansão do serviço, aumentando o número de munícipes atendidos pelas atividades da empresa. Prestar serviços de abastecimento à população municipal nada mais é do que cumprir o interesse público relevante que justificou sua criação e que está expresso nos seus fins sociais.
No entanto, a empresa estatal não poderia ser utilizada como instrumento para a implementação de qualquer política governamental, mas tão só – e ainda assim com limites, sempre respeitado o fato de tratar-se de ente empresarial híbrido – para a política pública que tenha relação com seus fins. Nesse sentido, poderia ser caracterizado como desvio de finalidade caso o Município, no exercício de seu poder controlador da empresa, impusesse que a sociedade de economia mista de saneamento refizesse todo o asfaltamento das ruas

A Lei das Empresas Estatais e o Decreto nº 8.945 veiculam a obrigatoriedade de divulgação de documentos por meio dos quais objetivos de política pública serão definidos, em linha com o objeto social da empresa, e reavaliados anualmente. Como requisito de transparência, empresas públicas e sociedades de economia mista elaborarão carta anual, aprovada pelo conselho de administração, por meio da qual explicitarão "compromissos de consecução de objetivos de políticas públicas", como verdadeiro mecanismo de verificação de atendimento ao interesse coletivo ou ao imperativo de segurança nacional que justificou a autorização para suas criações, com definição dos recursos a serem empregados e dos impactos econômico-financeiros de sua consecução, mensuráveis por meio de indicadores claros (art. 8º, I, da Lei das Empresas Estatais; art. 13, I, do Decreto nº 8.945). Veja-se, de todo modo, que a obrigatoriedade de transparência não decorre apenas daí. Conforme a Lei nº 12.527, de 18 de novembro de 2011, o acesso à informação compreende o direito de obtenção da relativa a "implementação, acompanhamento e resultados dos programas, projetos e ações dos órgãos e entidades públicas, bem como metas e indicadores propostos" (art. 7º, VII, "a").

O interesse público da empresa estatal, espelhado na razão que ampara a constituição da empresa semiestatal, não poderá, a partir da lei, ser fluido, indefinido. Manifestar-se-á juridicamente por

---

municipais, independentemente de estar ou não sob elas realizando obras na rede de água e esgotamento sanitário. Para programas e objetivos alheios aos fins da empresa, o Poder Público deverá utilizar-se de outro ou outros dos inúmeros instrumentos que ele possui para a implementação de políticas públicas. Do contrário, estaríamos a impor que a companhia direcione-se a objetivos que extrapolam seu objeto social, desviando a sociedade de seus fins. O acionista controlador, nesse caso, estará abusando de seu poder, uma vez que desviando a estatal dos fins impostos por sua lei autorizativa e seu estatuto" ("Limites da atuação do acionista controlador nas empresas estatais: entre a busca do resultado econômico e a consagração das suas finalidades públicas", *op. cit.*, p. 90-91).

Adilson Abreu Dallari já havia lançado argumento semelhante sobre a impossibilidade de desvirtuamento de finalidade cumprida pela empresa estatal: "[é] preciso, portanto, que a entidade pública criadora de uma empresa, instituidora de uma empresa estatal, disponha de meios para verificar se essa empresa está realmente cumprindo aquelas finalidades em função das quais ela foi criada. Suponhamos uma empresa estatal destinada à construção de moradias populares. Ela estaria cumprindo uma finalidade estatal na medida em que estivesse realizando moradias populares, ou seja, moradias destinadas a uma determinada faixa da população que não tem acesso ao que o mercado imobiliário oferece. Poderia ocorrer que essa empresa abandonasse um pouco sua finalidade precípua e buscasse um crescimento muito grande, a realização de sucessos imobiliários, partisse de uma vez para a especulação imobiliária. É preciso, portanto, que a entidade pública criadora da empresa disponha de meios para fazer com que essa empresa não se desgarre da sua finalidade, não saia do seu caminho, não deixe a função em razão da qual ela foi criada" ("Controle das Empresas Estatais", *op. cit.*, p. 5-6).

meio do alinhamento entre os objetivos da empresa e os que forem definidos em políticas públicas, na forma explicitada na carta anual (art. 8º, §1º, da Lei das Empresas Estatais). Com o desalinhamento de objetivos, deixará de cumprir sua função jurídica; com a inexistência de objetivos, não terá razões jurídicas para manter atividades.[573]

O mesmo será aplicado para empresas semiestatais: serão constituídas para atuar de forma complementar à atuação estatal, com estrito alinhamento com os aspectos perseguidos em sede de políticas públicas. Suas existência e continuidade estarão pautadas pela manutenção do objetivo que se pretende almejar e de sua utilidade para tanto. Tanto é assim que o Decreto nº 8.945 determina que a empresa estatal que detiver participação equivalente a 50% ou menos do capital votante em qualquer outra empresa deverá elaborar política de participações societárias[574] que contenha práticas de governança e controle proporcionais à relevância, à materialidade e aos riscos do negócio do qual participe (art. 9º). Nela serão definidas as razões de constituição da empresa semiestatal e os fins a que se prestará (os quais justificarão a manutenção de sua existência).

Para o atendimento às regras de governança previstas no art. 8º, I e VIII, da Lei das Empresas Estatais,[575] a SEST desenvolveu o modelo de Carta Anual de Políticas Públicas e Governança Corporativa, com o intuito de auxiliar as empresas estatais federais na elaboração dos respectivos instrumentos.[576] Nela fica clara a necessidade de exercício

---

[573] Art. 13, §2º, do Decreto nº 8.945: "[o] interesse público da empresa estatal, respeitadas as razões que motivaram a autorização legislativa, manifesta-se por meio do alinhamento entre seus objetivos e aqueles de políticas públicas [...]".

[574] Ela será aprovada pelo conselho de administração da empresa ou, se não houver, de sua controladora, e incluirá informe sobre execução de projetos relevantes para os interesses da empresa estatal investidora e outros relatórios, informações ou documentos produzidos pela sociedade empresarial investida, considerado relevante para o cumprimento da política de participação societária (art. 9º, §1º, VII e X, do Decreto nº 8.945).

[575] Art. 8º da Lei das Empresas Estatais: "[a]s empresas públicas e as sociedades de economia mista deverão observar, no mínimo, os seguintes requisitos de transparência: I – elaboração de carta anual, subscrita pelos membros do Conselho de Administração, com a explicitação dos compromissos de consecução de objetivos de políticas públicas pela empresa pública, pela sociedade de economia mista e por suas subsidiárias, em atendimento ao interesse coletivo ou ao imperativo de segurança nacional que justificou a autorização para suas respectivas criações, com definição clara dos recursos a serem empregados para esse fim, bem como dos impactos econômico-financeiros da consecução desses objetivos, mensuráveis por meio de indicadores objetivos; [...] VIII – ampla divulgação, ao público em geral, de carta anual de governança corporativa, que consolide em um único documento escrito, em linguagem clara e direta [...]".

[576] Carta Anual de Políticas Públicas e Governança Corporativa. Disponível em: <http://www.planejamento.gov.br/assuntos/empresas-estatais/arquivos/carta-anual-de-politicas-publicas-e-governanca-corporativa.pdf/view>. Acesso em: 07 jan. 2018.

dinâmico a respeito da criação da empresa e de sua continuidade, atrelando cumprimento de objeto social e finalidades delimitadas em políticas públicas.

Conforme a orientação da SEST, anualmente deverá haver explicitação sobre o interesse coletivo ou imperativo de segurança nacional que pauta a execução do objeto social da empresa pelo Estado e, como consequência, que motiva suas existência e continuidade. Para tanto, e sempre que possível, deverá ser resgatada a lei de criação e sua exposição de motivos, como meios de se interpretar a finalidade perseguida com a constituição da empresa. Concomitantemente, deverão existir informações sobre as atividades desenvolvidas pela empresa estatal em atendimento a políticas públicas, indicando como a atuação da empresa estatal está alinhada ao interesse público delimitado na política e ao objeto social da empresa.[577]

Tais previsões dialogam com as funções da SEST, que deve atuar como articuladora de políticas desenvolvidas por empresas estatais e de como empresas semiestatais serão empregadas. A Secretaria tem como preocupação a verificação da continuidade das jurídicas que embasaram a criação de empresas estatais (e a constituição de empresas semiestatais), nos termos da CF. Caso deixem de ser atendidas, a forma de atuação da empresa deverá ser atualizada ou, alternativamente, deverá ser extinta.[578]

Esses aspectos começam agora a ser tratados em cartas publicadas pelas empresas estatais.[579] Tomando mais uma vez a Petrobras como exemplo, foi veiculada informação de que a persecução do interesse público da companhia se fará com o "atendimento de políticas públicas", que deve ser compatibilizada com sua atuação empresarial, não colocar sua rentabilidade e sustentabilidade financeira, bem como ser formalizada por meio de norma, regulamento ou instrumento específico.[580] Dessa maneira, a empresa "somente atenderá políticas públicas que: (i) estejam alinhadas com as Leis nº 9.478/97 e nº 13.303/16;

---

[577] Carta Anual de Políticas Públicas e Governança Corporativa. Disponível em: <http://www.planejamento.gov.br/assuntos/empresas-estatais/arquivos/carta-anual-de-politicas-publicas-e-governanca-corporativa.pdf/view>. Acesso em: 07 jan. 2018, p. 3.

[578] Brasil, Ministério do Planejamento, Desenvolvimento e Gestão, Secretaria de Coordenação e Governança das Empresas Estatais, *Revista das Estatais*, Brasília, MP, vol. 1, p. 8, jan. 2017.

[579] A carta do Banco do Brasil está disponível em: <http://www.bb.com.br/docs/pub/siteEsp/ri/pt/dce/dwn/CartAnual.pdf>. Acesso em: 24 out. 2017.

[580] Carta Anual de Políticas Públicas e de Governança Corporativa, referente ao exercício de 2016. Disponível em: <http://www.investidorpetrobras.com.br/pt/governanca-corporativa/instrumentos-de-governanca/carta-de-governanca>. Acesso em: 24 out. 2017, fl. 17.

(ii) sejam compatíveis com o seu objeto social; (iii) não coloquem em risco a rentabilidade e a sustentabilidade financeira da Companhia; (iv) sejam formalizadas por meio de norma, regulamento ou instrumento específico".[581] A revisitação da atuação da Petrobras estaria sendo feita, como exemplo, nas áreas de exploração e produção, com "esforços de redução de custos, principalmente por meio da diminuição das atividades de intervenção em poços na Bacia de Campos",[582] e de refino, transporte e comercialização (abastecimento em geral), por meio de vendas de participações acionárias detidas em empresas no Chile e na Argentina.[583] [584]

O papel da SEST como articuladora de políticas públicas deve ser enquadrado em visão de longo prazo sobre empresas estatais. Em largos horizontes temporais, suas ações podem ser destinadas ao aperfeiçoamento de desempenho, com análise das políticas públicas em que se inserem as empresas estatais, consecução de resultados e papel cumprido pelas empresas semiestatais neste contexto.[585] A atuação deverá ser dinâmica, garantindo o alinhamento entre a atuação da empresa estatal, requisitos justificadores de sua constituição e reflexo nas empresas semiestatais que constituir, conforme demanda a CF, a Lei das Empresas Estatais e o Decreto nº 8.945. Esses aspectos deverão estar claros nas cartas de política pública de cada empresa.

Contudo, o posicionamento que aqui defendo não é uníssono. Em sentido diverso, Bernardo Strobel Guimarães argumenta que o cumprimento da finalidade pública da empresa estatal estará atrelado ao simples desenvolvimento das atividades inseridas em seu objeto

---

[581] *Idem ibidem*, fl. 17.
[582] *Idem ibidem*, fl. 8.
[583] *Idem ibidem*, fl. 8-9.
[584] A Carta Anual de Políticas Públicas e de Governança Corporativa 2017 da Eletrobras foi veiculada por meio de comunicado ao mercado datado de 29 de dezembro de 2017 (disponível em: <http://eletrobras.com/pt/Imprensa/Comunicado-ao-Mercado-Eletrobras-29122017-Carta-Anual-de-Politicas-Publicas-e-de-Governanca-Corporativa.pdf>. Acesso em: 07 jan. 2018). Em seus termos, "[...] a companhia, na qualidade de sociedade de economia mista federal, foi criada com objetivo de explorar as atividades econômicas relacionadas ao setor energético, devido ao relevante interesse coletivo envolvido nas referidas atividades que envolvem inclusive a prestação de serviços públicos. A Eletrobras, entretanto, respaldada pelo interesse coletivo que justificou sua criação, também atua como braço do governo federal na implementação de programas de governo que visam ao desenvolvimento e aprimoramento da política energética do país" (*idem ibidem*, p. 18). Os programas nos quais a Eletrobras estaria incluída seriam o Programa Luz para Todos, o Programa de Incentivo às Fontes Alternativas de Energia Elétrica e o Programa Nacional de Conservação de Energia Elétrica (*idem ibidem*, p. 18-21).
[585] Brasil, Ministério do Planejamento, Desenvolvimento e Gestão, Secretaria de Coordenação e Governança das Empresas Estatais, *Revista das Estatais*, Brasília, MP, vol. 1, p. 9, jan. 2017.

social. Criada a empresa, ela atuaria de forma autônoma à lei que autoriza sua instituição, exercendo atividade empresarial pura e simplesmente:

> [...] *uma vez instituída a sociedade, ela agirá institucionalmente (como toda pessoa jurídica, aliás) a partir dos seus estatutos e da dinâmica do exercício do poder de controle ao interno dela (daí por que se exige que controle estatal para garantir a nota de publicidade a estas pessoas jurídicas)*. Logo, a existência de empresas estatais significa em última instância o afastamento da ideia de legalidade tal qual ela é originalmente concebida para a atuação administrativa. Ela convola-se, aqui, numa autorização para agir em conformidade com os estatutos, o que garante certa flexibilidade na eleição de meios para cumprir o objetivo social, respeitadas as exigências de Direito Público derivadas da Constituição.[586]

Na minha visão, o argumento é insuficiente. Não basta a mera criação da empresa para que ela atue autonomamente e desenvolva o seu objeto social. O art. 173 da CF parece-me reclamar verificação constante das razões de segurança pública e relevante interesse coletivo que justificaram sua criação. Tendo eles desaparecido, ou podendo a iniciativa privada desenvolver a atividade de forma mais adequada do que o próprio Estado, a empresa deveria ser desconstituída. Assim, os debates não podem se encerrar na criação da empresa e na eventual obediência à legislação específica.[587]

---

[586] "A participação de empresas estatais no capital de empresas controladas pela iniciativa privada: algumas reflexões", em Floriano de Azevedo Marques Neto, Fernando Dias Menezes de Almeida, Irene Nohara e Thiago Marrara (Coord.). *op. cit.*, p. 384-385. O argumento continua da seguinte forma: "Note-se ainda que o objeto a ser explorado decorre de um dado legal prévio (pois a lei que autoriza a criação da empresa indica a atividade a ser explorada), essa atuação *praeter legem*, por assim dizer, é conforme o interesse público. Em outras palavras: *as estatais cumprem com sua função pública ao desenvolver o seu objeto, de maneira autônoma em relação à lei*. Em termos simples, a forma privada que a Constituição exige significa uma mudança no que pertine à relação de legalidade. As regras que passam a definir a atuação concreta da estatal são as contidas em seus estatutos, sendo a finalidade a ser perseguida imediatamente o seu objeto social (que a lei reputou ser de relevante interesse público ou inerente à segurança nacional)" (*idem ibidem, loc. cit.*).

[587] Egon Bockmann Moreira, *O Direito Econômico e o papel regulatório das empresas estatais* (disponível em: <http://www.direitodoestado.com.br/colunistas/egon-bockmann-moreira/o-direito-economico-e-o-papel-regulatorio-das-empresas-estatais>. Acesso em: 30 ago. 2017). "Porém, os debates encerravam-se na criação da empresa e na obediência à legislação específica, deixando de lado um papel de suma importância jurídico-econômica. O Direito Administrativo preocupava-se com sua criação, regime de pessoal e de contratações administrativas. Daí em diante, era o Direito Empresarial quem regia as preocupações das empresas públicas e sociedades de economia mista. As estatais ingressavam nos mercados, mas eram compreendidas como singelas concorrentes dos demais agentes econômicos (ou monopolistas, a depender do caso)" (*idem ibidem, loc. cit.*).

Também não basta o desenvolvimento do objeto social para que a continuidade da empresa subsista, para que ela cumpra sua finalidade pública. Deve haver argumentação sobre qual é exatamente essa finalidade, no caso concreto. Maneira de fazer isso seria inseri-la em política pública setorial, que pautasse a atuação da empresa e demonstrasse claramente qual são as funções e os resultados que se espera dela.

O mesmo entendimento se aplicaria à criação de empresas semiestatais. Elas não podem ser criadas e replicadas pelo simples fato de poder haver sua constituição por empresas estatais como forma de execução de seus objetos sociais. Antes disso: deve haver motivação clara a pautar a criação da empresa, com indicação dos resultados que dela se espera. Para além disso: a ausência de critérios de criação e atuação fará com que a participação acionária do Estado se desorganize.[588]

8.3 Alcance de resultado na atividade administrativa de fomento: ciclo de vida de projetos

O controle de resultados também deve ser realizado nos casos em que parcerias societárias são constituídas como instrumentos de fomento de determinado setor econômico ou empresa. Deve ser pautado pelo seguinte argumento: atingido o objetivo pretendido com a ação

---

[588] Traçando análise sobre processos de desestatização em diversos períodos no Brasil, Armando Castelar Pinheiro elabora argumento semelhante. Apresenta vinculação entre reformas das empresas estatais como decorrência de seu crescimento desordenado, que acarreta dificuldades de controle sobre sua atuação: "[...] em 1979, optou-se por adotar medidas ostensivas com vistas a reduzir a participação das estatais na economia, com a criação do Programa Nacional de Desburocratização e da Secretaria Especial de Controle das Empresas Estatais (Sest). Contudo, no início do governo Figueiredo, as críticas à atuação das empresas do Estado eram diferentes das que mais tarde levariam à venda dessas empresas, o que explica a ênfase na criação de órgãos de controle e a pouca importância atribuída às agências responsáveis pela alienação dos ativos estatais. O ponto em discussão não era, àquela altura, o de ineficiência do setor público empresarial. O principal objetivo então era desacelerar a expansão do setor produtivo estatal, pois se percebia que as empresas do governo tinham saído fora do controle das autoridades federais. [...]
Não seria, porém, até 1981 que a privatização entraria na agenda da política econômica. Em julho desse ano, um decreto presidencial (86.215/81) criou a Comissão Especial de Desestatização [...]. Os principais objetivos da Comissão Especial de Desestatização consistiam em fortalecer o setor privado, limitar a criação de novas empresas estatais e fechar ou transferir para o setor privado as empresas estatais cujo controle pelo setor público não fosse mais necessário ou justificável" ("Privatização no Brasil: por quê? Até onde? Até quando?", em MOREIRA, Fábio Giambiagi e Maurício Mesquita (Org.). *A economia brasileira nos anos 90*. Rio de Janeiro: BNDES, 1999, p. 156-157).

da empresa fomento, o Estado deverá proceder ao desinvestimento, porque (i) a função terá sido atingida; (ii) em cenário de longo prazo, sob a perspectiva da quantidade de empreendimentos fomentados, a atuação empresarial se tornará mais incerta e o Estado poderá passar a experimentar perdas (em termos de prejuízo financeiro ou de não atingimento de finalidades pretendidas).[589]

A conclusão pode ser, de alguma maneira, contraintuitiva. Suponha que o Estado tenha adquirido ações da Empresa XPTO para fomentar o seu setor de atuação (por exemplo, desenvolvimento de novos medicamentos que combatam doenças transmitidas pelo mosquito *Aedes Aegypti*, vetor do vírus da dengue). Em horizonte de curto prazo, o objetivo perseguido pelo Estado é atingido: vacinas para combater as doenças são desenvolvidas por meio de pesquisas altamente intensivas e de ponta.

Com o tempo, a empresa passa a ser extremamente rentável, distribuindo dividendos economicamente pujantes para o Estado, de forma que, do ponto de vista econômico, pareça fazer sentido manter o capital investido. Há um porém: a Empresa XPTO deixa de realizar as pesquisas que justificaram o investimento estatal e passa a se dedicar exclusivamente à fabricação e ao comércio das citadas vacinas. Faria sentido, em termos jurídicos, manter o capital estatal alocado na Empresa XPTO?

Em minha visão, não.[590] Do ponto de vista econômico, a vida empresarial é completamente incerta.[591] Ainda que a empresa dê lucros atualmente, daí não decorre que o fará amanhã. Se isso acontecer – e há chances concretas de que isso aconteça –, o Estado passará a experimentar perdas (talvez não apenas na Empresa XPTO, mas também nas demais empresas em que tenha investido).[592]

---

[589] Bárbara Kirchner Corrêa Ribas arrola incertezas que permeiam atividades de *joint ventures* que têm como objeto pesquisa e desenvolvimento, incluindo alto risco associado ao investimento em novas tecnologias, custos elevados da pesquisa e da produção e longos prazos para a maturação dos projetos de pesquisa e desenvolvimento ("Cooperação econômica e joint ventures cooperativas biotecnológicas para pesquisa e desenvolvimento (P&D)", em MOREIRA, Egon Bockmann; MATTOS, Paulo Todescan Lessa (Coord.). *Direito concorrencial e regulação econômica*. Belo Horizonte: Fórum, 2010, p. 92).

[590] Gaspar Ariño Ortiz vê o critério da rentabilidade como insuficiente para a manutenção do capital investido pelo Estado: a atuação da empresa estatal deve estar justificada em interesse público preciso (*idem ibidem*, p. 495).

[591] Mario Gomes Schapiro, "Legalidade ou discricionariedade na governança de bancos públicos: uma análise aplicada ao caso do BNDES", *op. cit.*, p. 120.

[592] "[...] reconhecemos que oportunidades empresariais são circunstâncias tendencialmente instáveis, fugazes e polêmicas, sendo perigoso pretender fundar um dever jurídico (e daí

E se o investimento minoritário tivesse sido realizado para fomentar empresa nacional para competir internacionalmente[593] que, depois de algum período, passasse a ser objeto de investigações relativas a supostos esquemas de corrupção?[594] E se o setor da empresa fomentada fosse negativamente impactado tanto pela sua seleção como empresa apoiada pelo Estado quanto por sua posterior derrocada?[595] E se fosse para fomentar empresa atuante em setor de tecnologia que, depois de algum período, entrasse em recuperação judicial?

Não existe resposta fácil para qualquer dessas questões. Mas o que mais incomoda é a falta de parâmetro para início de discussão. Pode ser que o desinvestimento ainda não fosse programado, no caso. Pode ser que o planejamento considerasse prazos mais amplos de maturação.[596] Em qualquer cenário, a informação é relevante; a decisão precisa ser balizada. A falta de transparência suscita dúvida; a de motivação, desconfiança. Se não sei o que está em causa, o debate é nulo. Ou inócuo, no mínimo. Argumentarei no escuro.

Não teria valido a pena o Estado fazer planejamento amplo, claro, prospectivo e vinculante, objetivar resultados e realizar desinvestimentos antes que cenários de perdas se concretizassem, tendo

---

uma responsabilização jurídica) em sua perda. O que parecia uma oportunidade empresarial pode se revelar uma ilusão" (José Vicente Santos de Mendonça, *idem ibidem*, p. 224).

[593] Para explicação sobre a utilização de instrumentos de renda variável como medida de apoio do BNDES a empresas brasileiras que passariam a atuar em escala mundial em seus setores, com tentativa de formação de capacidades empresariais e fortalecimento de estruturas de capital, cf. BNDES, *Relatório de Efetividade 2007-2014 (a contribuição do BNDES para o desenvolvimento nacional)*. 2. ed. Rio de Janeiro, 2015. Disponível em: <https://web.bndes.gov.br/bib/jspui/handle/1408/6523>. Acesso em: 23 jul. 2017, p. 119-120.

[594] Para vicissitudes do sistema de incentivos públicos, incluindo a corrupção, cf. Amartya Sen, *idem ibidem*, p. 181.

[595] "O fomento é atividade pública não substitutiva da iniciativa privada. Fomento que se eterniza, ou que, por excessivo, neutraliza todo risco do negócio, acaba transformando-se numa iniciativa privada com riscos socializados. Ainda que assim não seja, pode acabar por desestimular a competitividade da região, do setor ou do agente, ao funcionar como seguro público de propostas fracassadas. Atentar para a duração e a intensidade do fomento é fazê-lo adequado à sua finalidade" (José Vicente Santos de Mendonça, *idem ibidem*, p. 388).

[596] Veja a explicação do BNDES sobre a necessidade de tempo para aferição de resultados: "[o]s impactos esperados em cada operação de renda variável do BNDES são descritos na tese de investimento que traz a justificativa para o apoio às empresas tanto do ponto de vista da rentabilidade esperada quanto à perspectiva de atendimento dos objetivos mencionados. Como em boa parte dos desafios do desenvolvimento, não é incomum um horizonte de uma década para se completar o ciclo de resultados esperados, o que ressalta a importância de um compromisso de longo prazo" (BNDES, *idem ibidem*, p. 125). Nela, fica evidenciada não só a questão do prazo de maturação para aferição de resultados: antes dela, há obrigatoriedade de estudo de impactos esperados e motivação para que o investimento seja feito. Como atividade típica de Estado (fomento a empresas privadas), há necessidade de transparência sobre a medida implantada.

em vista que, do ponto de vista jurídico, a função perseguida com o investimento foi cumprida e os recursos obtidos com a alienação das ações poderiam ser aplicados em outras finalidades, igualmente válidas perante o Direito? Penso que sim. O exaurimento da ação administrativa se dá exatamente com o cumprimento de sua finalidade ou com a constatação de que não será atingida.[597]

Dessa maneira, a instituição de qualquer medida de fomento deve ser pautada por sua transitoriedade. Ele representa apoio a desenvolvimento de certo objeto ou cumprimento de finalidade perseguida pela Administração Pública, que é por ela impulsionada porquanto publicamente relevante. Mas o apoio é apenas "meio para a finalidade perseguida",[598] juridicamente estruturado, e não privilégio ou benevolência. Cumpre-se o objetivo e a atividade estatal cessará: a empresa catalisada segue sua vida sem a ajuda estatal. Verifica-se que o objetivo não será cumprido e a atividade estatal cessará: o capital estatal é retirado e a empresa segue sua vida; a empresa é liquidada e ganhos e perdas são apurados.

Em termos legais, a questão da transitoriedade de projetos (delimitação temporal de atividades encadeadas entre si para alcance de resultados) é indicada na Lei nº 13.473, de 8 de agosto de 2017, que trata da elaboração da Lei Orçamentária de 2018. Segundo ela, "projeto" é "o instrumento de programação para alcançar o objetivo de um programa, envolvendo um conjunto de operações, limitadas no tempo, das quais resulta um produto que concorre para a expansão ou o aperfeiçoamento da ação de governo" (art. 4º, XII). Em termos doutrinários, a transitoriedade como característica do fomento é apresentada por José Vicente Santos de Mendonça, para quem a questão é polêmica:

> [n]em tanto por divergências técnicas quanto à sua natureza jurídica e ao seu significado (pelo contrário, o sentido de o fomento público ser

---

[597] Como exemplo de medida de discussão pública com o mercado para a divulgação de informações, o Estatuto Social do Banco do Brasil prevê que ele (art. 49): "I – realizará, pelo menos uma vez por ano, reunião pública com analistas de mercado, investidores e outros interessados, para divulgar informações quanto à sua situação econômico-financeira, bem como no tocante a projetos e perspectivas; II – enviará à bolsa de valores em que suas ações forem mais negociadas, além de outros documentos a que esteja obrigado por força de lei: a) o calendário anual de eventos corporativos; b) programas de opções de aquisição de ações ou de outros títulos de emissão do Banco, destinados aos seus empregados e administradores, se houver; e c) os documentos colocados à disposição dos acionistas para deliberação na Assembleia Geral".

[598] Hartmut Maurer, *idem ibidem*, p. 501.

transitório é simples: ele deve durar por certo período, e, depois, cessar), mas, na verdade, por sua própria admissibilidade.
[...] salvo exceções, se a atividade empresarial é economicamente insustentável, ela deve antes falir do que viver para sempre graças a aparelhos. [...] A defesa da transitoriedade do fomento público, contudo, não é lançada de nenhum ponto de partida ideológico, mas da constatação – singela – do que ele é de para o que serve: é apoio público a atividade privada [...]
Em síntese: a transitoriedade do fomento é essencial à sua configuração, e deve ser buscada como princípio regulador – se não como decorrência da definição do instituto, então como derivação de valores como a moralidade ou o princípio republicano.[599]

Contudo, as grandes discussões sobre diminuição do tamanho do Estado e de sua retirada da execução direta de atividades econômicas se colocam especialmente em momentos de crise e de contingenciamento fiscal.[600] Esses temas não são usualmente abordados em épocas de euforia e pujança,[601] nas quais a economia vai bem. Isso poderia gerar ao menos três efeitos deletérios para a Administração Pública:

(i) a verificação de prejuízos não raro faz com que haja necessidade de realização de novos aportes de capitais, o que gera efeitos negativos do ponto de vista orçamentário e da expectativa dos sócios relativamente ao sucesso do empreendimento. A distribuição de dividendos ou a possibilidade de realização de reinvestimento de capitais ficam prejudicadas;

---

[599] José Vicente Santos de Mendonça, *idem ibidem*, p. 370-380.
[600] Exemplificativamente, Marcos Juruena Villela Souto traça argumento semelhante ao que lanço, porém aplicável a momentos de saturação da capacidade de investimento estatal, de maneira que alienações poderiam ser feitas como mecanismo de diminuição de gastos e levantamento de novos recursos. Para o autor, a desestatização seria maneira de permitir a continuidade do investimento estatal, especialmente em momentos de saturação econômica, viabilizando a diminuição nos gastos públicos e o reinvestimento para aumento de riqueza: "A desestatização, mais que uma postura ideológica, é uma atitude pragmática dos Governantes diante da saturação do modelo estatizante de financiamento do processo de desenvolvimento. O total esgotamento da capacidade de investimento público sem instituição de novos tributos ou encargos sociais, inibindo ou desestimulando toda e qualquer forma de poupança privada, força a redução do custo da máquina, liberando os recursos privados a ela transferidos para atividades produtivas que acarretem aumento do nível de geração de riqueza" (*idem ibidem*, p. 58).
[601] "[...] quem se atreverá a interromper a música na metade do baile?" (ARIÑO ORTIZ, Gaspar; GARCÍA PÉREZ, Miriam. *Vindicación y reforma de las cajas de ahorro. Juicio al Banco de España*. Pamplona: Civitas-Aranzadi, 2013, p. 150, tradução livre. No original: "[...] quién se atreve a parar la música en mitad del baile?").

(ii) o valor da empresa em caso de venda em momento de crise estará negativamente afetado.[602] Bem por isso, um dos objetivos do regime especial de desinvestimento de ativos previsto no Decreto nº 9.188 é "permitir a obtenção do maior retorno econômico à sociedade de economia mista e a formação de parcerias estratégicas" (art. 2º, VI); (iii) a própria execução do objeto social da empresa poderá ser posta em xeque, especialmente porque faltará um plano bem elaborado de atuação, ocasionando improvisação e soluções de emergência.[603]

Aliadas ao fato de que a vida empresarial é incerta e suscetível a riscos, estas características trazem à tona a necessidade de discussões a respeito da saída do Estado da economia mesmo nos casos em que as empresas investidas vão bem e a finalidade pretendida no bojo do empreendimento foi alcançada. Se a "privatização" em momentos de crise pode ajudar a diminuir gastos e a angariar recursos públicos, os resultados positivos poderão ser ainda mais relevantes em momentos de sucesso, nos quais as empresas vão bem.

A discussão ficaria inócua se não houvesse critério jurídico para a sua realização. A opção estatal por fomentar determinado empreendimento deveria estar acompanhada dos motivos que justificaram sua realização. Poderiam ser contestados, elogiados, cotejados com outras opções. Mas existiriam: seriam demonstrados benefícios esperados da medida e razões pelas quais se poderia de fato esperá-las (especialmente se comparadas com outras opções que o Estado teria para tentar se atingir a mesma solução ou para aplicar os mesmos recursos utilizados em outras atividades).

E talvez resida aí o problema, em termos de disciplina jurídica no país: esses critérios inexistem de maneira clara. Quando são analisadas as disposições relativas à criação e à atuação de bancos estatais de fomento, por exemplo, vê-se a possibilidade de concessão de aportes de recursos públicos em investimentos privados para

---

[602] "[...] o preço de venda não é outro senão o valor atualizado dos benefícios esperados, sem que isso implique a obtenção de recursos adicionais num marco plurianual. É – já se disse – como 'vender a prata da família'. Isso quando estamos lidando com empresas rentáveis, porque, se o que delas se esperam são perdas, privatizações não darão, mas custarão dinheiro" (Gaspar Ariño Ortiz, *idem ibidem*, p. 509, tradução livre. No original: "[...] el precio de venta no es otro que el valor actualizado de los beneficios esperados, sin que ello suponga la obtención de recursos adicionales en un marco plurianual. Es – se ha dicho alguna vez – como 'vender la plata de la familia'. Esto, cuando estamos ante empresas rentables, porque si lo que esperan son pérdidas, las privatizaciones no dan dinero, sino que cuestan dinero").

[603] Gaspar Ariño Ortiz e Miriam García Pérez, *idem ibidem*, p. 140.

impulsioná-los.[604] A possibilidade não é acompanhada, em termos gerais, da obrigatoriedade de divulgação prospectiva dos motivos que pautaram a atividade administrativa de fomento e, portanto, de quando ela deveria ser cessada. Numa palavra: qual é a agenda concreta que pauta o investimento e quais os resultados pretendidos com a atuação da empresa?[605] A problemática é sintetizada por Vitor Rhein Schirato:

> [...] é sempre muito difícil identificar, em primeiro lugar, se a atuação estatal é devida ou não e, em segundo lugar, se sendo devida, foi realizada na medida certa ou não. Quais são os limites jurídicos para que o Estado atue no domínio econômico? Quando o Estado empreende a prestação de serviços financeiros, há liberdade para o Estado banqueiro, ou há limites que naturalmente coatam a ação estatal? Essas perguntas, cada vez mais trazidas à baila, permanecem cada dia mais respondidas das formas mais distintas.
> Segundo entendemos, a razão para tanto é a dificuldade dos operadores do Direito de extrair do ordenamento jurídico balizas coerentes para determinar quais são os limites de atuação no domínio econômico, sendo que tal dificuldade emerge ou da tentativa de encontrar fórmulas baseadas em princípios absolutamente fluidos, ou da tentativa de interpretar o texto constitucional a partir de concepções político-econômicas.[606]

Outro exemplo sintomático sobre a ausência de clareza para a atuação empresarial do Estado (diretamente ou por meio de investimentos em empresas semiestatais) no âmbito da atividade administrativa de fomento decorre da Lei de Inovação. Ela prevê que a União, os Estados, o Distrito Federal, os Municípios, as Instituições

---

[604] Sérgio Lazzarini discute a necessidade de existem de critérios para a aplicação de recursos pelo BNDES em empreendimentos privados, concluindo que, "[...] para esse mecanismo funcionar de maneira produtiva, é preciso que as alocações centralizadas pelo governo resultem em bons investimentos que beneficiem amplamente a população contribuinte" (*idem ibidem*, p. 50).

[605] Analisando especificamente o caso do BNDES, Mario Gomes Schapiro aponta dificuldade de controle de resultados, exatamente pela ausência de procedimento para o estabelecimento de critérios de atuação: "Além das questões afetas ao controle social, o segundo problema [o primeiro seria a pouca possibilidade de participação social] vivenciado pela governança do BNDES refere-se a deficiências no processo de formulação e de prestação de contas de sua agenda financeira. Nesse caso, trata-se de um reflexo do ambiente institucional que governa as políticas públicas industriais e que é caracterizado pela ausência de um processo ritualizado de definição de agenda e pela quase inexistência de uma avaliação sobre as medidas implementadas e sobre os impactos colhidos" ("Legalidade ou discricionariedade na governança de bancos públicos: uma análise aplicada ao caso do BNDES", *op. cit.*, p. 118).

[606] "Bancos estatais ou Estado banqueiro?", em Alexandre Santos de Aragão (Coord.). *op. cit.*, p. 281.

Científica, Tecnológica e de Inovação e suas agências de fomento devem promover e incentivar a pesquisa e o desenvolvimento de produtos, serviços e processos inovadores tanto em empresas brasileiras quanto em entidades brasileiras de direito privado sem fins lucrativos, mediante a concessão de recursos financeiros, humanos, materiais ou de infraestrutura destinados a apoiar atividades de pesquisa, desenvolvimento e inovação, para atender às prioridades das políticas industrial e tecnológica nacional (art. 19). As prioridades da política industrial e tecnológica nacional seriam estabelecidas em regulamento (art. 19, §1º).

Contudo, o Decreto nº 5.563, que poderia ter sido ato normativo apto para estabelecer as prioridades mencionadas na lei, não as fixa. Elas são trazidas na Portaria Interministerial 652, de 14 de setembro de 2012, veiculada pelos Ministérios de Ciência, Tecnologia e Inovação e do Desenvolvimento, Indústria e Comércio Exterior,[607] editada com base no art. 20, §1º, do Decreto nº 5.563.[608] As prioridades compreenderiam ações sistêmicas, destaques estratégicos, programas estruturantes definidos na Política Industrial e Tecnológica vigente e prioridades de ciência, tecnologia e inovação definidas pelos governos estaduais para estimular o desenvolvimento econômico, social e tecnológico (art. 1º, parágrafo único).

Além de não deixar clara qual seria a política industrial vigente, que ampararia a execução de medidas prioritárias, a Portaria Interministerial 652/2012 é absolutamente genérica. Não traz detalhamento sobre ações que seriam apoiadas, de que maneira ou com quais objetivos. Não delimita como a política pública seria instituída, com quais fins e com a utilização de quais meios. Não traz critério, portanto, para que investimentos estatais minoritários sejam realizados.

---

[607] Por meio da Lei nº 13.341, de 29 de setembro de 2016, o Ministério do Desenvolvimento, Indústria e Comércio Exterior foi transformando em Ministério da Indústria, Comércio Exterior e Serviços, enquanto o Ministério da Ciência, Tecnologia e Inovação em Ministério da Ciência, Tecnologia, Inovações e Comunicações (art. 2º, I e II).

[608] Art. 20 do Decreto nº 5.563: "[a] União, as ICT e as agências de fomento promoverão e incentivarão o desenvolvimento de produtos e processos inovadores em empresas nacionais e nas entidades nacionais de direito privado, sem fins lucrativos, voltadas para atividades de pesquisa, mediante a concessão de recursos financeiros, humanos, materiais ou de infraestrutura, a serem ajustados em convênios ou contratos específicos, destinados a apoiar atividades de pesquisa e desenvolvimento, para atender às prioridades da política industrial e tecnológica nacional". §1º. "As prioridades da política industrial e tecnológica nacional, para os efeitos do caput, serão definidas em ato conjunto dos Ministros de Estado da Ciência e Tecnologia e do Desenvolvimento, Indústria e Comércio Exterior".

Diferentemente, esta forma de atuação estatal deveria ser pautada pela estruturação de mecanismos que garantam o aporte de capital e, após determinada fase do empreendimento, que permitam ao Estado reciclar sua atuação. Seriam adotadas formas de aplicação, remuneração e levantamento de recursos para que haja continuidade em sua aplicação, em verdadeiro ciclo virtuoso, para que benefícios de sua atuação sejam experimentados, completados e verificados de forma mais ampla, em diversas iniciativas.

Com isso, benefícios da atividade administrativa de fomento seriam organizados de maneira mais estruturada (com a visualização do momento em que a atividade deveria cessar e de novas iniciativas que passariam a ser apoiadas), em atendimento à sua finalidade (apoiar, de maneira sistemática, iniciativas adotadas como prioritárias no ordenamento jurídico).[609]

Essa noção de ciclo de projetos é veiculada em termos gerais, na Lei das Empresas Estatais, e específicos, na Lei de Inovação.

Aquela prevê que licitações realizadas e contratos celebrados por empresas públicas e sociedades de economia mista devem assegurar a proposta mais vantajosa, "inclusive no que se refere ao ciclo de vida do objeto" (art. 31 da Lei das Empresas Estatais). O ponto pode ser utilizado como paralelo para investimentos estatais minoritários realizados com o objetivo de fomento, nos quais desinvestimentos deverão ser realizados para que valores sejam levantados e reaplicados em novos objetos merecedores de apoio estatal, de maneira a se estruturar ciclo virtuoso de destinação constante de recursos.

---

[609] Esta lógica permeia a atuação do Sistema BNDES em renda variável, em que há subscrição de quotas ou ações com realização de aporte minoritário. O BNDESPAR acompanha as empresas investidas e induz a adoção de práticas de gestão, governança e sustentabilidade. Nalgumas, mantém o direito de indicação de membros de conselhos de administração e fiscais, assegurado "por acordos com os principais acionistas, que regem sua relação, direitos e obrigações, evitando conflitos e garantindo melhores práticas de governança. O desinvestimento em companhias investidas diretamente pela BNDESPAR acontece, preferencialmente, por pregão da bolsa de valores, no caso de companhias negociadas. No caso de empresas fechadas, tal desinvestimento pode se dar no âmbito de um IPO (oferta pública inicial de ações), que acontece quando a empresa está abrindo seu capital ao mercado, ou por meio de acordos contratuais que possibilitem outros mecanismos de saída à BNDESPAR, conforme prática usual nesse tipo de mercado" (disponível em: <http://www.bndes.gov.br/wps/portal/site/home/mercado-de-capitais/investimento-direto/>. Acesso em: 07 ago. 2017).
A ideia de acompanhamento e de implementação do ciclo de projetos que deverá acompanhar os investimentos realizados pelo Sistema BNDES é assim explicada: "[o]s estudos realizados mostraram visão de longo prazo, paciência e disposição a riscos do BNDES como investidor. Como em boa parte dos desafios do desenvolvimento, não é incomum um horizonte de uma década para se completar o ciclo de resultados esperados, o que ressalta a importância de um compromisso de longo prazo" (BNDES, *idem ibidem*, p. 18).

Esta, de seu lado, prevê que a alienação de ativos referentes a participações estatais minoritárias será realizada com dispensa de licitação (art. 5º, §3º). Isso faz com que a saída dos projetos seja facilitada, pela sua não submissão a procedimento licitatório. Os recursos recebidos como decorrência de alienação da participação societária referida serão aplicados em pesquisa e desenvolvimento ou em novas participações societárias (art. 5º, §4º, da Lei de Inovação), fechando e permitindo a continuidade do ciclo de vida de projeto na atividade administrativa de fomento.

Em complementação ao argumento, o desinvestimento estatal também deverá ser realizado quando houver a verificação de que os objetivos perseguidos pelo Estado com o investimento estatal minoritário não poderão, em termos práticos, ser atingidos. Essa medida de austeridade terá como objetivo diminuir eventuais perdas estatais, mantendo recursos em projetos que poderão ser fadados ao fracasso.

O ponto dialoga diretamente, por exemplo, com investimentos realizados para apoiar atividades inovadoras, permeadas por alto grau de risco e de incerteza. Bem por isso, a legislação sobre inovação tratou do tema, ao veicular preocupação com o planejamento, a avaliação e a reavaliação constantes para alcance de resultados em certa hipótese.

Nos termos do Decreto nº 5.563, os entes da Administração Pública poderão contratar entidades sem fins lucrativos voltadas para atividades de pesquisa, de reconhecida capacitação tecnológica no setor, para realização de atividades de pesquisa e desenvolvimento, que envolvam risco tecnológico, para a solução de problema técnico específico ou obtenção de produto ou processo inovador (art. 21).

A contratação fica condicionada à aprovação prévia de projeto específico, com etapas de execução do contrato estabelecidas em cronograma físico-financeiro, a ser elaborado pelo contratado, que contemplará etapas de execução e recursos necessários à sua realização, com observância dos objetivos a serem atingidos e dos requisitos que permitam a aplicação dos métodos e meios indispensáveis à verificação do andamento do projeto em cada etapa, bem como de outros elementos estabelecidos pelo contratante (art. 21, §1º, do Decreto nº 5.563).

A contratante será informada quanto à evolução do projeto e aos resultados parciais alcançados, devendo acompanhá-lo mediante auditoria técnica e financeira (art. 21, §2º, do Decreto nº 5.563). O acompanhamento mediante auditoria técnica e financeira será realizado em cada etapa do projeto, ao longo de sua execução, inclusive com a mensuração dos resultados alcançados em relação aos previstos, de modo a permitir a avaliação da sua perspectiva de êxito, indicando eventuais ajustes que preservem o interesse das partes no cumprimento dos objetivos pactuados (art. 21, §3º, do Decreto nº 5.563).

O projeto contratado poderá ser descontinuado sempre que verificadas inviabilidade técnica ou econômica no seu desenvolvimento, ou o desinteresse da administração (art. 21, §4º, do Decreto nº 5.563).[610] Caso o projeto seja conduzido nos moldes contratados e os resultados obtidos sejam diversos dos almejados, em função do risco tecnológico, comprovado mediante auditoria técnica e financeira, o pagamento poderá ser efetuado nos termos do contrato (art. 21, §7º, do Decreto nº 5.563). Findo o contrato sem alcance integral ou com alcance parcial do resultado almejado, o ente contratante poderá, mediante auditoria técnica e financeira, elaborar relatório final dando-o por encerrado, ou prorrogar seu prazo de duração (art. 21, §8º, do Decreto nº 5.563).

A eventualidade de realização do desinvestimento estatal minoritário faz com que cresça a importância do planejamento para aplicação de recursos e dos instrumentos de compartilhamento de controle societário em empresas semiestatais constituídas com essa finalidade. Mencionada importância parece ter sido reconhecida pelo Decreto nº 9.188, ao estatuir que a diretoria de sociedades de economia mista poderá elaborar e propor programa de desinvestimento de ativos, que indicará, dentre outros aspectos (art. 3º): (i) os segmentos de negócio nos quais o desinvestimento será concentrado; (ii) os objetivos e as metas a serem alcançados; (iii) a compatibilidade da medida com o interesse da sociedade de economia mista; (iv) a conveniência e a oportunidade na alienação, considerados o plano estratégico, o plano de negócios, o plano plurianual ou instrumentos similares.

No âmbito do planejamento, deverão ser fixadas as finalidades dos projetos e a maneira pela qual os resultados que deles se esperam poderão ser auferidos e contribuir para a continuidade de empreendimentos diversos. Isso poderá ser feito por meio da delimitação das contrapartidas esperadas em função do investimento realizado, o que encontra amparo legal e deve ser levado em consideração para o momento de entrada no negócio – o qual também representa,

---

[610] A inviabilidade técnica ou econômica referida no §4º deverá ser comprovada mediante auditoria técnica e financeira independente (art. 21, §5º, do Decreto nº 5.563). Nas hipóteses de descontinuidade do projeto contratado previstas no §4º, o pagamento ao contratado cobrirá as despesas já incorridas na efetiva execução do projeto, consoante o cronograma físico-financeiro aprovado (art. 21, §6º, do Decreto nº 5.563).

no limite, a ocasião de se pensar sobre a possibilidade de saída do negócio (em vista de sucessos e fracassos que podem ser esperados). Os instrumentos de compartilhamento de controle societário serão importantes para facilitar a saída da Administração Pública do negócio, quando os objetivos forem atingidos ou quando não puderem sê-lo, em linha com o planejamento estabelecido. Assim, acordos de sócios poderão prever, exemplificativamente, a obrigatoriedade de aquisições de cotas ou ações detidas pela Administração Pública pelo sócio privado, que continuará a gerir a empresa ao fim da atividade de fomento.

A mesma preocupação com o estabelecimento de resultados, com o seu acompanhamento e com a eventual necessidade de saída do negócio também é veiculada no Decreto nº 62.817, de 4 de setembro de 2017, que regulamenta a Lei de Inovação no âmbito do Estado de São Paulo. Ele faculta às instituições científicas e tecnológicas do Estado de São Paulo a celebração de parcerias,[611] convênios ou outros ajustes congêneres com instituições públicas e privadas para realização de atividades conjuntas de pesquisa científica e tecnológica e de desenvolvimento de tecnologia, produto, serviço ou processo (art. 39), que devem rever (art. 39, §1º):

(i) métodos e meios indispensáveis à verificação do andamento do projeto em cada etapa;

(ii) riscos do projeto e parâmetros para aferição do cumprimento das metas;

(iii) prazo do ajuste, fixado em razão do tempo necessário à plena realização do objeto a ser desenvolvido, que poderá ser prorrogado

---

[611] O Decreto nº 62.817 e a Lei Complementar Estadual de São Paulo nº 1.049, de 19 de junho de 2008, que dispõe sobre medidas de incentivo à inovação tecnológica, preveem a possibilidade de constituição de parcerias societárias. Aquele prevê que "poderá ser prevista a faculdade de o Estado ou entidade da Administração Pública indireta participar de sociedade de propósitos específicos para explorar o produto da pesquisa ou continuar o desenvolvimento do projeto" (art. 37), incluindo participação minoritária (art. 37 e parágrafo único). Esta prevê que "[o] Estado, suas autarquias, fundações e empresas por ele controladas, direta ou indiretamente, poderão participar do capital social de sociedade de propósito específico, visando ao desenvolvimento de projetos científicos ou tecnológicos para a obtenção de produto ou processo inovador de interesse econômico ou social" (art. 21), bem como que "[o] Estado, suas autarquias, fundações e empresas por ele controladas, direta ou indiretamente, poderão participar de sociedades cuja finalidade seja aportar capital ('seed capital') em empresas que explorem criação desenvolvida no âmbito de ICTESP ou cuja finalidade seja aportar capital na própria ICTESP (art. 22)".
Fernando Dias Menezes de Almeida aponta a hipótese de participação estatal minoritária, nos termos da mencionada lei paulista, como atividade administrativa de fomento (*Contrato administrativo*. São Paulo: Quartier Latin, 2012, p. 260).

desde que haja justificativa para sua continuidade e readequação do plano de trabalho;

(iv) possibilidade de a Administração adotar medidas cabíveis com vistas à sua extinção, reparação de eventuais danos e aplicação de penalidades, na hipótese de injustificada inexecução do projeto ou de injustificada irregularidade na sua execução.

A saída de negócios poderá contribuir não apenas para a ideia de ciclo de vida dos projetos, mas também para que o Estado possa se concentrar no cumprimento de outras finalidades.[612]

A austeridade no gasto, o planejamento prévio e a incorporação da ideia de ciclo de vida de projetos, considerados de forma holística e implementados paulatina e continuadamente, poderão ser utilizados para o aperfeiçoamento da atividade administrativa de fomento realizada por meio da constituição (*e de desconstituição, por que não?*) de empresas semiestatais.

8.3.1 O intercâmbio das ideias de inserção em políticas públicas e o ciclo de vida de projetos

Quando o Estado exerce a atividade administrativa de fomento por meio da constituição de empresas semiestatais, o estará, ainda que temporariamente e como medida de apoio, intervindo no domínio econômico (afinal, o sócio minoritário também é empresário – e, no

---

[612] O exemplo é dado por Lícinio Velasco Júnior, ao mencionar que a ampliação da intervenção direta do Estado na economia pode ampliar a quantidade de objetos estatais passíveis de serem capturados pela iniciativa privada. Assim, a venda de ativos poderia auxiliar não apenas no ajuste fiscal e no levantamento de recursos, mas também na diminuição do tamanho do Estado para se concentrar em atividades finalísticas: "[...] o conceito de captura do Estado permite descortinar a parte invisível da contribuição das privatizações ao ajuste das contas públicas e à competitividade dos diversos setores da economia. Não só os recursos arrecadados que contam. Nem tampouco a alegada maior eficiência intrínseca do setor privado. Na verdade, o que também está em pauta é uma desprivatização do Estado por meio das privatizações.
As razões do BNDES para as privatizações implementadas no período Sarney [...] são ilustrativas dessa questão. O Banco se preocupava, fundamentalmente, com o volume de recursos aportados nas suas empresas controladas sem perspectiva de retorno e com o infrutífero direcionamento de esforços da instituição para o acompanhamento financeiro e operacional dessas empresas. Ou seja, a privatização, esse período, pode ser vista como a solução adotada pelo BNDES para lidar com o *rent-seeking* a que deviam estar submetidas essas empresas controladas. Pode-se dizer que, para o Banco, tão ou mais importante que os recursos arrecadados nas vendas era o que se deixava de aportar nas empresas, sem retorno, bem como a liberação do seu corpo técnico para suas atividades-fim. Com tal, essa solução – a venda das companhias – se inseria em um objetivo de recuperação da sua capacidade de intervenção na economia" ("Privatização: mitos e falsas percepções", em Fábio Giambiagi e Maurício Mesquita Moreira (Org.). *op. cit.*, p. 208).

âmbito da empresa semiestatal, a participação será qualificada, com compartilhamento de controle). Ainda, quando intervém no domínio econômico por meio da realização de investimentos minoritários, também o poderá fazer de maneira passageira (pois a empresa poderá exaurir seu objeto social ou simplesmente fracassar). Isso faz com que haja intercâmbio entre as ideias de inserção em políticas públicas e o estabelecimento do ciclo de vida de projetos. Investimentos estatais minoritários para a constituição de empresas semiestatais poderão ser utilizados como meio de atingimento de finalidades no âmbito de políticas públicas específicas. Ciclos de vida de projetos poderão ser desenhados para participações societárias minoritárias em casos de intervenção direta no domínio econômico. Não há necessária relação de excludência entre as questões.

Vejam-se, nesse sentido, análises sobre ciclos de vida de projetos feitas recentemente pelo TCU no âmbito de dois projetos de intervenção estatal no domínio econômico: construções das Refinarias Premium da Petrobras e[613] da Refinaria de Abreu e Lima.[614]

O primeiro tratou de auditoria realizada sobre atos de gestão do projeto das Refinarias Premium I e II, que surgiram da ideia de processar petróleo pesado nacional, de valor agregado reduzido, para produzir derivados que atendessem as especificações internacionais, visando atender as exigências e exportar os produtos para o mercado externo Premium (especialmente, Europa e Estados Unidos). O termo Premium provém de características exigidas por esse mercado em relação ao teor de enxofre aceitável nos derivados de petróleo para o atendimento de regras ambientais que limitam a emissão do poluente nesses países.[615]

Seu encerramento antecipado levou a companhia a lançar, em seu Balanço Patrimonial do terceiro trimestre de 2014, prejuízo contábil da ordem de R$ 2,8 bilhões.[616] A partir dessa constatação, o principal ponto objeto da investigação foi o de identificar possíveis falhas no fluxo decisório que pudessem ter dado causa ao prejuízo contabilizado para, então, viabilizar a avaliação de eventual responsabilidade dos agentes envolvidos. Para tanto, a área técnica do TCU debruçou-se

---

[613] Acórdão TCU 2.824/2015, Plenário, Processo 004.920/2015-5, Rel. Min. José Múcio Monteiro, j. 04 nov. 2015.
[614] Acórdão TCU 3.052/2016, Plenário, Processo 026.363/2015-1, Rel. Min. Benjamin Zymler, j. 30 nov. 2016.
[615] Acórdão TCU 2.824/2015, relatório, fl. 02.
[616] Acórdão TCU 2.824/2015, relatório, fl. 01.

sobre o fluxo decisório de projetos de investimento no âmbito da Petrobras, desde a concepção de empreendimento até sua entrada em operação, a partir de levantamento de normativos internos definidores dos estudos técnicos indispensáveis ao processo de implantação do empreendimento (análise econômico-financeira, projetos de engenharia, análises de riscos etc.), bem como os responsáveis envolvidos.[617]

A primeira vez que o projeto de investimento apareceu no Plano de Negócios da Petrobras foi no planejamento do período 2007-2011, quando se previu a construção de somente uma refinaria com capacidade de processar 500 mil barris por dia de petróleo Marlim Sul (16º API, considerado pesado e ácido).[618] No relatório do Acórdão TCU 2.824/2015, demonstra-se o fluxo decisório referente à Sistemática Corporativa de Projetos de Investimento do Sistema Petrobras, que estabelece diretrizes para planejamento, aprovação e monitoramento de projetos de investimento.

O ciclo de vida de projeto de investimento englobaria desde a identificação da oportunidade de negócio até a conclusão da etapa dos investimentos (dividindo-se em 5 etapas: (i) identificação da oportunidade; (ii) projeto conceitual; (iii) projeto básico; (iv) execução; e (v) encerramento). A sua lógica seria a de "fazer com que a cadeia decisória seja resultado de processo de sucessivas análises e aprovações, com oportunidades intermediárias, durante a vida do projeto, de serem feitas avaliações de parar ou continuar o investimento".[619]

O passo entre as etapas da Sistemática Corporativa de Projetos de Investimento do Sistema Petrobras seria dado por meio de análises denominadas "portões de decisão", que representariam os momentos que antecedem "avanços relevantes do projeto, quando se reavalia a pertinência em continuá-lo, bem como a conveniência em alterá-lo, adequando-o a possíveis mudanças de cenários".[620]

O assunto foi retomado no Acórdão TCU 3.052/2016, que tratou de auditoria realizada na Petrobras, em 2015, pela Secretaria de Fiscalização de Infraestrutura de Petróleo, Gás Natural e Mineração (SeinfraPetróleo), tendo como objetivo avaliar a gestão da implantação da Refinaria Abreu e Lima.[621] A conclusão da equipe técnica do TCU, acatada no voto do Rel. Min. Benjamin Zymler, foi a de que teria havido

---
[617] Acórdão TCU 2.824/2015, relatório, fl. 01.
[618] Acórdão TCU 2.824/2015, relatório, fl. 02.
[619] Acórdão TCU 2.824/2015, relatório, fl. 17.
[620] Acórdão TCU 2.824/2015, voto do Rel. Min. José Múcio Monteiro, fl. 95.
[621] Acórdão TCU 3.052/2016, voto do Rel. Min. Benjamin Zymler, fl. 110.

conduta temerária dos administradores da Petrobras responsáveis pelo projeto,[622] que teria sido caracterizada por "sem-número de decisões desprovidas dos cuidados e salvaguardas mínimos esperados

---

[622] "O estudo da cadeia decisória da implantação das obras da Rnest resultou na evidenciação de uma sucessão de atos irregulares de gestão que contribuíram para a atual condição de inviabilidade econômica da refinaria. Os exames realizados na auditoria permitiram constatar que os gestores se desviaram do caminho diligente exigido para a tomada de decisões em projetos de investimento, uma vez que suas condutas não podem ser consideradas decisões informadas, refletidas e desinteressadas, nos termos das exigibilidades dos administradores da Companhia.
Como critério legal, amparou-se nos deveres dos administradores de sociedades por ações de economia aberta, como estipulados na Lei nº 6.404/76. De forma complementar ao comando legal, o principal critério técnico adotado para essa análise foi a Sistemática Corporativa de Projetos de Investimento vigente nos momentos decisórios e os princípios basilares da metodologia que a inspirou.
Verificou-se a aderência dos procedimentos decisórios à Sistemática, analisando se os Pacotes de Suporte a Decisão e demais documentos que suportaram as decisões continham os elementos mínimos necessários para conduzir os tomadores de decisão aos padrões exigidos pela estatal. Os deveres de diligência e de lealdade dos gestores foram questionados frente a suas condutas, se informadas, bem refletidas e desinteressadas, nos termos da Lei das Sociedades Anônimas.
A adoção desses critérios se sustenta no fato de que a Sistemática consubstancia um guia completo e alinhado com o que de mais moderno se dispunha a respeito de gerenciamento de projetos de investimento, disponibilizado pela Petrobras, exata e exclusivamente, para orientar seus gestores nos procedimentos de tomadas de decisão relacionados. Já a Lei nº 6.404/76 impõe, de forma cogente, padrões de conduta aos administradores de sociedades por ações de economia aberta.
De tal sorte, em que pese o caráter essencialmente orientador da Sistemática, o distanciamento do ato decisório das diretrizes básicas do padrão corporativo evidencia o comprometimento do caminho diligente traçado pela Companhia e passa a exigir de seus gestores adequada motivação e justificativa para não caracterizar ato de gestão irregular. Assim, em termos gerais, é possível afirmar que quanto mais o gestor se afastou da Sistemática, menos diligente foi sua conduta e maior o potencial de riscos assumidos.
Por se tratar de uma empresa estatal exploradora de atividade econômica, há que se convir que correr riscos faz parte dos negócios da Petrobras e perfaz uma decorrência natural da discricionariedade dada a seus gestores. Tais riscos podem se materializar tanto em lucro quanto prejuízo. Logo, a simples existência de prejuízo não consubstancia, per si, irregularidade e, portanto, não é evidência suficiente para responsabilização de seus administradores. Afinal, a Lei das S/A consigna que suas obrigações para com a empresa não são de fim, mas de meio.
No entanto, a violação injustificada do dever de conduta imposto por normativo interno para conduzir seus gestores em matéria específica (aprovação de projetos de investimento), proteger o patrimônio da Companhia e dar a justa medida dos riscos que poderiam ser assumidos na condução dos negócios é evidência suficiente para caracterizar descumprimento das citadas obrigações de meio, independentemente de ter havido dano para a estatal. O descumprimento injustificado de orientação interna, seja com dolo ou culpa, por imprudência ou negligência, significa extrapolação do limite de discricionariedade a eles atribuído e pode significar ousadia excessiva dos gestores.
Em uma perspectiva mais abrangente, o conjunto desses atos de gestão vistos de maneira integrada refletiu aquilo que no direito brasileiro, em termos doutrinários e jurisprudenciais, se entende por 'gestão temerária' – termo que intitula o achado que ora se relata. Dito de outra forma, a gestão temerária se caracteriza pela tomada de decisões desprovidas das cautelas que seriam necessárias ou razoáveis, resultando em atos arriscados e imprudentes,

em investimentos do porte. Em consequência, [...] chegou-se a um empreendimento inviável economicamente, causador de um prejuízo da ordem de US$ 18,9 bilhões para os cofres da estatal".[623]

As análises por meio das quais se chegou às conclusões mencionadas no acórdão se devem por meio da Sistemática Corporativa de Projetos de Investimento do Sistema Petrobras, com foco na ideia de ciclo de projetos. Ele se dividiria em quatro fases: identificação da oportunidade; desenvolvimento do projeto conceitual; elaboração do projeto básico; execução. Ao cabo delas, chegar-se-ia ao encerramento do empreendimento.[624]

A avaliação dos projetos de investimentos e o avanço entre as diversas fases são pautados por ao menos três aspectos, fundamentais para a constituição e continuidade de empresas semiestatais pelo Estado: (i) análise de custo-benefício; (ii) avaliação periódica dos empreendimentos; (iii) possibilidade de adiamento ou de seu cancelamento. Todos eles foram abordados no Acórdão TCU 3.052/2016.

Quanto ao primeiro ponto, a equipe técnica do TCU realizou análises sobre o valor presente líquido de empreendimentos pela Petrobras, anotando que, no caso da empresa, eles não devem ter sua viabilidade enxergada isoladamente, mas cumulada com todas as operações que realiza de maneira integrada.

No caso específico da Petrobras, este ponto deveria ganhar destaque, pois, na indústria em que opera, seria comum, em determinadas etapas de sua atuação (passando por exploração, produção, refino, transporte, abastecimento e revenda), aceitar-se margens pequenas de rentabilidade. Assim, no caso de avaliação de refinarias (objeto do acórdão), poder-se-ia "até se verificar viabilidade negativa, desde que, no conjunto, o empreendimento agregue valor à empresa, aumentando as margens em outros segmentos com base na verticalização, o que é comum às grandes empresas petrolíferas do mundo".[625]

Quanto ao segundo, o relatório da equipe técnica destaca a necessidade de monitoração e medição regular do progresso do empreendimento. Por meio deles, seriam analisados "indicadores do projeto, identificando eventuais desvios e suas causas, impactos, tendências e as medidas preventivas e/ou corretivas a serem adotadas

---

com assunção de riscos acima dos padrões corporativos (ou acima do 'apetite a riscos' da Companhia)" (Acórdão TCU 3.052/2016, relatório, fls. 43-44).
[623] Acórdão TCU 3.052/2016, voto do Rel. Min. Benjamin Zymler, fl. 110.
[624] Acórdão TCU 3.052/2016, relatório, fls. 28-29.
[625] Acórdão TCU 3.052/2016, relatório, fls. 31-32.

pela Unidade ou Área de Negócio [...]".[626] Por fim, a sistemática de avaliação de projetos de investimento deveria levar em conta que, com base na revisão da análise empresarial, a diretoria deveria decidir pela continuidade, adiamento (espera por melhores condições) ou cancelamento do empreendimento (abandono do investimento).[627]

8.4 Fechamento

No país, há discurso atual para a busca por resultados nas ações da Administração Pública. Ela se reflete na atuação de empresas estatais e na constituição de empresas semiestatais. Contudo, para além do discurso, deve haver ação prática. Medidas devem ser colocadas em marcha para que haja transparência no que se espera, quais as ferramentas utilizadas e sua serventia para o fim que se almeja.

Essa ação jurídica pode estar materializada no âmbito de políticas públicas, nas quais objetivos de Estado serão desenhados e para os quais empresas estatais e empresas semiestatais podem emprestar sua utilidade. Esta precisa ser claramente evidenciada, em qualquer hipótese. Na mesma toada vai a atividade administrativa de fomento. Projetos apoiados não podem existir e subsistir neles mesmos. A finalidade perseguida deve ser demonstrada, bem como devem ser demonstrados os resultados esperados e a possibilidade (ou não) de sua materialização.

Tais critérios podem ser utilizados para pautar a constituição de empresas semiestatais e a sua função, enfim.

Com isso, fecho os aspectos aqui abordados. Embora empresas estatais não integrem a Administração Pública indireta, o ordenamento jurídico brasileiro prevê a sua constituição em diversos contextos, com finalidades distintas. O controle societário exercido sobre a empresa pode ser manejado para que seus objetivos sejam efetivamente cumpridos, conforme planejado pelas partes (tanto a pública quanto a privada).

No contexto do planejamento estatal, o controle societário não se basta. Há necessidade de efetivo estabelecimento dos objetivos que se persegue com a constituição da empresa semiestatal. Ela deverá ser utilizada, no contexto de arranjos institucionais setoriais, para

---

[626] Acórdão TCU 3.052/2016, relatório, fl. 36.
[627] Acórdão TCU 3.052/2016, relatório, fl. 36.

que objetivos das próprias empresas estatais (que explorem atividade econômica ou que exerçam atividade de fomento) sejam cumpridos.

O planejamento se consubstanciará em aspectos materiais sobre a constituição e sobre a atuação da empresa, que se materializarão em políticas públicas e em ciclo de vida de projetos nos quais inseridas. Essas políticas públicas se materializarão, elas mesmas, em normas jurídicas, sobretudo como forma de se procedimentalizar a tomada de decisão administrativa. Apenas a partir daí o alcance de resultados pode ser discutido. Aí ele ganha colorido, a discussão ocorre em bases mais adequadas e a identidade de empresas estatais e semiestatais pode ser encontrada.

CONCLUSÃO

O objetivo do trabalho foi o de identificar o regime jurídico do que aqui denominei de empresa semiestatal. Ela é composta por capitais privados (majoritários) e públicos (minoritários), ao mesmo tempo em que as partes celebram acordos de sócios para compartilhar a gestão da sociedade.

Com base nessas características, o primeiro objetivo foi o de identificar se a empresa semiestatal integraria a Administração Pública indireta. Embora o Estado participe da gestão ativa da sociedade, por meio de direitos que lhe são conferidos pelos acordos de sócios (integrando bloco de controle com sócio ou sócios privados), a empresa semiestatal, à luz do ordenamento jurídico brasileiro, não se equipara às sociedades de economia mista. Não integra a Administração Pública indireta. A isso denominei de regime estrutural da empresa semiestatal.

O segundo objetivo foi o de, além de identificar o regime estrutural da empresa semiestatal, verificar se elas se prestam ao cumprimento de determinadas funções, também à luz de nosso ordenamento. A conclusão foi a de que sim: as funções que aqui delimitei, de intervenção direta e indireta no domínio econômico, são executadas por meio de empresas semiestatais. A isso denominei de regime funcional da empresa semiestatal. Esses aspectos ficam mais claros quando são analisados os objetos sociais de empresas estatais que atuam, direta ou indiretamente, intervindo no domínio econômico. Terão como objetivo ora explorar atividades, ora apoiá-las. Em ambos os casos, empresas semiestatais poderão ser constituídas para que os objetivos das próprias empresas estatais sejam alcançados.

No regime funcional, dei passo adicional: busquei verificar se haveria parâmetros normativos para pautar como cada uma das funções delineadas devem ser executadas. Neste ponto, a conclusão foi a de que o ordenamento ainda é parco quanto ao tema e que a prática merece aprimoramento. Se há parâmetros gerais a pautar a constituição e a execução de objetivos de empresas semiestatais (para controlá-las, noutros termos), a prática ainda merece aprimoramento.

Ele é evidenciado, em boa medida, pelos diversos acórdãos do TCU sobre constituição de empresas semiestatais, com a preocupação veiculada na Lei das Empresas Estatais quanto ao alinhamento de objetivos sociais entre Estado-acionista e empresa semiestatal controlada e pelo discurso veiculado no país sobre a necessidade de concretização de resultados na atividade empresarial estatal.

Com isso, tracei duas sugestões: a necessidade de inserção de empresas semiestatais em políticas públicas (*qual o objetivo perseguido na política pública, como a empresa semiestatal pode ser utilizada como meio para sua concretização e a qual finalidade ela deve atender?*) e em ciclos de vida de projetos (*qual o objetivo fomentado, de que maneira a empresa semiestatal se presta a realizá-lo e quais os benefícios concretamente esperados?*). Em termos jurídicos, há a necessidade de criação de regramentos acerca de processos administrativos no âmbito dos quais toda a motivação, e outras finalidades apontadas, poderiam ser concretizadas e perseguidas.

Como plano de abordagem dos aspectos delineados, meu primeiro passo foi o de individualizar o que chamei de empresa semiestatal. Parti da definição e das características apresentadas por Carlos Ari Sundfeld, Rodrigo Pagani de Souza e Henrique Motta Pinto (embora ela também seja utilizada na Lei nº 1.493/1951) para enfrentar o tema dos regimes estrutural e funcional.

Meu passo seguinte foi o de identificar como a Constituição Federal, as leis e os atos infralegais vêm tratando do tema das empresas estatais e das "empresas controladas pela Administração Pública". Isso foi fundamental para diferenciá-las das empresas semiestatais, porque, em minha visão, nosso ordenamento jurídico não as têm equiparado. Nesse ponto, o próximo esforço foi o de analisar como o tema dos acordos de sócios e do controle societário impactam na caracterização de sociedades de economia mista e, reflexamente, nas empresas semiestatais. Também não encontrei resposta para o regime estrutural dessas empresas aí, mas noutro aspecto: no controle acionário. Ele é que determina quais empresas integram, ou não, a Administração Pública indireta entre nós.

Depois disso, caminhei para análises sobre a função das empresas semiestatais. A legislação que trata da intervenção direta e indireta do

Estado no domínio econômico admite a sua criação, mas de maneira um tanto quanto genérica. Isso faz com que surja atenção quanto ao controle dessas empresas, o planejamento na sua constituição, as premissas que ampararão sua atuação, o seu monitoramento constante e os resultados que se pretende alcançar por meio delas.

A primeira grande conclusão foi a de que, quando o ordenamento jurídico aborda o tema das "empresas controladas pela Administração Pública", não está pretendendo abarcar (ao menos não aos moldes de como a legislação foi desenhada e quais as razões que ampararam sua elaboração) as empresas semiestatais. A preocupação é outra: ela se dá, sobretudo, com relação a empresas que, por alguma razão, tiveram a maioria do seu capital votante transplantado para as mãos da Administração Pública, o que, ato contínuo, passou a gerar preocupações com o seu regime estrutural, de um lado, e o que exatamente se fazer com elas, doutro.

Na mesma toada, a segunda conclusão foi a de que empresas semiestatais não são, à luz de nosso ordenamento jurídico, equiparáveis a sociedades de economia mista. Embora parte da doutrina defenda que empresas deveriam ser consideradas como sociedades de economia mista não apenas em casos nos quais o Estado tivesse maioria do capital votante, mas também nos quais, independentemente do percentual acionário votante por ele detido, tivesse algum tipo de influência no controle, não concordo com a posição.

Não temos sociedades de economia mista controladas societariamente (em linha com o art. 116 da Lei das S/A), mas apenas acionariamente (maioria do capital votante pelo Estado). Embora existam outros, o principal argumento é: não há, em nosso ordenamento jurídico, caracterização de sociedade de economia mista pela via societária. Nosso critério é a via acionária (de novo, maioria do capital votante detido pelo Estado). Apesar de haver posicionamentos incisivos sobre a caracterização de sociedades de economia em vista do controle societário, fato é que, na prática, não encontrei resultados de pesquisa que evidenciassem a posição. Empresas que integram estruturalmente a Administração Pública indireta são aquelas em que o Estado possui ao menos 50% de seu capital social votante.

O ordenamento jurídico brasileiro consagra o controle acionário, e não societário, para definição das entidades empresariais que integram organicamente a Administração Pública. Ainda que haja compartilhamento de controle com a Administração, a entidade assim qualificada (que denomino de semiestatal) será estruturalmente privada, mesmo que, funcionalmente, cumpra finalidade definida por lei como relevante para fins de Estado. A existência ou não de acordos de sócios não impacta no que diz respeito ao enquadramento da empresa como estatal.

Já havia o feito com a publicação do DL nº 200 (em síntese, a necessidade de estabelecimento de critérios claros para caracterizar empresas estatais se dava para organizar a Administração Pública, permitir a aplicação de disposições do mencionado decreto-lei e a própria reorganização da atividade empresarial do Estado) e agora replica-o, reconhecido no art. 1º, §7º, da Lei das Empresas Estatais, e nos arts. 2º, IV e VI, e 9º do Decreto nº 8.945. Esses atos normativos caracterizam tais empresas como privadas, de maneira que o compartilhamento de controle societário minoritário não joga qualquer jogo na definição do regime estrutural da empresa. A legislação caminha para o reconhecimento da figura, especialmente após a veiculação da noção de "sociedade privada", nos termos do Decreto nº 8.945. Isso deve fazer, a um só tempo, com que a figura passe a ganhar contornos jurídicos mais claros e que se debruce de maneira mais cuidadosa para sua criação (e posterior desconstituição).

Todos esses aspectos são compatíveis com a Constituição Federal de 1988, que admite a criação de empresas públicas, de sociedades de economia mista (art. 37, XIX), bem como a criação de subsidiárias e a participação de qualquer delas em empresa privada (art. 37, XX). Em qualquer caso, o critério para o enquadramento de empresas da estrutura da Administração Pública indireta será "a maioria do capital social com direito a voto" (em linha com o art. 165, §5º, II, da CF).

Apesar de empresas semiestatais não integrarem a Administração Pública indireta, a temática sobre sua constituição ainda é relevante. Empresas estatais podem constituí-las para hipóteses diversas, em casos distintos. Intervenção direta e indireta no domínio econômico estão no centro da discussão. Assim como o estão sua finalidade, seus riscos e tudo o mais o que vem a reboque – especialmente controle e planejamento.

Ao lado da instrumentalidade de ação, existe a problemática do risco de participações pelo Estado-acionista. Aumentou-se o número de empresas que passaram a ser investidas minoritariamente por entidades da Administração Pública, que assumiram (e assumem) responsabilidade de contribuição para o desenvolvimento de seu objeto social, sobretudo em termos pecuniários (o que se agrava frente à possibilidade de fracasso de empreendimentos empresariais). O risco será tanto mais incisivo quanto mais incisiva for a atuação estatal nessas bases: o volume de recursos gastos, a necessidade de estimativa de retorno (social e financeiro) e a pulverização de empresas investidas poderão fazer com que o Estado assuma relevante parcela de risco empresarial.

Dito tudo o que foi dito anteriormente, coloco as coisas como as vejo: acordos de sócios devem importar para o Estado não só para entrada e gestão do negócio. Mais importante do que isso: eles são instrumentos de planejamento e de saída do negócio. Este ponto deve ser da ordem do dia quando se discute a atuação de empresas estatais, especialmente quando elas constituem empresas semiestatais. Empresas estritamente privadas operam em tais bases e, no terreno da atuação empresarial do Estado, elas devem ser as mesmas. A atuação empresarial do Estado deve ser eficiente, dinâmica, planejada. Vejo algumas questões de Estado sob a perspectiva de negócios, de busca clara por resultados. Esta é uma delas.

O Estado é empresário? Não e sim. Só o é nos parâmetros definidos constitucionalmente, traduzidos legalmente e consubstanciados na atuação da própria empresa estatal e em suas participações minoritárias. O Estado deve manter, invariavelmente, participação minoritária que ele tenha em empresas privadas? Sim e não. Só o deve manter enquanto a finalidade perseguida ainda puder ser atingida, quando houver previsibilidade de que o será ou quando houver possibilidade de correção de curso para que ela seja atingida. Do contrário, a manutenção da participação se tornaria ilegal. De novo: acordos de sócios serão essenciais para que o planejamento (especialmente quanto à saída do negócio) possa ocorrer. Eles são importantes no âmbito do que chamo de regime funcional da empresa semiestatal. Cumprida a finalidade ou constatado que ela não o será, o Estado sai de cena, devendo se retirar do negócio.

Enquadro essa temática em discussão sobre o que denomino de estática e dinâmica da empresa semiestatal. Deve existir previsão legislativa autorizando a sua criação. Esta, por sua vez, deve estar alinhada aos objetivos institucionais da empresa estatal criadora, sob pena de ilegalidade. Esta aderência estática deve ser adequadamente analisada no momento de criação da empresa. Mas ela não se basta. Ao longo da vida da empresa semiestatal, os objetivos que justificaram a sua constituição devem se mostrar pertinentes, sob pena de colocar em xeque a razão de ser da empresa. Portanto, deve haver análise dinâmica, realizada crítica e periodicamente, a respeito do real sentido da manutenção da empresa (ou, no mínimo, da manutenção da participação estatal), com base nos fins legais que amparam sua atuação. A isso denomino de dinâmica da empresa semiestatal.

Para que isso ocorra, faço uma proposição: a participação acionária estatal minoritária deve estar enquadrada em políticas públicas (*o que queremos e como o atingiremos, afinal?*) e em contextos de ciclo de vida de projetos (*quais as finalidades e as externalidades positivas que esperamos, enfim?*). Mais uma vez: instrumentos societários de compartilhamento e controle serão cruciais aí.

Nesse cenário meio caótico, o que a doutrina fez nos últimos anos foi, em grande medida, insistir numa velha discussão (o enquadramento estrutural das empresas assim constituídas pelo Estado como empresas estatais) e deixado de lançar luz em algo talvez mais relevante: a importância de instrumentos societários (acordos de sócios) e de instrumentos de gestão (utilização de arranjos institucionais, planejamento de atividades e elaboração de planos de negócios bem feitos) tipicamente privados para o alcance de desígnios tipicamente estatais. Numa palavra: ainda há muito a se evoluir neste tema.

A necessidade de evolução é demonstrada pelos diversos casos, especialmente dos Tribunais de Contas da União, que analisam a regularidade e o planejamento de investimentos estatais minoritários. Nessa seara, o tema não tem recaído sobre a atuação específica das empresas semiestatais, mas sobre as razões consideradas pelo Estado para constituí-las e como elas são estruturadas. Tem havido motivação transparente e planejamento adequado? O controle tem indicado que não. Há controle por Tribunais de Contas sobre essas empresas? A legislação e a prática têm dito que não.

Motivação e planejamento são essenciais. Há destaques para o fato de que, em boa medida, ele não foi bem realizado no passado. Os (maus) resultados experimentados na experiência recente do país, concomitantemente à atual política de desinvestimentos e de maior governança que se colocou em marcha, são corolários da afirmação. Essa é a ponte que me leva ao futuro das discussões sobre empresas semiestatais.

Houve atuação fragmentária do Estado na adoção do modelo de constituição de empresas semiestatais. Essa fragmentação pode estar atrelada tanto à ausência de sistematização legal histórica a respeito do tema (as principais balizadas são mais atuais, decorrentes da Lei das Empresas Estatais e do Decreto nº 8.945) como à ausência de planejamento claro sobre os objetivos que seriam perseguidos neste contexto.

Empresas públicas, sociedades de economia mista, subsidiárias e empresas semiestatais (ou "sociedades privadas", nos termos do Decreto nº 8.945) continuarão a existir, serão constituídas e desconstituídas paulatina e continuamente. Com lições do passado, com produção legislativa sobre a matéria e com colocação de críticas e sugestões, a atuação de todas essas empresas pode ganhar mais rigor. O tempo, implacável, dirá *se* isso realmente ocorrerá. Mas, do ponto de vista jurídico, *deveria* ocorrer.

A novel legislação e os diversos casos de controle sobre constituição de empresas semiestatais devem começar a dar o maior norte para discussões a respeito do tema. Grande parte delas ficou centrada no enquadramento de empresas semiestatais como sociedades de economia mista, sem que houvesse fundamento normativo (ao menos em minha visão) que amparasse as afirmações. O DL nº 200 não o fez. O art. 116 da Lei das S/A também não. E, agora, a Lei das Empresas Estatais e o Decreto nº 8.945 confirmam, em linha com o art. 165, §5º, II, da CF, que empresas semiestatais (ou "sociedades privadas", seja como for) não integram a Administração Pública indireta. E também confirmam outra questão: há necessidade de discussão sobre qual função será cumprida por essas empresas. A história recente do país nos mostra que, juridicamente, a oportunidade foi perdida. O futuro será melhor? O tempo, sempre ele, o dirá.

Em qualquer caso, a aquarela pintada demonstra que a maior fiscalização de órgãos de controle sobre constituição de empresas semiestatais, as duras restrições orçamentárias pelas quais o Estado brasileiro passa, cumuladas com a necessidade de obtenção de resultados na atuação administrativa devem impor maior atenção jurídica sobre os procedimentos de constituição (e de desconstituição) de empresas semiestatais.

Na função de intervenção no domínio econômico, passou-se por amplo movimento centrífugo de criação de empresas semiestatais. As bordas do movimento rotativo representam o processo de descentralização de atividades, com o afastamento das atividades-fim das empresas estatais, que culminou em discussões jurídicas relevantes e em impactos fiscal-orçamentários severos. O sentido oposto está em marcha: movimento centrípeto de reposicionamento da atuação empresarial do Estado. O centro representa o foco do objeto social das empresas estatais.

Na função administrativa de fomento, deveremos ver maiores discussões sobre sua realização não apenas benevolente, sem maior rigor na aplicação de recursos e realização de aportes de capitais. Há momento de desconfiança, que apenas será quebrado por maior transparência no âmbito da atividade administrativa de fomento.

Em suma, deve ser assistido processo de reengenharia da atuação empresarial do Estado: busca de personalidade. Não defendo mais ou menos intervenção governamental direta na economia, mais ou menos atuação empresarial do Estado, mais ou menos ajuda estatal a empreendimentos privados. Este debate é mais incisivo do que o que coloco aqui e merece discussão sobre diversas óticas (política, social, econômica). Apenas penso que existe modelo constitucional e legal que coloca balizas sobre como pode ser feita e ele deve ser levado mais a sério do que o modelo prático que atualmente se adota no país.

Se a Administração Pública optar por continuar a intervir (direta ou indiretamente) na economia, a intervenção não pode ser seletiva nem desarrazoada. Deve ser transparente e motivada. A constituição de empresas semiestatais tem ocorrido de maneira contundente na prática estatal vista ao longo dos últimos anos no país. Mas o modelo pode (deve?) ser aprimorado, o que parece já ter sido reconhecido em algumas esferas – como no âmbito do TCU e no discurso de algumas empresas estatais.

Para tanto, será crucial ter políticas públicas bem desenhadas, adequadamente fundamentadas, debatidas de maneira democrática e veiculadas de maneira prospectiva. Premissas, meios e objetivos: essa será a toada. Utilidade de empresas estatais e semiestatais para a concretização dos objetivos perseguidos: essa será a necessidade. Políticas públicas sintetizarão o modo de atuação das empresas, pensadas em meandros de arranjos institucionais, com definição de escopos, métrica de resultados, forma de auferi-los e consequências em casos de atingimento ou de não atingimento.

O Direito e as instituições podem representar importantes meios para que relações entre Administração Pública e iniciativa privada se deem de forma mais adequada, prospectiva, procedimentalizada. Leis indicariam casos de quais investimentos estatais minoritários seriam realizados. Decretos e resoluções traçariam objetivos a serem perseguidos. Entidades divulgariam as razões pela escolha de tal ou qual opção, mencionando o que se perde e o que se ganha em cada uma delas. Trabalhos jurídicos organizariam a discussão, auxiliariam em alguma sistematização: apontariam caminhos, críticas e sugestões. *Qual o modelo de Direito que temos? Que qualidade de atuação empresarial do Estado vemos? E quais são aqueles que queremos?*

"Assim é porque sempre foi". Assim é. Mas talvez se possa reinventar. Reconstruir um estado de coisas, enfim.

REFERÊNCIAS

ALENCAR, Leticia Oliveira Lins de. A atividade administrativa de fomento e a importância do planejamento. *Fórum Administrativo*, v. 182, p. 25-40, 2016.

_____. A Constitucionalização do Direito Administrativo: uma análise da crescente procedimentalização da atividade administrativa. In: CONPEDI; UFMG; FUMEC; Dom Helder Câmara (Org.). *Direito Administrativo e Gestão Pública*: CONPEDI, 2015, v. II, p. 5-25.

_____; PENTEADO, Mauro Bardawil. Comentários ao art. 9º da Lei de PPPs. In: DAL POZZO, Augusto Neves; VALIM, Rafael; AURÉLIO, Bruno; FREIRE, André Luiz (Org.). *Parcerias Público-Privadas* (teoria geral e aplicação nos setores de infraestrutura). Belo Horizonte: Fórum, 2014, p. 209-224.

ALMEIDA, Fernando Dias Menezes de. Combate à corrupção pelo direito brasileiro: perspectiva constitucional e nova tendência trazida pela Lei das Empresas Estatais. In: CUNHA FILHO, Alexandre J. Carneiro da; ARAÚJO, Glaucio Roberto Brittes de; LIVIANU, Roberto; PASCOLATI JR., Ulisses Augusto (Coord.). *48 visões sobre a corrupção*. São Paulo: Quartier Latin, 2016, p. 707-718.

_____. *Contrato administrativo*. São Paulo: Quartier Latin, 2012.

ALMEIDA, Mansueto. *Desafios da real política industrial brasileira do século XXI*. Brasília, IPEA, 2009. Disponível em: <http://www.ipea.gov.br/portal/index.php?option=com_content&view=article&id=4988%3Atd-1452-desafios-da-real-politica-industrial-brasileira-do-seculo-xxi&catid=272%3A2009&directory=1&Itemid=1>. Acesso em: 10 jun. 2017.

AMARAL FILHO, Marcos Jordão T. do. *Privatização no Estado contemporâneo*. Tese (Doutorado). Faculdade de Direito da Universidade de São Paulo. São Paulo: 1994.

AMORIM, João Pacheco de. *As empresas públicas no Direito Português* (em especial, as empresas municipais). Coimbra: Almedina, 2000.

AMSDEM, Alice A. *A ascensão do "resto"*: os desafios ao Ocidente de economias com industrialização tardia. Tradução de Roger Maioli dos Santos. São Paulo: Editora UNESP, 2009.

ANGARITA, Antonio; SICA, Ligia Paula P. Pinto; DONAGGIO, Angela. *Estado e empresa*: uma relação imbricada (Coleção Acadêmica Livre. Série pesquisa). São Paulo: Direito GV, 2013.

ANTUNES, Gustavo Amorim. *Estatuto jurídico das empresas estatais*: Lei nº 13.303/16 comentada. Belo Horizonte: Fórum, 2017.

ARAGÃO, Alexandre Santos de. Considerações sobre as relações do Estado e do Direito na economia. In: WALD, Arnoldo; JUSTEN FILHO, Marçal; PEREIRA, Cesar Augusto Guimarães (Org.). *O direito administrativo na atualidade*: estudos em homenagem ao centenário de Hely Lopes Meirelles (1917-2017) (defensor do estado de direito). São Paulo: Malheiros, 2017, p. 91-107.

_____. Empresa público-privada. In: ARAGÃO, Alexandre Santos de Aragão (Coord.). *Empresas públicas e sociedades de economia mista*. Belo Horizonte: Fórum, 2015, p. 13-45.

_____. Empresa Público-Privada. *Revista dos Tribunais*, v. 890, p. 33-68, dez. 2009.

_____. Empresas público-privadas. *Tomo Direito Administrativo e Constitucional*, abr. 2017. Disponível em: <https://enciclopediajuridica.pucsp.br/verbete/79/edicao-1/empresas-publico-privadas>. Acesso em: 20 nov. 2017.

_____. *Empresas estatais* (o regime jurídico das empresas públicas e sociedades de economia mista). Rio de Janeiro: Forense, 2016.

ARANHA, Márcio Iorio. O objeto do estatuto jurídico das estatais e os regimes jurídicos da empresa pública e da sociedade de economia mista. In: NORONHA, João Otávio de; FRAZÃO, Ana; MESQUITA, Daniel Augusto Mesquita (Coord.). *Estatuto Jurídico das Estatais* (análise da Lei nº 13.303/2016). Belo Horizonte: Fórum, 2017, p. 43-66.

ARAUJO, Edmir Netto de. *Administração indireta brasileira*. Rio de Janeiro: Forense Universitária, 1997.

ARIÑO ORTIZ, Gaspar. *Principios de derecho público económico* (modelo de Estado, Gestión Pública, Regulación Económica). Tercera edición ampliada. Granada: Editorial Comares, 2004.

_____; GARCÍA PÉREZ, Miriam. *Vindicación y reforma de las cajas de ahorro*. Juicio al Banco de España. Pamplona: Civitas-Aranzadi, 2013.

AURÉLIO, Bruno. Definições e parâmetros para a constituição das subsidiárias de sociedades de economia mista (Ação Direta de Inconstitucionalidade nº 1.649-1/DF). In: PEREIRA, Flávio Henrique Unes; CAMMAROSANO, Márcio; SILVEIRA, Marilda de Paula; ZOCKUN, Maurício (Coord.). *O Direito Administrativo na jurisprudência do STF e do STJ*: homenagem ao Professor Celso Antônio Bandeira de Mello. Belo Horizonte: Fórum, 2014, p. 83-90.

ÁVILA, Humberto. *Teoria dos princípios* (da definição à aplicação dos princípios jurídicos). 16. ed. rev. e atual. São Paulo: Malheiros, 2015.

BANDEIRA DE MELLO, Celso Antônio. *Elementos de direito administrativo*. 3. ed., rev. e ampl. São Paulo: Malheiros, 1992.

_____. *Natureza e regime jurídico das autarquias*. São Paulo: Revista dos Tribunais, 1968.

_____. *Prestação de serviços públicos e Administração Indireta*. São Paulo: Revista dos Tribunais, 1973.

BARBI FILHO, Celso. *Acordo de acionistas*. Belo Horizonte: Del Rey, 1993.

BARROSO, Luís Roberto Barroso. Estado e livre-iniciativa na experiência constitucional brasileira. In: RIBEIRO, Leonardo Coelho; FEIGELSON, Bruno; FREITAS, Rafael Véras de (Coord.). *A nova regulação da infraestrutura e da mineração*: portos, aeroportos, ferrovias, rodovias. Belo Horizonte: Fórum, 2015, p. 21-30.

BENSOUSSAN, Fabio Guimarães. *A participação do Estado na atividade empresarial através das "golden shares"*. Dissertação (Mestrado). Faculdade de Direito Milton Campos: Nova Lima, 2006.

BERCOVICI, Gilberto. *Desigualdades regionais, Estado e Constituição*. São Paulo: Max Limonad, 2003.

_____. *Direito econômico do petróleo e dos recursos minerais*. São Paulo: Quartier Latin, 2011.

_____. Natureza jurídica de sociedade anônima privada com participação acionária estatal. In: BERCOVICI, Gilberto. *Direito Econômico aplicado*: estudos e pareceres. São Paulo: Contracorrente, 2016, p. 71-106.

BERGAMINI JÚNIOR, Sebastião; GIAMBIAGI, Fabio. A política de crédito do BNDES: conciliando a função de banco de desenvolvimento e os cuidados com o risco. *Revista do BNDES*, Rio de Janeiro, v. 12, n. 23, p. 29-52, jun. 2005.

BERLE JR., Adolf A.; MEANS, Gardiner C. *The modern corporation and private property*. New York: The Macmillan Company, 1934.

BICALHO, Alécia Paolucci Nogueira. A ressignificação da eficiência nas empresas estatais à luz da Lei 13.303/2016. In: WALD, Arnoldo; JUSTEN FILHO, Marçal; PEREIRA, Cesar Augusto Guimarães (Org.). *O direito administrativo na atualidade*: estudos em homenagem ao centenário de Hely Lopes Meirelles (1917-2017) (defensor do estado de direito). São Paulo: Malheiros, 2017, p. 73-89.

BITTENCOURT, Sidney. *A nova lei das estatais*: novo regime de licitações e contratos nas empresas estatais. Leme: JH Mizuno, 2017.

BLACK, Bernard S.; CARVALHO, Antonio Gledson de; GORGA, Érica Gorga. The Corporate Governance of Privately Controlled Brazilian Firms (December 1, 2009), U of Texas Law, Law and Econ Research Paper No. 109; as published. In: *Revista Brasileira de Finanças*, vol. 7, 2009; U of Texas Law, Law and Econ Research Paper No. 109; Cornell Legal Studies Research Paper No. 08-014; ECGI – Finance Working Paper No. 206/2008. Disponível em: <https://ssrn.com/abstract=1003059>, p. 37-39.

BNDES, Banco Nacional de Desenvolvimento Econômico e Social. *Livro verde (nossa história tal como ela é)*. Rio de Janeiro: 2017. Disponível em: <https://web.bndes.gov.br/bib/jspui/handle/1408/12697>. Acesso em: 22 jul. 2017.

_____. *O crescimento de grandes empresas nacionais e a contribuição do BNDES via renda variável (os casos da JBS, TOTVS e Tupy)*. 2. ed. Rio de Janeiro, 2015. Disponível em: <https://web.bndes.gov.br/bib/jspui/handle/1408/9634>. Acesso em: 23 jul. 2017.

_____. *Relatório de Efetividade 2007-2014 (a contribuição do BNDES para o desenvolvimento nacional)*. 2. ed. Rio de Janeiro: 2015. Disponível em: <https://web.bndes.gov.br/bib/jspui/handle/1408/6523>. Acesso em: 23 jul. 2017.

BOBBIO, Norberto. *Da estrutura à função*: novos estudos de teoria do direito. Barueri: Manole, 2007.

BONELLI, Claudia Elena; RODRIGUES, Carolina Caiado Lima; LONGO, Thaísa Toledo. O regime jurídico de direito público e as *joint ventures* estabelecidas entre empresas estatais e a iniciativa privada. *Revista de Contratos Públicos*. Belo Horizonte, v. 3, n. 4, p. 71-90, set. 2013/fev. 2014.

BONFIM, Natália Bertolo. *O interesse público nas sociedades de economia mista*. Dissertação (Mestrado). Faculdade de Direito da Universidade de São Paulo: São Paulo, 2011.

BORBA, José Edwaldo Tavares. *Sociedade de economia mista e privatização*. Rio de Janeiro: Lumen Juris, 1997.

BORGES, Luiz Ferreira Xavier. O Acordo de Acionistas como Instrumento da Política de Fomento do BNDES: o Polo de Camaçari. *Revista do BNDES*, Rio de Janeiro, v. 14, n. 28, dez. 2007.

BRASIL, Ministério do Planejamento, Desenvolvimento e Gestão. Secretaria de Coordenação e Governança das Empresas Estatais. *Boletim das Empresas Estatais Federais*, v. 1, Brasília: MP, abr. 2017.

_____. *Perguntas e Respostas*: Lei de Responsabilidade das Estatais. Brasília: MP, 2017.

_____. Secretaria de Coordenação e Governança das Empresas Estatais. *Revista das Estatais*, Brasília: MP, vol. 1, jan. 2017.

BRASIL, Tribunal de Contas da União. *Referencial para avaliação de governança em políticas públicas*. Brasília: TCU, 2014.

BREDIN, Jean-Denin. *L'Entreprise semi-publique & publique et le droit privé*. Paris: Librarie Générale de Droit et de Jurisprudence 1957.

BRESSER PEREIRA, Luiz Carlos. *A crise do Estado*: ensaios sobre a economia brasileira. São Paulo: Nobel, 1992.

BRITO, Pedro Eduardo Fernandes. *Chamada pública para a formação de parcerias societárias entre os setores público e privado*: superando incertezas e promovendo a transparência. Dissertação (Mestrado), Escola de Direito de São Paulo, Fundação Getulio Vargas, 2017.

BUCCI, Maria Paula Dallari. *Direito administrativo e políticas públicas*. São Paulo: Saraiva, 2006.

CÂMARA, Jacinto Arruda. Entes estatais: o lucro é incompatível com a missão social? In: SUNDFELD, Carlos Ari; ROSILHO, André (Org.). *Direito da regulação e políticas públicas*. São Paulo, Malheiros: 2014, p. 256-269.

CAMARGO, Sérgio Alexandre. Tipos de estatais. In: SOUTO, Marcos Juruena Villela. *Direito administrativo empresarial*. Rio de Janeiro: Lumen Juris, 2006, p. 33-63.

CARRASQUEIRA, Simone de Almeida. *Investimento das empresas estatais e endividamento público*. Rio de Janeiro: Lumen Juris, 2006.

CARVALHOSA, Modesto. *Acordo de acionistas*: homenagem a Celso Barbi Filho. São Paulo: Saraiva, 2011.

CARVALHOSA, Modesto. *Comentários à Lei de Sociedades Anônimas*, 2º volume: artigos 75 a 137. 5. ed. São Paulo: Saraiva, 2011.

CARNEIRO, Erymá. *As autarquias e as sociedades de economia mista no Estado Novo*. Rio de Janeiro: Departamento de Imprensa e Propaganda, 1941.

CHAZEL, Alain; POYET, Hubert. *A economia mista*. São Paulo: Difusão Europeia do Livro, 1966.

COLSON, Jean-Philippe. *Droit public économique*. Paris: Librairie Générale de Droit et de Jurisprudence, 1995.

COLSON, Jean-Philippe. *Droit public économique*. 3ᵉ édition. Paris: Librairie Générale de Droit et de Jurisprudence, 2001.

COMPARATO, Fábio Konder. Sociedade de Economia Mista transformada em Sociedade Anônima Ordinária. Inconstitucionalidade. *Revista Trimestral de Direito Público – RTDP*, São Paulo, v. 25, p. 61-68, 1999.

_____; SALOMÃO FILHO, Calixto. *O poder de controle na sociedade anônima*. 6. ed. rev. e atual. Rio de Janeiro: Forense, 2014.

CONTRERAS, Edelmira del Carmen Alveal. *Os desbravadores*: a Petrobras e a construção do Brasil industrial. Rio de Janeiro: Relume Dumará, ANPOCS, 1994.

COUTINHO, Diogo R. O Direito nas Políticas Públicas. In: SUNDFELD, Carlos Ari; JURKSAITIS, Guilherme Jardim (Org.). *Contratos públicos e direito administrativo*. São Paulo: Malheiros, 2015, p. 447-480.

_____. O direito no desenvolvimento econômico. *Revista Brasileira de Direito Público – RDPE*, Belo Horizonte, ano 10, n. 38, jul./set. 2012. Disponível em: <http://www.bidforum.com.br/bid/PDI0006.aspx?pdiCntd=81457>. Acesso em: 14 maio 2015.

COUTO E SILVA, Almiro. Privatização no Brasil e novo exercício de funções públicas por particulares. In: *Revista Eletrônica sobre a Reforma do Estado (RERE)*, Salvador: Instituto Brasileiro de Direito Público, n. 16, dez./jan./fev. 2009. Disponível em: <http://www.direitodoestado.com.br/rere.asp>. Acesso em: 13 jun. 2017.

CRETELLA JR., José. *Empresa pública*. São Paulo: Bushatsky, 1973.

CUNHA, Carlos Eduardo Bergamini. *A subsidiariedade como vetor objetivo de restrição à intervenção regulatória do Estado na economia*: definição e instrumentalização. Dissertação (Mestrado). Faculdade de Direito da Universidade de São Paulo: São Paulo, 2013.

CUSTÓDIO FILHO, Ubirajara. Primeiras questões sobre a Lei 13.303/2016 – o Estatuto Jurídico das Empresas Estatais. *Revista dos Tribunais*, v. 974, p. 171-198, dez. 2016.

DALLARI, Adilson Abreu. Controle das Empresas Estatais. In: *Revista dos Tribunais Online*, v. 6, p. 549-567, nov. 2012.

DALLARI, Dalmo de Abreu. *Elementos de teoria geral do Estado*. 32. ed. São Paulo: Saraiva, 2013.

DE LUCCA, Newton. Aspectos relevantes do regime jurídico das sociedades estatais no Brasil. In: *Uma vida dedicada ao direito. Homenagem a Carlos Henrique de Carvalho. O editor dos juristas*. São Paulo: Revista dos Tribunais, 1995, p. 331-349.

DI PIETRO, Maria Sylvia Zanella. Licitação. Associação entre empresa pública e privada. Objetivo: participação em futuro certame licitatório para a execução de um empreendimento. In: DI PIETRO, Maria Sylvia Zanella. *Direito administrativo*: pareceres. Rio de Janeiro: Forense, 2015, p. 468-482.

_____. *Parcerias na administração pública*: concessão, permissão, franquia, terceirização, parceria público-privada e outras formas. 8. ed. São Paulo: Atlas, 2011.

_____. Participação minoritária da Empresa de Correios e Telégrafos – ECT em empresa privada a ser constituída. Licitação para escolha da empresa, sob pena de afronta aos princípios da isonomia e da livre concorrência. Direito de acesso a informação. In: DI PIETRO, Maria Sylvia Zanella. *Direito administrativo: pareceres*. Rio de Janeiro: Forense, 2015, p. 496-523.

DUTRA, Pedro Paulo de Almeida. *Controle de empresas estatais*: uma proposta de mudança. São Paulo: Saraiva, 1991.

ESTORNINHO, Maria João. *A fuga para o direito privado*. Coimbra: Almedina, 1999.

FERRAZ, Sérgio. Intervenção do Estado no domínio econômico geral: anotações. In: BACELLAR FILHO, Roberto Felipe; MOTTA, Paulo Roberto Ferreira; CASTRO, Rodrigo Pironti Aguirre de (Coord.). *Direito administrativo contemporâneo*: estudos em memória do Professor Manoel de Oliveira Franco Sobrinho. Belo Horizonte: Fórum, 2004, p. 327-338.

FERREIRA, Mariza Marques. *Sociedade de economia mista: possibilidade de recuperação judicial?* Dissertação (Mestrado). Universidade Estadual Paulista "Júlio de Mesquita Filho": Franca, 2011.

FERREIRA, Sérgio de Andréa. *Empresas estatais, paraestatais e particulares com participação pública.* Disponível em: <http://www.gespublica.gov.br/sites/default/files/documentos/empresas_publicas_-_sergio_andrea_-_reformatado.pdf>. Acesso em: 23 nov. 2017.

_____. *Lições de direito administrativo.* Rio de Janeiro: Ed. Rio, 1972.

FERREIRA, Waldemar. *A sociedade de economia mista em seu aspecto contemporâneo.* São Paulo: Max Limonad, 1956.

_____. *Tratado de Direito Comercial*, (Estatuto da Sociedade por Ações), v. 5. São Paulo: Saraiva, 1961.

FIDALGO, Carolina Barros. *O Estado empresário*: das sociedades estatais às sociedades privadas com participação minoritária do Estado. São Paulo: Almedina, 2017.

FIGUEIREDO, Lúcia Valle. *Empresas públicas e sociedades de economia mista.* São Paulo: Revista dos Tribunais, 1978.

_____. Privatização parcial da CEMIG – Acordo de acionistas – Impossibilidade de o controle societário ser compartilhado entre o Estado de Minas Gerais e o acionista estrangeiro. *Revista de Direito Mercantil*, v. 118, 1999, p. 219-235.

FREIRE, André Luiz. A crise financeira e o papel do estado: uma análise jurídica a partir do princípio da supremacia do interesse público sobre o privado e do serviço público. *A&C – Revista de Direito Administrativo & Constitucional*. Belo Horizonte, ano 10, n. 39, p. 147-162, jan./mar. 2010.

_____. *O regime de direito público na prestação de serviços públicos por pessoas privadas.* São Paulo: Malheiros, 2014.

FORGIONI, Paula. PPPs e participação minoritária do Estado-acionista: o direito societário e sua instrumentalidade para o direito administrativo. *Revista de Direito Público da Economia – RDPE*, Belo Horizonte, ano 4, n. 16, p. 177-182, out./dez. 2006.

GORGA, Érica. Changing the Paradigm of Stock Ownership: From Concentrated Towards Dispersed Ownership? Evidence from Brazil and Consequences for Emerging Countries. (April 2008), 3rd Annual Conference on Empirical Legal Studies Papers. Disponível em: <https://ssrn.com/abstract=1121037> or <http://dx.doi.org/10.2139/ssrn.1121037>, p. 37-68.

_____. *A ordem econômica na Constituição de 1988 (interpretação crítica).* 16. ed. rev. e atual. São Paulo: Malheiros, 2014.

_____. Lucratividade e função social nas empresas sob o controle do Estado. *Revista de direito mercantil, industrial, econômico e financeiro*, São Paulo: Revista dos Tribunais, v. 23, n. 55, p. 35-59, jul./set. 1984.

GROTTI, Dinorá Adelaide Musetti. Intervenção do Estado na economia. *RT – Cadernos de Direito Constitucional e Ciência Política*, São Paulo, v. 15, p. 73-88, abr./jun. 1996.

GUEDES, Filipe Machado. *Atuação do Estado na Economia (possibilidades e limites)*. São Paulo: Almedina, 2015.

GUERRA, Sérgio. As privatizações no atual contexto jurídico constitucional brasileiro. In: SOUTO, Marcos Juruena Villela (Coord.). *Direito administrativo empresarial*. Rio de Janeiro: Lumen Juris, 2006, p. 371-394.

GUERRA, Sérgio. *Discricionariedade, regulação e reflexividade*: uma nova teoria sobre as escolhas administrativas. 3. ed. rev. atual. Belo Horizonte: Fórum, 2015.

GUIMARÃES, Bernardo Strobel. A participação de empresas estatais no capital de empresas controladas pela iniciativa privada: algumas reflexões. In: MARQUES NETO, Floriano de Azevedo; ALMEIDA, Fernando Dias Menezes de; NOHARA, Irene; MARRARA, Thiago (Coord.). *Direito e administração pública*: estudos em homenagem a Maria Sylvia Zanella Di Pietro. São Paulo: Atlas, 2013, p. 374-389.

GUIMARÃES, Edgar; SANTOS, José Anacleto Abduch. *Lei das Empresas Estatais*: comentários ao regime jurídico licitatório e contratual da Lei nº 13.303/2016. Belo Horizonte: Fórum, 2017.

GUIMARÃES, Fernando Vernalha. *Parceria público-privada*. 2. ed. São Paulo: Saraiva, 2013.

JUSTEN FILHO, Marçal. A contratação sem licitação nas empresas estatais. In: JUSTEN FILHO, Marçal (Org.). *Estatuto jurídico das empresas estatais*: Lei 13.303/2016. São Paulo: Revista dos Tribunais, 2016, p. 283-326.

_____. A Lei 13.303/2016, a criação das empresas estatais e a participação minoritária em empresas privadas. In: JUSTEN FILHO, Marçal (Org.). *Estatuto jurídico das empresas estatais*: Lei 13.303/2016. São Paulo: Revista dos Tribunais, 2016, p. 39-57.

_____. As empresas privadas com participação estatal minoritária. *Revista de direito administrativo contemporâneo – REDAC*, ano 1, vol. 2, p. 271-284, set./out. 2013.

_____. Contornos da atividade administrativa de fomento no Direito Administrativo brasileiro: novas tendências. In: BANDEIRA DE MELLO, Celso Antônio; FERRAZ, Sérgio; ROCHA, Silvio Luís Ferreira da; SAAD, Amauri Feres (Org.). *Direito administrativo e liberdade* (estudos em homenagem a Lúcia Valle Figueiredo). São Paulo: Malheiros, 2014, p. 536-566.

_____. *Curso de direito administrativo*. 8. ed. rev. ampl. e atual. Belo Horizonte: Fórum, 2012.

KALIL, Marcus Vinicius Alcântara. *Estado subsidiário, privatizações e parcerias público-privadas*. Rio de Janeiro: Lumen Juris, 2014.

LAZZARINI, Sérgio G. *Capitalismo de laços*: os donos do Brasil e suas conexões. Rio de Janeiro: Elsevier, 2011.

LIMA, Paulo B. Araujo. *Sociedades de economia mista e lei das S.A.* Rio de Janeiro: IBMEC, 1980.

LEÃES, Luiz Gastão Paes de Barros. O conceito jurídico de sociedade de economia mista. *Revista de Direito Administrativo – RDA*, n. 79, p. 1-22, jan./mar. 1965.

LYNCH, Robert Porter. *Alianças de negócios, a arma secreta competitiva*: como planejar, negociar e gerenciar alianças estratégicas competitivas. Tradução Cecília Camargo Bartalotti, revisão técnica José Ernesto Lima Gonçalves. São Paulo: Makron Books, 1994.

MACEDO, Ricardo Ferreira de. *Controle não societário*. Rio de Janeiro: Renovar, 2004.

MÂNICA, Fernando Borges; MENEGAT, Fernando. *Teoria jurídica da privatização*: fundamentos, limites e técnicas de interação público-privada no direito brasileiro. Rio de Janeiro: Lumen Juris, 2017.

MARCATO, Fernando S.; SARAGOÇA, Mariana. Parcerias estratégicas entre empresas públicas e privadas no setor de infraestrutura. In: MARCATO, Fernando S.; PINTO JR., Mario Engler. *Direito da infraestrutura* (v. 1). São Paulo: Saraiva, 2017, p. 149-193.

MARTINS, Ricardo Marcondes. *Estudos de direito administrativo neoconstitucional*. São Paulo: Malheiros, 2015.

_____. *Regulação administrativa à luz da Constituição Federal*. São Paulo: Malheiros, 2011.

MARINHO, Sarah. *Como são os laços do capitalismo brasileiro? (ferramentas jurídicas e os objetivos dos investimentos por participação da BNDESPAR)*. Dissertação (Mestrado). Escola de Direito de São Paulo, Fundação Getulio Vargas, São Paulo, 2015.

MARQUES NETO, Floriano de Azevedo. A bipolaridade do Direito Administrativo e sua superação. In: SUNDFELD, Carlos Ari; JURKSAITIS, Guilherme Jardim (Org.). *Contratos públicos e direito administrativo*. São Paulo: Malheiros, 2015, p. 353-415.

_____. *Agências reguladoras independentes*: fundamentos e seu regime jurídico. Belo Horizonte: Fórum, 2005.

_____. Do contrato administrativo à Administração contratual. *Revista do Advogado*, ano XXIX, n. 107, p. 74-82, dez. 2009.

_____. Limites à abrangência e à intensidade da regulação estatal. *Revista Eletrônica de Direito Administrativo Econômico*, Salvador, Instituto de Direito Público da Bahia, n. 4, nov./dez. 2005, jan. 2006. Disponível em: <http://www.direitodoestado.com.br>. Acesso em: 17 jan. 2017.

_____. O fomento como instrumento de intervenção estatal na ordem econômica. *Revista de Direito Público da Economia – RDPE*, Belo Horizonte, ano 8, n. 32, p. 57-71, out./dez. 2010.

_____; KLEIN, Aline Lícia. *Tratado de direito administrativo*: funções administrativas do Estado (Tratado de direito administrativo; v. 4). In: DI PIETRO, Maria Sylvia Zanella (Coord.). São Paulo: Revista dos Tribunais, 2014.

_____; PALMA, Juliana Bonacorsi de. Empresas estatais e parcerias institucionais. *Revista de Direito Administrativo – RDA*, Rio de Janeiro, v. 272, p. 59-92, maio/ago. 2016.

_____; ZAGO, Marina Fontão. Limites da atuação do acionista controlador nas empresas estatais: entre a busca do resultado econômico e a consagração das suas finalidades públicas. *Revista de Direito Público da Economia – RDPE*, Belo Horizonte, ano 13, n. 49, p. 79-94, jan./mar. 2015.

MARRARA, Thiago. Direito Administrativo brasileiro: transformações e tendências. In: MARRARA, Thiago (Org.). *Direito Administrativo brasileiro*: transformações e tendências. São Paulo: Almedina, 2014, p. 17-46.

MATTOS, Paulo Todescan Lessa. O sistema jurídico-institucional de investimentos público-privados em inovação no Brasil. *Revista de Direito Público da Economia – RDPE*, Belo Horizonte, ano 7, n. 28, p. 181-201, out./dez. 2009.

MATTOS FILHO, Ary Oswaldo. *Direito dos valores mobiliários*. V. 1, T. 1 (dos valores mobiliários). Rio de Janeiro: FGV, 2015.

MAURER, Hartmut. *Direito administrativo geral*. Tradução de Luís Afonso Heck. Barueri: Manole, 2006.

MAZON, Tânia Ishikawa. *Fomento público à inovação tecnológica*. Dissertação (Mestrado). Pontifícia Universidade Católica de São Paulo: São Paulo, 2015.

MEDAUAR, Odete. *Controle da administração pública*. 3. ed., rev., atual. e ampl. São Paulo: Revista dos Tribunais, 2014.

MEIRELLES, Hely Lopes Meirelles. *Direito administrativo brasileiro*. 14. ed. atual. pela Constituição federal de 1988. São Paulo: Revista dos Tribunais, 1989.

MELLO, Célia Cunha. *O fomento da administração pública*. Belo Horizonte: Del Rey, 2003.

MENDES, Gilmar. Aspectos constitucionais do regime jurídico das empresas estatais. In: NORONHA, João Otávio de; FRAZÃO, Ana; MESQUITA, Daniel Augusto (Coord.). *Estatuto Jurídico das Estatais* (análise da Lei nº 13.303/2016). Belo Horizonte: Fórum, 2017, p. 21-42.

MENDONÇA, José Vicente Santos de. *Direito constitucional* econômico (a intervenção do Estado na economia à luz da razão pública e do pragmatismo). Belo Horizonte: Fórum, 2014.

_____. O que pode ser a participação privada na geração de energia elétrica a partir de usinas termonucleares: um exercício experimental de neointervencionismo público. In: JUSTEN FILHO, Marçal; SCHWIND, Rafael Wallbach (Org.). *Parcerias Público-Privadas* (reflexões sobre os 10 anos da Lei 11.079/2004). São Paulo: Revista dos Tribunais, 2015, p. 759-783.

MESCHERIAKOFF, Alain-Serge. *Droit public économique*. 2ᵉ édition revue et augmentée. Paris: Presses Universitaries de France, 1994.

MIRAGAYA, Rodrigo Bracet. Empresas semiestatais e controle sobre a sua criação. In: PEREZ, Marcos Augusto; SOUZA, Rodrigo Pagani de (Coord.). *Controle da administração pública*. Belo Horizonte: Fórum, 2017, p. 357-384.

MOCCIA, Maria Hermínia Penteado Pacheco e Silva. *Parâmetros para a utilização do fomento público econômico (empréstimos pelo BNDES em condições favoráveis)*. Tese (Doutorado). Pontifícia Universidade Católica de São Paulo: São Paulo, 2014

MODESTO, Paulo. Anteprojeto de Nova Lei de Organização Administrativa: síntese e contexto. *Revista Eletrônica de Direito do Estado (REDE)*, Salvador: Instituto Brasileiro de Direito Público, n. 27, jul./ago./set. 2011. Disponível em: <http://www.direitodoestado.com/revista/REDE-27-SETEMBRO-2011-PAULO-MODESTO.pdf>. Acesso em: 27 out. 2017.

MOREIRA, Egon Bockmann. Crescimento econômico, discricionariedade e o princípio da deferência. Disponível em: <http://www.direitodoestado.com.br/colunistas/egon-bockmann-moreira/crescimento-economico-discricionariedade-e-o-principio-da-deferencia>. Acesso em: 30 ago. 2017.

_____. *Direito das concessões de serviços público*: inteligência da Lei 8.987/1995 (parte geral). São Paulo: Malheiros, 2010.

_____. *O direito administrativo contemporâneo e suas relações com a economia*. Curitiba: Editora Virtual Gratuita – EVG, 2016.

_____. O direito administrativo da economia, a ponderação de interesses e o paradigma da intervenção sensata. In: MOREIRA, Egon Bockmann; CUÉLLAR, Leila. *Estudos de direito econômico*. Belo Horizonte: Fórum, 2004, p. 53-98.

_____. O Direito Econômico e o papel regulatório das empresas estatais. Disponível em: <http://www.direitodoestado.com.br/colunistas/egon-bockmann-moreira/o-direito-economico-e-o-papel-regulatorio-das-empresas-estatais>. Acesso em: 30 ago. 2017.

_____; GUIMARÃES, Bernardo Strobel. Sociedades de Propósito Específico na Lei de PPP (considerações em torno do art. 9º da lei 11.079/2004). In: JUSTEN FILHO, Marçal; SCHWIND, Rafael Wallbach (Org.). *Parcerias Público-Privadas* (reflexões sobre os 10 anos da Lei 11.079/2004). São Paulo: Revista dos Tribunais, 2015, p. 493-528.

MOREIRA NETO, Diogo de Figueiredo. A Administração Indireta e sua eficiência. In: MARTINS FILHO, Ives Gandra da Silva; MEYER-PFLUG, Samantha Ribeiro (Coord.). *A intervenção do Estado no domínio econômico*: condições e limites (homenagem ao Prof. Ney Prado). São Paulo: LTr, 2011, p. 433-446.

_____. *Curso de direito administrativo*. 12. ed. rev. ampl. e atual. Rio de Janeiro: Forense, 2001.

_____. *Quatro Paradigmas do Direito Administrativo Pós-Moderno* (Legitimidade – Finalidade – Eficiência – Resultados). Belo Horizonte: Fórum, 2008.

_____. *Ordem econômica e desenvolvimento na Constituição de 1988*. Rio de Janeiro: APEC, 1989.

MUKAI, Toshio. *O direito administrativo nas empresas do Estado*. Tese (Doutorado). Faculdade de Direito, Universidade de São Paulo, São Paulo, 1982.

MUNHOZ, Eduardo Secchi. *Aquisição de controle na sociedade anônima*. São Paulo: Saraiva, 2013.

MUSACCHIO, Aldo; LAZZARINI, Sérgio G. *Reinventando o capitalismo de Estado: o Leviatã nos negócios (Brasil e outros países)*. São Paulo: Portfolio-Penguin, 2015.

NESTER, Alexandre Wagner. O exercício do poder de controle nas empresas estatais. In: JUSTEN FILHO, Marçal (Org.). *Estatuto jurídico das empresas estatais*: Lei 13.303/2016. São Paulo: Revista dos Tribunais, 2016, p. 121-140.

NEVES, Marcelo. *Entre Hidra e Hércules*: princípios e regras constitucionais como diferença paradoxal do sistema jurídico. São Paulo: Editora WMF, 2013.

NIEBUHR, Joel de Menezes. O regime jurídico das oportunidades de negócios para as estatais. In: WALD, Arnoldo; JUSTEN FILHO, Marçal; PEREIRA, Cesar Augusto Guimarães (Org.). *O direito administrativo na atualidade*: estudos em homenagem ao centenário de Hely Lopes Meirelles (1917-2017) (defensor do estado de direito). São Paulo: Malheiros, 2017, p. 575-591.

_____. *Regulamento de Licitações e Contratos das Estatais*. Disponível em: <http://www.direitodoestado.com.br/colunistas/joel-de-menezes-niebuhr/regulamento-de-licitacoes-e-contratos-das-estatais>. Acesso em: 28 nov. 2017.

OIOLI, Erik Frederico. *Regime jurídico do capital disperso na lei das S.A*. São Paulo: Almedina, 2014.

OLIVEIRA, Rafael Arruda. *As estatais, os conselhos de administração e os desvarios do controle acionário*. Disponível em: <http://www.direitodoestado.com.br/colunistas/Rafael-Arruda-Oliveira/as-estatais-os-conselhos-de-administracao-e-os-desvarios-do-controle-acionario>. Acesso em: 30 ago. 2017.

OSBORNE, David; GAEBLER; Ted. *Reinventing government*: how the entrepreneurial spirit is transforming the public sector. New York: Plume, 1993.

OTERO, Paulo. *Privatizações, reprivatizações e transferências de participações sociais no interior do sector público*. Coimbra: Coimbra Editora, 1999.

_____. *Vinculação e liberdade de conformação jurídica do sector empresarial do Estado*. Coimbra: Coimbra Editora, 1998.

PELA, Juliana Krueger. *As golden shares no Direito Brasileiro*. São Paulo: Quartier Latin, 2012.

PENNA, Paulo Eduardo. *Alienação de Controle de Companhia Aberta*. São Paulo: Quartier Latin, 2012.

PENTEADO, Mauro Rodrigues. As empresas estatais e os sistemas de supervisão e controle. *Revista de Direito Mercantil, Industrial, Econômico e Financeiro*, São Paulo, v. 45, p. 20-28, jan./mar. 1982.

_____. As sociedades de economia mista e as empresas estatais perante a Constituição de 1988. *Revista de Direito Mercantil, Industrial, Econômico e Financeiro*, São Paulo, v. 73, p. 5-21, jan./mar. 1989.

_____. Privatização e parcerias: considerações de ordem constitucional, legal e de política econômica. *Revista de Direito Mercantil, Industrial, Econômico e Financeiro*, São Paulo, v. 119, p. 9-25, jul./set. 2000.

PEREIRA, Tadeu Rabelo. *Regime(s) jurídico(s) das empresas estatais que exploram atividade econômica*. Dissertação (Mestrado). Faculdade de Direito da Universidade de São Paulo: São Paulo, 2000.

PINHEIRO, Armando Castelar. Privatização no Brasil: por quê? Até onde? Até quando? In: GIAMBIAGI, Fábio; MOREIRA, Maurício Mesquita (Org.). *A economia brasileira nos anos 90*. Rio de Janeiro: BNDES, 1999, p. 147-182.

PINTO JR., Mario Engler. *Empresa estatal* (função econômica e dilemas societários). São Paulo: Atlas, 2010.

_____. Organização do setor público empresarial: articulação entre Estado e companhias controladas. In: ARAUJO, Danilo Borges dos Santos Gomes de; WARDE JR. Walfrido Jorge (Org.). *Os grupos de sociedades*: organização e exercício da empresa. São Paulo: Saraiva, 2012, p. 327-368.

_____. Sociedade de Economia Mista. In: SICA, Ligia Paula Pires Pinto (Coord.). *Estado, empresa e liberdade* (textos em homenagem ao Professor Antonio Angarita). São Paulo: Quartier Latin, 2016, p. 129-159.

PINTO, Bilac. O declínio das sociedades de economia mista e o advento das modernas empresas públicas. *Revista de Direito Administrativo, Seleção Histórica*. Rio de Janeiro:

Renovar, 1995. Disponível em: <http://bibliotecadigital.fgv.br/ojs/index.php/rda/article/viewFile/12801/11678>.

PIRES, Beatriz Calero Garriga. *As empresas estatais e o controle societário do Estado*. Disponível em: <http://www.editorajc.com.br/2012/09/as-empresas-estatais-e-o-controle-societario-do-estado/>. Acesso em: 23 nov. 2017.

POZAS, Jordana de. Ensaio de una Teoría del Fomento en el Derecho Administrativo. *Revista de Estudios Políticos*, 48, 1949.

RAMUNNO, Pedro Alvez Lavacchini. *Controle societário e controle empresarial* (uma análise da influenciação sobre o controle empresarial pelo Estado brasileiro). São Paulo: Almedina, 2017.

REGO, Carlos Eduardo Reis Fortes do. A eficiência da camaradagem (os laços como requisitos da 'eficiência' no capitalismo brasileiro). In: FRAZÃO, Ana (Coord.). *Constituição, empresa e mercado*. Universidade de Brasília (Faculdade de Direito), Brasília, 2017, p. 48-68.

REISDORFER, Guilherme Dias. Instrumentos para gestão das empresas estatais: planos de negócios e estratégias de longo prazo. In: JUSTEN FILHO, Marçal (Org.). *Estatuto jurídico das empresas estatais*: Lei 13.303/2016. São Paulo: Revista dos Tribunais, 2016, p. 217-229.

RIBAS, Bárbara Kirchner Corrêa. Cooperação econômica e joint ventures cooperativas biotecnológicas para pesquisa e desenvolvimento (P&D). In: MOREIRA, Egon Bockmann; MATTOS, Paulo Todescan Lessa (Coord.). *Direito concorrencial e regulação econômica*. Belo Horizonte: Fórum, 2010, p. 91-105.

RIBEIRO, Marcia Carla Pereira. *Sociedade de economia mista e empresa privada*: estrutura e função. Curitiba: Juruá, 2004.

_____; ALVES, Rosângela do Socorro. Sociedades Estatais, controle e lucro. *Scientia Iuris (UEL)*, v. 10, 2006, p. 163-182.

ROCHA, Sílvio Luís Ferreira da. *Manual de Direito Administrativo*. São Paulo: Malheiros, 2013.

RODRIGUES, Bruno Leal. Formas de associação de empresas estatais – acordo de acionista, formação de consórcios e participação em outras empresas. In: SOUTO, Marcos Juruena Villela (Coord.). *Direito administrativo empresarial*. Rio de Janeiro: Lumen Juris, 2006, p. 99-153.

ROSE-ACKERMAN, Susan. Análise econômica progressista do Direito – e o novo Direito Administrativo. Tradução de Mariana Mota Prado. In: MATTOS, Paulo (Coord.). *Regulação econômica e democracia: o debate norte-americano*. São Paulo: Editora 34, 2004, p. 243-280.

ROSILHO, André Janjácomo. *Controle da Administração Pública pelo Tribunal de Contas*. Tese (Doutorado). Faculdade de Direito da Universidade de São Paulo: São Paulo, 2016.

SALOMÃO FILHO, Calixto. *O novo direito societário*. 2. ed. refor. São Paulo: Malheiros, 2002.

SAMPAIO, Gustavo José Marrone de Castro. *O princípio da subsidiariedade como critério de delimitação de competências na regulação bancária*. Tese (Doutorado). Faculdade de Direito da Universidade de São Paulo: São Paulo, 2011.

SANTOS, Murillo Giordan. Controle das empresas semiestatais. In: PEREZ, Marcos Augusto; SOUZA, Rodrigo Pagani de (Coord.). *Controle da administração pública*. Belo Horizonte: Fórum, 2017, p. 335-355.

_____. Controle das empresas semiestatais. *RIL Brasília*, ano 52, n. 208, p. 61-79, out./dez. 2015.

SAVIOLI, Anna Beatriz; SANT'ANNA, Lucas. *Contratação direta entre empresas estatais e suas controladas*. Disponível em: <http://jota.uol.com.br/tcu-contratacao-direta-entre-empresas-estatais-e-suas-controladas>. Acesso em: 2 maio 2016.

SCAFF, Fernando Facury. *Responsabilidade do Estado intervencionista*. São Paulo: Saraiva, 1990.

SCHAPIRO, Mario Gomes. Legalidade ou discricionariedade na governança de bancos públicos: uma análise aplicada ao caso do BNDES. *Revista de Administração Pública*, v. 51, 2017, p. 105-128.

_____. *Novos parâmetros para a intervenção do Estado na economia*. São Paulo: Saraiva, 2010.

_____. Repensando a relação entre Estado, direito e desenvolvimento: os limites do paradigma *Rule of Law* e a relevância das alternativas institucionais. In: DIMOULIS, Dimitri; VIEIRA, Oscar Vilhena (Org.). *Estado de direito e o desafio do desenvolvimento*. São Paulo: Saraiva, 2011, p. 121-167.

SCHILLING, Arno. Sociedades de Economia Mista. *Revista de Direito Administrativo*, v. 50, p. 36-46, 1957.

SCHIRATO, Vitor Rhein. *As empresas estatais no direito administrativo econômico atual*. São Paulo: Saraiva, 2016.

_____. As parcerias público-privadas e políticas públicas de infraestrutura. In: JUSTEN FILHO, Marçal; SCHWIND, Rafael Wallbach (Org.). *Parcerias Público-Privadas* (reflexões sobre os 10 anos da Lei 11.079/2004). São Paulo: Revista dos Tribunais, 2015, p. 73-97.

_____. Bancos estatais ou Estado banqueiro? In: ARAGÃO, Alexandre Santos de (Coord.). *Empresas públicas e sociedades de economia mista*. Belo Horizonte: Fórum, 2015, p. 265-297.

_____. Novas anotações sobre as Empresas Estatais. *Revista de Direito Administrativo – RDA*, v. 239, p. 109-149, 2005.

SCHNEIDER, Jens-Peter. O Estado como sujeito econômico e agente direcionador da economia. Tradução de Vitor Rhein Schirato. *Revista de Direito Público da Economia – RDPE*, Belo Horizonte, ano 5, n. 18, p. 189-217, abr./jun. 2007.

SCHWIND, Rafael Wallbach. A participação de empresas estatais no capital de empresas privadas que não integram a Administração Pública. In: JUSTEN FILHO, Marçal (Org.). *Estatuto jurídico das empresas estatais*: Lei 13.303/2016. São Paulo: Revista dos Tribunais, 2016, p. 71-93.

_____. *Participação estatal em empresas privadas*: as "empresas público-privadas". Tese (Doutorado). Faculdade de Direito da Universidade de São Paulo, São Paulo, 2014.

_____. *O Estado acionista* (empresas estatais e empresas privadas com participação estatal). São Paulo: Almedina, 2017.

SEN, Amartya. *Desenvolvimento como liberdade*. São Paulo: Companhia das Letras, 2010.

SILVA, José Afonso da. *Comentário contextual à Constituição*. São Paulo: Malheiros, 2005.

SMANIO, Gianpaolo Poggio; NUNES, Andréia Regina Schneider. Transparência e controle social de políticas públicas: efetivação da cidadania e contribuição ao desenvolvimento. *Revista Interfaces Científicas Humanas e Sociais*, v. 4, p. 83-96, 2016.

SOUTO, Marcos Juruena Villela. *Aspectos jurídicos do planejamento econômico*. 2. ed. rev. e atual. Rio de Janeiro: Lumen Juris, 2000.

_____. Criação e função social da empresa estatal – a proposta de um novo regime jurídico para as empresas sob controle acionário estatal. In: SOUTO, Marcos Juruena Villela (Coord.). *Direito administrativo empresarial*. Rio de Janeiro: Lumen Juris, 2006, p. 1-10.

_____. *Desestatização, privatização, concessões e terceirizações*. Rio de Janeiro: Lumen Juris, 1997.

_____. O programa brasileiro de privatização de empresas estatais. *Revista de Direito Mercantil, Industrial, Econômico e Financeiro*, São Paulo, v. 80, p. 54-65 out./dez. 1990.

SOUZA, Rodrigo Pagani de. Em busca de uma administração pública de resultados. In: PEREZ, Marcos Augusto; SOUZA, Rodrigo Pagani de Souza (Coord.). *Controle da administração pública*. Belo Horizonte: Fórum, 2017, p. 39-61.

SOUZA, Washington Peluso Albino de; CLARK, Giovani. *Questões polêmicas de direito econômico*. São Paulo: LTr, 2008.

STUBER, Walter Douglas. Natureza jurídica da subsidiária de sociedade de economia mista. *Revista de Direito Administrativo – RDA*, Rio de Janeiro, n. 150, p. 18-34, out./dez. 1982.

SUNDFELD, Carlos Ari. A participação privada nas empresas estatais. In: SUNDFELD, Carlos Ari (Coord.). *Direito administrativo econômico*. São Paulo: Malheiros, 2000, p. 264-285.

_____. *Direito administrativo para céticos*. 2. ed. São Paulo: Malheiros, 2014.

_____. Guia jurídico das parcerias público-privadas. In: SUNDFELD, Carlos Ari (Coord.). *Parcerias público-privadas*. São Paulo: Malheiros, 2007, p. 15-44.

_____. O direito e as parcerias empresariais e contratuais entre Estado e particulares. *Cadernos FGV Projetos*, v. 23, 2014, p. 54-60.

_____. Parcerias de investimento em empreendimentos públicos: qual reforma jurídica pode fazer a diferença? In: PASTORE, Affonso Celso (Org.). *Infraestrutura*: eficiência e ética. São Paulo: Elsevier, 2017, p. 75-115.

_____. Uma lei de normas gerais para a organização administrativa brasileira: o regime jurídico comum das entidades estatais de direito privado e as empresas estatais. In: MODESTO, Paulo (Coord.). *Nova organização administrativa brasileira*. 2. ed. rev. e ampl. Belo Horizonte: Fórum, 2010, p. 55-65.

_____; CÂMARA, Jacintho Arruda. Operações societárias da Petrobras. *Revista Síntese de Direito Administrativo*, São Paulo, v. 69, p. 112-123, set. 2011.

_____; CAMPOS, Rodrigo Pinto de. Incentivo à inovação tecnológica nas contratações governamentais: um panorama realista quanto à segurança jurídica. *Fórum de Contratação e Gestão Pública – FCGP*, Belo Horizonte, ano 5, n. 60, dez. 2006. Disponível em: <http://www.bidforum.com.br/bid/PDI0006.aspx?pdiCntd=38554>. Acesso em: 30 abr. 2013.

_____; JURKSAITIS, Guilherme Jardim. Concessão de rodovias e desenvolvimento – a inconsistência jurídica dos programas. In: RIBEIRO, Leonardo Coelho Ribeiro; FEIGELSON, Bruno; FREITAS, Rafael Véras de (Coord.). *A nova regulação da infraestrutura e da mineração:* portos, aeroportos, ferrovias, rodovias. Belo Horizonte: Fórum, 2015, p. 413-423.

_____. O que melhorar no direito brasileiro quanto à estrutura da Gestão Pública. In: MARQUES NETO, Floriano de Azevedo; ALMEIDA, Fernando Dias Menezes de; NOHARA, Irene; MARRARA, Thiago (Coord.). *Direito e administração pública:* estudos em homenagem a Maria Sylvia Zanella Di Pietro. São Paulo: Atlas, 2013, p. 33-55.

_____; MOREIRA, Egon Bockmann. PPP Mais: um caminho para práticas avançadas nas parcerias estatais com a iniciativa privada. *Revista de Direito Público da Economia – RDPE,* Belo Horizonte, ano 74, n. 53, p. 9-49, jan./mar. 2016.

_____; ROSILHO, André. Direito e Políticas Públicas: dois mundos? In: SUNDFELD, Carlos Ari; ROSILHO, André (Org.). *Direito da regulação e políticas públicas.* São Paulo, Malheiros, 2014, p. 45-79.

_____; SOUZA, Rodrigo Pagani de. Licitações nas empresas estatais: levando a natureza empresarial a sério. In: SUNDFELD, Carlos Ari (Org.). *Contratações públicas e seu controle.* São Paulo: Malheiros, 2013, p. 79-101.

_____; MONTEIRO, Vera. Os projetos de infraestrutura com participação minoritária de empresa estatal e o problema da concessão de garantias. *Revista de Direito Público da Economia – RDPE,* v. 45, 2014, p. 33-45.

_____; PINTO, Henrique Motta. Empresas semiestatais e sua contratação sem licitação. In: SUNDFELD, Carlos Ari (Org.). *Contratações públicas e seu controle.* São Paulo: Malheiros, 2013, p. 102-129.

SZTAJN, Rachel. Notas sobre privatização. *Revista de Direito Mercantil Industrial, Econômico e Financeiro,* São Paulo, v. 117, p. 98-111, 2000.

TÁCITO, Caio. As empresas estatais no direito brasileiro. In: TELLES, Antonio A. Queiroz; ARAÚJO, Edmir Netto de (Coord.). *Direito administrativo na década de 90:* estudos jurídicos em homenagem ao prof. J. Cretella Junior. São Paulo: Revista dos Tribunais, 1997, p. 15-27.

_____. Direito Administrativo e Direito Privado nas empresas estatais. *Revista de Direito Administrativo – RDA,* Rio de Janeiro, n. 151, p. 22-28, jan./mar. 1983.

_____. Regime jurídico das empresas estatais. *Revista de Direito Administrativo – RDA,* Rio de Janeiro, 195, p. 1-8, jan./mar. 1994.

TOJAL, Sebastião Botto de Barros. *O Estado e a empresa estatal – controle: fiscalização ou poder de dominação?* Dissertação (Mestrado), Faculdade de Direito da Universidade de São Paulo: São Paulo, 1987.

TRAVASSOS, Fernando Cariola. As vantagens de uma empresa público-privada. In: *Valor Econômico,* 21.08.2007, Opinião, p. A10. Disponível em: <http://www2.senado.leg.br/bdsf/bitstream/handle/id/480878/noticia.htm?sequence=1>. Acesso em: 20 nov. 2017.

VALIM, Rafael. *O princípio da segurança jurídica no direito administrativo brasileiro.* São Paulo: Malheiros, 2010.

VAZ, Manuel Afonso. Formas organizativas do sector empresarial do Estado (a experiência portuguesa). In: NUNES, António José Avelãs et al. *IV Colóquio luso-espanhol de direito administrativo*. Coimbra: Coimbra Editora, 2001, p. 111-114.

VELASCO JR., Licínio. Privatização: mitos e falsas percepções. In: GIAMBIAGI, Fábio; MOREIRA, Maurício Mesquita (Org.). *A economia brasileira nos anos 90*. Rio de Janeiro: BNDES, 1999, p. 212-215.

VIDIGAL, Geraldo. *Teoria geral do Direito Econômico*. São Paulo: Revista dos Tribunais, 1977.

WAHRLICH, Beatriz. Desburocratização e desestatização: novas considerações sobre as prioridades brasileiras de reforma administrativa na década de 80. *Revista de Administração Pública*, Rio de Janeiro, p. 72-87, out./dez. 1984.

WALD, Arnoldo. A evolução do regime legal da Petrobras e a legislação antitruste. *Revista de direito mercantil, industrial, econômico e financeiro*, v. 112, p. 55-65, out./dez. 1998.

_____. O controle partilhado e o Direito Administrativo. In: FRANÇA, Erasmo Valladão Azevedo e Novaes; ADAMEK, Marcelo Vieira von (Coord.). *Temas de direito empresarial e outros estudos em homenagem ao Professor Luiz Gastão de Paes de Barros Leães*. São Paulo: Malheiros, 2014, p. 377-390.

_____. O direito da privatização. *Revista de Direito Mercantil, Industrial, Econômico e Financeiro*, São Paulo, v. 115, p. 33-41, jul./set. 1999.

YAZBEK, Otavio. Privatizações e relação entre interesses públicos primários e secundários: as alterações na legislação societária brasileira. *Revista de Direito Mercantil, Industrial, Econômico e Financeiro*, São Paulo, v. 120, p. 100-110, out./dez. 2000.

ZARDO, Francisco. O regime jurídico das empresas privadas com participação estatal minoritária. *Revista de Direito Público da Economia – RDPE*, Belo Horizonte, ano 15, n. 58, p. 61-81, abr./jun. 2017.